高等院校“十二五”规划教材·工商管理大类系列

人力资源管理

主　编　岳文赫
副主编　韩　凤　叶　盛

哈爾濱工業大學出版社

内容简介

本书是高等院校“十二五”规划教材·工商管理大类系列中的一本。

本书在介绍人力资源管理基本理论的基础上，着重介绍人力资源管理的职能和在企业中的实际操作方法。全书共分11章，主要包括人力资源与人力资源管理、人力资源规划、工作分析、招聘与选拔、培训与开发、绩效管理、薪酬管理、人力资源会计、信息化人力资源等内容。每章均配有复习思考题和案例分析，帮助读者从问题的角度理解人力资源管理的理论以及当前企业人力资源管理的职能和方法。

本书适合高等学校人力资源管理专业及相关管理专业师生作为教材使用，也可作为政府、企业人力资源管理人员和部门管理的参考书。

图书在版编目(CIP)数据

人力资源管理/岳文赫主编.—哈尔滨:哈尔滨工业大学出版社,2011.11

高等院校“十二五”规划教材·工商管理大类系列

ISBN 978-7-5603-3429-5

Ⅰ.①人…　Ⅱ.①岳…　Ⅲ.①人力资源管理-高等学校-教材　Ⅳ.①F241

中国版本图书馆CIP数据核字(2011)第232575号

策划编辑　田新华
责任编辑　田新华　宋福君
封面设计　刘长友　思　华
出版发行　哈尔滨工业大学出版社
社　　址　哈尔滨市南岗区复华四道街10号　邮编150006
传　　真　0451-86414749
网　　址　http://hitpress.hit.edu.cn
印　　刷　哈尔滨东林印务有限公司
开　　本　787mm×1092mm　1/16　印张17.75　字数511千字
版　　次　2011年11月第1版　2011年11月第1次印刷
书　　号　ISBN 978-7-5603-3429-5
定　　价　39.80元

高等院校“十二五”规划教材·工商管理大类系列

编 委 会

序

2008年国际金融危机以来,带着对经济发展模式的反思及后金融危机时代的思考,美国、欧洲发达国家等将“再工业化”作为重塑竞争优势的重要战略,通过大力发展先进制造业,重新回归实体经济,创造新的经济增长点。发达国家实施“再工业化”战略将对我国的工业化产生巨大的影响,我国与发达国家之间的竞争将更加激烈,竞争的根本则是教育和人才的竞争。美国工程院院长查尔斯·韦斯特指出:“拥有最好工程人才和管理人才的国家占据着经济竞争和产业优势的核心地位”。很多国家都将工程科技人才与管理人才的培养提升到国家战略的高度。

工商管理作为管理科学的重要基础和分支,是一门运用管理科学和工程技术,综合性研究企业活动的交叉性、应用性很强的学科,直接支撑现代工业化和产业化的发展,研究如何运用现代管理的方法和手段来进行有效的企业管理和经营决策。作为我国特色发展的学科门类设置,广义的工商管理包含的领域很多,下设的二级专业各具特色,主要包括工商管理、市场营销、会计学、财务管理、人力资源管理、旅游管理等。

目前,国内高校的工商管理专业都在实行“大类招生,后期分流”的培养模式,这种培养模式的实施源于美国“通识教育”的理念。每当美国高等教育出现危机、面临迅速变化时,通识教育总是被看做应付这些挑战、进行革新的催化剂。哈佛大学在300多年的历史中,围绕着通识教育的推行,有过四次大的改革。中国现代意义上的大学是从西方引进的,通识教育与大学制度一道也被引进。

工商管理“大类招生、后期分流”的教育模式在强化对学生的综合能力、基础方法、广博知识和自我选择能力培养的基础上,造就视野开阔、综合素质高、基础理论扎实、专业技能突出、发展后劲强大的复合型人才。为了满足工商管理大类培养模式的需求,作为以工科专业教育为主和以土木建筑学科为特色的沈阳建筑大学对工商管理学科的教育内容体系与教学管理体系进行了全新的体现特色、面向应用的“基于工作过程”的调整与整合:从人才培养目标与规格,到专业教学计划,从课程组织到选课制度建设,从教师的教育观念转变到教学能力提高等,均把特色、实践和应用作为专业教育和培养人才的基点。当然,教材建设是教学系列改革中的核心要素,是体现和落实教育理念和设想的主要载体。教材是教师授课的取材之源,也是学生求知的学习之本,没有优秀的适用教材,就没有优秀的专业教学质量,也就没有优秀的定位清晰的应用型高等专业教育。

本套系列教材在哈尔滨工业大学出版社的大力倡导和策划下,由沈阳建筑大学发起,邀请哈尔滨工业大学、大连理工大学、东北大学、辽宁大学、辽宁工业大学、辽宁石油化工大学等东北地区部分高校以及暨南大学的专家组成了工商管理大类系列教材编委会，由沈阳建筑大学管理学院院长刘亚臣教授任主任委员。在编委会的精心组织下，通过编委们的辛勤劳动，本着成熟一本推出一本的开放的原则，将在许多优秀专业教师"发黄而厚重"的讲义的基础上，陆续提炼、扩展，出版能够完整涵盖工商管理大类学科知识体系的一系列精品教材。

本套系列教材的编写与出版，既源于基础和实践又面向未来。我们力争站在全新的发展起点上，准确把握"卓越管理工程师"的理念，深度跟进我国工商界对管理人才的需求和国际高等教育的发展趋势，构建布局合理、结构优化、类型多样、主动适应经济社会发展需要的直面应用的现代高等工商管理大类教材体系。本套《高等院校"十二五"规划教材·工商管理大类系列》第一批主要包括：《会计学》（非专业用）、《初级会计学》、《中级财务会计》、《统计学》、《会计电算化》、《税收筹划》、《财务分析》、《经济法概论》、《组织行为学》、《论语导读》、《管理学》、《市场营销》、《会计专业英语》、《成本会计》、《企业战略管理》、《人力资源管理》、《管理学原理与应用》、《管理心理学原理与应用》、《市场营销学原理与应用》《电子商务》等20种教材。

本套系列教材的编写，力求最大限度地汲取工商管理大类相关学科的最新研究成果，强化现代工商管理基本理论知识的科学性、系统性以及操作技术的针对性和实用性。为了帮助学生加深对教材的理解和掌握，每本教材大都配有学习指导书，它既是教师的好助手，又是学生的好向导。

本套系列教材的顺利出版，要感谢沈阳建筑大学等8所高校领导和教师们的大力支持，感谢哈尔滨工业大学出版社的鼎力帮助，感谢所有主编与参编的精诚合作，感谢所有相关兄弟院校同仁们的友好协作与真诚关怀！

尽管我们做了较长时间的准备，所有编写人员付出了艰辛的劳动，但由于编写人员学识有限，难免有不妥与疏漏之处，恳请读者不吝赐教，以便在今后修订时予以更正和完善。

高等院校"十二五"规划教材·工商管理大类系列 编委会

2011年6月

前　言

人力资源管理，是在经济学与人本思想指导下，通过招聘、甄选、培训、报酬等管理形式对组织内外相关人力资源进行有效运用，以满足组织当前及未来发展的需要，保证组织目标实现与成员发展的最大化。就是预测组织人力资源需求并作出人力需求计划、招聘选择人员并进行有效组织、考核绩效支付报酬并进行有效激励、结合组织与个人需要进行有效开发，以便实现最优组织绩效的全过程。

人力资源管理课程是人力资源管理专业的基础课，也是工商管理类专业的必修课程之一，是人力资源专业及工商管理类专业的主干课程。在当代的社会经济生活中，越来越多的组织管理者意识到，要吸引、激励和管理高素质的成员为实现组织目标高效率地工作，管理者的人力资源管理技能是至关重要的。另一方面，只有具有良好管理技能的管理才能，创造出愉快的工作环境，才能吸引和留住人才。

本书是为了贯彻《关于进一步加强高等学校本科教学工作的若干意见》的精神，针对培养应用型人才的本科教育层次的人力资源管理或工商管理类专业的教学要求和特点而编写的。

全书将重点研究内容按照理论基础、职能管理和综合发展三方面进行阐述。全书理论与实践相结合，信息丰富，语言通俗，适时地加以思考题、案例和实践练习，便于读者在学习每章内容之后更好地消化理解知识，锻炼和提高自己的管理技能。

本书由沈阳建筑大学管理学院岳文赫主编，沈阳建筑大学管理学院韩凤、叶盛为副主编。岳文赫在整个编写过程中提出总体思路、框架，参与写作，并最后统稿；两位副主编在写作方面做了大量的工作。沈阳地铁集团有限公司运营分公司的周禹，沈阳大学科技工程学院的王晶，沈阳飞机工业（集团）有限公司的吴铎参加了初稿的写作和讨论工作。初稿的具体分工为：岳文赫，第1、2、5、6、11章；叶盛，第7、8章；韩凤，第3、4章；周禹，第9章；吴铎、王晶，第10章。

在本书的编写过程中，编者参阅了许多专家学者的著作，未能全部列出参考文献，在这里一并表示感谢。

本书能够顺利出版，得到了哈尔滨工业大学出版社的大力支持和热心帮助，在此向他们至以深深的谢意！

由于时间仓促、水平有限，书中的遗漏与错误在所难免，敬请各位读者指正、赐教。

编　者

2011年10月

目 录

第一章　人力资源与人力资源管理

第一节　人力资源概述

一、人力资源的含义

（一）人力资源的内涵

《辞海》对资源的解释是："资财的来源，一般指天然的财源。"马克思在《资本论》中说："劳动和土地，是财富两个原始的形成要素。"恩格斯的定义是："其实，劳动和自然界在一起它才是一切财富的源泉，自然界为劳动提供材料，劳动把材料转变为财富。"马克思、恩格斯的定义，既指出了自然资源的客观存在，又把人（包括劳动力和技术）的因素视为财富的另一不可或缺的来源。可见，资源的来源及组成，不仅是自然资源，而且还包括人类劳动的社会、经济、技术等因素，还包括人力、人才、智力（信息、知识）等资源。因此，资源指的是一切可被人类开发和利用的物质、能量和信息的总称，它广泛地存在于自然界和人类社会中，是一种自然存在物或能够给人类带来财富的财富。或者说，资源就是指自然界和人类社会中一种可以用以创造物质财富和精神财富的具有一定量的积累的客观存在形态。从经济学的角度看，资源通常被划分为人力资源、经济资源、物质资源和信息资源四大类。其中，人力资源是生产活动中最活跃的因素，是最重要的资源，被经济学家称为"第一资源"。

戴维·尤里奇（Dave Ulrich）被誉为人力资源管理的开创者，他最早提出了"人力资源"（Human Resource 简称 HR）的概念。在此之前，人力资源被叫做"人事管理"（Personnel Management）。他认为，现在唯一剩下的有竞争力的武器就是组织，因为那些传统的竞争要素，如成本、技术、分销、制造以及产品特性，或早或晚都能被复制，它们无法保证你就是赢家。在新经济中，胜利将来源于组织能力，包括速度、响应性、敏捷性、学习能力和员工素质。而人力资源部的新使命就牵涉到卓越的组织能力的培养。

图 1.1　戴维·尤里奇

戴维·尤里奇（Dave Ulrich，1953—　）（见图 1.1），是美国密歇根大学罗斯商学院教授、人力资源领域的管理大师，在美国《商业周刊》举行的调查当中，他是最受欢迎的管理大师，排在约翰·科特、彼得·杜拉克等人之前，他被誉为人力资源管理的开拓者，1997 年获得国际人事管理协会颁发的"Warner W. Stockberger 成就奖"，1998 年获得人力资源管理协会颁发的专业知识领导力终身成就卓越奖、国际企业协会和招聘就业管理协会颁发的"终身成就奖"。2001 年被美国《商业周刊》评为管理教育家的第一名。

人力资源是指一定时期内组织中的人所拥有的能够被企业所用，且对价值创造起贡献作用的教育、能力、技能、经验、体力等的总称。

尤里奇认为，HR 人员的素质可以影响 19% 可控的企业绩效。他的研究结果显示，“只有大约 50% 的企业绩效处于管理层的控制之内，其他 50% 可能是源自政府、天气等不可控因素。在可控的企业绩效里，19% 取决于 HR 人员的素质。”显然，提高 HR 人员的素质，已经成为提高企业绩效的一个捷径。

尤里奇主张，在新的形势下，人力资源部不能仅仅是行政支持部门，还应该是企业的策略伙伴、变革先锋、专业日常管理部门和员工的主心骨。他认为，要为人力资源部门制定全新的职能和纲领，让它不再把重心放在员工招聘或薪资福利这样的传统活动上，而是把重心放在结果上。也就是说，人力资源部的意义不在于做了多少事情，而在于给企业带来什么成果——帮助企业创造多少价值，为客户、投资者和员工提供多少增加值。

人力资源部的新使命要求人力资源工作者彻底改变自己的思维方式和行为方式。同时，新使命还要求高管人员改变对人力资源部的期望及与其打交道的方式。他们应当向人力资源部提出更高要求，把人力资源部门当做一项业务来投资。

（二）人力资源与其他相关概念

1. 人口资源

人口资源是一个国家或者地区在一定时期内所有人的总和，即全部的自然人。任何一个国家和地区，都存在一定数量的人口，它是人力资源的自然基础，其主要表现是数量概念。

2. 人力资源

人力资源是指全部人口中具有劳动能力的人。人力资源的概念有狭义与广义之分。狭义的人力资源是指具有劳动能力的劳动适龄人口；广义的人力资源指劳动适龄人口加上超过劳动年龄仍有劳动能力的那部分人口。总之，人力资源可以被定义为能够推动整个经济和社会发展的具有智力劳动和体力劳动能力的人口的总和，它包括数量和质量两个指标。

3. 劳动力资源

劳动力资源指一个国家或地区在一定时点或时期内，拥有的劳动力的数量和质量、劳动者的生产技术、文化科学水平和健康状况的总和的劳动适龄人口。根据我国劳动就业制度规定，男性年满 18 岁到 60 岁，女性年满 18 岁到 55 岁，都列为劳动力资源。

从人力资源理论的角度看，人力资源不能等同于劳动力资源，前者的范围更广，而且强调了人的可开发性，强调其蕴含的巨大潜在能量。

4. 人才资源

人才资源指的是人力资源中素质层次较高的那一部分人。如以创造性高过社会平均水平表示，它是一个边界模糊的概念。人才资源是指杰出的、优秀的人力资源，着重强调人力资源的质量。

企业的人才资源指的是企业中所有那些体现在企业员工身上的才能，包括企业员工的专业技能、创造力、解决问题的能力、管理者的管理能力。在某些情况下，甚至还包括企业员工的心理能力，因为企业员工的心理素质在很大程度上将影响其才能的发挥。

二、人力资源的特征

1. 生物性

人力资源存在于人体之中，是一种“活”的资源，它与人的自然生理特征相联系，这是人力资源最基本的特点，也决定了人力资源与其他资源之间的差异。

2. 能动性

人的主观能动性是决定人力资源区别于其他资源的重要特征。人不仅拥有而且也能自主地支配自身的人力资源,同时人又是有思想和感情的,能够有目的、有意识地进行活动。所以在能动地认识和改造自然的过程中,人们不可避免地融入自己的思想与感情,进而有目的、有意识地控制和选择人力资源的投向,决定其专业、职业、工作单位等问题的选择和变动。

人力资源的能动性主要表现在以下几个方面。

(1)自我强化。人类的教育和学习活动是人力资源自我强化的主要手段。人们通过各种正规或非正规的教育或培训,努力学习理论知识和实际技能,刻苦锻炼意志和身体,使自己获得更高的劳动素质和能力,这就是自我强化的过程。

(2)选择职业。在市场经济环境中,人力资源主要依靠市场来调节。人作为劳动力的所有者可以自主择业。选择职业是人力资源能动性与物质资源相结合的过程。

(3)积极劳动。为了生存、为了理想、为了各种各样的目标,积极工作,创造性地劳动,这是人力资源能动性最主要的方面,也是人力资源发挥潜能的决定性因素。

3. 时效性

人在生命周期的各个阶段的劳动能力是各不相同的。人力资源的形成、开发和利用都要受时间方面的限制。如果劳动者的智力和体力长期不用,就会荒废、退化。因此,人才的开发和使用必须及时、讲究实效。

4. 资本积累性

人力资源是人的体力、智力和健康等关系的综合体现,是靠不断地投资而形成的,是外界教育、培训、影响和自我学习努力积累的结果。这种活的积累资本,使人力资源具备了反复开发性与不断的增值性。因此,它为人力资源开发主体提供了对人力资源加大投资的依据性,这使得人力资源的开发具有持续性。人们在工作中,则需要不断学习、充实提高自己,成为一块"蓄电池"。

> **"蓄电池理论"**
>
> "蓄电池理论"是现代人才学中的一个概念,这个理论认为,人的一生只充一次电的时代已经过去,只有成为一块高效蓄电池,进行不间断的、持续的充电,才能不间断地、持续地释放能量。

5. 个体差异性

人力资源的个体差异性不仅表现在性别、年龄、文化程度、专业和技能等方面,还包括价值观、兴趣、智力和性格等方面存在的差异。这种差异性为人力资源的不同运用方向、开展针对性的开发奠定了基础,也为不同开发对策的提出提供了依据。研究差异性,找出规律性,是人力资源开发工作的重要任务。

6. 再生性

人力资源具有再生性。但是因为人的特殊性,决定了人力资源的再生性不同于一般生物资源的再生性,除了遵循一般生物规律之外,还受人类意识的支配和人类活动的影响。

7. 社会性

任何人都生活在一定的群体之中,无论是生活还是劳动,从宏观上看,人力资源总是与一定的社会环境相联系的。它的形成、开发、配置和使用都离不开社会环境和社会实践,是一种社会活动。

8. 内耗性

对其他资源而言，是数量越多越好。然而企业人力资源却不一定是越多越能产生效益。人力资源的内耗性对在组织内部如何去组织、利用与开发人力资源提出了新的要求。

9. 人力资源功能的共用性

一个零部件只能安装在某一台设备的特定位置上发挥特定的功能，其功能的发挥具有一定的凝聚性。而人力资源则不同，一个人可能同时为多个单位服务，从事几种不同的工作。作为人力资源派生的科学技术成果，功能上的共用性更为明显。

三、人力资源的数量与质量

（一）人力资源数量

人力资源数量是构成人力资源总量的基础，它反映了人力资源的量的特性。人力资源的数量又分为绝对量和相对量两个指标。

人力资源的绝对数量可以考查国家或地区具有劳动能力、从事社会劳动的人口数量（即现实人力资源总数）。人力资源绝对量是反映一个国家、地区、企业经济实力或经济规模的重要指标。

人力资源相对量是指人力资源占总人口的比重，这个指标可以成为人力资源率（劳动资源率）。其公式为

$$人力资源率=\frac{人力资源总数}{人口总数}\times 100\%$$

人力资源绝对量的大小，是反映一个国家国力的重要指标。人力资源相对量则是反映经济实力的重要指标。一个国家和地区的人力资源率越高，表明该国家或地区的经济有某种优势。在劳动率和就业状况既定的情况下，人力资源率越高，表明可投入生产过程中的劳动数量越多，从而创造的 GDP 也就越多。

课堂思考：
影响人力资源数量的因素有哪些？

（二）人力资源质量

人力资源质量是指一定范围内（国家、地区或企业等）的劳动力素质的综合反映。人力资源质量由劳动者的身体素质、智能素质和心理素质（劳动态度）构成，见图 1.2。在这三者组合作用下，劳动者在劳动中表现出的体力、知识、智力和技能水平，反映了人力资源的质量状况。

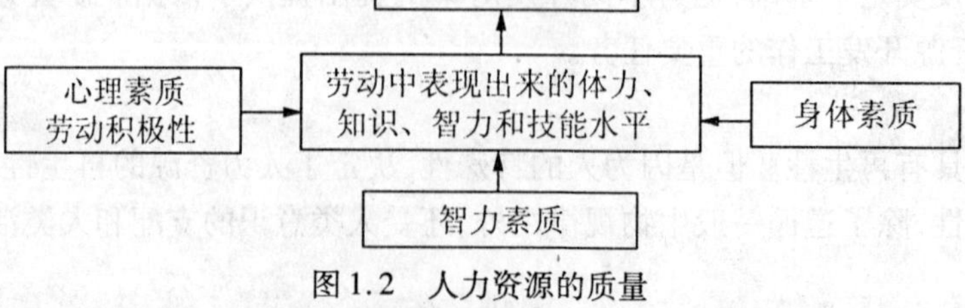

图 1.2 人力资源的质量

对人力资源质量的衡量，企业通常采用下列指标：

1. 健康状况指标

发病率。反映一定时期内企业人力资源患病的比率，其计算公式为

发病率 =（一定时期患病人数/企业员工总数）×100%

或　发病率 =（一定时期内因病休假工日（时）数/该时期内制度工作总工日（时）数）×100%

2. 受教育状况指标

一般是通过学历来反映的，可以计算不同学历的人员在企业中所占有的比重来说明人力资源文化素质状况，其计算公式为

某种学历人员拥有率 = 某种学历人数/企业员工总数 ×100%

3. 员工技能水平指标

可以用员工所具有的专业知识和业务技术等级来计算。主要有各等级员工占全部员工的比重、员工平均技术等级、专业技术职称比重等。

(1) 各等级技术员工占全部员工的比重，其计算公式为

某级员工的比重 =（该级员工数/全部员工数）×100%

(2) 员工的平均技术等级，其计算公式为

员工平均技术等级 = [$\sum$（技术等级 + 员工数）/全部员工数]

(3) 专业技术职称比重。专业技术职称分一、二、三、四共四个级别。可以说明某企业专业技术人员的构成情况。其计算公式为

某级职称比重（%）= 某级职称人数/全部专业技术人员人数 ×100%

4. 劳动积极性指标

主要反映员工对工作的投入和劳动的积极性发挥的程度。可通过出勤率、劳动定额完成率来衡量。

(1) 出勤率。是指一定时期内实际出勤数量与应出勤数量的对比，其计算公式为

出勤率 =（计算期实际出勤人数/该期应出勤人数）×100%

或　　　=（计算期实际出勤工日（时）数/该期应出勤工日（时）数）×100%

(2) 缺勤率。其计算公式为

缺勤率 =（要考察的时间段内的缺勤天数/此时间段内的工作日天数的总额）×100%

(3) 劳动定额完成率。指某一个员工或某一组员工完成产量定额或工时定额的程度，其计算公式分别为

产量定额完成率 =（实际完成产量/产量定额）×100%

工时定额完成率 =（完成定额工时/实作工时）×100%

第二节　人力资源管理理论的形成与发展

人力资源管理是随着企业管理理论的发展而逐步形成的。它的发展经历了科学管理阶段的人事管理阶段、行为科学的人事管理阶段、从人事管理到人力资源管理阶段、人力资本理论阶段等四个阶段。

一、科学管理阶段的人事管理阶段

“科学管理”是19世纪末至20世纪初在西方国家影响最大、推广最普遍的一种管理思

想和理论。泰勒是科学管理的主要代表人物。

图 1.2 弗雷德里克·温斯洛·泰勒

弗雷德里克·温斯洛·泰勒(Frederick Winslow Taylor, 1856—1915)(见图 1.2),美国古典管理学家、科学管理的主要倡导人。泰勒的科学管理主要有两大贡献:一是管理要走向科学;二是劳资双方的精神革命。

泰勒认为,科学管理的根本目的是谋求最高劳动生产率,最高的工作效率是雇主和雇员达到共同富裕的基础。要达到最高的工作效率的重要手段是用科学化的、标准化的管理方法代替经验管理。就人事管理而言,泰勒主要提倡以下几点。

第一,倡导劳资双方的"合作"。工厂主以经纪人的身份要求获得最大利润,工人以"经济人"的身份要求得到最高工资,造成彼此敌对和冲突,使劳动效率不高,但是如果双方友好合作,就可以使双方获得"最大限度的富裕"。泰勒在《科学管理原理》一书中指出:"资方和工人的紧密组织和个人之间的合作,是现代科学或责任管理的精髓。"他认为,没有劳资双方的密切合作,任何科学管理的制度和方法都难以实施,难以发挥作用。

第二,提出了工作定额原理。这一原理要求,先是通过工作研究制定出标准的操作方法,然后对全体员工进行培训,让他们掌握这套最优工作法,再据此制定工作定额。

泰勒认为管理的中心问题是提高劳动生产率。为了改善工作表现,他提出:

(1)企业要设立一个专门制定定额的部门或机构,这样的机构不但在管理上是必要的,而且在经济上也是划算的。

(2)要制定出有科学依据的工人的"合理日工作量",就必须通过各种试验和测量,进行劳动动作研究和工作研究。其方法是选择合适且技术熟练的工人;研究这些人在工作中使用的基本操作或动作的精确序列,以及每个人所使用的工具;用秒表记录每一基本动作所需时间,加上必要的休息时间和延误时间,找出做每一步工作的最快方法;消除所有错误动作、缓慢动作和无效动作;将最快最好的动作和最佳工具组合在一起,成为一个序列,从而确定工人"合理的日工作量",即劳动定额。

第三,提倡实行一种有差别的、有刺激性的计件工资制度,以鼓励工人完成较高的工作定额。

泰勒在 1895 年提出了一种具有很大刺激性的报酬制度——"差别工资制"方案。其主要内容是:

(1)设立专门的制定定额部门。这个部门的主要任务是通过对计件和工时的研究,进行科学的测量和计算,制定出一个标准制度,以确定合理的劳动定额和恰当的工资率,从而改变过去那种以估计和经验为依据的方法。

(2)制定差别工资率。即按照工人是否完成定额而采用不同的工资率。如果工人能够保质保量地完成定额,就按高的工资率付酬,以资鼓励;如果工人的生产没有达到定额就将全部工作量按低的工资率付给,并给以警告,如不改进,就要被解雇。例如,某项工作定额是 10 件,每件完成给 0.1 元。又规定该项工作完成定额工资率为 125%,未完成定额率为 80%,那么,如果完成定额,就可得工资为 $10 \times 0.1 \times 125\% = 1.25$(元);如未完成定额,例如哪怕完成了9件，也只能得工资为9×0.1×80% =0.72(元)。

(3)工资支付的对象是工人，而不是根据职位和工种。也就是说，每个人的工资尽可能地按他的技能和工作所付出的劳动来计算，而不是按他的职位来计算。其目的是克服工人“磨洋工”现象，同时也是为了调动工人的积极性。要对每个人在准时上班、出勤率、诚实、快捷、技能及准确程度方面做出系统和细微的记录，然后根据这些记录不断调整他的工资。

泰勒的差别计件工资制有许多优点，其中最主要有以下三点：

首先，有利于充分发挥个人积极性，有利于提高劳动生产率，能够真正实现“高工资和低劳动成本”。

其次，由于制定计件工资制与日工资率是经过正确观察和科学测定的，又能真正做到多劳多得，因此这种制度就能更加公平地对待工人。

最后，能够迅速地清除所有低能的工人，吸收适合的工人来工作。因为只有真正好的工人，才能做到又快又准确，可以取得高工资率。泰勒认为这是实行差别计件工资制最大的优点。

泰勒认为，“制度(差别计件工资制)对工人士气影响的效果是显著的。当工人们感觉受到公正的待遇时，就会更加英勇、更加坦率和更加诚实，他们会更加愉快地工作，在工人之间和工人与雇主之间建立互相帮助的关系。”

科学管理提出的“劳动定额”、“工时定额”、“计件工资制”等一系列管理制度与方法奠定了人事管理学科的基础。

但是泰勒的科学管理把人看做孤立的，忽视了企业中成员的交往、感情和态度等社会因素对劳动效率所起的作用。特别是，泰勒把人的一切活动都看做处于经济动机的行为。

二、行为科学的人事管理阶段

随着西方国家工业化大生产的发展，一方面企业之间的竞争变得越来越激烈，企业的管理当局不得不越来越倚靠工人的判断力、创造力和对企业的忠诚度；另一方面人们对精神生活的要求日渐提高。由于泰勒提倡的劳动分工和专业化的推行，工人长期从事一种简单重复的劳动，不久便觉得工作单调乏味，工作效率不仅没有提高，反而有所下降。不关心员工的心理需求，单纯地把人看成工具，这样一种提高工作效率的管理手段遭到工人的普遍抵制。工人除了工资方面的要求外，还有什么需求？人的工作效率还受到哪些因素的影响？随着许多人对科学管理手段的质疑，行为科学的人事管理由此应运而生。

行为科学派从心理学和社会学的角度提出了如下管理措施：

第一，管理人员不能只注意指挥、监督、计划、控制和组织，而更应重视员工之间的关系，培养和形成员工的归属感和整体感。

第二，管理人员不应只注意完成任务，而应把注意力放在关心人和满足人的需要上。

第三，在实行奖励时，提倡集体奖励制度，而不主张个人奖励制度。

第四，管理人员的职能还应该增加联络员与上级管理者的内容，并提倡不同程度上让员工和下级参与企业管理工作的研究与讨论。

行为科学理论最大的进步在于，强调工人不是机器，是社会人而不是经济人，他们是有需要、有动机和有个性的企业组织成员。除了经济因素，工人的需要、动机和个性与企业组织的因素，均会影响工人的行为，因此应当对人的行为进行积极的引导或激励。行为科学极大地丰富了现代人事管理学的内容，这表现为人事管理领域的扩大，它除了对工作人员的选用、调迁、待遇、考核、退休等进行研究之外，还注意对人的动机和行为目的加以研究，以求了解员工的心理，激发他们的工作意愿，充分发挥他们的潜力。

三、从人事管理到人力资源管理阶段

(一)人事管理概述

1. 人事管理定义

人事管理是人力资源管理发展的第一阶段，是有关人事方面的计划、组织、指挥、协调、信息和控制等一系列管理工作的总称。通过科学的方法、正确的用人原则和合理的管理制度，调整人与人、人与事、人与组织的关系，谋求对工作人员的体力、心力和智力作最适当的利用与最高的发挥，并保护其合法的利益。

2. 人事管理的起源发展

人事管理一词源于英语 Personnel management，本意是“人员管理”。日本译为人事管理，后被普遍采用。人事管理作为一门科学，起源于美国。人事管理的实践同人类社会的历史一样悠久。原始社会的部落管理，奴隶社会的军事组织和生产组织等，从某种意义上说，都属于人事管理。但在人类社会相当长的历史时期中，人事管理并没有形成科学的管理理论。到 20 世纪初叶，一些受商业、工厂和政府部门聘用的管理人员、科学家和工程师，从提高经济效益和工作效率出发，总结和运用历史上的人事管理经验，解决劳动和劳动管理中的问题，从而使人事管理上升到了科学管理的阶段。当时的人事管理，指的是私人企业中员工的选拔和任用，初称为劳动管理，继而称为雇佣管理，后称为工业关系，20 世纪 20 年代后称为人事管理。

中国的人事管理实践，源远流长。从秦始皇统一中国到南北朝时期，中国的人事管理已具雏形。两汉时期起，封建朝廷在选拔用人方面，采用了察举与征辟、策试、上书言事等多种办法，建立了考绩制度和培训机构(官学和私学)，出现了爵(等级)、位(职务)、禄(工资)的分开管理方法。隋唐以后，科举制度(即选人用人制度)发展到了成熟阶段，实行了考试、培训、调动、任免、俸禄、退休等一系列制度，建立了专管考试、考核、任免、奖惩、监察等管理机构，形成了一套完整的封建官僚的人事制度。这种制度一直延续到明清时代。现代的人事管理，是进入 20 世纪后才从西方传到中国的。

(二)人事管理与人力资源管理的区别

1. 人性假设立足点的不同

人事管理是基于“复杂人”的假设，假设人在不同的情境下有不同的需求，依据这些需求对其进行激励。人力资源管理是基于一种全新的“价值人”的假设，它突破了传统的马斯洛需求层次论，认为人人都有自我发展、自我实现、求上进、求发展的欲望与追求，即使其生理、安全、社交和尊重的需要还没有得到完全的满足。这在高等教育日趋普及，人口素质普遍提高，知识经济到来的今天，特别是在那些高级人才云集的跨国公司是站得住脚的。当然，这种实现自我价值的需要在外界物质条件相同的情况下也存在着较大的个体差异，但那些自我实现欲望强烈的人在公司的生存与发展中起决定性作用。这种假设使企业将人力资源管理的目标放在提高员工工作生活质量，满足他们成长和自我实现的需要上。

2. 管理过程中对人所持的哲学看法不同

在人事管理中，企业对人的看法局限于人力是一种成本，在使用时以节约为目标；而人力资源管理将人视为可开发并能带来收益的资源进行开发和控制，成本是为实现目标而不得不作出的付出，而"资本是能带来剩余价值的价值"。这样，人力资源管理将工作重点放在以个人与组织的共同实现与发展为目标的人力资源开发上面。在人事管理中虽然有培训，这些培训也会给员工带来发展，但从企业的角度看来，这些培训只是为满足工作需要不得不作出的成本付出，而人力资源开发中的培训是以提高员工素质与能力，提高工作绩效为目标的主动培训。

3. 员工关系立场的不同

因为人事管理中企业所有者将人视为成本，在他们看来，雇员的所得正是他们的所失，在他们眼里这仅仅是一个简单的零和游戏，所以劳资关系比较紧张。人事部门经常陷于劳资纠纷的陷阱之中，他们被迫通过服务、保障、职工参与等手段缓和劳资关系。在人力资源管理中视人为可开发并能带来收益的资源，企业将主动建立互相信任，充分参与合作的关系，是一种双赢游戏。

4. 局部孤立式管理和整体综合式管理

在组织上，以前的人事部门仅仅是众多组织部门中的一个，其功能仅仅是整个人员管理的一部分，其他部门如行政、生产等部门都承担了相应的工作。人力资源管理中，人力资源管理作为一种思想贯穿于企业的各个层面，在组织内部建立整合式的功能，人力资源部在企业中的作用日趋重要。人事管理的主要对象是管理层，而企业中的操作层仍然被视为劳动力进行管理，这不仅伤害了他们的积极性，也很难融洽双方关系。在视员工为资源的人力资源管理中，对这种资源的开发就不仅限于管理层，以个人与企业的共同发展为目标的人力资源管理，将拓展到劳资关系的各个方面。人事管理中的绩效评价目的在于发现员工绩效的现状，并以此作为报酬、奖惩、提升的有力依据，因而员工有抵触心理，惧怕绩效评价。人力资源管理中的绩效评价目的在于获得员工绩效现状的信息，找到与目前及未来要求的差距，绩效优秀的员工将得到物质奖励，提升等鼓励，而绩效较差的员工将得到培训机会，为未来的职业生涯发展打下基础。所有员工将从中受益，绩效考评成为员工与企业之间主动交流的有力手段。

5. 单一权能型管理和多维服务型管理

以往人事部门的工作是被动的，例行的，如考勤、工资发放等，遇到问题平息了事。而人力资源管理从资源开发、职工职业发展与企业发展角度，前瞻性地注意组织内外环境的变化，如技术更新、员工心态等，根据组织发展的需要进行挑战性的开拓。

总之，从人事管理到人力资源管理是一次思想上的创新，它们的差别并非仅仅是形式的，而是有本质的区别。

四、人力资本理论阶段

(一)人力资本概述

1. 人力资本的定义

人力资本是指存在于人体之中的具有经济价值的知识、技能和体力(健康状况)等质量因素之和。20世纪60年代，美国经济学家舒尔茨和贝克尔首先创立了比较完整的人力资本理论。这一理论有两个核心观点,一是在经济增长中,人力资本的作用大于物质资本的作用;二是人力资本的核心是提高人口质量,教育投资是人力投资的主要部分。

人力资本比物质、货币等硬资本具有更大的增值空间,特别是在当今后工业时期和知识经济初期,人力资本将有着更大的增值潜力。因为作为"活资本"的人力资本,具有创新性、创造性,具有有效配置资源、调整企业发展战略等市场应变能力。对人力资本进行投资,对 GDP 的增长具有更高的贡献率。

2. 人力资本的分类

人力资本具有不同的分类方法。美国学者 T · W · 舒尔茨在《应付非均衡能力的价值》一文中的分析,区分了五种具有经济价值的人类能力,分别为:学习能力、完成有意义工作的能力、进行各项文娱体育活动的能力、创造力和应付非均衡的能力。

国内学者李忠民在此基础上,将人类能力分为四种:一般能力,即基础性能力;完成特定工作的能力,如生产技能;组织管理能力;资源配置能力,并区分了一般型、技能型、管理型和专家型四种不同类型的人力资本。此外,国内学者还有同质人力资本与异质人力资本之分、一般人力资本与特殊人力资本之分等。

对于人力资本的分类,还应该从人力资本作为知识要素构成的角度进行划分,即人力资本还应该有显性人力资本与隐性人力资本之分。所谓显性人力资本是指构成人力资本价值的外在的、通过一般方法可以观察其价值构成或其价值可以得到确定的部分。如人力资本投资的价值形成、人力资本投资贴现、人力资本的会计成本、人力资本的现金流等。而隐性人力资本是指存在于员工头脑或组织关系中的知识、工作诀窍、经验、创造力、价值体系等。与公开人力资本和半公开人力资本要素相比,隐性人力资本要素更具有本源性和基础性,是创新的源泉,是一切显性知识的基石。如人力资本在价值增值过程中的预期收入、人力资本价值增值过程中的贡献比率等。由于它的构成往往难以观察和确认,但它又是其价值构成中的关键性的部分并在价值增值中起着关键性的作用。因此,我们将之称为隐性人力资本。由于大多数隐性人力资本是看不见、摸不着的,这一方面使隐性人力资本给企业带来的竞争优势更具有不可模仿性和长久性;另一方面,虽然它对企业发展、对经济增长的贡献不可估量,但要对其定价比较难,至少目前还不存在针对经验、创造力或价值体系等隐性人力资本的交易市场。

(二)人力资本理论

西奥多 · 威廉 , 舒尔茨(Theodore W. Schultz, 1902 – 1998)(见图 1.3),美国经济学家。舒尔茨十分关注农业发展的滞后、贫穷与工业的高生产率、高收入水平之间的反差,将农业经济作为经济体的一部分去研究,并将研究延伸至全世界的发展中国家;舒尔茨系统地分析了教育投资对农业生产率以及经济发展的影响,并在 1960 年提出了人力资本投资理论,认为人力资本投资是促进经济增长的关键因素;他还基于非均衡方法对农业的发展潜力展开分析。

图 1.3 西奥多 · 威廉 · 舒尔茨

1979 年度诺贝尔经济学奖得主西奥多 · W · 舒尔茨在 1960 年美国经济学年会上的演说中系统阐述了人力资本理论。在此之前,费雪在 1906 年发表的《资本的性质与收入》一文中首次提出人力资本的概念,并将其纳入经济分析的理论框架中。与舒尔茨同时代及以后对人力资本理论作出突出贡献的主要有贝克尔、明赛尔、丹尼森等，他们从不同的角度对人力资本进行了论述。

舒尔茨对人力资本的最大贡献在于他第一次系统提出了人力资本理论，并冲破重重阻力使其成为经济学一门新的分支。舒尔茨还进一步研究了人力资本形成方式与途径，并对教育投资的收益率以及教育对经济增长的贡献做了定量研究。因此，舒尔茨被称为"人力资本之父"。

贝克尔弥补了舒尔茨只分析教育对经济增长的宏观作用的缺陷，系统进行了微观分析，研究了人力资本与个人收入分配的关系。贝克尔的学术研究特点在于他把表面上与经济学无关的现象与经济学联系起来，并运用经济数学方法进行分析。

爱德华·丹尼森对舒尔茨论证的教育对美国经济增长的贡献率做了修正，他将经济增长的余数分解为规模经济效应、资源配置和组织管理改善、知识应用上的延时效应以及资本和劳动力质量本身的提高等，从而论证了 1929 至 1957 年间美国的经济增长中教育的贡献率应是 23%，而不是舒尔茨所讲的 33%。

雅各布明赛尔首次将人力资本投资与收入分配联系起来，并给出了完整的人力资本收益模型，从而开创了人力资本研究的另一个分支。同时，他还研究了在职培训对人力资本形成的贡献。

总之，人力资本理论作为经济学的一门分支已经形成并发展起来，把它运用到微观企业层次中，特别是与我国国有企业改革结合起来，会起到预防国有资产流失，解决国家所有者虚拟、转轨时期国有企业的内部人控制等问题，激励企业员工，最终会形成更完善的企业治理结构。

人力资本理论主要包括：

(1)人力资源是一切资源中最主要的资源，人力资本理论是经济学的核心问题。

(2)在经济增长中，人力资本的作用大于物质资本的作用。人力资本投资与国民收入成正比，比物质资源增长速度快。

(3)人力资本的核心是提高人口质量，教育投资是人力投资的主要部分。不应当把人力资本的再生产仅仅视为一种消费，而应视同为一种投资，这种投资的经济效益远大于物质投资的经济效益。教育是提高人力资本最基本的主要手段，所以也可以把人力投资视为教育投资问题。生产力三要素之一的人力资源显然还可以进一步分解为具有不同技术知识程度的人力资源。高技术知识程度的人力带来的产出明显高于技术程度低的人力。

(4)教育投资应以市场供求关系为依据，以人力价格的浮动为衡量符号。

人力资本理论突破了传统理论中的资本只是物质资本的束缚，将资本划分为人力资本和物质资本。这样就可以从全新的视角来研究经济理论和实践。该理论认为物质资本指现有物质产品上的资本，包括厂房、机器、设备、原材料、土地、货币和其他有价证券等，而人力资本则是体现在人身上的资本，即对生产者进行普通教育、职业培训等支出和其在接受教育的机会成本等价值在生产者身上的凝结，它表现在蕴含于人身中的各种生产知识、劳动与管理技能和健康素质的存量总和。按照这种观点，人类在经济活动过程中，一方面不间断地把大量的资源投入生产，制造各种适合市场需求的商品；另一方面以各种形式来发展和提高人的智力、体力与道德素质等，以期形成更高的生产能力。这一论点把人的生产能力的形成机制与物质资本等同，提倡将人力视为一种内含于人自身的资本——各种生产知识与技能的存量总和。

第三节 人力资源管理的基础理论

在人类的管理活动中。管理的要素主要有人、物、财、信息等等。由于人的特殊性,对人的管理是最为重要和关键的。特别是社会发展到今天,人自身的素质得到了空前提高,人们对自身的价值和自身存在的意义比以往任何时候都要更加关注,人的成长和发展对于社会物质财富和精神财富的增长所起的作用与日俱增。因此,"人"这个要素在管理中越来越受到重视。对组织中的"人"采取一定的管理措施和方法,则离不开对人的认识。自古以来,就有对人性的探讨和理解,有的是属于管理学和经济学的范畴,是严格意义上的人性假设理论。而有的人性假设理论则超出这些范畴。和伦理学、社会学相联系,可以看成是广义上的人性假设理论。这些对人性的深入分析所形成的人性假设理论,成为管理学和经济学的立论基础。基于不同的人性假设理论,管理学史上形成了种种不同的管理方法理论,经济学上则作为分析经济现象的理论前提之一。

随着社会的发展,人们周围的客观世界不断发生着的新变化正影响着人的思想和行为。同时,人们对自身的认识也在深化,人性假设理论在21世纪有了新的进展。人性假设是指管理者在管理过程中对人的本质属性的基本看法。从时间跨度和中西方地理因素考虑,我们可以将人性假设理论划分为西方人性假设观、中国古代人性论。

一、西方人性假设

(一)"工具人"假设

这是西方最早的人性假设理论。产生于古代中世纪奴隶社会的管理实践之中。

在奴隶社会,奴隶主把奴隶看成是会说话的工具和他们的私人财产。在以大机器生产为特征的资本主义初级阶段,资本家则把雇佣工人看成是活的机器或是机器的一个组成部分。总之,这些劳动者就像工具一样,任由管理者使唤。自身价值根本就不可能得到体现,他们是在暴力、强迫之下劳动着的。

(二)"经济人"假设

随着资本主义经济的萌生和发展,到了18世纪,西方享乐主义哲学者和英国的经济学家亚当·斯密提出了这个假设。他们认为人是"有理性的、追求自身利益最大化的人",在管理中强调用物质上和经济上的利益来刺激工人努力工作。"经济人"思想是社会发展到一定历史阶段的产物,是资本主义生产关系的反映,它的提出标志着社会的巨大进步。

(三)"社会人"假设

到了20世纪30年代,美国哈佛大学的乔治·埃尔顿·梅奥(George Elton Mayo)等人进行了著名的霍桑实验。实验的意外结果使他们观察到了人性的另一个重要侧面——人不仅仅是关心自己个人的物质利益,还会追求人与人之间的友情、安全感和集体归属感。实验的结论是:组织中人与人之间的关系是决定员工工作努力程度的主要因素。因此,管理者应当建立和谐的人际关系来促进工作效率和效益的提高。

"社会人"假设的提出是管理学的重要转折点,开创了"行为科学"学派。

(四)"自我实现人"假设

这是美国心理学家马斯洛提出的观点。他认为人的需要是多层次的,人们有着最大限度地利用和开发自己的才能的需要，希望能够有机会获得自身发展与成熟，“自我实现”是工作的最大动力。组织给予挑战人生的任务才能激发出员工的强烈工作热情。

（五）“复杂人”假设

60 年代，美国学者艾德佳·沙因（Edgar H. Schein）在综合“经济人”假设、“社会人”假设和“自我实现人”假设这三种西方人性假设的基础上，提出了“复杂人”的观点。他认为，人的需要和潜在愿望是多种多样的，而且这些需要的模式随着年龄、在社会中所扮演的角色、所处的境遇和人际关系的变化而不断地发生着变化。

（六）“文化人”假设

20 世纪 80 年代，美国加州大学的日裔美籍学者威廉·大内在他的《Z 理论——美国怎样迎接日本的挑战》一书中，从社会和组织文化的角度来考察、分析日美两国企业的不同和利弊，强调要重视人的问题，对员工要信任、亲密，以及确立一致的组织目标和共同的价值观念，才能使企业获得成功。

课堂思考题：

针对西方学者的人性假设理论，讨论如何采取相应的管理措施。

二、中国古代人性假设

中国古代的人性假设是从伦理学、社会学的角度来探讨人的本性问题。

（一）“性善论”的人性说

战国时期孟子（见图 1.4），在中国思想史上第一个较为系统地提出人性学说。孟子主张人性生来就是善的，“人之性善也，犹水之就下也，人无有不善，水无有不下。”（《孟子·告子上》）他认为，人和禽兽之所以不同，就在于人有仁义，有同情心，有生活秩序。仁、义、礼、智四点是人与生俱来的品质，人们只是受了物欲的障蔽，才丢失了这种本性。因此，孟子提出：“存其心，养其性，所以事天也。”（《孟子·尽心上》），也就是人应该不断思考反省，存心养性。“性善论”肯定了人的自我激励、发展潜力、承担责任和为组织目标而奉献的愿望。

图 1.4　孟子

性善可以通过每一个人都具有的普遍的心理活动加以验证。既然这种心理活动是普遍的，因此性善就是有根据的，是出于人的本性、天性的，孟子称之为“良知”、“良能”。

（二）“性恶论”的人性说

荀子（见图 1.5）认为，“生之所以然者谓之性”，人生来就有耳目之欲，声色之好，“目好色，耳好声，口好味，心好利，骨体肤理好愉快”（《荀况·性恶》）。“饥而欲食，寒而欲暖，劳而欲息，好利而恶害”都是人的本性。如果按照人的本性行事，就要争夺而无谦让，互相残杀而无忠信，发生淫乱而无礼仪。荀子强调道德教育的必要性。他认为，人性的恶是可以改变的，君子与小人是可以互相转化的。因此，要利用人性的“好利恶害”的特点，围绕组织的目标对人进行激励则成为人力资源管理研究的范畴。

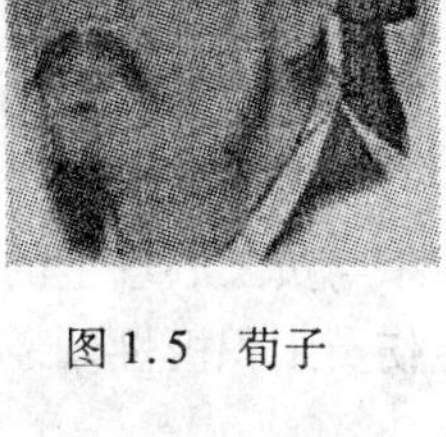

图 1.5　荀子

荀子所论及的人性，其本质恰是无所谓善恶的“本始材朴”的自然之性，它既有转化为恶的可能，也有发展为善的机会。

春秋战国时期，儒家的始祖孔子（见图1.6）认为“人之初，性本善”，但由于后天所处的不良环境的影响以及人的可塑性，才使得善良的面目改变了。因此，要恢复人的善良本性造福社会，就必须进行道德教化。在具体方法上，他提出了构建“仁、义、智、信”道德规范体系，用于规范人的行为。而后来的荀子则认为“人性本恶”，人性中的善是环境影响的结果，是表面的伪装。因此，需要国家加强对人的管理，防止社会混乱。基于这两种截然相反的人性假设观，导致了孔子和荀子分别提出了不同的管理国家的方法。

图1.6　孔子

（三）“见素抱朴”的人性说

老子（见图1.7）认为，“明自然之道和守自然之道”就是人性。老子认为，宇宙间的一切都是自然的，人的本性也是自然的。老子的“见素抱朴”观点认为，最高道德境界的人就如像是刚出生的婴儿，“内心无利害”，心平气和，精气充足，生命力蓬勃。所以，人性无善恶之规定，没有先天的道德属性，而人的社会化过程便出现了“善”或“恶”，这是人的自然属性的异化，认为“返璞归真”便是成人之道。

图1.7　老子

“见素”：没染色的丝叫“素”，“见素”就是明自然之道。“抱朴”：没经过雕刻的木叫“朴”，“抱朴”就是守自然之道。“朴素”即为事物的本色。

（四）“安利恶害”的自然人性说

韩非子（见图1.8）认为，“自为自利”是人的天性。这实际上是说，人的本性是自私的，但并没有“善恶”之分。所以，“因人之情”也是治理国家的出发点。因为“自为自利”是“自然人性”，应通过严刑峻法整治犯禁者，通过各种名利诱导民众，满足其欲望。

韩非子认为“人皆挟自为心”，“好利恶害，夫人之所有也”，“喜利恶害，人莫不然”；人人都有为自己打算的心理，好利恶害是人性的真实情况。

图1.8　韩非子

第四节　人力资源管理概述

一、影响人力资源管理的因素

（一）心理因素

人的心理是宇宙间最复杂的现象之一，人们复杂的心理现象对人的行为有着指导或影响的作用，在对人的管理中，心理因素也是极为重要的因素之一。例如，企业的目标与员工心理上的需求是否一致，就是关系到人的积极性和工作效率的一个重要方面。企业目标如果与员工心理上的需求相一致，员工将表现出高昂的积极性；相反，如果不相一致，就会挫伤员工积极性。

（二）生理因素

1885年，泰勒观察到工人铲砂时有一系列错误，如铲子的大小不均、形状不对头，一次铲起的砂石量也无一定标准，甚至连盛砂石的容器的高矮、大小、形状和安放位置也有种种不合适。这一系列错误使得工人易于疲劳和易受损伤，从而影响了劳动生产率。于是泰勒把工作的特点，按照逻辑顺序与劳动者的生产机制结合起来研究，对完成各种工作的动作和时间进行详细的考察和分析；同时研究了所用的工具和设备如何更加合理化。于是，规划出一套规范性的动作和时间。目的在于使人采用的动作最合理，花费时间最少，以提高生产效率。这就是在企业管理中有系统地进行时间研究和动作研究的开端。

在现代管理科学中，对人的管理仍然没有忽略生理因素。例如，为了提高劳动生产率，不能只是片面地增加定额，加大强度，而且要求工程设计人员在研究设计工具和机器设备时要结合人的生理特点，要根据人的躯体上肢、下肢的长短、握力的大小等特点，来设计机器和布置工作场地，以达到最大限度地利用人的体力与智力。我们有些进口机床由于主要是根据外国工人的身体特点设计的，有时身体矮小的女工操作就感到困难，甚至够不到某些手柄或手轮，而不得不在地上铺上垫板。有些机床或仪表板因为尺寸不适宜，使工人干了一天活之后，感到十分疲劳。这些就是没有考虑到中国工人的生理因素的特点。这样不仅降低了生产效率，而且增加了工人体力和脑力的负担。

（三）组织因素

企业和组织是有高度创造性的系统，有明确的目标和科学的内部结构，是多层次的人力的有机组合。组织中责权的分配、机构的设置、成员的有无发展等，都会影响到人力管理。

1. 企业中组织结构设置得是否合理

要使员工和管理者既肯于负责，又能正确运用权力，必须有一套明确的组织结构。管理者必须和其下级人员一起，为这套组织结构上的每一个职位确定它有什么任务、完成什么目标及其考核标准，以期获得密切的配合。

2. 责与权是否能结合起来

“责”就是责任；“权”就是权力，二者应当是结合在一起的。作为企业的各级管理者或生产者，他们都处于组织中的一定的位置，应当是既有“权”又有“责”。就拿企业中的工人来说，他们既担负着岗位所赋予的责任；同时对其本身执行范围的工作也有决定的权力。不仅如此，还应有相应的参与企业决策的权力，只有这样才能保证企业的民主管理充分发挥积极性。再从各层管理者来说，他们既有计划、组织和协调生产过程，以及用人的责任；也有相应的权力，做到“有职有权”，这样才能使他们真正搞好企业的管理。

为了有利于人的管理，在设计组织结构时要考虑以下几方面：①结构要力求精简、明确。机构臃肿、重叠，弊端甚多，极不利于发挥人的积极性。②每个职位应保证在那个职位上的人能做出成绩，能给人以发展的可能，使人能有“奔头”。职位如果不能保证有这些可能，就失去了对人的激励力量。③组织结构的设计必须保证信息通畅，对于工作者本人来说，他随时要有一面镜子照一照自己，这面镜子就是反馈回来的信息。这些信息告诉他干得如何，有无成绩，问题何在。各级的管理者和生产者只有在随时了解他们本身工作成绩如何的情况下，才能切实掌握、调节自己的工作，有的管理学家称之为“自我控制过程”。

(四)社会因素

一个人处于社会之中,当然要受到社会各种复杂因素的影响。对于人的管理,同样也摆脱不了这种影响。社会因素一般包括一定社会发展阶段基本矛盾的影响,以及人与人的社会关系、社会道德传统、风俗习惯等。

人们都生活在一定社会形态之中,都要受到民族习性和文化传统的熏陶。所以,人力资源管理必须强调民族传统的因素,吸取民族传统和文化中的精华,这也是社会因素中不可忽视的一个方面。

二、人力资源管理的内容

人力资源管理是指企业的一系列人力资源政策以及相应的管理活动。这些活动主要包括企业人力资源战略的制定、员工的招募与选拔、培训与开发、绩效管理、薪酬管理、员工流动管理、员工关系管理、员工安全与健康管理等。即企业运用现代管理方法,对人力资源的获取(选人)、开发(育人)、保持(留人)和利用(用人)等方面所进行的计划、组织、指挥、控制和协调等一系列活动,最终达到实现企业发展目标的一种管理行为。

(一)人力资源管理的目标

人力资源管理的最终目标是促进企业目标的实现。阿姆斯特朗对人力资源管理体系的目标作出了如下规定:

(1)企业的目标最终将通过其最有价值的资源——它的员工来实现。

(2)为提高员工个人和企业整体的业绩,人们应把促进企业的成功当做自己的义务。

(3)制定与企业业绩紧密相连、具有连贯性的人力资源方针和制度,是企业最有效利用资源和实现商业目标的必要前提。

(4)应努力寻求人力资源管理政策与商业目标之间的匹配和统一。

(5)当企业文化合理时,人力资源管理政策应起支持作用;当企业文化不合理时,人力资源管理政策应促使其改进。

(6)创造理想的企业环境,鼓励员工创造,培养积极向上的作风;人力资源政策应为合作、创新和全面质量管理的完善提供合适的环境。

(7)创造反应灵敏、适应性强的组织体系,从而帮助企业实现竞争环境下的具体目标。

(8)增强员工上班时间和工作内容的灵活性。

(9)提供相对完善的工作和组织条件,为员工充分发挥其潜力提供所需要的各种支持。

(10)维护和完善员工队伍以及产品和服务。

(二)人力资源管理的内容

人力资源管理通常包括以下具体内容:

(1)职务分析与设计。职务分析对企业各个工作职位的性质、结构、责任、流程,以及胜任该职位工作人员的素质、知识、技能等,在调查分析所获取相关信息的基础上,编写出工作说明书和岗位规范等人事管理文件。

(2)人力资源规划。人力资源规划把企业人力资源战略转化为中长期目标、计划和政策措施,包括对人力资源现状分析、未来人员供需预测与平衡,确保企业在需要时能获得所需要的人力资源。

(3)员工招聘与选拔。组织根据人力资源规划和工作分析的要求,为企业招聘、选拔所需要人力资源并录用安排到一定岗位上。

(4)绩效考评。对员工在一定时间内对企业的贡献和工作中取得的绩效进行考核和评价,及时做出反馈,以便提高和改善员工的工作绩效,并为员工培训、晋升、计酬等人事决策提供依据。

(5)薪酬管理。薪酬管理包括对基本薪酬、绩效薪酬、奖金、津贴以及福利等薪酬结构的设计与管理,以激励员工更加努力地为企业工作。

(6)员工激励。采用激励理论和方法,对员工的各种需要予以不同程度的满足或限制,引起员工心理状况的变化,以激发员工向企业所期望的目标而努力。

(7)培训与开发。通过培训提高员工个人、群体和整个企业的知识、能力、工作态度和工作绩效,进一步开发员工的智力潜能,以增强人力资源的贡献率。

(8)职业生涯规划。组织应鼓励和关心员工的个人发展,帮助员工制订个人发展规划,以进一步激发员工的积极性、创造性。

(9)人力资源会计。人力资源部与财务部门合作,建立人力资源会计体系,开展人力资源投资成本与产出效益的核算工作,为人力资源管理与决策提供依据。

(10)劳动关系管理。通过协调和改善企业与员工之间的劳动关系,进行企业文化建设,营造和谐的劳动关系和良好的工作氛围,保障企业经营活动的正常开展。

三、人力资源管理的基本原理

(一)同素异构原理:总体组织系统的调控机制

同素异构原理一般是指事物的成分因在空间组合关系和方式的不同,即在结构形式和排列次序上的不同,会产生不同的结果,引起不同的变化。例如,在群体成员的组合上,同样数量和素质的一群人,由于排列组合不同而产生不同的效应;在生产过程中,同样人数和素质的劳动力因组合方式不同,其劳动效率高低也不同。

同素异构是化学中的一个重要原理,最典型的例子就是金刚石与石墨。其构成是同样数量的碳原子,但由于碳原子之间在空间上的排列方式与组合关系的不同,形成了在物理性质上存在着极为明显差别的两种物质:金刚石坚硬无比,而石墨却十分柔软,在色泽与导电等方面两者也迥然不同。

在组织中同样一群人,由于领导者与被领导者组合排列方式上的差别,会产生不同的结果。在现实活动中,可以举出大量此类案例,由此可以说明构建完善组织系统的动态调节机制的重要意义。根据这一原理,企业必须建立有效的组织人事调控机制,根据企业生产经营的需要,重视组织内部各种信息的传递和反馈,不断地对组织与人员结构方式进行调整,以保证系统的正常运行。

(二)能位匹配原理:人员招聘、选拔与任用机制

能位匹配原理是指根据岗位的要求和员工的能力,将员工安排到相应的工作岗位上,保证岗位的要求与员工的实际能力相一致、相对应。“能”是指人的能力、才能,“位”是指工作岗位、职位,“匹配”是一致性与对称性。企业员工聪明才智发挥得如何,员工的工作效率和成果如何,都与人员使用上的能位适合度成函数关系。能位适合度是人员的“能”与所在其“位”的配置程度。能位适合度越高,说明能位匹配越合理、越适当,即位得其人、人适其位、适才适所。这不但会带来高效率,还会促进员工能力的提高和发展;反之亦然。

根据这一原理,企业必须建立以工作分析与评价制度为基础,运用人员素质测评技术等科学方法甄选人才的招聘、选拔、任用机制,从根本上提高能位适合度,使企业人力资源得到充分开发和利用。

(三)互补增值、协调优化原理:员工配置运行与调节机制

互补增值、协调优化原理是充分发挥每个员工的特长,采用协调与优化的方法,扬长避短,聚集团体的优势,实现人力、物力和财力的合理配置。人作为个体,不可能十全十美。而作为群体,则可以通过相互结合、取长补短,组合成最佳的结构,更好地发挥集体力量,实现个体不能达到的目标。在贯彻互补原则时,还应当特别注意主客观因素之间的协调与优化。所谓协调,就是要保证群体结构与工作目标相协调,与企业总任务相协调,与生产技术装备、劳动条件和内外部生产环境相协调;所谓优化,就是经过比较分析,选择最优结合方案。

互补的形式是多层次、多样化的,互补的内容包括:

1. 知识互补

在一个群体中,若个体在知识领域、广度和深度上实现互补,那么整个集体的知识结构就比较全面合理。

2. 能力互补

在一个群体中,若个体在能力类型、大小方面实现互补,各种能力的互补就能形成优势,使组织的能力结构更加合理。

3. 性格互补

每个个体都具有不同的性格特点,而且具有互补性,这样易于整个组织形成良好的人际关系和胜任处理各类问题的良好的性格结构。

4. 年龄互补

合适的人员年龄结构,可以在体力、智力、经验、心理上形成互补,从而有效地实现人力资源新陈代谢,使企业焕发出持久的活力。

5. 关系互补

每个人都有自己特殊的社会关系,从整体上看,关系互补更易于发挥集体的社会关系优势。

(四)效率优先、激励强化原理:员工酬劳与激励机制

效率优先、激励强化原理是指将提高效率放在首要位置,通过有效激励,使员工明辨是非,认清工作的目标和方向,保持持续不竭的内在动力。在企业中,一切工作都要以提高效率为中心,时时处处将提高效率放在第一位,各级主管应当充分有效地运用各种激励手段,对员工的劳动行为实现有效激励。例如,对员工要有奖有惩、赏罚分明,才能保证各项制度的贯彻实施,才能使每个员工自觉遵守劳动纪律,严守岗位,各司其职,各尽其力。如果干与不干、干好与干坏都一样,那么就不利于鼓励先进、鞭策后进、带动中间,把企业的各项工作搞好。

此外,还要通过企业文化的塑造,特别是企业精神的培育,教育、感化员工,以提高组织的凝聚力和员工的向心力;通过及时的信息沟通和传递,以及系统的培训,使员工掌握更丰富的信息和技能,促进员工观念上、知识上的转变和更新。

(五)公平竞争、相互促进原理:员工竞争与约束机制

公平竞争、相互促进原理是在企业的人事活动中坚持“三公”原则,即待人处事、一切人事管理活动都必须坚持“公正、公平和公开”的原则,提倡起点相同、规则相同、标准相同,考评公正、奖惩公平、政务公开,采取比赛、竞争的手段,积极开展“比、学、赶、帮、超”活动,激发员工的斗志,鼓舞员工的士气,营造良好的氛围,调动员工的积极性、主动性和创造性。在企业中,为了促进生产任务的完成,应当提倡员工相互比赛、相互竞争。在社会主义市场经济条件下,企业要为全体员工搭建一个体现“三公”原则的大舞台,将绝大多数员工吸引到这个“效率优先、平等竞争”的舞台上,使他们能够大显身手,施展本领,发挥自己的才能。在企业中,应创造一切条件鼓励员工在生产产量、质量、技术操作等方面相互比赛、相互竞争,使员工在竞争中得到充分开发和利用。

(六)动态优势原理:员工培训开发、绩效考评与人事调整机制

动态优势原理是指在动态中用好人、管好人,充分利用和开发员工的潜能和聪明才智。

在工作活动中,员工与岗位的适合度是相对的,不适合、不匹配是绝对的。因此,应当注重员工的绩效考评及员工潜能和才智的开发,始终保持人才竞争的优势。社会一切事物和现象都是处于变动之中的,企业的员工也处于变动之中。“流水不腐,户枢不蠹”。从优化组织的角度看,企业员工要有上有下、有升有降、有进有出、不断调整、合理流动,才能充分发挥每个员工的潜力、优势和长处,使企业和员工个人都受益。

四、人力资源管理对象的特征

人力资源管理对象,简单地说,是以“人”为中心的人与人、人与事的关系,“事”既包括劳动者在社会生产活动过程中使用的劳动资料以及作用和影响的劳动对象,也包括人与人形成的各类组织及其相互关系。因此,“人与事”又具体表现为“人与物”和“人与组织”的关系。在上述各种关系之中,“人”即劳动者,始终处于核心和主导地位。为了对企业员工有效地进行管理,必须掌握员工作为“人”的因素所具有的各种特征。

(一)员工的基本特征

在人力资源管理中,员工在生理、心理、社会和道德方面所具有的多重特性是不容忽视的,尽管这些特性在表现形式和主次位置上会有所不同。

(二)员工的动态特征

注意研究人的动态性,对人力资源管理来说是至关重要的。人是由一系列复杂交错、不断变化更新的因素组成的多面体。以这个事实为基础,就可以正确并有效地解决好员工激励、员工的自我保护机制、员工的成熟和发展等人事管理问题。

1.员工激励

员工激励具有以下几个特点:

(1)激励员工的尝试不一定会产生直接的反应或达到满意的效果。

(2)要使员工对激励做出相应的反应,通常需要一定的时间。

(3)任何一种刺激方法都不是万能的,没有一种刺激方法能在各种场合和任何时间下都适用。

2.员工的自我保护机制

员工的自我保护机制具有以下几个特点:“人”的自我保护机制是一种动态表现;个人

通过各种方式拟订的计划，大多数是为了满足自身生理、心理、社会、道德等方面的个人需求，达到或提高自己意想中的目标和标准；在这种压力下，会使不同员工和群体做出不同程度和类型的反应。因此，管理者必须灵活地对个人的自我保护行为和产生的影响做出正确的决策和选择。

3. 员工的成熟和发展

人们总是处于发展变化和逐步成熟的过程中，应当全力避免消极因素，调动积极因素，促使员工与企业同步发展。

管理的任务是促进员工逐步成熟，真正实现：增强自主自立性，取代依附依赖性；增强行为的多样性，取代行为的有限性；增强精力的集中性，取代兴趣的分散性；增强关心他人的高尚情操，取代突出自我的狭隘观念；增强工作的计划性，取代活动的盲目性；增强积极向上的奋进精神，取代情绪低落的士气；增强竞争意识，取代无所作为的涣散性；增强学习的自觉性，取代培训的被动性。

五、人力资源管理在企业中的角色

（一）人力资源管理部门在企业中的角色定位

1. 企业发展战略的合作伙伴

人力资源管理部门应该渗透到企业经营管理的各个环节。人力资源管理部门的发展战略必须符合企业发展战略，在企业战略发展的指导下，制定出人力资源管理部门的发展战略，通过人力资源的战略和政策的制定和实施，推动企业发展战略的实现，为企业创造核心竞争力。在企业计划和发展的过程中，人力资源管理部门应该起着推动和引导的积极作用。人力资源管理部门应该需要花多点的时间去考虑企业发展战略的问题，以及作为人力资源管理部门如何去满足企业发展的需求；而所有的人力资源配置和开发都要和企业的战略发展紧密相连。

2. 适应变化的专家

企业由于内部和外部的环境变化，会相应地调整其发展战略和部署。人力资源管理部门应该顺应企业的变化，调整人力资源的战略和决策，更应主动参与到企业变革中。人力资源管理部门应该确保人力资源相关的政策和措施可以帮助企业去适应变化的需求；在企业变化和变革的过程中，人力资源应该作为一个积极有效的参与者。同样，企业文化的创建和变革也需要人力资源管理部门带领员工去适应变革的发展。

3. 员工的拥护者

人力资源管理部门的发展战略和政策的实施，离不开员工的支持和配合。人力资源管理部门要作为员工的拥护者，在企业内部为员工创造发展的平台和条件，帮助员工共同发展。人力资源管理部门所开发的程序和政策应该尽可能地满足员工的需求；人力资源管理不应该单方面地去进行，而是应该经常花时间去倾听员工的想法，并及时做出回应；如果可能的话，人力资源管理工作应该尽可能地在日常工作中帮助员工去了解他们个人的需求。人力资源管理部门要始终坚信，员工作为人力资本是为企业创造核心竞争力的重要条件和催化剂。保持员工的士气和动力是建立人力资源管理团队信服力的一个非常重要的手段。

4. 企业管理专家

从招聘、选拔、录用、培训、留用、薪酬管理、奖惩等方方面面的工作，人力资源管理不仅应该保证人力资源的政策和措施非常高效的实施；同时，人力资源管理部门应该有很好的控制程序确保有效的监控和管理各项人力资源措施的有效性；在人力资源管理的进程中，也需要有一定的指标去衡量和评价人力资源工作的有效性。在信息高度发展的今天，人力资源管理部门应该去考虑如何通过其他手段或途径（如人事外包）去弱化这方面的职能，使人力资源管理部门能够有时间去承担更多帮助企业实现发展战略的任务。

（二）人力资源管理人员实现有效角色转换的途径

第一，人力资源管理团队要有能力去了解现有的和未来的企业发展战略和目标。有效的人力资源管理是具有战略性的，人力资源管理团队必须站在战略的角度通过对员工和客户的满意度、创新、生产率以及企业在社会中的良好声誉等作出贡献而与企业的绩效直接挂钩起来。因此，作为专业的人力资源管理人员，要求具有一定的领导能力、思维创新能力和巧妙的洞察力，站在企业战略的高度审时度势。

第二，无论是员工的流失率还是企业发展中的问题，人力资源应该有能力去提供解决这些问题的方案和应对措施。这就要求人力资源管理人员有很强的分析能力和对事实判断和解决问题的能力，能站在企业的层面去解决员工和企业面临的棘手的问题。

第三，企业变革发展中，难免会存在对人力资源管理的政策、要求和工作设计等产生抵触和不配合的情形，人力资源管理团队应该有能力去克服这些抵触。应通过与企业的战略合作关系使得人力资源管理实践统一于企业的战略。对由变革等引起的问题应该具有很强的掌控能力，通过培训、技术认同或工作流程再造等提高效率和降低成本的手段扩大员工对企业的贡献。

第四，作为员工的拥护者，人力资源管理团队应该给予员工适时的辅导，就员工所关心的问题提出建议，使得员工的个人发展和企业发展提供共同的平台。对于人力资源管理者来说，员工关注的问题就是人力资源管理应该着重改善的问题，但是必须把它与战略层面相结合。

第五，人力资源管理团队应该有能力去设计和开发适应企业发展的人力资源管理系统，使得人力资源管理更有效。专业的人力资源管理人员应该具备较强的行政管理能力和执行能力，人力资源管理人员应该对人力资源管理实践进行有效的评价和衡量。因此，分析能力也是专业人力资源管理人员所必备的。

第五节　人力资源管理的趋势

一、知识型员工的管理

随着经济科技的不断发展和进步，组织中的员工的素质也在不断的提高。“知识型员工”越来越得到组织的青睐。

“知识型员工”这一概念是美国学者彼得·德鲁克首先提出的，具体指“那些掌握和运用符号和概念，利用知识或信息工作的人。”当时主要指某个经理或执行经理。但在今天，知识型员工的概念已经涵盖了大多数的白领。一般指从事生产、创造、扩展和应用知识的活动，为单位（或组织）带来知识资本增值，并以此为职业的人员。知识型员工不同于普通员工的本质特征是拥有知识资本这一生产资料，也就是说知识型员工是知识所有者。

(一)知识型员工的特点

1. 较高的个人素质

今天的知识型员工一般都具有较高的个人素质,拥有较高的学历和其他方面的能力素养,不再是仅仅出卖劳动力的“机械”,不仅对于专业知识,而且对于经济、管理等都有较多的认识,掌握着最新的技术。

2. 很强的自主性

知识型员工是一个富有活力的群体。与流水线上的操作工人被动地适应设备运转相反,知识型员工更倾向于拥有一个自主的工作环境,不仅不愿意受制于物,而更强调工作中的自我引导。

3. 有很高价值的创造性劳动

知识型员工从事的不是简单的重复性工作,而是在易变和不完全确定的系统中充分发挥个人的才干和灵感,应对各种可能发生的情况,推动着技术的进步。

4. 劳动过程难以监控

知识型员工的工作主要是创造性活动,依靠大脑而非肌肉,劳动过程往往是无形的,而且可能发生在每时每刻和任何场所。加之工作并没有固定的流程和步骤,其他人很难知道应该怎样做,固定的劳动规则并不存在。因此,对劳动过程的监控既不可能,也没有意义。

5. 劳动成果难于衡量

由于知识型员工的劳动过程难以监控,而且也往往因为知识型员工的劳动成果依赖很多因素,包括同事、团队的协作完成,因此劳动的成果一般难于衡量。

6. 强烈的自我价值实现愿望

知识型员工的需求一般在比较高的层次上,他们往往更在意自身价值的实现,并强烈期望得到单位或社会的认可。他们并不满足于被动地完成一般性事务,而是尽力追求完美的结果。因此,他们更热衷于具有挑战性的工作,渴望展现自我价值。

(二)知识型员工的六项素质

1. 职业道德素质

职业道德素质是所有素质中最重要的素质,也是越来越多的公司最看重的素质。由于知识型员工掌握着公司大量的技术或其他资料和信息,如果职业道德素质很差,会对公司造成很大的危害。现在有些公司,在招收知识型员工时,要求他们提供原辞职单位的工作表现证明,以证明他的职业道德素质水平。

2. 人际交流素质

知识型员工大多是团队作业,需要员工有较强的交流素质和人际交往能力。工作中,沉默寡言或固执己见都会影响工作效率。由于知识更新的速度越来越快,要求团队本身是一个开放型的不断学习的组织,如果员工不愿将自己的知识拿出与他人分享,会影响整个团队的进步。

3. 专业技术素质

员工要有适合本岗位工作所需要的技术理论和专业技能。现在是一个知识更新的时代,光靠大学时学的知识是不够的,必须要有较强的自学能力,否则会被飞速发展的技术所淘汰。

4. 基本管理素质

知识型员工要掌握一般的管理原则和管理方法。由于自主管理和平等协作的管理模式的引入,根据项目的不同,每个员工都可能成为临时的管理者,来负责协调团队成员的工作,要求员工有这方面的基本素质。

5. 身体素质

不论是身体健康还是心理健康,对于知识型员工来说都是非常重要的,它们是未来能够更好地工作的基石。

6. 思维素质

知识型员工应该有较好的分析能力和判断能力。另外,要有系统思维的观点,良好的思维方法,这对工作大有裨益。

(三)知识型员工的管理

企业管理讲求“以人为本”,也就是说管理中的一切将围绕着人来进行。因地制宜、因材施教,将成为知识型员工管理的重要依据。俗语道:攻城为下,攻心为上。可见管理的重心应更侧重于“理”而非“管”.

1. 坚持以人为本,尊重“人性”

首先,给知识型员工以充分实现个人价值的发展空间。现代企业作为社会经济生活中最具活力的领域和组织形式,往往被知识型员工视为展示自我、实现自身价值的最佳平台。

其次,知识型员工特别是优秀人才对自身的价值往往估计较高,并极为看重他人、组织及社会对自己的评价。他们对自身才能是否得到充分发挥,自我价值是否得到相应承认,往往表现得比普通员工更为敏感。也更容易因组织评价与自我评价不一致而产生心理波动或挫折感,以至于弃组织而去。

近年来高新技术企业人才流动频繁,固然与薪酬高低、工作环境等因素有关,但不可否认,相当部分人才是由于感到自身价值未得到真正实现而频频跳槽。

2. 充分授权,委以重任,人尽其长,提高知识型员工的参与感

根据知识型员工从事创造性工作,注重独立性、自主性的特点,企业一方面要根据任务要求进行充分的授权,允许员工自主制定他们自己认为是最好的工作方法,而不宜进行过细的指导和监督,更切忌采用行政命令的方式强制性地发布指令;另一方面,要为知识型员工独立承担的创造性工作提供所需的资金、物资及人力支持,保证其创新活动的顺利进行。

我国的华为与中兴通讯两家高技术公司,其人才流动率始终低于5%,远低于同类高新技术企业20%～50%的平均流动率。而两个公司的共同做法是以人才的特长设岗,做到人尽其才。谁有课题,公司就给谁配备助手、资金、设备;谁有销售才能,公司就马上委以重任,并赋予全部人、财、物调动权,使其能够充分发挥所长。

此外,委以重任、人尽其长,也是激励知识型员工的重要途径。教育心理学中有皮格马利翁效应之说,意思是对受教育者进行心理暗示:你很行,你能够学得更好,从而使受教育者认识自我,挖掘潜能,增强信心。在管理知识型员工方面,企业也可以利用皮格马利翁效应,对员工委以重任、人尽其长,激发其内在潜力,使之焕发出巨大的能动性。

阅读资料

动物园的骆驼

在动物园里的小骆驼问妈妈："妈妈，为什么我们的睫毛那么的长?"骆驼妈妈说："当风沙来的时候，长长的睫毛可以让我们在风暴中能看到方向。"小骆驼又问："妈妈，为什么我们的背那么驼，丑死了!"骆驼妈妈说："这个叫驼峰，可以帮我们储存大量的水和养分，让我们能在沙漠里耐受十几天的无水无食条件。"

小骆驼又问："妈妈，为什么我们的脚掌那么厚?"骆驼妈妈说："那可以让我们重重的身子不至于陷在软软的沙子里，便于长途跋涉啊。"小骆驼高兴坏了："哇，原来我们这么有用啊！可是妈妈，为什么我们还在动物园里，不去沙漠远足呢?"

3. 不拘一格，招贤纳士，用人不拘一格

具有创造性潜能的优秀人才往往有着强烈的个性，或者说，优秀人才的创造性往往蕴含于其独特鲜明的个性之中。而充满个性魅力的创造性人才恰恰是企业最宝贵的资本，是企业创新发展的源泉。要雇用聪明人为你工作。尽管这些聪明人可能留着大胡子，纹着各种各样的纹身，戴着大太阳镜，但他们创造的新的经营理念和计算概念，常常使人感到惊讶。正是这些聪明人，不仅为公司带来源源不断的伟大发明，而且吸引来更多的聪明人加入公司。因此，应当正确认识创造性人才的个性特点，为其提供舒展乃至张扬个性的宽松环境，使他们在不拘一格的自由发展中展示和发挥其聪明才智与创造性潜能。

IBM 总经理沃森，信奉丹麦哲学家哥尔科加德的一段名言：野鸭或许能够被人驯服，但是一旦被驯服，野鸭就失去了它的野性，再也无法海阔天空地自由飞翔了。沃森说："对于重用那些我并不喜欢却有真才实学的人，我从来毫不犹豫。然而重用那些围在你身边尽说恭维话，喜欢与你一起去假日垂钓的人，是一种莫大的错误。与此相比，我寻找的却是那些个性强烈、不拘小节，以及直言不讳，甚至令人不快的人。如果你能在周围发掘许多这样的人，并能耐心听取他们的意见，那你的工作就会处处顺利。"可见，不拘一格，甚至刻意寻求那些个性张扬而不安分守己、循规蹈矩的人，往往可以帮助企业发现最具创造性的优秀人才。

4. 薪酬战略给知识型员工"通电"

近年来，很多发展迅速的企业均致力于设立更具激励效果的薪酬体系，让员工切实感到自己是企业实实在在的"主人"而非"过客"，甚至让员工持有股份。从本质上承认劳动力、智力将成为资本存在于企业之中，由员工共同参与、共同发展、共同分享，借此实现共同愿景。

"企业利益共同体"知识经济时代，员工的薪酬不再是简单的收入分配问题，而成为知识型人才价值实现的一种形式。企业制定合理的薪酬制度，不仅是吸引和留住一流知识型人才的前提，也是人力资本不断增值的重要基础。

5. 让培训给知识型员工"充电"

管理大师彼得·德鲁克曾说，员工的培训与教育是使员工不断成长的动力与源泉。

在知识经济时代，知识飞速发展。据不完全统计，现今我们所学知识的更新速度仅为9个月，在这样一种知识爆炸的现实面前。企业所提供的培训与教育将会成为吸引人才、留住人才的重要条件之一。为此，企业应将教育与培训贯穿于员工的整个职业生涯，使员工能够在工作中不断更新知识结构,随时学习到最先进的知识与技术,保持与企业同步发展,从而成为企业最稳定可靠的人才资源。

二、人力资源管理新特征

通过对新经济时代特点的分析,得出人力资源在新经济时代的以下特点。

(一)新经济时代是人才主权时代,也是人才赢家通吃的时代

在此时代下,知识与职业企业家成为企业价值创造的主导要素,知识创新者和职业企业家对企业的贡献与价值,使得他们具有对剩余价值的索取权,改变了资本所有与知识所有者之间的博弈关系,建立了人才主权的基础和理论依据。加之,知识经济时代下,社会对知识和智力资本的需求比以往任何一个时代都更为强烈,导致知识创新者和企业家等人才短缺的现象加剧。人才的稀缺性、巨大的增值空间和 HR 的高回报性,使得资本疯狂地追逐人才。在知识创新型企业,人才通过引入风险资本,将知识转化为资本,实现知识的资本化,实现知识雇佣资本。正如美国思科(CISCO)公司总裁约翰·钱伯斯所言:“与其说我们是在购并企业,不如说我们是购并人才。”

因此,在新经济时代里,人才具有更多的就业选择权与工作的自主决定权,人才不是简单地通过劳动获得工资性收入,而是要与资本所有者共享创造成果。为此,企业要尊重人才的选择权和工作的自主权,并站在人才内在需求的角度,去为人才提供产品与服务,去赢得人才的满意与忠诚。

(二)人力资源作为企业经营者的战略伙伴,进行的是战略型管理

以往 HR 管理部门因为不直接创造价值,只作为企业非主流的功能性部门而存在。随着新经济的到来,HR 的管理职能将发生根本转变,逐渐从作业性、行政性事务中解放出来,从幕后走到台前,参与企业的战略性管理,把 HR 战略与企业的经营战略结合起来,支持企业实现经营目标。此时,HR 的管理职能是具有战略导向的企业经营者的战略伙伴,担负起组织重构、建立学习型组织和推动企业变革等责任。

(三)人力资源管理内容的改变

21 世纪员工成为企业的客户,向员工持续提供客户化的 HR 产品与服务成为 HR 管理的新职能,吸纳、挽留、激励、开发企业所需要的人才成为 HR 管理部门的主要任务。企业向员工提供的产品与服务包括:满足员工的事业发展期望的共同愿景、提供富有竞争力的薪酬体系及价值分享系统满足员工的多元化需求、提供持续的 HR 开发与培训、提升员工的人力资本价值的人力资本增值服务、授权员工参与管理、支持员工完成个人及组织发展目标。

(四)通过管理人力资源价值链实现人力资本价值的实现与增值

价值创造就是在理念上要肯定知识创新者和企业家在企业价值创造中的主导作用,企业人力资源管理的重心要遵循帕累托 80/20 定律,即关注那些在企业人员数量中仅占 20% 的关键员工,他们不仅是 80% 企业价值的创造者,而且能带动其他 80% 的员工。在 HR 管理中要注重形成企业的核心层、中坚层、骨干层价值创造员工队伍,利用有效的价值评价机制,实现公平的、具有竞争力的、多元的价值分配,以此激励人才、创造人才。

(五)员工与企业关系的新模式——以劳动契约和心理契约为双重纽带的战略合作伙伴关系

一方面要依据市场法则确定员工与企业双方的权利、义务关系;另一方面企业与员工

一道建立共同愿景，在共同愿望基础上就核心价值观达成共识，培养职业道德，实现员工的自我发展与管理。借此，企业与员工个人共同成长和发展，达到双赢的目标。

（六）人力资源管理的信息化及全球化

随着互联网和信息技术的发展，信息化已成为国家和企业增强自身竞争力的重要手段，企业的信息化过程使得人力资源也通过计算机技术与网络技术改变工作方式、提高工作效率、规范业务流程，并向企业与员工提供增值服务。HR 的全球化表现在员工与经理人才的全球观念的系统整合与管理、人才流动的国际化、人才市场竞争的国际化、跨文化管理。

（七）人力资源管理的核心任务是构建智力资本优势，角色多重化、职业化

21 世纪，企业的核心优势取决于智力资本的独特性。智力资本包括三个方面：人力资本、客户资本和组织结构资本。人力资本的核心任务是通过 HR 的有效开发与管理，提升客户关系价值。

三、人力资源管理的发展趋势

"人"是组织最重要的资产，也是竞争力的关键因素。因此，不管是机构、公务机关或是法人机构越来越重视人才的培育，甚至不惜投入大笔资金办理教育训练。培育人才的目的在于组织整体能力的开发、提升或是经验的传承以及核心能力的维系。由此可见，组织的发展与人才的养成有着直接而密切的关系，甚至可以断言，一个不重视人才养成及维系的组织，将丧失其竞争力，面临无情的淘汰。"训练发展"是培育人才的主要方式，也是涵盖面最广、影响最深远的组织功能。在开发人员能力进而激发其潜力的方面，教育训练确实有着重要的贡献。然而，每位员工的资质能力不同，自然无法采用一套四海皆准的训练方法。因此，如何分门别类，依"人才"及组织发展需求进行规划，并从"知识"、"态度"、"技巧"等方面考量课程的设计，遴选适任的讲师，便是每一位训练专业人员最重要的课题。在 21 世纪的今天，经济环境的变迁、社会价值观的改变、资讯的爆炸以及科技的日新月异，都挑战着训练工作者的专业能力，唯有不断充实与学习，方能保持领先，也才能对组织提供更大的贡献，发挥培育人才的关键力量，推动组织迈向更具希望的明天。

四、人力资源管理面临的挑战

（一）人力资源管理环境带来的挑战

1. 全球经济一体化带来的挑战

随着信息技术的迅速发展，全球经济一体化的趋势越来越明显，并正在以前所未有的高速度向前发展。随着区域性合作组织如欧盟、北美自由贸易区、亚太经合组织等的产生，国与国之间的界限已经越来越模糊。这种趋势在过去几年中迅速在全球蔓延，使世界经济已经形成"牵一发而动全身"的整体，亚洲金融危机和美国"9. 11" 事件都充分说明了这一点。当今的世界，国与国之间不仅仅只是竞争，更重要的是一个相互联系、相互制约、相互依存的整体。一个地区、一个国家的经济和社会动荡，很快就会影响到全球的经济，甚至影响到其他国家的安定与发展。世界经济格局的这一重大变化，对全球的劳动力市场都是一个巨大的冲击。随着全球经济一体化的逐步形成，作为全球经济一体化的必然产物——跨国公司将不得不面对不同的政治体制、法律规范和风俗习惯，作为管理者将会经常遇到不同国籍、不同文化背景、不同语言的员工，如何才能更好地完成工作，如何才能进行更好的交流与沟通，如何才能确立完善的管理制度等，这些很现实的问题都摆在管理者面前。

中国已经成为许多跨国公司投资的热点。中国企业不仅要面对国内的竞争者,而且还要面对全球竞争者的挑战。人力资源作为企业管理的一个重要组成部分,同样面临着非常激烈的挑战。中国的企业管理者如何确保自己的人才不会流失,中国的企业管理者如何保持长期的竞争优势,这是每一个有责任感的管理者都应该深思和解决的问题。

世界经济的一体化已经使人才竞争与人才流动国际化变成了现实。如今企业家的竞争和热门技术人才的竞争已趋于白热化,只有那些能够吸引人才、留住人才并能够对人才进行规范开发和合理激励的企业,才能真正营造核心竞争优势。

2. 技术进步带来的挑战

通常来说,技术进步必然带来两种结果:一是它能够使组织更有实力、更具竞争性;二是它改变了工作的性质。比如说,网络的普及使许多人在家办公已经成为了一种可能。然而,这种高科技的使用必然对员工的素质提出更高的要求,在这种自由宽松的工作秩序下,如何对员工进行考评已成了一个新的课题。事实上,随着技术的进步,其对组织的各个层次都产生了重要的影响,劳动密集型工作和一般事务性工作的作用将会大大削弱,技术类、管理类和专业化工作的作用将会大大加强。这样一来,人力资源管理工作就面临着结构调整等一系列重大变化。

3. 组织的发展带来的挑战

随着全球经济一体化的加剧,组织作为社会的基本单元已经发生了很大的变化,如今的时代,灵活开放已经成了组织发展的一种趋势。竞争的加剧、产品生命周期不断缩短以及外部市场的迅速变化,这些都要求组织要有很强的弹性和适应性。现代企业要参与市场竞争,就必须具有分权性和参与性,要以合作性团体来开发新的产品并满足顾客需求,这就对人力资源管理提出了新的要求:现代企业的人力资源部门必须具备良好的信息沟通渠道;现代企业的人力资源管理部门对员工的管理要做到公平、公正和透明,要对员工有更加有效的激励措施;要求组织内的每一位管理者都要从战略的高度重视人力资源管理与开发,从而不断适应组织变革的需要。

4. 人口结构变化带来的挑战

人口数量的变化具有明显的地域差别。在欧美发达国家,由于经济文化、思想观念等因素的影响,人口的出生率普遍偏低,人力资源供应相对不足;在亚非国家,由于人口出生率没有得到有效的控制,人口出生率普遍偏高,人力资源相对供大于求。

劳动力的结构也发生了巨大变化。相对亚非国家来说,欧美国家人口老龄化问题比较突出,而亚洲由于劳动力过剩,年轻劳动力的比例远远高于发达国家。相对来说,人才短缺仍然是世界各国普遍存在的问题。比如,我国在很长一段时期内,由于缺乏人才培养战略与市场需求导向,造成人才结构严重不平衡,部分专业人才过剩,而部分专业人才严重缺乏,这对我国经济的发展带来了很大的影响。

与此同时,员工对自身价值的认识也有了一定的提高。表现在员工不仅对物质层次的要求有了明显提高。更重要的是,在物质层次得到满足后,员工开始具有更高的需求层次,他们希望被尊重、被认可,他们希望参与组织管理并实现自身价值。

(二)人力资源管理自身发展的挑战

1. 企业员工个性化发展的挑战

即企业员工日益跨文化化、多样化、差异化、个性化,要求人力资源管理必须提供个性化、定制式人力资源产品、服务和关系管理，在人力资源管理中较恰当地平衡组织与员工个人的利益。

2. 工作生活质量提高的挑战

即员工不再仅仅追求工资、福利，而是对企业在各个方面所能满足自己日益增多的各种需求的程度越来越高、更全面化，人力资源管理必须提高更加全面周到的人力资源产品、服务。

3. 工作绩效评估的挑战

即员工考核与报酬日益强调以工作绩效考评为基础，并形成绩效、潜力、教导三结合的功能。

4. 人员素质的挑战

即对企业家及各类管理人员的素质要求日益提高，培训、教育、考核、选拔、任用越来越重要。

5. 职业生涯管理的挑战

主要是员工日益重视个人职业发展计划的实现，企业必须日益重视职业管理，为员工创造更多的成功机会和发展的途径，获得个人事业上的满意。包括较成熟的企业组织的中上层职位在显示饱和的情况下如何处理员工的晋升问题。

6. 人力资源要素发展变化的挑战

要求人力资源管理必须不断提高人力资源管理的预测性、战略规划与长远安排。

7. 部门定位的挑战

人力资源部门如何在众多的企业职能部门中发挥其作用或显示其特别绩效，人力资源管理应担当哪些角色以保证人力资源的有效利用。

阅读资料

HR 呈两极化发展

据2011年5月16日《广州日报》报道：北森联合中国人事科学研究院推出了《2010～2011中国企业人才管理成熟度》调查报告。该报告是基于中国1 966家企业人力资源专业人士的调研而得出的。

调查发现，人才管理已经成为一些企业的新热点。企业内部开始出现组织发展经理、人才管理总监、HR副总裁等职位，同时组建了组织发展部、人才管理部等业务部门。HR未来发展呈现两极化趋势：一方面是事务型HR；另一方面是专业型HR，未来3年，掌握专业人才管理技能的HR将成为企业追捧的热门人才。调研还发现，中国企业的人才管理成熟度有五个阶段，分别是事务性人力资源管理、模块化人力资源管理、流程化人才管理、整合性人才管理和战略性人才管理。说明目前中国企业已经走到从人力资源向人才管理转换的关键时期。

课后思考题

1. 现代人力资源管理的核心问题是什么？
2. 人总是公司的最宝贵资产吗？为什么？
3. 传统人事管理与现代人力资源管理的区别有哪些？
4. 当代人力资源管理是如何参与到企业总体战略里去的？

5. 论述人力资源管理面临的新挑战。

案例分析

人力资源在罗姆公司变革中的角色

西门子·罗姆公司是电子电器系统供应商西门子公司的一家生产厂。1988年,公司每年亏损100万美元时被西门子公司收购。西门子公司本身是一家知识型企业,所以,决定对罗姆公司进行转型,把它构造成一个学习型组织,以便它在新的商业环境下具有竞争力。

变革开始,公司高管们设计了新的评价方法。新的方法提高了业绩标准,并且鼓励员工自我开发。公司总裁兼首席执行官卡尔·金恩答应跟踪评价主要骨干的业绩。公司同时进行文化转型,强调"速度、勇气和快速行动"。分散在美国各地的600多名经理参加了一项为期两天的旨在强化上述理念的"世界一流管理学院"培训会议。最后,公司重新设计了它的薪资和奖励政策。人力资源部留出一部分奖金奖励给那些充分发挥自己潜能的员工。

当公司向着学习型组织进步的时候,人力资源本身也得到了新的提高,这使得公司追求卓越的目标成为现实。副总裁哈斯考克要求人力资源部的人员掌握三项技能:业务技能、变革与方法技能、人际信任。为了实现上述目标,人力资源部打破人员配置、培训、福利等之间的隔阂,重新划分为5个以业务为导向的小组。战略和设计小组负责研究罗姆公司的业务发展计划;咨询服务小组帮助塑造公司文化并推动员工实现人力资源目标;人力资源项目整合小组,确保人力资源经理在公司范围内克隆他们自己的专长;教育小组协助员工发展;人力资源服务中心处理员工日常人力资源问题。哈斯考克说:我们不仅仅认为自己是辅助性的,我们还要充分发挥自己的作用。所有这些努力加在一起,帮助公司实现了转型。1996年,该公司荣获《人事杂志》"最佳变革管理奖"。

讨论问题:

1. 人力资源措施是怎样帮助罗姆公司顺利转型的?

2. 从案例中,你怎么认识人力资源与公司总体战略的关系?

第二章　人力资源规划

第一节　人力资源规划概述

一、人力资源规划的含义

规划是指管理者在实际行动之前，预先对应当追求的具体目标和应当采取的行动方案，在分析研究的基础之上做出选择与具体安排的一系列活动。

规划与计划是紧密联系在一起的，但是他们之间也是有一定的区别。一般认为，规划是一个动态的过程，而计划是一个静态的结果。在具体工作中，规划是指一个过程，是一项活动；而计划则是指一项文件，如销售计划、预算计划、培训计划等。规划是编制计划的过程或程序，计划则是规划的结果或产物。一个管理者在实际行动之前，希望有一个好的计划；但是，好的计划来自有效的规划。所以，从管理的观点出发，对于管理者来说，规划较为重要。

人力资源规划是人力资源管理的重要组成部分。在社会飞速发展、充满竞争的环境中，任何一个领导者都应该认识到，成功的事业来自于成功的规划，好的规划有助于预见未来，减少未来的不确定性，可以更好地帮助组织应对未来不可知的各种变化，解决和处理组织遇到的各种复杂的问题。在组织中，如果要成功地进行人力资源管理，制定切实可行的人力资源规划是非常重要的。

（一）人力资源规划定义

广义上的人力资源规划指企业所有各类人力资源规划的总称。狭义指企业从战略规划和发展目标出发，根据其内外部环境的变化，预测企业未来发展对人力资源的需求，以及为满足这种需要所提供人力资源的活动过程。

准确地理解人力资源规划的含义，必须把握以下几个要点：

(1)人力资源规划要在企业发展战略和经营规划的基础上进行。

(2)人力资源规划应当包括两个部分的活动：对企业特定时期内人员供给和需求进行预测。根据预测的结果采取相应的措施进行供需平衡。

(3)人力资源规划对企业人力资源管理供给和需求的预测要从数量和质量两方面来进行。

通过人力资源规划，要解决以下问题：

(1)企业在某一特定时期内对人力资源的需求是什么。

(2)企业在相应的时期内能够得到多少人力资源的供给，这些供给必须与需求的层次和类别相对应。

(3)在这段时期内，企业人力资源供给和需求比较的结果是什么，企业应当通过什么方式来达到人力资源供需的平衡。

（二）人力资源规划的目的

1. 规划人力发展

人力发展包括人力预测、人力增补及人员培训，这三者紧密联系，不可分割。人力资源规划一方面对目前人力现状予以分析，以了解人事动态；另一方面，对未来人力需求做一些预测，以便对企业人力的增减进行通盘考虑，再据以制定人员增补和培训计划。所以，人力资源规划是人力发展的基础。

2. 促使人力资源的合理运用

只有少数企业人力的配置完全符合理想的状况。在相当多的企业中，其中一些人的工作负荷过重，而另一些人则工作过于轻松；也有一些人的能力有限，而另一些人则感到能力有余，未能充分利用。人力资源规划可改善人力分配的不平衡状况，进而谋求合理化，以使人力资源能配合组织的发展需要。

3. 配合组织发展的需要

任何组织的特性，都是不断的追求生存和发展，而生存和发展的主要因素是人力资源的获得与运用。也就是如何适时、适量及适质地使组织获得所需的各类人力资源。由于现代科学技术日新月异，社会环境变化多端，如何针对这些多变的因素，配合组织发展目标，对人力资源恰当规划甚为重要。

4. 降低用人成本

影响企业结构用人数目的因素很多，如业务、技术革新、机器设备、组织工作制度、工作人员的能力等。人力资源规划可对现有的人力结构做一些分析，并找出影响人力资源有效运用的瓶颈，使人力资源效能充分发挥，降低人力资源在成本中所占的比率。

二、人力资源规划的内容及分类

（一）人力资源规划的内容

1. 人力资源总体规划

人力资源总体规划是指在规划期内人力资源管理的总目标、总政策、实施步骤和总预算的安排。其主要内容包括如下几个方面：

（1）阐述在企业战略规划期内组织对各种人力资源的需求和各种人力资源配置的总框架。

（2）阐明人力资源方面有关的重要方针、政策和原则，如人才招聘、晋升、降职、培训与发展、奖惩和工资福利等方面的重大方针和政策。

（3）确定人力资源投资预算。

总之，人力资源总体规划着重于人力资源方面的总的、概括性的谋略和有关的重要方针、政策和原则。

2. 人力资源业务规划

它包括人员补充计划、人员配置计划、人员接替和提升计划、人员培训开发计划、工资激励计划、员工关系计划和退休解聘计划等内容。见表2.1。

表2.1 人力资源业务规划的内容

规划名称	目标	政策	预算
人员补充计划	类型、数量、层次对人员素质结构的改善	人员的资格标准、人员的来源范围、人员的起点待遇	招聘选拔的费用
人员配置计划	部门编制、人力资源结构优化、职位匹配、职位轮换	任职条件、职位轮换的范围和时间	按使用规模、类别和人员状况决定薪酬预算
人员接替和提升计划	后备人员数量保持、人员结构的改善	选拔标准、提升比例、未提升人员的安置	职位变动引起的工资变动
培训开发计划	培训的数量和类型、提供内部的供给、提高工作效率	培训计划的安排、培训时间和效果的保证	培训开发的总成本
工资激励计划	劳动供给增加、士气提高、绩效改善	工资政策、激励政策、激励方式	增加工资奖金的数额
员工关系计划	提高工作效率、员工关系改善、离职率降低	民主管理、加强沟通	法律诉讼费用
退休解聘计划	劳动力成本降低、生产率提高	退休政策及解聘程序	安置费用

(二)人力资源规划的类型

1. 按照规划的独立性划分

可划分为独立性的人力资源规划和附属性的人力资源规划。独立性的人力资源规划是将人力资源规划作为一项专门的职责来进行,最终结果体现为一份单独的规划报告,这就类似于市场、生产、研发等职能部门的职能性计划;附属性的人力资源规划是将人力资源规划作为企业整体计划的一部分,在规划整体战略的过程中来对人力资源进行规划。并不是专门进行的,其最终结果大多不单独出现。独立性的人力资源规划,其内容往往都比较详细;附属的人力资源规划则内容相对比较简单,甚至省略某些项目。

2. 按照规划的范围大小划分

可以划分为整体的人力资源规划和部门的人力资源规划。整体的人力资源规划是指在企业范围内进行的规划,它将企业的所有部门都纳入规划的范围之内;部门的人力资源规划是指在某个或几个部门范围内进行的规划。通常整体的人力资源规划是以部门的人力资源规划为基础的。

3. 按照规划的时间长短

可划分为短期的人力资源规划(一年及以内)、中期的人力资源规划(一年至五年)和长期的人力资源规划(五年以上)。这里要特别指出的是,时间的长短划分是要根据组织具体情况决定的。

4. 按照规划的对象划分

以人力资源规划的对象不同,可以形成不同类型人员的专项的人力资源规划。在企业中,要想确定企业在将来需要什么样的人,首先必须对各类人力资源进行分级分类,在分级分类的基础上,对各类人员进行规划,如技术工人开发配备规划、专业技术人员规划、管理人员发展规划等。

三、人力资源规划的作用

(一)人力资源规划的作用

1. 保证组织目标的完成

人力资源计划是实现组织战略的基础计划之一。制订人力资源计划的一个主要目的是确保组织完成发展战略。目前大多数组织为了生存、发展及保持竞争优势都制订了独特的战略,经营战略与计划一旦确定后,那么下一步就是要有人去执行和完成。人力资源计划的首要目的就是有系统、有组织地规划人员的数量与结构,并通过职位设计、人员补充、教育培训和人员配置等方案,保证选派最佳人选完成预定目标。

2. 适应环境变化的需要

人力资源计划有助于企业对市场经营环境、竞争、企业重组及新技术引进等作出相应的调整反应。现代企业是处于多变的环境之中。一方面内部环境发生变化,如管理哲学的变化、新技术的开发和利用,生产与营销方式的改变等都将对组织人员的结构与数量等提出了新的要求;另一方面外部环境的变化如人口规模的变化、教育程度的提高、社会及经济的发展、法律法规的颁布等也直接影响到组织对人员的需求,影响到员工的工作动机、工作热情及作业方式。人力资源计划的作用是让企业能更好地把握未来不确定的经营环境,适应内外环境的变化,及时调整人力资源的构成,保持竞争优势。

3. 提高使用人力资源管理效率

人力资源计划有助于组织降低人员的使用成本。它帮助管理人员预测人力资源的短缺和冗余，在人员管理成本上去前，纠正人员供需的不平衡状态，减少人力资源的浪费或弥补人力资源的不足。良好的人力资源计划能充分发挥人员的知识、能力和技术，为每个员工提供公平竞争的机会；能客观地评价员工的业绩，极大地提高劳动积极性。通过人力资源计划，向员工提供适合个人的职业生涯发展计划，提高员工生活质量，开发员工的生产能力，最终提高组织对人力的使用效率。

（二）人力资源规划与人力资源管理其他职能的关系

从人力资源规划的内容可以看出，作为人力资源管理的一项重要职能，它与人力资源管理的其他职能之间存在着非常密切的关系。

1. 与薪酬管理的关系

人力资源需求的预测结果可以作为企业制定薪酬计划的依据。由于需求的预测不仅包括数量还包括质量，这样企业就可以根据预测期内预先设定的薪酬总额调整薪酬的结构和水平。

2. 与绩效管理的关系

绩效考核是进行人员需求和供给预测的一个重要基础。通过对员工工作业绩以及态度能力的评价，企业可以对员工的状况做出判断，如果员工不符合职位的要求，就要进行相应的调整，这样造成的职位空缺就形成了需求预测的一个来源。同时，对于具体的职位来说，通过绩效考核可以发现企业内部有哪些人能够从事这一职位，这也是内部供给预测的一个重要方面。

3. 与员工招聘的关系

人力资源规划与员工招聘有着直接的关系。当预测的供给小于需求，而企业内部的供给又无法满足这种需求时，就要到外部进行招聘，招聘的主要依据就是人力资源规划的结果，这其中包括招聘的人员数量和人员质量。

4. 与员工配置的关系

员工配置就是在企业内部进行人员的晋升、调动和降职，员工配置的决策取决于多种因素，如企业规模的变化，组织架构的变动以及员工绩效的表现等。而人力资源规划也是其中一个重要的因素，员工配置的一项重要作用就是进行内部人力资源供给，当然这种供给只是针对某个层次而言的。在需求预测出来以后，企业就可以根据预测的结果和现有的人员状况，制定相应的员工配置计划来调整内部的人力资源供给以实现两者的平衡。

5. 与员工培训的关系

人力资源规划与员工培训的关系更多地体现在员工的质量方面。企业培训工作中关键的一项内容就是确定培训的需求，只有培训的需求符合企业的实际，培训才有可能发挥效果。

6. 与员工解聘的关系

人力资源规划与员工解聘的关系是比较明显而直接的，在长期内如果需求小于企业内部的供给，就要进行人员的解聘辞退以实现供需的平衡。

四、人力资源规划的原则

在制定人力资源规划时应遵循以下原则：

（一）确保人力资源保障的原则

人力资源的供给保障问题是人员规划中应解决的核心问题，因此，企业人员规划要通过一系列科学的预测和分析（包括对人员的流入分析、流出预测、人力资源供给状况分析、人员流动的损益分析等）确保企业对所需要的人力资源的满足。只有满足了这一条件，企业才可以进行更深层次的人力资源管理与开发。

（二）与内外环境相适应的原则

企业在发展过程中，总会受到某些不确定因素的干扰（比如企业所处环境的不可预测的变化等），给企业的发展带来风险。因此，企业必须要有前瞻性，要对可能出现的环境变化做出预测、分析，并有所准备。这也是对人员规划的基本要求之一。人力资源计划只有充分地考虑了内外环境的变化，才能适应需要，真正的做到为企业发展目标服务。内部变化主要指销售的变化、开发的变化、或者说企业发展战略的变化，还有公司员工的流动变化等；外部变化指社会消费市场的变化、政府有关人力资源政策的变化、人才市场的变化等。为了更好地适应这些变化，在人力资源计划中应该对可能出现的情况做出预测和风险变化，最好能有面对风险的应对策略。

（三）与战略目标相适应的原则

在制定人员规划时，必须与企业战略目标相适应。因为人员规划是企业整个发展规划中的重要的组成部分，其首要前提就是服从企业整体发展战略的需要，只有这样才能保证企业目标与企业资源的协调发展。

（四）保持适度流动性的原则

员工队伍的合理流动对企业的稳定健康发展有着不言而喻的作用。员工流动性过高或过低，都会对企业的发展造成不利影响。流动性过低，不利于发挥员工的积极性和创造性；流动性过高，造成人力资本的损耗，使企业生产经营成本增加。保持适度的人员流动，可以使企业的人力资源得到有效的利用。

（五）系统性原则

一个企业拥有同样数量的人，用不同的组织网络联结起来，形成不同的权责结构和协作关系，可以取得完全不同的效果。一个有效的人力资源规划能使不同的人才结合起来，从而形成一个有机的整体，可以有效地发挥整体功能大于个体功能之和的优势。

（六）能级层序原则

能级层序是指具有不同能力的人，应安排在组织内部不同的职位上，给予不同的权力和责任，实现能力与职位的对应和适应。

一个组织大体上可以分为决策层、管理层和操作层不同职级和职位，对人员素质能力的要求差别很大。决策层要求具有很强的决策能力和丰富的管理知识；管理层要求很强的管理能力和一定的决策能力；操作层则要求很强的操作知识和能力。由于人员的实际素质和能力千差万别。因此，实现能级对应是一个十分复杂艰巨的动态过程。

（七）企业和员工共同发展原则

人力资源计划不仅是面向企业的计划，也是面向员工的计划。企业的发展和员工的发展是互相依托、互相促进的关系。如果只考虑企业的发展需要，而忽视了员工的发展，则会有损企业发展目标的达成。优秀的人力资源计划，一定是能够使企业每个员工达到长期利益的计划，一定是能够使企业和员工共同发展的计划。

五、人力资源规划的程序

企业人力资源规划的工作程序见图 2.1。

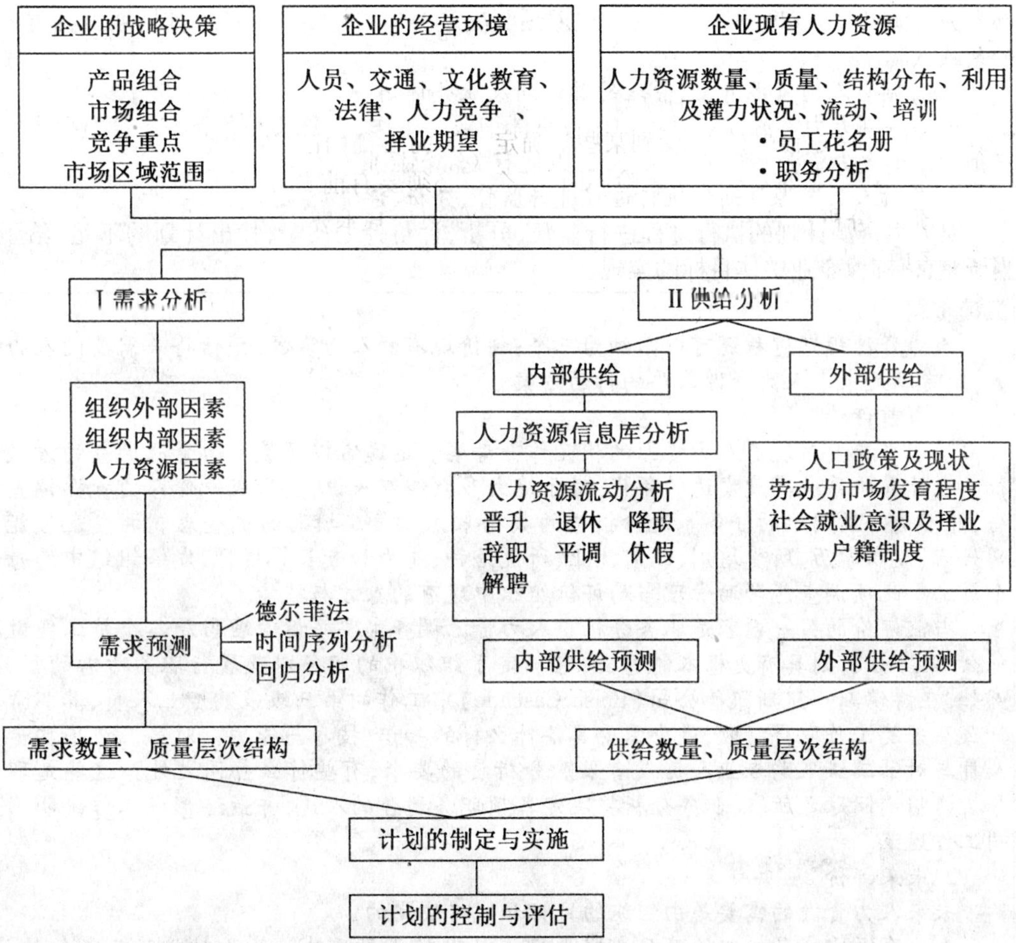

图 2.1　人力资源规划的程序

(一)分析与研究企业的经营战略

弄清企业的战略决策及经营环境,是人力资源规划的前提。不同的产品组合、生产技术、生产规模、经营区域对人员会提出不同的要求。这种要求既有数量方面的,也有结构方面的,还有质量方面的。

(二)研究企业的经营环境及其变化

企业的经营战略是在一定的经营环境中实施的,因而经营环境对企业经营战略实施有着巨大的影响。人力资源规划就是要根据企业内外经营环境的变化,对企业的人力资源进行预先的统筹安排,以确保企业经营战略的有效实施。企业现有人力资源状况、战略目标等内部环境的变化将影响企业对人力资源的需求;而诸如人口、交通、文化教育、法律、人力竞争、择业期望则构成外部人力供给的多种制约因素。例如,《劳动法》规定:禁止用人单位招用未满 16 周岁的未成年人。企业拟定未来人员招聘计划时,应遵守这一原则。否则,将被追究责任,计划亦无效。

(三)分析企业现有的人力资源

弄清企业现有人力资源的状况,是制订人力规划的基础工作。实现企业战略,首先要立足于开发现有的人力资源,因此必须采用科学的评价分析方法。人力资源主管要对本企业各类人力数量、分布、利用及潜力状况、流动比率进行统计。

(四)对企业的人力资源需求与供给进行预测、比较和综合平衡

对企业人力资源需求与供给进行预测,是人力资源规划中技术性较强的关键工作,全

部人力资源开发、管理的计划都必须根据预测决定。预测的要求是指出计划期内各类人力的余缺状况。

(五)制订人力资源开发、管理的总计划及业务计划

这是编制人力资源规划过程中比较具体细致的工作,它要求人力资源主管根据人力供求预测提出人力资源管理的各项要求,以便有关部门照此执行。

(六)对人力资源计划的执行过程进行监督、分析、评价

对人力资源计划的执行过程进行监督、分析,评价计划质量,找出计划的不足,给予适当调整,以确保企业整体目标的实现。

阅读资料

人力资源规划过程还可以归纳为三个:评价现有的人力资源;预估将来需要的人力资源;制定满足未来人力资源需要的行动方案。

1. 当前评价

管理当局要对现有人力资源的状况作一考察。这通常以开展人力资源调查的方式进行。在计算机系统高度发达的年代,对于绝大多数组织来说,要形成一份人力资源调查报告,并不是一项困难的任务。这份报告的数据来源于员工填写的调查表。调查表可能开列姓名、最高学历、所受培训、以前就业、所说语种、能力和专长等栏目,发给组织中的每一个员工。此项调查能帮助管理当局评价组织中现有的人才与技能。

当前评价的另一内容是职务分析。人力资源调查主要告诉管理当局各个员工能做些什么,职务分析则具有更根本的意义,它确定了组织中的职务以及履行职务所需的行为。例如,在博伊斯—凯斯凯德公司(Boise Cascade)中工作的第三级采购专业人员,其职责是什么?若其工作取得绩效,最少需要具备什么样的知识、技术与能力?对第三级采购专业人员与对第二级采购专业人员或者采购分析员的要求,有些什么异同之处?这些是职务分析能明确问题之所在,职务分析将决定各项职务适合的人选,并最终形成工作说明书说明工作规范。

2. 未来评价

未来人力资源的需要是由组织的目标和战略决定的。

人力资源需求是组织的产品或服务需求状况的一种反映。基于对总营业额的估计,管理当局要为达到这一营业规模配备相应需要数量和知识结构的人力资源。在某些情况下,这种关系也可能相反,当一些特殊的技能为必不可少而又供应紧张时,现有的符合要求的人力资源状况就会安定营业的规模。例如,税务咨询公司就可能出现这种情况。它常发现经营机会远比自己所能处理的业务大得多。其扩大营业的唯一限制因素可能就是,该咨询公司能否雇佣和配备具有满足特定客户要求所必需的工作人员。不过,大多数情况之下是以组织总目标和基于目标规定的营业规模预测作为主要依据,来确定组织的人力资源需要状况。

3. 制定面向未来的行动方案

在对现有能力和未来需要作出全面评估以后,管理当局可以测算出人力资源的短缺程度(在数量和结构两方面),并指出组织中将会出现超员配置的领域。然后,将这些预计与未来人力资源的供应推测结合起来,就可以拟订出行动方案。可见,人力资源规划不仅为指导现时的人力配备需要提供了指南,同时也预测到未来的人力资源需要和可能。

第二节 人力资源规划环境分析

企业要想在激烈的市场竞争中生存下来,需要能够适应环境的变化。人力资源规划同样受到来自企业外部和内部环境的影响。

一、企业外部环境分析

(一)经济环境

经济环境方面的各种变化在宏观上改变着企业员工队伍的数量、质量和结构,它对企业人力资源需求影响较大。其影响主要体现在以下几个方面:

1. 经济形势

当经济处于萧条期时,人力资源的获得成本和人工成本较低,但是企业受经济形势的影响,对人力资源的需求减少;当经济处于繁荣期时,劳动力成本较高,但是企业处于扩张时期,对人力资源的需求量会增加。企业在进行人员规划时,必须考虑所处经济社会的宏观经济形势,在整体趋势上保证人员规划总体战略的正确性。

2. 劳动力市场的供求关系

劳动力市场上的各种人才的供求关系对于企业获得各种人才的成本、难易程度都有较大的影响。如某类人才供不应求,则从企业外部补充人力资源受到一定限制;相反,某类人才供过于求,企业比较容易获得此类人才。

3. 消费者收入水平

企业对人力资源的需求是一种派生的需求,当消费者的收入水平提高时,对商品的需求就会增加,企业的销售量增加,生产增加,扩大对人力资源的需求;相反,人力资源的需求会减少。消费者收入水平一般受经济形势的影响,又受到国家宏观调控的影响。

(二)人口环境

人员规划的对象是人,因此,人口环境,尤其是企业所在地区的人口环境,对企业获取人力资源有着重要的影响。人口环境因素主要包括:社会或本地区的人口规模,劳动力队伍的数量、结构和质量等特征。

在制定人员规划时,还要考虑劳动力年龄因素对人员规划的影响。因为不同年龄段的员工在收入、生理需要、价值观念、生活方式、社会活动等方面存在着一定的差异性,有着不同的追求。

(三)科技环境

科学技术对企业人员规划的影响是全方位的,它使企业对人力资源的需要和供给处于结构性的变化状态(或处于动态的不平衡状态)。例如,计算机网络技术的飞速发展,使得网络招聘等成为现实;新技术的引进与新机器设备的应用,使得企业对低技能员工的需求量减少,对高技能员工的需求量增加。

(四)文化法律等社会因素

社会文化反映社会民众的基本信念、价值观,对人力资源管理有间接的影响。例如,不同的文化对待劳动关系的观点就有所不同:我国东部沿海地区,受西方文化的影响较大,人们在选择工作、与企业确定劳动关系时,可能很痛快地与企业签订契约关系;而我国西部广大地区,人们可能比较喜欢传统的较为稳定的终身雇佣制度。因此企业在制定人员规划时,应慎重考虑社会文化环境因素,尤其是跨国公司,在国际化与本土化相结合的经营战略下,人员规划以及人力资源管理的其他环节都要充分考虑各个国家和不同地区的社会文化的差异性。

影响人力资源活动的法律因素有:政府有关的劳动就业制度、工时制度、最低工资标准、职业卫生、劳动保护、安全生产等规定,以及户籍制度、住房制度、社会保障制度等。因为这些制度、政策、规定会影响到人力资源管理工作的全过程,当然也会影响到企业的人员规划。

二、企业人力资源规划的内部环境

(一)企业的行业特征

企业所处的行业特征在很大程度上决定着企业的管理模式,也影响着人力资源管理工作。企业的行业属性不同,企业的产品组合结构、生产的自动化程度、产品的销售方式等内容也不同,则企业对所需要的人力资源数量和质量的要求也不同。比如,对于传统的生产性企业而言,生产技术和手段都比较规范和程序化,人员招聘来源大都以掌握熟练技术的工人为主;而对于现代的高科技企业来说,则需要技术创新型的技术开发人员。

(二)企业的发展战略

企业在确定发展战略目标时,就要制定相应的措施来保证企业发展目标的实现,见表2.2。比如,企业生产规模的扩大、产品结构的调整或升级、采用新生产工艺等,会造成企业人力资源结构的调整。因此,在制定企业人员规划时要着重考虑企业的发展战略,以保证企业人力资源符合企业战略目标的要求。

表2.2 企业战略与人力资源规划联系

企业战略	HR 战略	HR 规划
●企业的使命是什么 ●什么商业活动 ●采取投资、技术、市场、组织策略 ●实现变化的活动 ●如何辨识、评价它们	●HR 目标? 如何为商业活动服务 ●企业现有 HR 状况 ●采取何活动使 HR 达到预期的贡献 ●如何评价活动的结果	●实现企业战略的 HR 需求如何 ●企业面临的供给如何 ●如何协调需求与供给的差异 ●企业具体采取的活动

(三)企业文化

企业文化对企业的发展有着重要的影响,好的、适合的企业文化,能加强企业的凝聚力,增强员工的进取精神,稳定企业的员工队伍,企业面临的人力资源方面的不确定性因素就会少一些,有利于人员规划的制定。

(四)企业人力资源管理系统

企业人力资源管理系统既包括企业拥有的人力资源的数量、质量和结构等特征,也包括人力资源战略、培训制度、薪酬激励制度、员工职业生涯规划等功能模块,这些都对人员规划有着重要的影响。见图2.2。

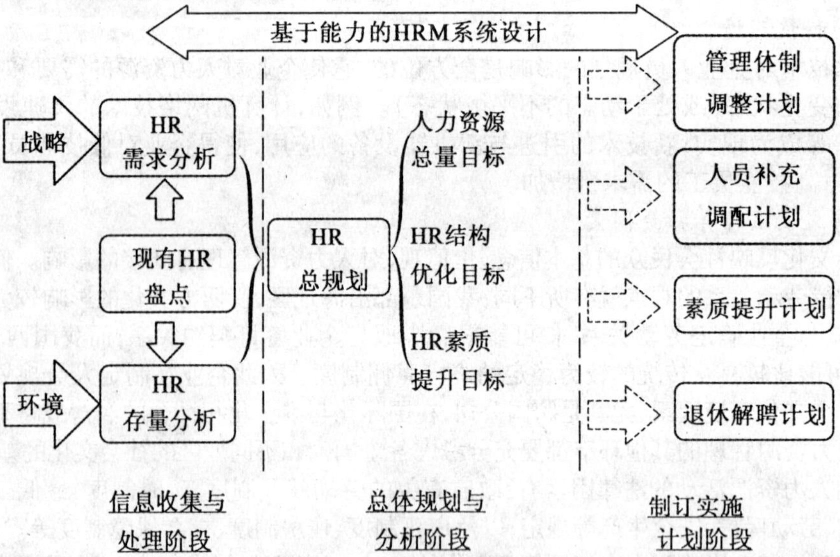

图2.2 人力资源管理系统

第三节 人力资源预测与平衡

人力资源预测是人力资源规划重要的一环，它是指在企业的评估和预言的基础上，对未来一定时期内人力资源状况的假设。对企业外部环境考察所获得的信息和企业内部优、劣势的分析资料，可以用来进行企业的人力资源供求预测。

一、人力资源需求预测

人力资源需求预测是制定人力资源规划过程中一项重要而又复杂的工作。在对企业未来一定时期内所需要的人力资源数量、质量及结构进行预测时，既要充分考虑企业内外各种因素对人力资源需求的影响，又要根据企业的特点以及人力资源规划期限的长短等具体情况，为企业选择相适宜的人力资源需求预测方法。

(一)人力资源需求预测的含义

人力资源需求预测是指根据企业的发展规划和企业的内外条件，选择适当的预测技术，对人力资源需求的数量、质量和结构进行预测。人力资源需求预测需要考虑以下四个重点问题。

首先，预测要在内部条件和外部环境的基础上做出，必须符合现实情况。

其次，预测是为企业的发展规划服务，这是预测的目的。

第三，应该选择恰当的预测技术，预测要考虑科学性、经济性和可行性，综合各方面做出选择。

最后，预测的内容是未来人力资源的数量、质量和结构，应该在预测结果中体现。

(二)影响企业人力资源需求的因素

1. 组织规模的变化

组织规模的变化主要来自两个方面：一是在原有业务范围内扩大或缩小规模；二是增加新业务或放弃旧业务。这两方面的变化都会对人力资源需求的数量和结构产生影响。一般地说，扩大组织规模和开展新业务会增加对人力资源的需求，缩小组织规模或放弃某项业务会减少对人力资源的需求。

2. 技术、设备条件的变化

组织技术水平的提高，设备的更新换代，会直接影响组织对人力资源的需求。技术水平越高、设备的自动化程度越强，对人员的需求就越少，二者呈反比关系。

3. 组织经营方向的变化

组织经营方向的变化，经常会对人力资源需求的数量和结构产生影响。例如，施工企业转为房地产开发企业，会解雇大量建筑技工，增加营销策划人员。

4. 企业的人力资源政策

企业的人力资源政策对人力资源的需求有重要影响。

5. 企业员工的流动率

企业员工的流动率提高，如辞职、离职和退休等，企业需要的人员就会增加；相反，企业员工的流动率降低，企业需要的人员就会减少。企业员工的流动率与企业的人力资源政策、员工的满意程度等有关。

(三)人力资源需求预测的方法

1. 德尔菲法

德尔菲法也称专家调查法，是一种进行人力资源需求预测的方法，是有关专家对企业组织某一方面的发展的观点达成一致的结构性方法。使用该方法的目的是通过综合专家们各自的意见来预测某一方面的发展。

德尔菲法采用通讯方式分别将所需解决的问题单独发送到各个专家手中，采用匿名发表意见的方式,即专家之间不得互相讨论,不发生横向联系,只能与调查人员发生关系,征询意见,然后回收汇总全部专家的意见,并整理出综合意见。随后将该综合意见和预测问题再分别反馈给专家,再次征询意见,各专家依据综合意见修改自己原有的意见,然后再汇总。这样多次反复,逐步取得比较一致的预测结果的决策方法。这种方法具有广泛的代表性,较为可靠。

(1)德尔菲法的具体实施步骤。①组成专家小组。按照课题所需要的知识范围,确定专家。专家人数的多少,可根据预测课题的大小和涉及面的宽窄而定,一般不超过20人。

②向所有专家提出所要预测的问题及有关要求,并附上有关这个问题的所有背景材料,同时请专家提出还需要什么材料。然后,由专家做书面答复。

③各个专家根据他们所收到的材料,提出自己的预测意见,并说明自己是怎样利用这些材料并提出预测值的。

④将各位专家第一次判断意见汇总,列成图表,进行对比,再分发给各位专家,让专家比较自己同他人的不同意见,修改自己的意见和判断。也可以把各位专家的意见加以整理,或请身份更高的其他专家加以评论,然后把这些意见再分送给各位专家,以便他们参考后修改自己的意见。

⑤将所有专家的修改意见收集起来,汇总,再次分发给各位专家,以便做第二次修改。逐轮收集意见并为专家反馈信息是德尔菲法的主要环节。收集意见和信息反馈一般要经过三、四轮。在向专家进行反馈的时候,只给出各种意见,但并不说明发表各种意见的专家的具体姓名。这一过程重复进行,直到每一个专家不再改变自己的意见为止。

⑥对专家的意见进行综合处理。

具体步骤见图2.3。

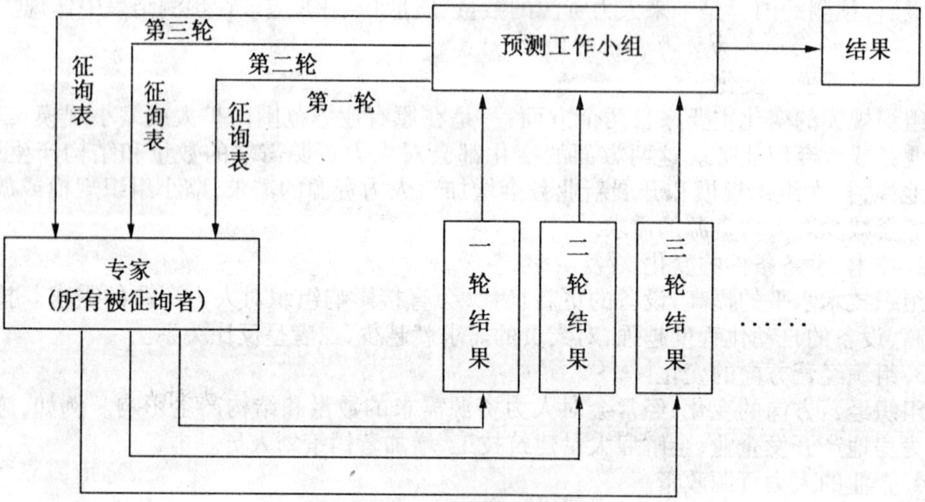

图2.3 德尔菲法程序图

(2)德尔菲法的特征。①吸收专家参与预测,充分利用专家的经验、学识。②采用匿名或背靠背的方式,能使每一位专家独立自由地作出自己的判断。③预测过程几轮反馈,使专家的意见逐渐趋同。

这种预测方法具有可操作性,且可以综合考虑社会环境、企业战略和人员流动三大因素对企业人力资源规划的影响,因而运用比较普遍。但其预测结果具有强烈的主观性和模糊性,无法为企业制定准确的人力资源规划政策提供详细可靠的数据信息。

2. 统计预测方法

统计预测法是根据过去的情况和资料建立数学模型并由此对未来趋势作出预测的一种非主观方法。统计预测包含三个要素,分别为实际资料是预测的依据、经济理论是预测的基础、数学模型是预测的手段。在市场经济条件下,预测的作用是通过各个企业或行业内部的行动计划和决策来实现的;统计预测作用的大小取决于预测结果所产生的效益的多少。

常用的统计预测法有比例趋势分析法、经济计量模型法、一元线性回归预测、多元线性回归预测、非线性回归预测等。

3. 工作负荷分析法

这是一种对企业的人力资源需求的数量的短期预测方法。用工作负荷分析法进行短期人力资源需求预测的基本步骤是:由销售预测决定工作量,按工作量制定生产进程,然后决定所需人力的数量,再从工作力分析入手,明确企业实际工作力和需要补充的人力。

(1)销售预测。销售预测的一般方法为:

①将企业过去的销售记录制成统计表,依次设计未来的销售形式。

②由营销单位和销售人员对自己未来的销售情况进行预测或估计,然后将结果按地区和产品种类综合起来,形成一个总的销售预测数字。

③对消费者购买力进行估计也是销售预测的一种方法。

④对市场和经济趋势进行分析解释,也可以作为判断未来销售情况的重要因素。

企业在销售预测时,一般将上述方法交叉运用,即以销售单位或人员的估计为基础,比较过去的记录,然后在对购买力的估计和对经济形势的解释的基础上加以调整。

(2)生产进程。一般来讲,企业大多数产品销售都是有波动的,但产品的生产必须要在满足销售的原则下稳定的生产。企业生产进程除了要达到有效运用人力资源,充分利用设备效能的目的以外,还要适应企业销售的波动。如果企业销售波动较大,或者属于纯粹的季节性产品时,就要采用适时赶工加班或歇业的生产进程了。

生产进程是指将计划生产的产品排定生产日期。根据产品设计与过去生产的实际记录,以及时间研究的结果,可以计算出各单位所需的人工时,各单位的人力之和,就是企业总进程全部所需的人工时或劳动力。企业职能部门人员或非直接生产单位人员在企业业务性质和组织结构不变的情况下,一般是一个常数。因此,全部生产人员与全部非生产人员就构成企业总的资源,或称为企业的工作力(Working Force)。

(3)工作力分析。企业必须明确现有人力究竟有多少可以参与实际的工作,这就是工作力分析的内容。企业可以从人事到各种考勤记录的统计中,明确事病假或缺勤的趋势;从退休人员和辞职的记录以及各单位人员的动态记录中,明确企业近期内离职的人数。在此基础上,确定企业实际的工作力。

4. 转换比率法

转换比率法是首先估计组织所需要的具有关键技能的员工数量,然后再根据这一数量估计其他人员的数量。转换比率法的目的是将企业的业务量转换为对人力的需求,它适合于短期需求预测的方法。转换比率法假定组织的劳动生产率是不变的。

如果考虑到劳动生产率的变化对员工需求量的影响,可以使用员工总量需求预测方法,其计算公式为

$$\text{计划期末需要的员工数量} = (\text{目前的业务量} + \text{计划期业务的增长量}) / [\text{目前人均业务量} \times (1 + \text{生产率的增长率})]$$

例:某冰箱厂2007年的年产量为1万台,基层生产员工为200人,2008年计划增产5千台,估计生产率的增长率为0.3,那么在2008年需要招收多少基层生产员工?

解: $(10\,000 + 5\,000) / [(10\,000/200) \times (1 + 0.3)] = 230$ 名

增长的基层员工为 $230 - 200 = 30$ 人。

5. 计算机模拟法

这是进行人力资源需求预测方法中最为复杂的一种方法。这种方法是在按计算机中运用复杂的数学模型对在各种情况下企业组织人员的数量和配置运转情况进行模拟测试,从模拟测试中预测出各种人力资源需求的方案,以供企业选择。

(四)人力资源需求预测的步骤

人力资源需求预测分为现实人力资源需求预测、未来人力资源需求预测和未来流失人力资源需求预测三部分。具体步骤如下:

(1)根据职务分析的结果,来确定职务编制和人员配置。

(2)进行人力资源盘点,统计出人员的缺编、超编及是否符合职务资格要求。

(3)将上述统计结论与部门管理者进行讨论,修正统计结论。

(4)该统计结论为现实人力资源需求。

(5)根据企业发展规划,确定各部门的工作量。

(6)根据工作量的增长情况,确定各部门还需增加的职务及人数,并进行汇总统计;

(7)该统计结论为未来人力资源需求。

(8)对预测期内退休的人员进行统计。

(9)根据历史数据,对未来可能发生的离职情况进行预测。

(10)将8.9统计和预测结果进行汇总,得出未来流失人力资源需求。

(11)将现实人力资源需求、未来人力资源需求和未来流失人力资源需求汇总,即得企业整体人力资源需求预测。

二、人力资源供给预测

人力资源供给预测,又称人员拥有量预测,是制定人力资源规划过程中的又一重要环节。人力资源供给分析和需求分析的一个重要差别在于:需求分析是研究组织内部对于人力资源的需求,而供给分析则需要研究组织内部的供给和外部的供给两个方面。在供给分析中,首先需要考虑组织现有的人力资源存量,然后假定组织现行的人力资源管理政策保持不变,对未来的人力资源数量进行预测。

(一)人力资源供给预测的含义

人力资源供给预测是人力资源规划中的核心内容。它是预测在某一未来时期,组织内部所能供应的(或经有培训可能补充的)及外部劳动力市场所提供的一定数量、质量和结构的人员,以满足企业为达成目标而产生的人员需求。

人力资源供给预测是一个综合过程,既需要考虑企业内部的晋升、降职和调职等因素,还要考虑到员工的辞职、下岗、退休和开除等因素的影响。

(二)人力资源供给预测的步骤

人力资源供给预测是一个比较复杂的过程,它的步骤也是多样化的,但典型的步骤如下:

(1)对企业现有的人力资源进行盘点,了解企业员工状况。

(2)分析企业的职位调整政策和历年员工调整数据,统计出员工调整的比例。

(3)向各部门的人事决策者了解可能出现的人事调整情况。

(4)将上述所有数据汇总,得出企业内部人力资源供给量的预测。

(5)分析影响外部人力资源供给的地域性和全国性因素(主要是地域性因素和全国性因素)。

影响人力资源供给地域性因素包括:①附近地区的人口密度。②公司当地的就业水平、就业观念。③公司所在地对人们的吸引力。如沿海地区对外地人口吸引力较大;广州、深圳外来劳动力更多。④公司本身对人们的吸引力。⑤公司当地临时工人的供给状况。⑥公司当地的住房、交通、生活条件。

影响人力资源供给全国型因素包括:①预期经济增长;②预期失业率;③全国范围的劳动力市场状况;④人口发展趋势;⑤科学技术的发展;⑥政府的政策法规;⑦工会;⑧劳动力市场发育程度;⑨劳动力就业意识和择业心理偏好。

(6)依据步骤5的分析结果得出企业外部人力资源供给预测。

(7)将企业内外部人力资源供给预测进行汇总,得出企业人力资源供给预测。

(三)企业内部人力资源供给预测方法

企业内部人力资源供给预测是指对企业内部现有员工的情况进行分析,进而预测在未来一定时间里,企业内部现有员工在多大程度上能够满足企业的人力资源需求。一般情况下,除了新建企业外,企业内部人力资源供给是企业人力资源供给的主要部分。也就是说,对企业人力资源需求的满足,应优先考虑企业内部现有人力资源供给。

进行内部人力资源供给预测的思路是:首先确定各个工作岗位现有的员工的数量,然后估计下一个时期在每个工作岗位上留存的员工数量。这就需要估计有多少员工将会调离原来的岗位甚至离开企业。

常用的企业内部人力资源供给预测的方法有以下几种:

1. 技能清单法

技能清单是一张雇员表,该表列出了与雇员从事不同职业的能力相关的特征,包括所接受的培训课程、以前的经验、持有的证书、通过的考试、监督判断能力,甚至包括对其实力或耐心的测试情况,见表2.3。技能清单能体现各种关键能力,可以帮助计划制定者按雇员的职业资格预测其从事新职业的可能性。

技能清单是对员工竞争力的一个反映,可以用来帮助预测潜在的人力资源供给。人力资源规划的目的不仅是要保证为企业的空缺岗位提供相当数量的员工,还要保证这些员工的质量,因此就有必要建立员工能力的记录。技能清单主要服务于晋升人选的确定,职位调动的决策,对特殊项目的工作分配,培训以及职业生涯规划等。技能清单可以包括所有的员工,也可以只包括部分员工。

表2.3 技能清单

<table>
<tr><td colspan="2">姓名:</td><td>部门:</td><td>到职日期:</td><td>填表日期:</td></tr>
<tr><td colspan="2">婚姻状况:</td><td>出生年月:</td><td>职位:</td><td>职称:</td></tr>
<tr><td rowspan="5">教育背景</td><td>类别</td><td>学校</td><td>毕业日期</td><td>专业</td></tr>
<tr><td>高中</td><td></td><td></td><td></td></tr>
<tr><td>大学</td><td></td><td></td><td></td></tr>
<tr><td>硕士</td><td></td><td></td><td></td></tr>
<tr><td>博士</td><td></td><td></td><td></td></tr>
<tr><td rowspan="3">训练背景</td><td colspan="2">训练主题</td><td>训练机构</td><td>训练时间</td></tr>
<tr><td colspan="2"></td><td></td><td></td></tr>
<tr><td colspan="2"></td><td></td><td></td></tr>
<tr><td rowspan="2">技能</td><td colspan="2">技能种类</td><td colspan="2">所获证书</td></tr>
<tr><td colspan="2"></td><td colspan="2"></td></tr>
<tr><td rowspan="4">志向</td><td colspan="2">是否愿意从事其他类型的工作</td><td>是</td><td>否</td></tr>
<tr><td colspan="2">是否愿意到其他部门工作</td><td>是</td><td>否</td></tr>
<tr><td colspan="2">是否愿意接受工作轮换以丰富工作经验</td><td>是</td><td>否</td></tr>
<tr><td colspan="2">你最喜欢从事哪种工作</td><td colspan="2"></td></tr>
<tr><td colspan="3" rowspan="2">你认为自己需要接受何种训练</td><td colspan="2">改善目前技能和绩效的训练</td></tr>
<tr><td colspan="2">晋升所需的经验和技能训练</td></tr>
<tr><td colspan="3">你认为自己可以接受何种工作</td><td colspan="2"></td></tr>
</table>

2. 现状核查法

现状核查法是对企业现有人力资源的质量、数量、结构和在各职位上的分布状态进行的核查,以便掌握现有人力资源情况的方法。

其做法是通过对组织的工作职位进行分类，划分其级别，然后确定每一职位每一级别的人数，经数据统计后掌握组织现有人力资源情况，为人力资源决策提供依据。

例：某企业把企业员工划分为：A 管理类，B 技术类，C 服务类，D 操作类，共四类职系，每类职系 4 个级别。以管理类为例其员工状况见图 2.4，第一级别 2 人，第二级别 9 人，第三级别 26 人，第四级别 61 人。

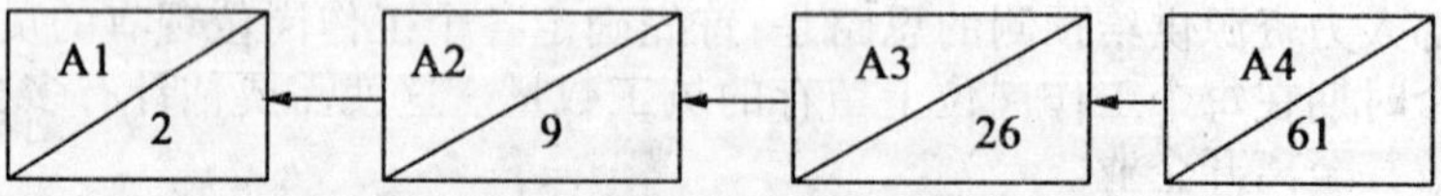

图 2.4　某企业管理类类职系的员工状况图

现状核查法是一种静态的人力资源供给预测技术，不反映企业未来人力资源的变化，它只适合小型企业的人力资源供给预测，存在一定的局限性。

3. 管理人员替代法

管理人员替代法也称管理人员置换图、职位置换卡，是一种主要针对企业的中高层管理人员的供给进行预测的方法。这种方法记录各个管理人员的工作绩效、晋升的可能性和所需要的训练等内容，由此来决定哪些人员可以补充企业的重要职位空缺。技能清单描述的是个人技能，而管理人员替代法描述的是可以胜任企业中关键岗位的个人。制定管理人员替代法的过程为：确定需要替代的管理职位范围、确定每个管理职位上接替人员、评价接替人选目前的工作情况和是否达到提升的要求、确定职业发展需要，并将个人的职业目标与企业目标相互结合。其最终目标是确保组织在未来能够有足够的合格的管理人员的供给。图 2.5 是某管理人员置换图示。

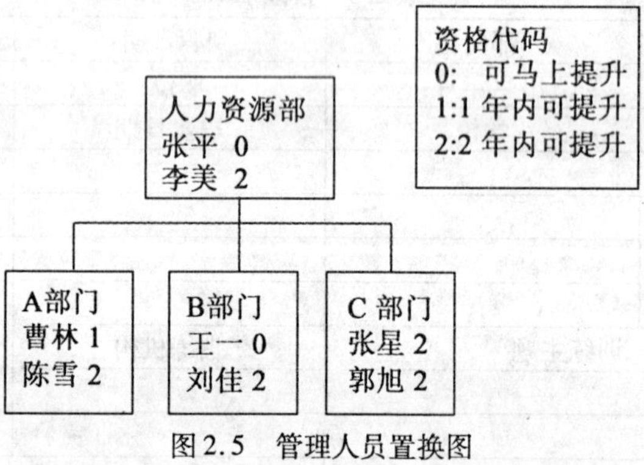

图 2.5　管理人员置换图

4. 人员接替模型

人员接替模型与管理人员接替图有相似之处，目的都是确认特定职位的内部候选人，但其涉及面更大，对各职位之间的关系也描述得更具体。建立人员接替模型的关键是根据职务分析的信息，明确不同职位对员工的具体要求，然后确定一位或几位较易达到这一职位要求的候选人；或者确定哪位员工具有潜力，经过培训后可以胜任这一工作。然后把各职位的候补人员情况与企业员工的流动情况综合起来考虑，控制好员工流动方式与不同职位人员接替方式之间的关系，对企业人力资源进行动态管理。人员接替模型见图 2.6 和 2.7。图 2.8 显示了企业人员调换流程。

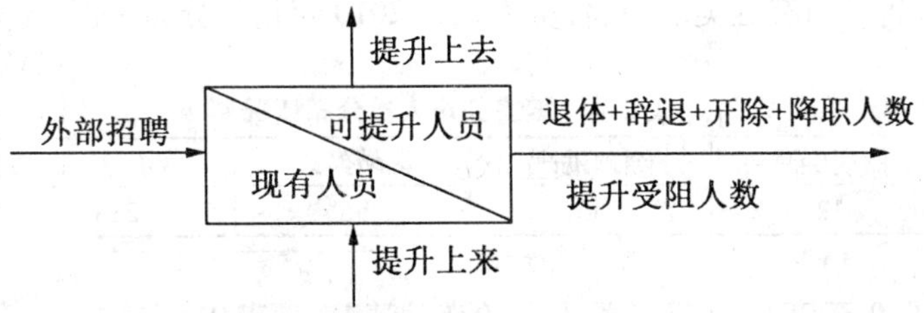

图 2.6 人员接替模型

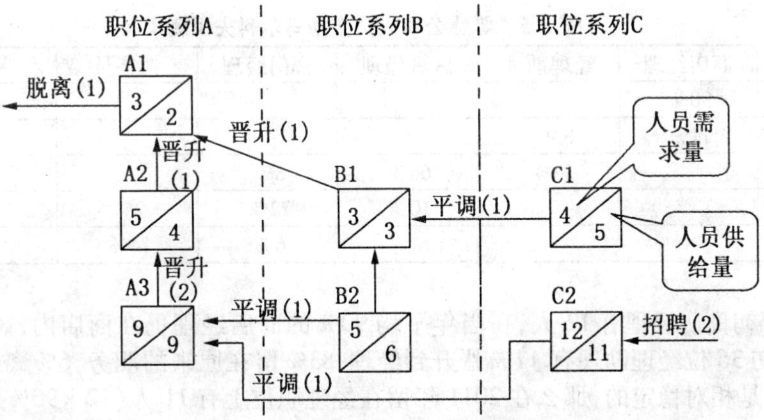

图 2.7 三种职位的人员接替模型

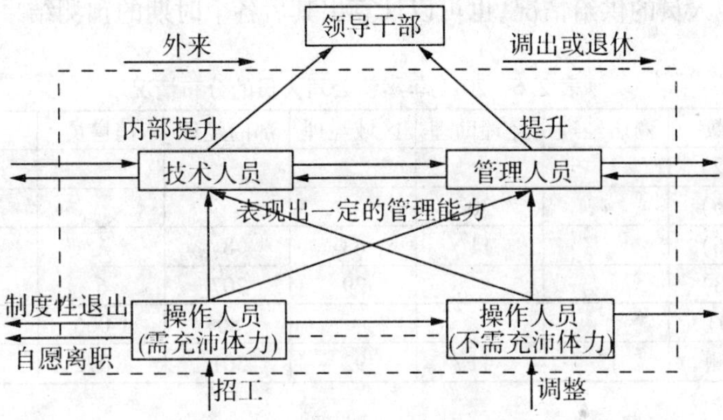

图 2.8 企业人员转移流程图

5. 马尔科夫模型

马尔科夫模型又称转换矩阵法，是一种内部人力资源供给的统计预测方法。其基本思路是通过具体历史数据的收集，找出组织过去人事变化的规律，由此推测未来的人事变动趋势。这种方法描述企业中员工流入、流出和内部流动的整体形式，可以作为预测内部劳动力供给的基础。

采用马尔科夫模型预测防范预测企业内部人力资源供给，其步骤如下：

第一步，根据企业的历史资料，计算出每一类的每一职员流向另一类或另一级别的平均概率。

第二步，根据每一类职员的每一级别流向其他类或级别的概率，建立一个人员变动矩阵表。

第三步，根据组织年底的种类人数和第二步中的人员变动矩阵表，预测未来企业可供给的人数。

假设一家零售公司有五类职位，各类人员在2010年初的分布情况，见表2.4。

表2.4 零售公司人员分布情况

职位	商店经理	经理助理	区域经理	部门经理	销售员
人数	12	36	96	288	1 440

据预测在2010至2011年间各类人员的变动情况，见表2.5。

表2.5 零售公司人员变动马尔科夫预测

2010－2011	商店经理	经理助理	区域经理	部门经理	销售员	离职
商店经理	90%					10%
经理助理	11%	83%				6%
区域经理		11%	66%	8%		15%
部门经理			10%	72%	2%	16%
销售员				6%	74%	25%

2010年初商店经理有12人，在当年平均90%的商店经理仍在商店内，10%的商店经理离职，期初36位经理助理有11%晋升到经理，83%留在原来的职务，6%离职；如果人员的变动频率是相对稳定的，那么在2011年留在经理职位上有11人（12×90%），另外，经理助理中有4人（36×83%）晋升到经理职位，最后经理的总数是15人（11+4）。可以根据这一矩阵得到其他人员的供给情况，也可以计算出其后各个时期的预测结果，见表2.6。

表2.6 2011年零售公司人员的分布情况

2010年初期人数	商店经理	经理助理	区域经理	部门经理	销售员	离职
商店经理（n=12）	11					1
经理助理（n=36）	4	30				2
区域经理（n=96）		11	63	8		14
部门经理（ =288）			29	207	6	46
销售员（ =1440）				86	1 066	228
2011年供给预测	15	41	92	301	1 072	351

使用马尔科夫模型进行人力资源供给预测的关键是要确定出人员转移率矩阵表，而在实际预测时，由于受各种因素的影响，人员转换率是很难准确确定下来的，往往都是一种大致的估计，这也就会影响预测结果的准确性。

（四）企业外部人力资源供给预测方法

企业外部人力资源供给预测主要是预计企业内外部未来可能提供的人力资源供给数量和结构，以确定企业在今后一段时间内能够获取的人力资源供给量。外部供给是由企业在劳动力市场上采取的人力资源吸引活动引起的，它研究潜在员工的数量和能力等因素，分析外部供给时应根据过去的经验。预测企业未来可供利用的外部人力资源状况，可以通过企业外部人力资源供给预测模型进行，见图2.9。

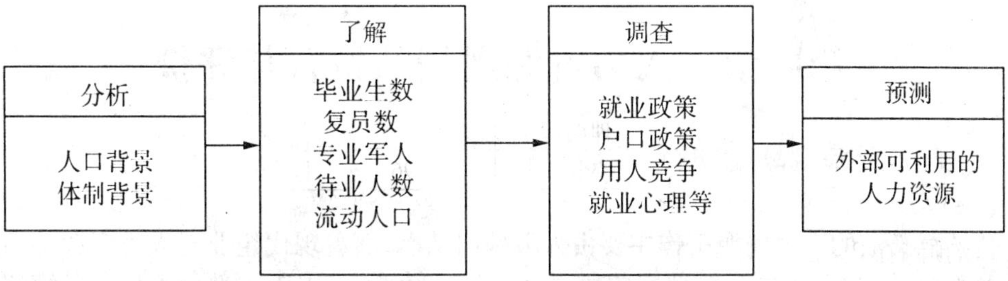

图 2.9　企业外部人力资源供给预测模型

三、人力资源规划的综合平衡

(一)企业需要与个人需要的平衡

人力资源管理所面临的企业需要与个人需要之间是不尽相同的,总是存在着矛盾。企业强调组织的功能和组织效率,企业员工则注重个人的物质需求和精神需求的满足,这就要求在规划阶段制定相应的措施,实施企业目标与个人需要同时满足的双赢局面。通过企业需要与个人需要的平衡,使得企业在员工积极性充分发挥的基础上达成企业的发展目标,在企业目标中使员工的需求得到最大限度的满足。

(二)人力资源供给与需求的平衡

企业人力资源供给和需求预测的比较,一般会有以下几种结果:

1. 总量平衡,结构失衡

采取措施:(1)进行人员内部的重新配置,包括晋升、调动、降职等,来弥补那些空缺的职位,满足这部分的人力资源需求;(2)对人员进行有针对性的专门培训,使他们能够从事空缺职位的工作;(3)进行人员的置换,释放那些企业不需要的人员,补充企业需要的人员,以调整人员的结构。

2. 供给大于需求

采取措施:(1)永久性地裁减或辞退职工;(2)关闭一些不盈利的分厂或车间,或临时性关闭;(3)进行提前退休;(4)通过人力消耗缩减人员(劳动力转移);(5)重新培训,调往新的岗位,或适当储备一些人员;(6)减少工作时间(随之亦减少相应工资);(7)由两个或两个以上人员分担一个工作岗位,并相应的减少工资。

3. 供给小于需求

采取措施:(1)培训本组织职工,对受过培训的员工据情况择优提升补缺并相应提高其工资等待遇;(2)进行平行性岗位调动,适当进行岗位培训;(3)延长员工工作时间或增加工作负荷量,给予超时超工作负荷的奖励;(4)重新设计工作以提高员工的工作效率;(5)雇用全日制临时工或非全日制临时工;(6)改进技术或进行超前生产;(7)制定招聘政策,向组织外进行招聘;(8)采用正确的政策和措施调动现有员工的积极性。

(三)专项人力资源规划间的平衡

企业的人力资源规划所集的人员补充、培训、配置使用、晋升和薪资计划等都具有内在的联系,因此在制定各项专业规划时应注意它们之间的平衡协调。例如,人员培训与使用以及与激励有关的劳动报酬规划必须相互协调,若人员通过培训提高了素质,在使用和报酬方面却无相应政策,就极容易挫伤员工接受再培训的积极性。另外,还应做好每一项专业规划的配套平衡。人力资源管理的总目标是通过执行各个具体规划实现的,因此应当将总目标分解为各项专业规划的分目标,为保证专业规划目标的实现,又必须制定相应的政策,规定具体的措施与步骤,使各项专业规划具有可操作性。

第四节 人力资源规划的执行与评价

一、人力资源规划的执行

（一）人力资源规划的执行者

传统意义上的人力资源工作主要由人事部门从事，随着现代企业对人力资源部门工作要求和期待的提升，人力资源部门角色逐渐发生了转变，人力资源部门不再是单纯的行政管理的职能部门，而是逐步向企业管理的战略合作伙伴关系转变。同时，现代的人力资源管理工作也不仅仅是人力资源部门的责任，也是各层管理者的责任，人力资源规划也是如此。企业人力资源规划的基础是接替晋升计划、人员补充计划、素质提升计划、退休解聘计划等，而这些计划都是在各部门的负责人指定本部门的人员调配补充、素质提升、退休解聘等计划的基础上层层汇总到人力资源部门，再由人力资源管理者依据人力资源战略分析、制定出来的，而非人力资源管理者凭空创造出来的。

人力资源规划应有健全的专职部门来推动，可考虑下列几种方式：

第一，可以由人力资源部门负责办理，其他部门与其配合。

第二，由某个具有部分人事职能的部门与人力资源部门协同负责。

第三，由各部门选出代表组成跨职能团队负责。

在推动过程中各部门必须通力合作而不是仅靠负责规划的部门推动，人力资源规划同样也是各级管理者的责任。

（二）人力资源规划的执行

人力资源规划执行主要涉及三个层次：企业、跨部门及部门层次。

1. 企业层次

在企业层次上的人力资源规划需要“一把手”的亲自参与，尤其是企业经营战略对人力资源规划的影响，人力资源规划对人力资源管理各个体系的影响及其指导方针和政策，必须由企业高层决策。

2. 跨部门层次

该层次上的人力资源规划需要企业副总裁级别的管理者执行，即对各个部门人力资源规划的执行情况进行协调和监督，并对人力资源规划的实施效果进行评估。

3. 部门层次

部门层次上的人力资源规划又分为两种情况：

(1)人力资源部门。人力资源部门不但要完成本部门的人力资源规划工作，还要担任“工程师+销售员”的角色。人力资源部门的员工既要做人力资源规划的专家、规划的制订者，又要做人力资源规划的“销售员”与指导者，指导其他部门的人力资源规划工作顺利进行。

现在有些企业将人力资源部门经理改称为人力资源客户经理，要求人力资源经理持续提供面向客户的人力资源产品和服务。在进行人力资源规划时，人力资源客户经理就会为各个部门提供人力资源规划的系统解决方案，并为各类人才尤其是核心人才提供个性化的服务，如制订专门的继任者管理计划等。

(2)其他部门。人力资源规划工作应该是每个部门经理工作的组成部门。但是在企业中，许多部门经理是由业务人员提拔的，对于管理和人力资源管理都没有经验，更不用说进行人力资源规划了。对于新提拔的经理，人力资源部应给予培训，并把人力资源规划作为经理业绩考核的重要内容之一，特别是其培养下属和评估下属业绩的能力。部门经理应该主动与人力资源部门沟通，共同实现人力资源规划的目标，而不仅仅在需要招人与辞退员工时,才想到人力资源部门。

(三)人力资源规划的执行原则

1. 战略导向原则

依据战略目标制订人力资源规划以及具体的人力资源计划,避免人力资源规划与企业战略脱节。

2. 螺旋式上升原则

人力资源规划并非一劳永逸,企业每年都需要制订新的人力资源规划,即各类人员计划都会随着内外环境的变化、战略的转变而改变,但同时它们又是在过去的基础上制订的,且一年比一年准确、有效。

3. 制度化原则

在制定有关人力资源管理制度的方向、原则,从机制的角度理顺人力资源各个系统的关系,从而保证人力资源管理的顺利进行。

4. 人才梯队原则

在人力资源规划实施过程中需要建立人才梯队,从而保障工作人员的层层供给。

5. 关键人才优先规划原则

对企业中的核心人员或骨干人员应首先进行规划,即设计此类人员的晋升、加薪、替补通道,以保证此类人员的充足供给。

二、人力资源规划评价

人力资源规划是人力资源管理工作的关键性部分。如果规划制定得很糟糕,企业就可能或缺少足够的员工,或者反过来,由于人员过多而不得不大量裁员。总之,企业会由此遭受到各种人员配置问题的困扰。如果人力资源管理规划制定得很好,就会获得以下方面的受益:

(1)高层管理者可以更多的了解经营决策中与人力资源有关的问题,加深对人力资源管理的重要性的认识。

(2)管理层可在人力资源费用变得难以控制或过度花费之前,采取措施来防止各种失调,并由此使劳动力成本得以降低。

(3)由于在实际雇用员工前,已经预计或确定了各种人员的需要,企业就可以有充裕的时间来发现人才。

(4)在未来的发展计划中,能够有更多的机会来雇用妇女和少数群体成员。

(5)经理们的培养工作可以得到更好的规划。

各种结果只要可以衡量,都可以做考评人力资源规划绩效的依据。评价方法之一,是将某个时点的计划需求水平与届时该时点上的实际需求进行对比。显然,对于成功的人力资源规划的最有说服力的证据,是在一个较长的时期内,企业的人力资源状况始终与经营需求基本保持一致。

为了保证企业人力资源计划的实用性和有效性,人力资源计划将更加注重对关键环节的陈述;对人力资源计划中的长期计划而言,也倾向于将计划中的关键环节明确化、细致化,并将它们提炼成具体的可执行的计划,最好明确计划的责任和要求,并且有相应的评估策略;由于人力资源市场和企业发展的变化周期增快,企业更倾向于致力于编写年度人力资源计划和短期计划;企业的人力资源计划将会更加注重关键环节的数据分析和量化评估,并且将明确地限定人力资源计划的范围。

课后思考题

1. 如何理解人力资源计划的概念?

2. 人力资源计划有何重要性?

3. 人力资源计划怎么配合企业战略规划的?
4. 人力资源需求预测有哪些方法?
5. 人力资源供给预测有哪些方法?
6. 如何实现企业人力资源供需平衡?

案例分析

深圳市华隆投资集团有限公司

深圳市华隆投资集团有限公司是经深圳市工商行政管理局批准的多元化投资控股集团,注册资本为人民币3.8亿元。集团以旅游综合体建设运营、商业物业、石化零售、房地产为主业,以新材料投资、证券投资为辅业。经营区域以深圳为中心,辐射珠三角、北京、海南、江西、四川、贵州、江苏、港澳等地区。

华隆集团始终以人力资源增值为经营战略的核心,按照人力资源开发的功能要求,不断建立完善人力资源经营平台,按制度化、规范化、现代化的标准,不断地实现人力资源到人力资本的积累和增值。公司管理团队中,博士占15%、硕士占35%、本科占40%、其他占10%。

华隆集团不仅为国内外一大批优秀人才提供了施展个人才华的舞台,而且还在全球范围内聘用了一批著名的专家学者作为公司的企业顾问或客座研究员;一些在世界上享有盛誉的科研院所、知名的投资银行、知名的律师事务所、知名的会计师事务所和其他咨询机构也与公司建立了长期合作关系。中外人才精英荟萃,大大增强了集团的市场驾驭能力和咨询拓展能力。

华隆集团坚持"以人为本"的经营理念,致力于个人与企业共同发展。"五定"、"五化"是华隆集团人力资源经营、组织、发展、建设的总纲和准则。

【五定】:是组织发展建设的根本和基础

定编:根据组织运作规划和岗位工作职能确定编制

定岗:根据集团发展规划和组织运作需求确定岗位

定薪:根据集团发展要求和成本原则确定薪资

定责:根据集团发展要求确定职责

定目标;根据集团发展战略确定发展目标和实施计划

【五化】:是贯穿人力资源规划制定、执行及完善的根本原则

人才专业化:人才的选聘必须符合集团投资、投行业务的专业要求

人才知识化:人力资源结构必须高素质、高标准、本科以上学历不低于80%,满足集团高速发展

人才年轻化:人力资源构成按老、中、轻相结合,青年职员不低于50%,普通职员以80后为主体

人才梯队化:人力资源配备实现梯队化,为不同时期、不同需求提供后备人才

薪酬成本化:人力资源成本构成必须科学、合理,实现成本效益最大化

讨论问题

1. 华隆投资集团有限公司在制定人力资源规划时考虑到哪些情况和因素?
2. 在预测公司人力资源需求时,可以采用哪些技术?

第三章　工作分析

第一节　工作分析概述

一、工作分析的含义

工作分析又称职位分析或职务分析。简单说是人力资源管理在短时间内,用以了解有关工作信息对于情况的一种科学手段。具体而言,是指系统全面的确认工作整体,以便为管理活动提供各种有关工作方面的信息所进行的一系列的工作信息收集、分析和综合的过程。

工作分析作为一种活动,其主体是工作分析者,客体是整个组织体系,对象是工作,包括战略目标、组织结构、部门职能、岗(职)为重的工作内容、工作责任、工作技能、工作强度、工作环境、工作心理以及工作方法、工作标准、工作时间等在组织中的运作关系。

工作分析是人力资源管理工作的基础,其分析质量对其他人力资源管理模块具有举足轻重的影响。工作分析对人力资源管理的影响见图 3.1。

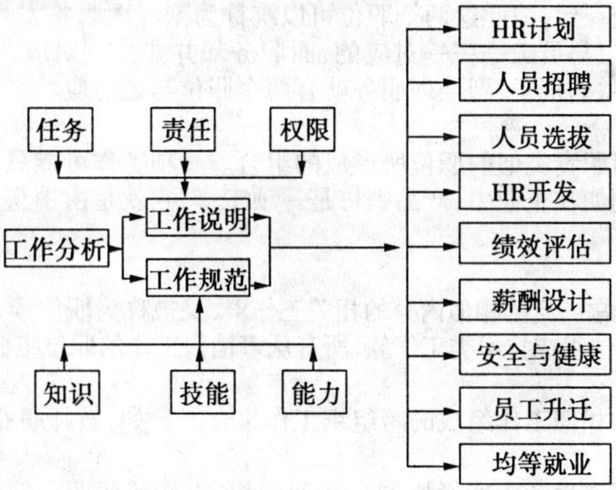

图 3.1　工作分析对人力资源管理的影响

工作分析主要回答以下的问题:

(1) WHAT:员工完成什么样的体力和脑力活动?

(2) WHEN:工作将在何时完成?

(3) WHERE:工作将在哪里完成?

(4) WHO:谁适合从事这项职务?

(5) WHY:为什么要完成这项工作?

(6) FOR WHOM:在为谁做这项职务?

(7) HOW:员工怎样完成这项工作?

二、工作分析中的相关术语

(一)行动

指工作活动中不便再继续分解的最小单位。比如,秘书接听电话前拿起电话是一个行动,司机开车前插入钥匙也是一个行动。

(二)任务

指工作活动中为达到某一目的而由相关行动直接组成的集合,是对一个人从事的事情所做的具体描述。比如复印文件,为了达到最终的工作目的,复印员必须从事以下具体行动:(1)启动复印机;(2)将复印纸放入复印机内;(3)将要复印的文件放好;(4)按动按钮进行复印。也就是说,复印文件这一任务,是上述四项行动直接组成的一个集合。

(三)职责

由某人在某一方面承担的一项或多项任务组成的相关任务集合。比如,监控员工的满意度是人力资源经理的一项职责,这一职责由下列五项任务组成:(1)设计满意度的调查问卷;(2)进行问卷调查;(3)统计分析问卷调查的结果;(4)向企业高层反馈调查的结果;(5)根据调查的结果采取相应的措施。

(四)职位

由一个人完成的一项或多项相关职责组成的集合,又称岗位。例如,人力资源部经理这一职位,它所承担的职责有以下几个方面:员工的招聘录用;员工的培训开发;企业的薪酬管理;企业的绩效管理;员工关系的管理等。

在组织中的每一个人都对应着一个职位或岗位,因此从理论上说职位的数量应该等于人员的数量,组织有多少人员就有多少职位。

(五)职务

是指主要职责在重要性和数量上相当的一组职位的统称。比如,人力资源部设有两个副经理的职位,一个主要分管招聘录用和培训开发;另一个主要分管薪酬管理和绩效管理。虽然,这两个职位的工作职责并不完全相同,但是就整个人力资源部来说,这两个职位的职责重要性和数量比较一致,因此这两个职位可以统称为副经理职务。

和职位不同,职位与员工是一一对应的,而职务却并非一一对应。一个职务可能不止一个职位,如上面所举的例子,副经理职务就有两个职位与之对应。

(六)工作

是指一个或一组职责类似的职位所形成的组合。一项工作可能只涉及一个职位,也可能涉及多个职位。例如在企业中,产品销售是一项工作,它就是由销售员、销售经理等职位组成的。

(七)工作族

企业内部具有非常广泛的相似内容的相关工作群,又被称为职位族、工作群。比如,企业内所有从事技术的职位组成技术类工作族,所有从事销售工作的职位组成销售类工作族。

(八)职业

由不同组织中的相似工作组成的跨组织工作集合。比如,教师职业、秘书职业等。

(九)职业生涯

指一个人在其工作生活中所经历的一系列职位、工作或职业。例如,某人刚参加工作时是学校的老师,后来去了政府机关担任公务员,最后又到了公司担任经理,老师、公务员、经理就构成了这个人的职业生涯。再比如,某人的职业和工作单位虽然没有发生过变化,但是他从办事员开始,经过主管、副经理、经理,一直干到副总经理,办事员、主管、副经理、经理、副总经理也形成了这个人的职业生涯。

(十)职类

是一组职位的集合,这些职位要求任职者需具备的任职资格条件的种类、承担的职责、绩效标准、薪酬要素等管控激励方式,以及在组织中与其他职位的分工汇报关系相同或相似。

(十一)职种

对同职类职位进行细分归并而成,这些职位分别承担相同业务板块功能与责任。

(十二)职层

将同职类职位按照任职者具备的资格条件以及承担职责大小的差异程度进行分层归并而成。这些职位在绩效标准、薪酬要素等管控激励方式以及与其他职位的分工汇报关系存在差异。

（十三）职等/职级

运用于薪酬体系中的概念，职等与职级区间的确定要根据人力资源战略、企业规模、支付能力、人力资源现状等因素确定。

三、工作分析的作用

（一）工作分析为组织职能的实现奠定基础

（1）通过工作分析，有助于员工本人反省和审查自己的工作内容和工作行为，以帮助员工自觉主动地寻找工作中存在的问题，圆满实现职位对于组织的贡献。

（2）在工作分析过程中，人力资源管理人员能够充分地了解组织经营的各个重要业务环节和业务流程，从而有助于人力资源管理职能真正上升到战略地位。

（3）借助于工作分析，组织的最高经营管理层能够充分了解每一个工作岗位上的人目前所做的工作，可以发现职位之间的职责交叉和职责空缺现象，并通过职位及时调整，提高组织的协同效应。

（二）工作分析对绩效考核的作用

这一作用主要体现在两个方面：一是工作说明书的必备项目中有"岗位关键业绩指标"这一内容，这些指标指明了对该岗位任职人员应从哪些角度进行考核，也指出了岗位上人员的努力方向，而绩效考核方案的起点就是部门和岗位考核指标的选择，广义的工作分析甚至可以提供部门的关键绩效指标。二是工作说明书如果包含了"沟通关系"这一项目，就可以清晰地指明绩效考核的主体与考核层级关系，因为沟通关系中明确了汇报、指导与监督关系。

（三）工作分析对人员招聘与录用的作用

工作说明书的另一项必备内容就是岗位任职资格条件，这些条件既是岗位评价的重要参考要素，又是该岗位人员空缺时设计招聘要求的基础。招聘广告中一般有空缺岗位的学历、工作经验、专业技术水平、能力方向、人格特征等要求，而这些内容在工作说明书的任职资格条件项目中均可找到。

（四）工作分析对员工培训与职业生涯设计的作用

企业员工培训的一个重要特点是具有强烈的导向性，这个导向的重要依据之一就是工作说明书所规定的内容，尤其是岗位职责的要求、考核指标要求、能力要求等内容，在新员工培训中，新员工本岗位的说明书甚至能成为其必修教材之一。另外，在对员工进行职业生涯设计时，工作分析还可以提供职业发展的路径与具体要求。

（五）工作分析对人力资源规划的作用

人力资源规划的核心工作是人力需求与供给的预测，在运用技能清单法、管理人员置换图、人力接替计划、马尔科夫矩阵法进行供给预测时，都离不开清晰的岗位层级关系和晋升、岗位转换关系，这些都是工作说明书所应该规定的。在需求预测时，除了需要对人力资源数量预测，还需要对其质量要求进行预测，说明书中的任职资格条件就成为重要的参考。

（六）工作分析对薪酬设计与管理的作用

工作评价是合理制定薪酬标准的基础，正确的工作评价则要求深入地理解各种工作的要求，这样才能根据它们对组织的价值大小进行排序。工作分析通过了解各项工作的内容、工作所需要的技能、学历背景、工作的危险程度等因素确定工作相对于组织目标的价值，也可以作为决定合理薪酬的依据。工作分析为薪酬管理提供相关的工作信息，通过工作差别确定薪酬差别，使薪酬结构与工作相挂钩，从而制定公平合理的薪资政策。

（七）工作分析对组织分析的作用

工作分析详细地说明了各个岗位的特点及要求，界定了工作的权责关系，明确了工作群之间的内在联系，从而奠定了组织结构设计的基础。通过工作分析，尤其是广义的工作分析，可以全面揭示组织结构、层级关系对岗位工作的支持和影响，为组织结构的优化和再设计提供决策依据。另外，工作分析还与劳动定编和定员工作有着非常紧密的联系。定编是指按照一定的人力资源管理程序，采用科学规范的方法，从组织经营战略目标出发，合理确定组织机构的结构、形式、规模以及人员数量的一种管理方法。定员是在定编的基础上，严格按照组织编制和岗位的要求,为组织每个岗位配备合适人选的过程。在现代企业管理中,只有不断地加强定编定员工作,组织才能实现组织机构的精简与统一,才能避免人力资源的浪费,最终实现组织的经营战略目标。如果组织的定编定员工作没有实际的成效,组织就很有可能出现机构臃肿、人员膨胀、效率低下、人浮于事的现象。

(八)工作分析对直线管理者的作用

工作分析对人力资源管理者的作用显然是非常重要的,对于直线管理者的作用也是不容忽视的。首先,它有利于直线管理者加深对工作流程的理解,及时发现工作中的不足,并可以及时针对工作流程进行改造创新,从而提高工作的效率或有效性。其次,工作分析可以使直线管理者更深入地明确工作中完成某项任务所应具备的技能,这有助于直线管理者在辅助人力资源部门进行人员招聘时真正发挥它的效能。最后,直线管理者还担负着对每一位雇员进行绩效评估,及时反馈并督促其改进绩效的职责,而绩效的评定标准以及绩效目标的设定是离不开每种工作所需完成的任务内容的,这也是与工作分析休戚相关的。

第二节　工作分析的流程

一般来说,工作分析的整个过程要经过以下几个步骤来完成:准备阶段、调查阶段、分析阶段和完成阶段。

一、准备阶段

这一阶段主要完成以下几项任务。

(一)确定工作分析的目的和用途

也就是说,要明确分析资料到底是要用来干什么的,是要解决什么问题的。如(1)就业机构和企业间的联系不够紧密;(2)缺少熟练或其他急需的人员,或某些人员相对过剩;(3)员工缺席率高;(4)事故多;(5)劳动生产率低下;(6)培训效果甚微;(7)太多的牢骚;(8)劳动力供求状况的信息短缺。工作分析的目的不同,所要收集的信息和要使用的方法也会不同。

(二)成立工作分析小组

为了保证工作分析的顺利进行,在准备阶段还要成立一个工作分析小组,从人员上为这项工作的开展做好准备。小组的成员一般由以下三类人员组成:一是企业的高层领导;二是工作分析人员,主要由人力资源管理专业人员和熟悉本部门情况的人员组成;三是外部的专家和顾问,他们具有这方面的丰富经验和专门技术,可以防止工作分析的过程出现偏差,有利于结果的客观性和科学性。

(三)对工作分析人员进行培训

为了保证工作分析的效果,还要由外部的专家和顾问对本企业参加工作分析小组的人员进行业务上的培训,让工作分析者找到如何进行工作分析的感觉,不是去机械地学习分析规划。

(四)做好其他必要的准备

由各部门抽调参加工作分析小组的人员,部门经理应对其工作进行适当的调整,以保证他们有充足的时间进行这项工作;在企业内部对这项工作进行宣传,消除员工不必要的误解和紧张。

(五)评估与计划

计划是为估计人员人数、计划和设计分析做准备。各职位名称应该尽可能代表一项既独立又典型的工作。

(六)估计需要的工时和分析人员人数

通过工作分析时间的总量限制,可以估计出每个工作日应该完成工作分析的平均时数。一个工作日内1个人通常可以收集、整理与编辑6到8人的工作信息。

同时,至少需要对每项工作有一个完整的观察分析与记录。

(七)内容选择

当组织规模较大,无法分析所有职位时,就要决定分析的先后顺序。一般来说,在大中型企业中,根据部门进行分析工作较为经济。

二、调查阶段

调查阶段是对整个工作过程、工作环境、工作内容和工作人员等与该项职务有关的方方方面做出全面的调查。这一阶段需要完成的任务主要有以下几项:

(1)制定工作分析的时间计划进度表,以保证这项工作能够按部就班地进行。

(2)根据工作分析的目的,选择搜集工作内容及相关信息的方法。工作分析的方法有很多,我们将在下一节进行详细的介绍。

(3)搜集工作的背景资料。这些资料包括公司的组织结构图、工作流程图以及国家的职位分类标准,如果可能的话,还应当找来以前保留的工作分析资料。组织结构图指明了某一职位在整个组织中的位置,以及上下级隶属关系和左右的工作关系;工作流程图指出了工作过程中信息的流向和相关的权限,这些都有助于更加全面地了解职位的情况。职位分类标准和以前的工作分析资料也有助于更好地了解职位的情况,但是在使用这些资料时要注意绝对不能照搬照抄,而应当根据企业现时的具体情况,有选择地加以利用。

在完成以上的工作之后,就可以正式开始搜集职位的相关信息了。一般来说,工作分析中需要搜集的信息主要有以下几类:

(1)工作活动,包括承担工作所必须进行的与工作有关的活动和过程;活动的记录;进行工作所运用的程序;个人在工作中的权力和责任等。

(2)工作中的人的活动,包括人的行为,如身体行动以及工作中的沟通;作业方法分析中使用的基本动作、工作对人的要求,如精力的耗费、体力的耗费等。

(3)在工作中所使用的机器、工具、设备以及工作辅助用品,如电话、计算机、传真机、汽车、对讲机、仪器以及车床等。

(4)与工作有关的有形和无形因素,包括完成工作所要涉及或者要运用的知识,如公司的会计需要运用会计方面的知识,法律事务主管需要懂得法律知识等,工作中所加工处理的材料、所生产的产品或提供的服务等。

(5)工作绩效的信息,如完成工作所耗费的时间、所需要投入的成本以及工作中出现的误差等等。需要注意的是,这里只是搜集与绩效相关的信息,并不是要制定与各项工作相对应的绩效目标,后者是分析阶段所要完成的任务。

(6)工作的背景条件,包括工作时间、工作的地点,如是在室内还是在室外;工作的物理条件,如有没有噪音、是不是在高温条件下等。

(7)工作对人的要求,包括个人特征,如个性和兴趣、所需要的教育与培训水平、工作的经验等。

上述的工作信息,一般要从以下几个渠道来获得:工作执行者本人、管理监督者、顾客、分析专家、职业名称辞典以及以往的分析资料。在通过这些渠道搜集工作分析所需的信息时需要注意:由于各种主客观原因的存在,不同的信息源提供的信息会存在着一定程度的差异。例如,工作执行者本人在提供信息时往往会夸大工作的难度;而顾客在提供信息时也往往会从自己的利益出发,从而导致某些信息特别是与绩效有关的信息高于实际的情况。因此,工作分析人员应站在中立的立场来听取各方面不同的意见,条件允许或者必要的时候还要亲自实践一下有关的工作活动,以期掌握比较准确可靠的信息。

三、分析阶段

在搜集完与职位相关的信息之后,就要进入到工作分析的下一个阶段,即分析阶段。在这一阶段需要进行以下几项工作:

(一)整理资料

将搜集到的信息按照工作说明书的各项要求进行归类整理,看是否有遗漏的项目,如果有的话要返回到上一个步骤,继续进行调查搜集。

(二)审查资料

资料进行归类整理以后,工作分析小组的成员要一起对所获工作信息的准确性进行审查,如有疑问,就需要找相关的人员进行核实,或者返回到上一个步骤,重新进行调查。

(三)分析资料

如果搜集的资料没有遗漏,也没有错误,那么接下来就要对这些资料进行深入的分析,也就是说要归纳总结工作分析的必需材料和要素,揭示出各个职位的主要成分和关键因素。在分析的过程中,一般要遵循以下几项基本原则:

(1)对工作活动是分析而不是罗列。工作分析是反映职位上的工作情况,但却不是一种直接的反映,而要经过一定的加工。分析时,应当将某项职责分解为几个重要的组成部分,然后再将其重新进行组合,而不是对任务或活动的简单列举和罗列。例如,对公司前台小姐转接电话这项职责经过分析后应当这样描述,"按照公司的要求接听电话,并迅速转接到相应的人员那里",而不应该将所有的活动都罗列上去,"听到电话铃响后,拿起电话,放到耳边,说出公司的名字,然后询问对方的要求,再按下转接键,转接到相应的人员那里"。

(2)针对的是职位而不是人。工作分析并不关心任职者的任何情况,它只关心职位的情况。目前的任职者被涉及的原因,仅仅是他通常最了解情况。例如某一职位本来需要本科学历的人来从事,由于各种原因,现在只是由一名中专生担任这一职位,那么在分析这一职位的任职资格时就要规定为本科,而不能根据现在的状况将学历要求规定为中专。

(3)分析要以当前的工作为依据。工作分析的任务是为了获取某一特定时间内的职位情况,因此应当以目前的工作现状为基础来进行分析,而不能把自己或别人对这一职位的工作设想加到分析中去。只有如实地反映出职位目前的工作状况,才能够据此进行分析判断,发现职位设置或职责分配上的问题。

根据实践经验,在分析资料的过程中,如果觉得分析起来比较困难,这说明对职位情况的了解还不是很深入,或者搜集的资料还不是很全面,也许要返回到上一个阶段,再继续了解和搜集。

四、完成阶段

这是整个工作分析过程的最后一个阶段,这一阶段的任务包括如下几方面。

(一)编写工作说明书

根据对资料的分析,首先要按照一定的格式编写工作说明书的初稿;然后反馈给相关的人员进行核实,意见不一致的地方要重点进行讨论,无法达成一致的还要返回到第二个阶段,重新进行分析;最后,形成工作说明书的定稿。

工作说明书,也称职位说明书,是工作分析人员根据某项职务工作的物质和环境特点,对工作人员必须具备的生理和心理需求进行的详细说明。它是工作分析的结果,是经工作分析形成的书面文件。

1. 工作说明书的组成

工作说明书由工作描述与工作规范两部分组成,这类似前苏联劳动心理学家编制出的职业图谱和心理图谱。职业图谱是描述职业的社会经济、制造技术、卫生保健等特征;心理图谱分析了职业对于人的心理要求。任职者资格集中于对任职人员的分析,工作描述侧重于反映工作定向分析的结果,工作描述可用于设计业绩评价形式,职务评价和建立报酬系统,能确定需要完成工作的教育和训练,为设计适当的招聘、选择、训练和开发计划提供依据。工作说明书的精确与否将直接影响到职务分析的有效性。一份详尽的工作说明书主要包括以下内容。

- 职位名称。例如,拿人力资源部门的经理来说,以下简称 HRM。职位名称应该写为经理。
- 部门名称。HRM 的部门名称应该写为人力资源部。
- 任职人。要写上任职人的名字,并要有任职人签字的地方,以示有效性。
- 直接主管。HRM 的直接主管应该写为分管副总经理。要提供直接主管签字的地方,以示有效性。

- 任职时间。任职时间也就是生效时间,一般也就是与劳动合同的时间一致。
- 任职条件。包括学历要求,工作经验要求,特殊技能等。如 HRM 的特殊技能是指掌握现代人力资源管理运作模式、熟悉国内人力资源管理政策法规及人才市场动态等。
- 下属人数。指的是部门内所管辖的人数。
- 沟通关系。一般分为外部与内部两个层面。如 HRM 的内部沟通有分管副总经理,部门经理与员工。外部沟通有上级主管部门,所在城市人事劳动部门,各主要媒体或招聘网站,各主要培训机构,应聘人员或同行,相关行业协会。
- 职位设置的目的。如 HRM 的职位目的为:根据公司战略发展需求,设计运用人力资源管理模式和相关激励政策,激发员工潜力,开发人才,实现人力资源开发在行业内具有市场领先者的目标。
- 行政权限。指的是在公司所拥有的财务权限和行政审批权限等。
- 工作内容和职责。这是职位说明书重之又重的地方,所耗费的笔墨也最多。包括了职责范围与负责程度,衡量标准等。如 HRM 的职责包括这几方面:组织体系与制度;培训;人事考核与绩效评估;招聘;薪酬激励政策;职位管理,部门管理与建设等。
- 能力要求、个性倾向与特征等。属于个性化的东西,应该算是职位的修正要求。
- 职业生涯发展规划。包括职位关系与理论支持。职位关系又分为直接晋升的职位,相关转换的职位,升迁至此的职位。理论支持是指学习和培训所达到的相关要求。

招聘助理的工作说明书见表 3.1。

表 3.1 招聘助理工作说明书

职务头衔:招聘助理
区域:华北区
部门:人力资源管理部
分析时间:2011 年 7 月
职务陈述
在员工招聘、选拔、测量、定向、转移、员工人力资源档案的保存领域,完成专业的人力资源工作。在完成指派工作中有义务执行创造性和独立判断的工作。
基本功能
1. 制订招聘计划,交主管人员审核 2. 准备招聘文件和招聘广告 3. 检查邮寄的申请书和简历初步筛选申请人 4. 准备与安排面试 5. 对申请人进行背景调查等甄别工作 6. 在招聘方面与地区经理日常工作关系 7. 评估招聘活动 8. 执行由人力资源经理安排的有关事项
职务说明
1. 大专或本科,人力资源管理,企业行政或工业心理学;或在经验、教育和训练方面与此相同。 2. 具备选拔和人事安排的知识 3. 书面和口头的表达能力 4. 独立计划和组织自己活动的能力 5. 人力资源计算机应用的知识

(1)工作描述。工作描述是经过职务分析收集资料后产生的。工作描述是说明某一职

务的职务性质、责任权利关系、主体资格条件等内容的书面文件,见表3.2。

表3.2 工作描述的内容

分类	内容项目	项目内涵	应用目标
核心内容	工作标志	工作名称、所在部门、直接上级职位、薪点范围等	
	工作概要	关于该职位的主要目标与工作内容的概要性陈述	
	工作职责	该职位必须获得的工作成果和必须担负的责任	
	工作联系	该职位在组织中的位置	
选择性内容	工作权限	该职位在人事、财务和业务上做出决策的范围和层级	组织优化、工作评价
	履行程序	对各项工作职责的完成方式的详细分解与描述	绩效考核、上岗引导
	工作范围	该职位能够直接控制的资源的数量和质量	管理人员的工作评价、上岗引导
	职责量化信息	职责的评价性和描述性量化信息	工作评价、绩效考核
	工作条件	职位存在的物理环境	工作评价
	工作负荷	职位对任职者造成的工作压力	工作评价
	工作领域特点		上岗引导/工作评价

①工作标志。这是关于职位的基本信息,是一个职位区别与其他职位的基本标志。通过工作标志,可以向工作描述的阅读者传递关于该职位的基本信息,使其能够获得对该职位的基本认识。

②工作概要。又称工作目的,是指用非常简洁和明确的一句话来表达该职位存在的价值和理由。任何职位的存在价值都在于它能够帮助组织实现其战略目标。工作概要的书写方法,见图3.2。

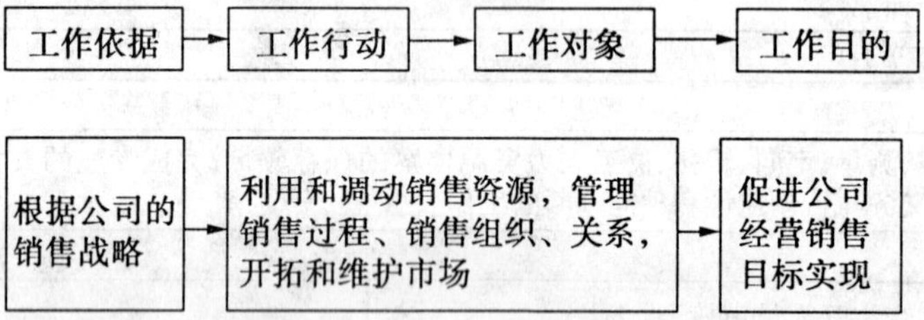

图3.2 工作概要书写示例图

③工作范围。工作范围是该职位的任职者所能掌控的资源的数量和质量,以及该职位的活动范围,它代表了该职位能够在多大程度上对企业产生影响。工作范围常采用清单的方式来表达,主要包括人力资源、财务资源和活动范围三个部分,见表3.3。

表3.3 工作范围示例

项目	内容
人力资源	直接和间接下级的人数与级别
财务资源	年度预算、项目成本、年度收入(营业额)、年度利润、销售和回款等
活动范围	根据职位的不同存在各自的差异

④工作职责。这是指职位通过一系列什么样的活动来实现组织的目标,并取得何种工作成果。它是进一步对职位的内容加以细化的部分。工作职责的分析与梳理有基于战略

的职责分解和基于流程的职责分析。

前者侧重于对具体职责内容的界定,主要回答的是“该职位需要通过完成什么样的职责,来为组织创造价值?”后者侧重于对每项工作职责中的角色与权限进行理顺,主要回答的是“在每项工作职责中,该职位应该扮演什么样的角色,应该如何处理与流程上下游之间的关系?”工作职责书写规范格式,见图3.3。

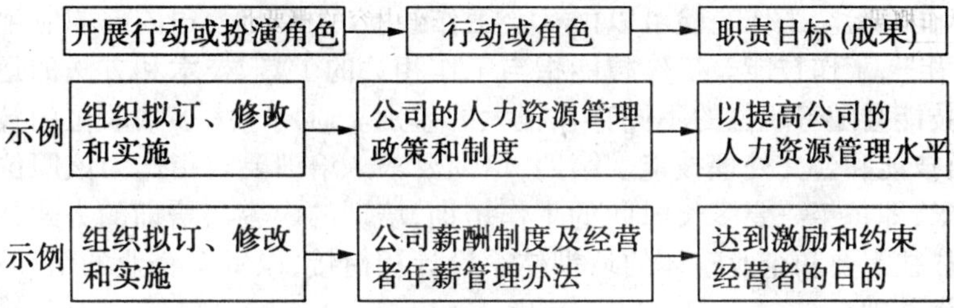

图3.3 工作职责书写示例

⑤工作权限。它是根据该职位的工作目标与工作职责,组织赋予该职位的决策范围、层级与控制力度。该项目主要应用于管理人员的工作描述与职位评价,以确定职位对企业的影响力度和过失损害程度。另一方面通过在工作说明书对该职位拥有的工作权限的明确表达,可以进一步强化组织的规范化、提升任职者的职业化意识、并有助于其职业化能力的培养。

⑥业绩标准。业绩标准是在明确界定工作职责的基础上,对如何衡量每项职责的完成情况的规定。它是提取职位层级的绩效考核指标的重要基础和依据,在以考核为导向的工作描述中,业绩标准是其所必须包含的关键部分。业绩指标筛选应遵循关键性、可操作性、可控性以及上级认可原则。

⑦工作联系。工作联系涉及的要素很多,主要包括联系的对象、频率、内容、方式和联系所采用的工具等。在工作分析实际操作中,联系的对象和内容是最值得关注的。因此,这两个说明了联系的本质特征与沟通的难度,可以运用于工作评价,见表3.4。

表3.4 工作联系示例

内外	联系对象(部门或单位)	联系的主要内容
与公司总部各部门的联系	财务部	薪酬预算、薪酬发放
	行政部	文件、档案管理
	总部各部门	人员招聘、培训、调动、考核
与公司子公司的联系	子公司人事部	业务指导
	子公司总经理	业务协商
与公司外部单位的联系	人才市场、高校、猎头公司	人员招聘
	外部培训机构	人员培训

⑧工作压力因素与工作环境。工作压力因素主要指由于工作本身或工作环境的特点给认知者带来压力和不适因素。从工作压力来看,工作时间的波动性、出差时间的百分比以及工作负荷的大小是值得管理者关注的。工作环境条件,主要针对于操作人员的工作描述,其目标是界定工作的物理环境在多大程度上会对操作人员造成身体上的不适或者影响其身体健康。

(2)任职资格。任职资格是任职者任用条件的具体说明,二者结合起来构成了针对某一职务的完整、全面、详细的职务说明。工作分析中任职资格主要包括显性任职资格和隐性任职资格两大类。显性任职资格主要包括:正式教育程度、工作经验或职业培训、工作技能。隐性任职资格主要是指承担工作所需的内在的能力和素质要求。

①显性任职资格。第一,正式教育程度。有两种不同的度量方法:一种是以完成正规教育的年限与专业来界定,一种是以任职者实际所达到的教育水平与职业培训来进行确定。第二,工作经验。工作经验可以由社会工作经验、工龄与公司内部职业生涯这两个要素来度量。第三,工作技能。工作技能指与工作相关的工具、技术和方法的运用。职位所要求的工作技能会随着职位的不同存在很大的差别。通用于大多数职位的技能包括计算机技能、外语技能和公文处理技能。第四,培训要求。培训要求指作为该职位的一般任职者的培训需求,即每年需要多长时间的工作培训,培训的内容与培训的方式如何等。企业的培训活动往往需要和企业整体的培训体系设计相衔接,以整个企业的培训开发的政策、制度和模块为基础。

②隐性任职资格。确定职位的能力要求的基础,来自于企业的整体能力模型、分层和分类的能力体系的建立。即需要根据企业的整体竞争战略和文化,提出企业员工需要具备什么样的能力,从而形成作为企业各职位簇和具体职位能力要素选取基础的分层分类的能力要素库。

企业分层分类的能力要素体系主要包括以下几个组成部分,见图3.4。

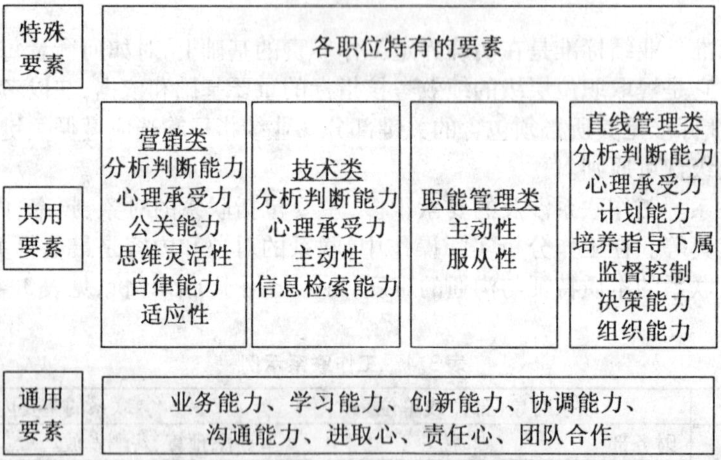

图3.4 企业分层分类能力要素体系

- 通用要素是企业所有职位的任职者都必须具备的能力要素。
- 共用要素是企业某种职种(或职簇)的职位任职者都必须具备的能力要素。
- 特殊要素是企业的某个职位的任职者所必须具备的个性化的能力要素,并且不包括在通用要素和共用要素之中。

素质要求是指适合从事某一职类、职种、职位、职层任职要求的人的动机、个性、兴趣与偏好、价值观、人生观等。机械加工类职位工作说明书所示的智力条件、身体条件等内容均对任职资格有相应的要求,见表3.5。

表 3.5　机械加工类职位工作说明书

职称	职系	工资等级	工资水平	定员	所属部门	分析日	分析人

<table>
<tr><td colspan="2">工作描述</td><td colspan="3">工作执行人员的资格条件</td></tr>
<tr><td rowspan="3">工作概要</td><td rowspan="3"></td><td colspan="2">自行工作的条件</td><td>需求程序</td></tr>
<tr><td rowspan="8">智力条件</td><td>基础知识</td><td></td></tr>
<tr><td>作业知识</td><td></td></tr>
<tr><td rowspan="4">工作时间</td><td rowspan="4">1. 正常班（实际劳动时间　小时）
2. 早到（约　分）
3. 加班（约　小时/周）
4. 轮班（　）</td><td>规划能力</td><td></td></tr>
<tr><td>注意力</td><td></td></tr>
<tr><td>判断能力</td><td></td></tr>
<tr><td>语文能力</td><td></td></tr>
<tr><td rowspan="2">工作姿势</td><td rowspan="2">1. 坐（　%）2. 立（　%）
3. 走动（　%）4. 蹲弯腰（　%）</td><td>领导能力</td><td></td></tr>
<tr><td>控制能力</td><td></td></tr>
<tr><td rowspan="4">工作程序及方法</td><td>1.　（%）</td><td rowspan="4">身体条件</td><td>体力</td><td></td></tr>
<tr><td>2.　（%）</td><td>运动能力</td><td></td></tr>
<tr><td>3.　（%）</td><td>手眼配合能力</td><td></td></tr>
<tr><td>4.　（%）</td><td>效应</td><td></td></tr>
<tr><td rowspan="8">工作环境</td><td>分数　程序</td><td colspan="3">身体疲劳程度</td></tr>
<tr><td>温度</td><td colspan="3">精神疲劳程度</td></tr>
<tr><td>湿度</td><td colspan="3">熟练期</td></tr>
<tr><td>粉尘</td><td rowspan="5">经验</td><td>同类工作</td><td>年</td></tr>
<tr><td>异味</td><td>相关工作</td><td>年</td></tr>
<tr><td>污秽</td><td>1</td><td>年</td></tr>
<tr><td>噪声</td><td>2</td><td>年</td></tr>
<tr><td>危险性</td><td>3</td><td>年</td></tr>
<tr><td colspan="2">使用设备:</td><td colspan="3">备注:</td></tr>
</table>

从事不同职类、职种、职层的工作的人所需的素质要求与行为能力是不同的,如技术类工作的性质与特点、工作方式与方法同营销类工作的性质与特点、工作方式与方法相比存在很大的差异,因而对从事技术类工作的员工素质要求、行为能力要求与从事营销类工作的员工的素质要求、行为能力要求存在较大的不同;同一职类不同职种、职层的员工在任职资格要求上也有一定的偏重;同一职种不同职位上的员工任职资格原则上应该相同,这样便于同职种内员工的职位调配、轮换和工作协同等。

同一职类、职种的任职资格要求在企业战略相对不变的情况下,相对保持稳定。各职位的具体任职资格要求,可在不违反职类、职种的任职资格要求基础上,随组织机构调整有一定的灵活性,即可以因组织或人事上的安排而进行若干特定的要求。

企业在进行人力资源开发与管理中要注重各职类、职种、职层员工能力的均衡发展,各职类、职种员工任职能力都要符合战略要求、尤其是企业管理类人员、技术类人员和销售类人员的能力一定要均衡发展。只有这样才能使企业获得持续的发展能力。企业高层管理者的领导能力是牵引员工任职能力成长的核心力量。

(二)对整个工作分析过程进行总结

找出其中成功的经验和存在的问题,以利于以后更好地进行工作分析。

(三)将工作分析的结果运用于人力资源管理以及企业管理的相关方面,真正发挥工作分析的作用

随着人力资源管理的逐渐升温,很多企业投入了大量的人力和物力来进行工作分析,但是在这项工作结束以后,却将形成的职位说明书束之高阁,根本没有加以利用,这无疑是一种极大的浪费。

作为人力资源管理的一项活动，工作分析是一个连续不断的动态过程，企业决不能有一劳永逸的思想。不能认为做过一次工作分析以后就可以不用再做了，而应当根据企业的发展变化随时进行这项工作，要使工作说明书能及时地反映职位的变化情况。

第三节 工作分析的方法

工作分析的方法主要是通过工作岗位调查获取各种与岗位相关的信息和资料。常用的方法可以分为两大类，一类是定性分析法，其中包括观察法、访谈法、问卷调查法、关键事件法、工作日志法和工作实践法；另一类是定量分析法，包括职位分析问卷法、管理职位描述问卷法和功能性工作分析法。

一、观察法

观察法是一种传统的工作分析方法，指工作分析人员直接到工作现场，针对某些特定对象的作业活动进行观察、收集、记录有关工作内容信息，并用文字或图形记录下来，然后进行分析和归纳总结的方法。观察人员观察前，应准备好详细的观察提纲和行为标准。观察时一边观察一边核对，避免机械记录，应主动反映工作的各种相关内容，对观察到的信息进行比较和提炼。观察人员尽量不要引起被观察者的注意，不要干扰被观察者的工作，以保证观察到的信息真实可靠。

观察法可以广泛了解较为客观的信息，适用于大量标准化、周期较短的以体力活动为主的工作，并要求工作相对稳定，即在一定时间内，工作内容、程序及对工作人员的要求不发生明显的变化，不适用于脑力劳动工作。

二、访谈法

访谈法也被称为面谈法或座谈法，是通过工作分析者与工作执行者面对面的谈话来搜集信息资料的方法。此方法可以对任职者的工作态度与动机等深层次内容有详细的了解。访谈尽量结构化，在访谈时确定收集信息的内容并制定详细的提问提纲，并把握问题与提问目的之间的关系，注意挑选参加访谈的工作执行人员。

虽然这种方法可以提供观察法所无法取得的信息，可控性强，并且适用于对文字理解有困难的人。但是由于花费的时间较长，工作成本较高，加之工作分析人员的素质差异，所以无法避免收集到的信息被扭曲和失真。

三、问卷调查法

问卷调查法也称问卷法，它是调查者运用统一设计的问卷向被选取的调查对象了解情况或征询意见的调查方法。

问卷调查是以书面提出问题的方式搜集资料的一种研究方法。工作分析人员将所要研究的问题编制成问题表格，以邮寄方式、当面作答或者追踪访问方式填答，从而了解被试者对某一现象或问题的看法和意见。问卷法的运用，关键在于编制问卷，选择被试者和结果分析。这种方法的特点是费用低、速度快，可以在大范围内对所有员工进行调查，调查结果可以用计算机处理。但如果不作统一说明，会因理解不同而产生信息误差，这种因人而异的方法对被调查者的配合态度也有很大的依赖性。

四、关键事件法

关键事件法是由上级主管者记录员工平时工作中的关键事件：一种是做得特别好的；一种是做得不好的。在预定的时间，利用积累的纪录，由主管者与被测评者讨论相关事件，为测评提供依据。它包含了三个重点：观察、书面记录员工所做的事情和有关工作成败的关键性的事实。

在职务分析信息的收集过程中，往往会遇到这样的问题：工作者有时并不十分清楚本工作的职责、所需能力等。此时，职务分析人员可以采用关键事件法。具体的方法是，分析人员可以向工作者询问一些问题，如“请问在过去的一年中，您在工作中所遇到比较重要的事件是怎样的？您认为解决这些事件的最为正确的行为是什么？最不恰当的行为是什么？您认为要解决这些事件应该具备哪些素质？”等。对于解决关键事件所需的能力、素质，还可以让工作者进行重要性的评定。比如，让工作者给这些素质按重要性排队；按五点量表打分；或给定一个总分，让工作者将其分摊到各个能力、素质中去。

在大量收集这些关键以后，可以对他们做出分类，并总结出职务的关键特征和行为要求。关键事件法既能获得有关职务的静态信息，也可以了解职务的动态特点。

关键事件法的主要优点是研究的焦点集中在职务行为上，因为行为是可观察的、可测量的。同时，通过这种职务分析可以确定行为的任何可能的利益和作用。但是它费时，无法完成对中等绩效的员工工作分析。

五、工作日志法

工作日志就是按照时间顺序记录工作过程，然后经过归纳提炼，取得所需工作信息的一种工作信息提取方法，见表3.6。该方法能较为准确地确定有关工作职责、工作内容、工作关系、劳动强度等方面的信息，而且所需费用还较低。但是该方法使用范围较小，只适用于工作循环周期较短、工作状态稳定的职位，且内容繁多、事务交杂的工作。另一方面，工作执行者如果不认真填写，则会遗漏许多信息，在一定程度上影响正常工作。

表3.6　工作日记

部门：　　　职务：　　　姓名：　　　年　月　日　时　分至　时　分

序号	工作活动名称	工作性质 （例行/偶然）	时间消耗 （分钟）	重要程度 （一般/重要/非常重要）	备注

六、工作体验法

工作体验法又称工作实践法，是指工作分析人员亲自体验工作，熟悉和掌握工作要求的第一手资料。此法的优点是工作分析人员可以了解工作的实际内容以及对雇员体力和脑力的要求，有助于进行工作说明书的制定。但是这种方法仅适用于短期内可以掌握的简单的工作。对于那些需要进行大量训练才能掌握或有危险的工作，不宜采用此法。

七、职位分析问卷法

职位分析问卷法（Position Analysis Questionnaire, PAQ），是一种结构严谨的工作分析问卷，是目前最普遍和流行的人员导向职务分析系统。它是1972年由普渡大学教授麦考密克、詹纳雷特和米查姆设计开发的。设计者的初衷在于开发一种通用的、以统计分析为基础的方法来建立某职位的能力模型，同时运用统计推理进行职位间的比较，以确定相对报酬。

PAQ包含194个项目，其中187项被用来分析完成工作过程中员工活动的特征（工作元素)，另外7项涉及薪酬问题。所有的项目被划分为信息输入、思考过程、工作产出、人际关系、工作环境、其他特征6个类别。PAQ给出了每一个项目的定义和相应的等级代码，见表3.7。

- 信息输入——包括信息的来源、获取信息的方式、了解完成工作所需的信息。
- 思考过程——工作中所需的心理过程，回答工作需要进行哪些推理、决策、判断、计划和信息处理等活动。
- 工作产出——识别工作的"产出"。考察完成工作需要哪些体力活动和使用哪些机器、工具、设施和辅助工具等问题。
- 人际关系——了解在执行工作时与其他人的关系，如指导、指挥他人、配合，或与公众和顾客的关系。
- 工作环境——指完成工作的自然和社会环境。
- 其他特征——是其他工作的特征。

表3.7 PAQ问卷工作元素的分类

类别	内容	例子	工作元素数目
信息输入	员工在工作中从何处得到信息，如何得到	如何获得文字和视觉信息	35
思考过程	在工作中如何推理、决策、规划，信息如何处理	解决问题的推理难度	14
工作产出	工作需要哪些体力活动，需要哪些工具与仪器设备	使用键盘式仪器、装配线	49
人际关系	工作中与哪些有关人员有关系	指导他人或与公众、顾客接触	36
工作环境	工作中自然环境与社会环境是什么	是否在高温环境或与内部其他人员冲突的环境下工作	19
其他特征	与工作相关的其他的活动、条件或特征是什么	工作时间安排、报酬方法、职务要求	41

该方法考虑了员工与职位两个变量因素，并将各种职位所需要的基础技能与基础行为以标准化的方式罗列出来，从而为人事调查、薪酬标准制定等提供了依据。但由于问卷没有对职位的特定工作进行描述，因此不能描述实际工作中特定的、具体的任务活动。加之可读性不强，成本高使得使用范围受到限制。

八、管理职位描述问卷法

管理职位描述问卷法(Management Position Description Question)是托诺和平托于1976年针对管理工作的特殊性而专门设计的，定型于1984年，与PAQ方法类似。它是利用工作清单专门针对管理职位分析而设计的一种工作分析方法。它是一种管理职位描述问卷方法，它是一种以工作为中心的工作分析方法。这种问卷法是对管理者的工作进行定量化测试的方法，它涉及管理者所关心的问题、所承担的责任、所受的限制以及管理者的工作所具备的各种特征，

在美国，它所分析的内容包括与管理者的主要职责密切相关的208项工作因素。这208项可以精简为产品、市场和财务计划；其他组织单位和工人之间的相互协调；内部事务控制；产品和服务责任；公众和顾客关系；高级咨询；行为主动性；财务计划的批准；职能服务；监督；复杂性及压力；高级财务职责；广泛的人力资源职责等13个基本工作因素。经过多年的发展，已形成从人员管理、计划组织、决策、组织发展、控制、代言人、协调、咨询和行政管理这9个部分对管理工作进行评定的新版管理职位描述问卷。

该方法考虑了两个特殊问题：一是管理者常使工作内容适应自己的管理风格，而不是使自己适应承担的管理工作。面谈时总谈自己做的，忘了应该做的。二是管理工作具有非程序化的特点，常随着时间变化而变化。它弥补了 PAQ 问卷难以对管理职位进行分析的不足。但在分析技术、专业等其他职位时显得不够具体，受工作及工作技术的限制，灵活性差；耗时太长，工作效率较低。

九、功能性工作分析法

功能性工作分析法（Functional Job Analysis，FJA）也称职能工作分析。是一种以工作为中心的分析方法。美国劳工部提出一种成为工作者职能的职务分析作为职务分析程序的一个阶段，在工作分析实践中被普遍应用。工作者职能是指那些确定工作者与信息、人和事之间关系的活动，见表 3.8。

表 3.8　职能工作

信息		人		事	
号码	描述	号码	描述	号码	描述
0	综合	0	教导	0	装配
1	协调	1	谈判	1	精确操作
2	分析	2	指导	2	操作控制
3	编辑	3	监督	3	驾驶操作
4	计算	4	使高兴	4	操纵
5	复制	5	劝说	5	照看
6	比较	6	发出口头指导	6	送进 - 移出
		7	服务	7	驾驭
		8	接受指导帮助		

- 数据：即与人、事相关的信息、知识、概念，可以通过观察、调查、想象、思考分析获得。具体包括数字、符号、思想、概念、口语等。
- 人：指人或者有独立意义的动作，这些动作在工作中的作用相当于人。
- 事：指人控制无生命物质的活动特征，这些活动的性质可以以物本身的特征反映出来。

职能分析法（FJA）是用以分析非管理性工作最常使用的一种方法，它既适用于对简单工作的分析，也适用于对复杂性工作的分析。这种方法的关键之处在于其系统性，从而为培训项目的设计提供充分的资源依据。因此职能分析法，就是从工作活动单元职能作用的角度，对工作进行分析的一种方法。

FJA 对工作内容提供一种非常彻底的描述，对培训的绩效评估极其有用。但 FJA 对每项任务都要求做某种详细分析，因而撰写起来相当费力气和时间，并不记录有关工作背景的信息。

第四节　工作设计

当原有职务规范已经不适应企业目标、任务和体制的要求，或由于现有人力资源在一定时期内难以达到职务规范的要求，或由于员工的精神需求与按组织效率原则拟定的职务规范发生冲突时，则需要重新进行工作设计，以满足一个企业目标的新需要。

一、工作设计的含义

工作设计是在工作分析的信息基础上,研究和分析工作如何做以促进组织目标的实现,以及如何使员工在工作中得到满意以调动员工的工作积极性。

工作设计是指根据组织需要,并兼顾个人的需要,规定每个岗位的任务、责任、权利以及组织中与其他岗位关系的过程。它是把工作的内容、工作的资格条件和报酬结合起来,目的是满足员工和组织的需要。工作设计问题主要是组织向其员工分配工作任务和职责的方式问题,工作设计是否得当对于激发员工的积极性,增强员工的满意感以及提高工作绩效都有重大影响。

二、工作设计的内容

工作设计的主要内容包括工作内容、工作职责和工作关系的设计三个方面。

(一)工作内容

工作内容的设计是工作设计的重点,一般包括工作广度、深度、工作的自主性、工作的完整性以及工作的反馈五个方面:

1. 工作的广度

即工作的多样性。工作设计得过于单一,员工容易感到枯燥和厌烦,因此设计工作时,尽量使工作多样化,使员工在完成任务的过程中能进行不同的活动,保持工作的兴趣。

2. 工作的深度

设计的工作应具有从易到难的一定层次,对员工工作的技能提出不同程度的要求,从而增加工作的挑战性,激发员工的创造力和克服困难的能力。

3. 工作的完整性

保证工作的完整性能使员工有成就感,即使是流水作业中的一个简单程序,也要是全过程,让员工见到自己的工作成果,感受到自己工作的意义。

4. 工作的自主性

适当的自主权力能增加员工的工作责任感,使员工感到自己受到了信任和重视。认识到自己工作的重要,使员工工作的责任心增强,工作的热情提高。

5. 工作的反馈性

工作的反馈包括两方面的信息:一是同事及上级对自己工作意见的反馈,如对自己工作能力,工作态度的评价等;二是工作本身的反馈,如工作的质量、数量、效率等。工作反馈信息使员工对自己的工作效果有个全面的认识,能正确引导和激励员工,有利于工作的精益求精。

(二)工作职责

工作职责设计主要包括工作的责任、权力、方法以及工作中的相互沟通和协作等方面。

1. 工作责任

工作责任设计就是员工在工作中应承担的职责及压力范围的界定,也就是工作负荷的设定。责任的界定要适度,工作负荷过低,无压力,会导致员工行为轻率和低效;工作负荷过高,压力过大又会影响员工的身心健康,会导致员工的抱怨和抵触。

2. 工作权力

权力与责任是对应的,责任越大权力范围越广,否则二者脱节,会影响员工的工作积极性。

3. 工作方法

包括领导对下级的工作方法,组织和个人的工作方法设计等。工作方法的设计具有灵活性和多样性,不同性质的工作根据其工作特点的不同采取的具体方法也不同,不能千篇一律。

4. 相互沟通

沟通是一个信息交流的过程,是整个工作流程顺利进行的信息基础,包括垂直沟通,平行沟通,斜向沟通等形式。

5. 协作

整个组织是有机联系的整体，是由若干个相互联系相互制约的环节构成的，每个环节的变化都会影响其他环节以及整个组织运行，因此各环节之间必须相互合作相互制约。

(三)工作关系

组织中的工作关系，表现为协作关系，监督关系等各个方面。

通过以上三个方面的工作设计，为组织的人力资源管理提供了依据，保证事(岗位)得其人，人尽其才，人事相宜；优化了人力资源配置，为员工创造更加能够发挥自身能力，提高工作效率，提供有效管理的环境保障。

三、影响工作设计的主要因素

一个成功有效的工作设计，必须综合考虑各种因素，即需要对工作进行周密的有目的的计划安排，并考虑到员工的具体素质、能力及各个方面的因素，也要考虑到本单位的管理方式、劳动条件、工作环境、政策机制等因素。具体进行工作设计时，必须考虑以下几方面的因素。

(一)员工的因素

人是组织活动中最基本的要素，员工需求的变化是岗位设计不断更新的一个重要因素。集中表现在自主权、多样化、任务一体化、任务意义、反馈方面。

1. 自主权

对从事的工作有责任，人们有自由对环境作出自己的反应，给予员工决策权力，提供附加责任可以增强员工自尊受重视的感觉。如果缺乏自主权会引起员工的冷淡和效率低下。

2. 多样化

工作时需要使用不同的技巧和能力。如果缺乏多样性，就会导致疲劳厌烦，可能产生更多的失误。通过工作设计考虑的多样性特征，能减少疲劳引起的失误，从而减少效率降低的诱因。研究表明，工作轮换对于有效的工作会产生积极的作用，自主权以及多样化的运用是员工满意的主要原因。

3. 任务一体化

某项职务的突出问题就是缺乏任务的一体化，员工不能参与某些完整的几件工作；他们几乎毫无责任感及缺少对成果的骄傲，在完成本职工作后无任何成就感。如果任务组成能够使员工感到自己作出了可以看到的贡献，工作满意感将大大增加。

4. 任务意义

做任何一种工作如果本身缺乏意义就不可能使执行者对工作产生满意感。任务意义就是使工作人员知道该项工作对于组织中或外部的其他人是重要的，使职务对工作人员来说甚至更有意义。因为他们知道其他人正依赖自己的工作，因而加强了自身重要性的感觉，自豪、允诺、激励、满意及较好的绩效就能产生。

5. 反馈

让员工知道自己的产量与日定额相比如何，就给予了员工反馈，并允许他们调整自己的努力。在这种情况下，就可以通过反馈改善激励状况。

岗位设计的一个主要内容就是使员工在工作中得到最大的满足。随着文化教育和经济发展水平的提高，人们的需求层次提高了，除了一定的经济收益外，他们希望在自己的工作中得到锻炼和发展，对工作质量的要求也更高了。

只有重视员工的要求并开发和引导其兴趣，给他们的成长和发展创造有利条件和环境，才能激发员工的工作热情，增强组织吸引力，留住人才。否则，随着员工的不满意程度的增加，带来的是员工的冷漠和生产低效，以致人才流失。因此，岗位设计时要尽可能地使工作特征与要求适合员工个人特征，使员工能在工作中发挥最大的潜力。

(二)组织的因素

工作设计最基本的目的是为了提高组织效率,增加产出。

1. 专业化

按照所需工作时间最短、所需努力最少的原则分解工作,结果是形成很小的工作循环。

2. 工作流程

主要考虑在相互协作的工作团体中,需要考虑每个岗位负荷的均衡性问题,以保证不出现“瓶颈”,不出现任何等待停留问题,确保工作的连续性。

3. 工作习惯

工作习惯是在长期工作实践中形成的传统工作方式,反映工作集体的愿望,这是工作设计过程中不可忽视的制约因素。

岗位设计离不开组织对工作的要求,具体进行设计时,应注意:

第一,工作设计的内容应包含组织所有的生产经营活动,以保证组织生产经营总目标的顺利有效实现。

第二,全部岗位构成的责任体系应该能够保证组织总目标的实现。

第三,岗位设计应该能够助于发挥员工的个人能力,提高组织效率。这就要求岗位设计时全面权衡经济效益原则和员工的职业生涯和心理上的需要,找到最佳平衡点,保证每个人满负荷工作,使组织获得组织的生产效益和员工个人满意度及安宁两方面的收益。

(三)环境因素

环境因素包括人力供给和社会期望两方面。

(1)工作设计必须从现实情况出发,不能仅仅凭主观愿望,而要考虑与人力资源的实际水平相一致。例如,在我国目前人力资源素质不高的情况下,工作内容的设计应相对简单,在技术的引进上也应结合人力资源的情况,否则引进的技术没有合适的人使用,造成资源的浪费,影响组织的生产。

(2)社会期望是指人们希望通过工作满足些什么。不同的员工其需求层次是不同的,这就要求在岗位设计时考虑一些人性方面的东西。

在21世纪,激励越来越受到管理者的重视,因为它是对员工从事劳动的内在动机的了解和促进,从而使员工在最有效率、最富有创造力的状态下工作。岗位设计直接决定了人在其所从事的工作中干什么、怎么干,有无机动性,能否发挥其主动性、创造性,有没有可能形成良好的人际关系等。优良的工作设计能保证员工从工作本身寻得意义与价值,可以使员工体验到工作的重要性和自己所负的责任,及时了解工作的结果,从而产生高度的内在激励作用,形成高质量的工作绩效及对工作高度的满足感,达到最佳激励水平。为充分发挥员工的主动性和积极性创造条件,组织才能形成具有持续发展的竞争力。

四、工作设计的方法

工作设计的方法有多种,但其中心思想是工作丰富化,而工作丰富化的核心是激励的工作特征模型。

1. 工作轮换

工作轮换是属于工作设计的内容之一,指在组织的不同部门或在某一部门内部调动雇员的工作,目的在于让员工积累更多的工作经验。

2. 工作扩大化

工作扩大化的做法是扩展一项工作包括的任务和职责。但是,这些工作与员工以前承担的工作内容非常相似,只是一种工作内容在水平方向上的扩展,不需要员工具备新的技能,所以,并没有改变员工工作的枯燥和单调。

3. 工作丰富化

所谓的工作丰富化是指在工作中赋予员工更多的责任、自主权和控制权。工作丰富化与工作扩大化、工作轮调都不同,它不是水平地增加员工工作的内容,而是垂直地增加工作内容。这样员工会承担更多重的任务、更大的责任,员工有更大的自主权和更高程度的自我管理,还有对工作绩效的反馈。

课后思考题

1. 为什么要进行工作分析?
2. 工作说明书的主要内容有哪些?
3. 人力资源管理中,有哪些工作设计的方法? 它们各自的适用面和特点是什么?
4. 如果你是一个企业的人力资源部经理,你将如何组织对销售部经理岗位的工作分析。

案例分析

HI 信息服务公司的工作分析

赵珍大学刚毕业就顺利进入了 HI 信息服务公司(以下简称 HI)。赵珍学的是国际企业管理专业,因此公司将她安排在人力资源部工作。在应聘和面谈过程中,她了解到这是一家中外合资企业,主要的经营业务是为企业和个人提供软件和硬件。公司自 1994 年创办以来,发展迅速,通过灵活的经营手段、高质量的产品、优良的售后服务,在信息激烈的竞争中保持了领先地位。HI 管理层深知,作为一个知识密集型的企业,公司的发展将主要依赖于它所拥有的人力资源,企业间的竞争实质是对于高质量人力资源的竞争。因此,HI 非常注重通过提高员工的工作满意度来留住他们。至今为止,它的人员流动率接近于行业的平均水平。赵珍为自己能进入这样一个充满活力的公司暗自高兴。

但是在听了人力资源部张经理的一番谈话后,赵珍原来乐观的想法改变了。张经理告诉她,尽管从表面上看,HI 有骄人的经营业绩和良好的发展势头,但是事实上公司内部的管理制度有很多不完善的地方,这些方面将严重障碍 HI 的进一步发展。张经理举例说,作为人力资源管理基础工作之一的工作分析,在 HI 就没有得到很好的贯彻落实。随着公司规模的扩大,新的工作不断增加,但是相应的工作描述和工作说明书却没有制定,原有的一些工作描述和工作说明书的内容也与实际情况不完全匹配了。张经理交给赵珍一份旧的工作说明书(见下表所示)。造成这种状况的原因在于,初创时期 HI 的员工较少,公司内部的局域网可以使上下级之间和同事之间非常顺畅地沟通,相对平坦的组织结构也使公司各个层次的员工很容易接近。同部门的工作经常由员工们共同协力完成,职位在 HI 被定义成是员工之间关于特定技术、专业能力和兴趣的竞赛。有超常能力和成就的员工常被录用,接着很快获得晋升。正因为如此,HI 并不注重为每个工作制定工作描述和工作说明书,因为从某种意义上来说,这只是一纸空文。

一个旧的工作说明书

职位	助理程序员
基本目的	在项目经理的监督下进行编码、测试、调试程序
具体任务	根据总体的程序设计,编码、测试、调试程序,开发程序的文件资料 在使用系统培训用户,为用户提供帮助,按要求向管理者汇报服务管理信息
任职资格	至少: 在相关领域里具有 BA/BC 学位或相当的经验和知识 具备 FORTRAN 语言编程知识 在经营和财务应用方面具有较好的工作知识 希望: 具有在分时环境下计算机编程经验 在 COBOL、PLI 或者装配语言方面受到培训或者教育

但是这种忽视工作分析的做法，随着HI的规模日益扩大，显示出越来越多的对人力资源管理工作的负面影响。张经理坦率地告诉赵珍，在HI，人力资源部被认为是一个低效率的团队。比如说本来通过绩效评估，发现员工绩效不符合标准的原因，并安排各种培训和锻炼机会以提高这部分员工的技能，增强他们的信心，这应该是人力资源部门的职责。但是由于缺乏准确的工作描述和工作说明书，人力资源部门就没有确切的标准来衡量员工的工作绩效，因而也无从发现员工究竟哪些地方需要改进和提高，更别提为员工制定适宜的培训计划了。因此在HI，没有部门认为人力资源部的员工有这方面的能力和经验。另外，公司主要的奖励系统也似乎和人力资源部没有太大关系。甚至公司的年度职工表彰会也被认为是来自外方总经理的奖赏而与人力资源部无关。而按惯例，员工的薪酬奖励计划应该是由人力资源部根据工作描述和工作说明书，判断每个工作岗位的相对价值以后，再以此为依据制定的。正是由于缺乏细致的工作分析，HI的人力资源部在开展工作时显得力不从心。近期，HI又将大规模招聘新员工，张经理决定先从工作分析这一环节抓起，彻底改变人力资源部以往在人们心中的形象。他将此重任交给赵珍，要求她在6个月的时间内修正所有的职位说明书。

讨论问题：

1. 如果你是赵珍，你如何看待工作分析在人力资源管理职能中的作用？

2. 为了修改旧的工作说明书，制订新的工作说明书，你将通过哪些具体步骤开展这一工作？

3. 你将采用哪些方法收集必要的工作分析信息？

4. 请尝试修改助理程序员的工作说明书。

第四章 招聘与选拔

人力资源规划从方向、原则和规划等方面系统的解决了企业需要什么样的人力资源、现实与期望存在何种差距以及如何建立适应战略需要的人力资源架构性问题。在此基础上，如何贯彻实施人力资源规划中关于人力资源获取与配置的指导性原则，是企业人力资源管理链条的第一个环节。

成功的招聘与选拔对于构建和维持一个成功的组织体系是至关重要的。人是所有组织、技术、财务或者管理过程和系统的核心。如果没有合适的人管理这些系统，即使有好的技术和系统，组织绩效也一样会很低。招募选拔合适的人以及最大限度的激励和留住合适的人是人力资源管理过程中最核心、最重要的环节。

人才的获得是组织成功的开始，选聘的实质即是获得人才。选聘既是一门学问，又是一门艺术。如何成功地开展招聘与选拔工作、有效地获得人才，是很多企业面临的难题。

第一节 招聘概述

一、招聘的含义

（一）招聘的含义

招聘是指在企业总体发展战略规划的指导下，制定相应的职位空缺计划，并决定如何寻找合适的人员来填补这些职位空缺的过程。它的实质就是让潜在的合格人员对本企业的相关职位产生兴趣并前来应聘这些职位。招聘过程有广义和狭义之分。狭义的招聘仅是企业通过组织外部和内部渠道招聘员工的活动。而广义的招聘则在狭义的基础上，涵盖了从组织内部发现员工的新价值、通过培训使得员工人力资本增值等过程，即人力资源在企业内部的再配置过程。本书界定的招聘是指从组织内部和外部招聘人力资源以及组织内部的人力资源再配置。

招聘任务的提出有如下几种情况：组建一个企业、业务扩大、人手不够、因原有人员调任、离职、退休、死伤而出现职位空缺、人员队伍结构不合理，在裁减多余人员的同时需要补充短缺人才。

招聘就是企业采取一些科学的方法寻找、吸引应聘者，并从中选出企业需要的人员予以录用的过程，是指按照企业经营战略规划的要求把优秀、合适的人招聘进企业，把合适的人放在合适的岗位。它包括招募、甄选和录用三个阶段。

（二）招聘的环境

1. 招聘外部环境

（1）技术的变化。技术的变革与新技术的采用会引起人员需求的变化；技术的变革也使得需要运用新技术进行工作的岗位出现人员空缺。

（2）产品和服务市场状况。市场状况对用工量的影响；市场预期对劳动力供给的影响；市场状况对工资的影响。

（3）劳动力市场。市场的供求关系（需求约束型劳动力市场、资源约束型劳动力市场）；市场的地理范围。

（4）竞争对手。招聘人员类型、条件、招聘方法、薪金水平、用人政策等。

2. 招聘内部环境

（1）组织战略。对应聘者提出了技能要求，而且要求应聘者的态度和性格特征与组织文化相吻合。

(2)职位的性质。职位的挑战性和职责、职位的发展和晋升机会。

(3)组织内部的政策与实践。人力资源规划、内部晋升政策。

二、招聘的原则

(一)因事择人原则

因事择人,就是员工的选聘应以实际工作的需要和岗位的空缺情况为出发点,根据岗位对任职者的资格要求选用人员。无论多招了人还是招错了人,都会给企业带来很大的负面作用。除了人力成本、低效率、犯错误等看得见的损失,由此导致的人浮于事还会对企业文化造成不良影响,并降低企业的整体效率。

阅读资料

狮子识才

狮子要选一个部下去管理养鸡场。老虎毛遂自荐,要求派他去。狮子说:"好吧,你明天挑几个助手再说。"第二天,老虎挑选狐狸做他的秘书,狼做养鸡场守门人,黄鼠狼担任通讯员。当天晚上,狮子通知老虎说:"我已发现,你不适合管理养鸡场。"

老虎惊愕的分辩说:"我还没有上任呢,你怎么知道我不能干这个差事?"狮子说:"看到你挑选的助手,我就知道你管理养鸡场会是什么结果了。"

(二)公开原则

公开就是要公示招聘信息、招聘方法,这样既可以将招聘工作置于公开监督之下,防止以权谋私、假公济私的现象,又能吸引大量应聘者。

(三)竞争原则

指通过考试竞争和考核鉴别确定人员的优劣和人选的取舍。为了达到竞争的目的,一要动员、吸引较多的人报考;二要严格考核程式和手段,科学地录取人选,防止"拉关系"、"走后门"、"裙带风"、贪污受贿和徇私舞弊等现象的发生,通过激烈而公平的竞争,选择优秀人才。

(四)平等原则

指对所有报考者一视同仁,不得人为地制造各种不平等的限制或条件(如性别歧视)和各种不平等的优先优惠政策,努力为社会上的有志之士提供平等竞争的机会,不拘一格地选拔、录用各方面的优秀人才。

阅读资料

国家公务员招考中的就业歧视状况调查

中国政法大学宪政研究所公布的《国家公务员招考中的就业歧视状况调查》中显示,2010年中央国家机关以及北京、黑龙江、浙江、广西四地的国家公务员招考中,不同程度地存在着年龄、健康、性别、民族、残疾、社会身份、政治面貌、身体特征等8种就业歧视。

在《公务员录用规定(试行)》中规定,报名参加公务员考试的资格之一为"年龄为18周岁以上,35周岁以下",中央机关及直属机构、各地方公务员招考中都有同样要求。"年龄和健康这两种就业歧视普遍存在!"中国政法大学宪政研究所研究员刘小楠副教授上午表示,有的招聘条件并不是招聘单位实际需要的,这就属于典型的就业歧视。并没有任何证据表明年龄超过35岁的人不能胜任公务员工作,也没有任何数据表明18岁到35岁的人会比35岁以上的人具有更强的能力。

对《公务员录用体检通用标准(试行)》中有关"淋病、梅毒……艾滋病"的规定,调查报告认为,这一条款没有区分在潜伏期的艾滋病病毒感染者与发病期的艾滋病人,构成健康歧视.

(五)级能原则

人的能量有大小,本领有高低,工作有难易,要求有区别。招聘工作,不一定要最优秀的,而应量才录用,做到人尽其才、用其所长、职得其人。这样,才能持久、高效地发挥人力资源的作用。

(六)全面原则

指对报考人员从品德、知识、能力、智力、心理、过去工作的经验和业绩进行全面考试、考核和考察。因为一个人能否胜任某项工作或者发展前途如何,是由其多方面因素决定的,特别是非智力因素对其将来的作为起着决定性作用。

(七)择优原则

择优是招聘的根本目的和要求。只有坚持这个原则,才能广揽人才,选贤任能,为单位引进或为各个岗位选择最合适的人员。为此,应采取科学的考试考核方法,精心比较,谨慎筛选。特别是要依法办事,杜绝不正之风。

三、招聘的作用

(一)招聘对于企业的作用

1. 补充人员,维持人力,保证企业正常的经营

维持企业正常的运行必须有一定的人员作为保障,但是在任何一个企业中都存在着人员的流动。随着经济的发展,人员的流动率是不断变化的,工作充裕时,员工流动率比较高,工作稀缺时员工流动率则比较低。企业保持适度的流动率有利于为企业注入新的活力。同时,企业内部正常的人员退休、人员调动及人员辞退都需要及时补充新的员工;在企业业务规模扩大时,有新的分公司成立时,内部结构调整及企业转产时,都必须进行招聘。所以,招聘工作是保证企业正常运转的重要手段。

2. 吸引人才,提升企业经营业绩

现代市场竞争日益激烈,企业之间的竞争归根到底是人才的竞争,哪个企业能够在人才的竞争中获胜,哪个企业就会在市场竞争中立于不败之地。企业的经营业绩是靠全体员工共同创造的,通过招聘得到优秀的人才是确保员工队伍良好素质的基础,只有这样才能在今后的开发中保持员工的整体素质水平。为了提升企业的经营业绩,在人才竞争中占有主动地位,进行人才储备是非常有效的方法。

3. 宣传企业,树立企业形象

招聘过程是向全社会展示企业风采的过程,尤其是用广告招聘、参加大型的人才交流会和校园招聘时是树立企业形象的最好机会,这比单纯的做产品广告效果要好得多,而且成本很低。许多企业正是认识到了这一重要性,所以在招聘时非常注重广告的设计和美观。如何才能吸引人,在进行招聘人的挑选时也非常慎重,因为招聘者的一言一行都代表着企业的形象,而应聘者正是通过这些点点滴滴的"小事"来感受这一企业的。所以对招聘者进行培训是非常必要的,只有树立企业的良好形象才能吸引到更多的人才。

(二)招聘在人力资源管理作业活动中的作用

招聘在人力资源管理作业活动中起着十分重要的基础作用。如果没有人员的补充,其他管理活动也无从谈起。

企业的发展战略和文化是招聘的依据,要将企业发展战略细化为业务量,从而确定招聘人员的数量和质量。人力资源规划中的招聘计划是招聘工作的具体落实,同时招聘结果也是制定人力资源规划的依据。通过工作分析制定岗位职责和任职资格是筛选和录用工作的标准。招聘工作的质量直接决定着所招人员的工作绩效;完善的绩效标准要求也是招聘的依据。同时,员工绩效水平也是对招聘工作的一个检验。薪酬标准是企业吸引人才的有力武器之一,薪酬的高低直接决定着所招人员的素质高低。招聘中对应聘者综合素质的考虑结果是今后培训的依据。

招聘质量事关重大。新补充的人员的素质,犹如制造产品的原材料,将严重影响到今

后的培训及使用效果。素质好的新员工,接受培训效果好,很可能成为优秀人才;素质差的新员工,在培训及思想教育方面要投入很多,还不一定能培训成优秀人才。

新补充的人员的素质不仅决定着其本人今后的绩效,而且还会影响到组织气氛。例如,极少数调皮捣蛋的员工有可能使整个部门的绩效严重下降。不合格的人员进入企业会带来一系列麻烦,“请神容易送神难”,辞退一名员工会受到各方干预,而且还会给对方造成心理创伤。

招聘是一项比较困难和复杂的工作。一方面是优秀人才比较短缺,即使在失业率很高的情况下,组织所需的某些员工也是很难找到的。英国在大萧条时期,人力资源管理部门在市场上招聘经理人员时竞争仍十分激烈。另一方面,识别人是比较困难的,了解一个技术工人需要几小时到几天,了解一个工长需几周到几个月,而对企业经营者,则需要几年才能作出判断。

招聘的困难还在于一些有权力的人物要求安排自己的亲友到较好的职位,使执行公平竞争法则受到挑战。招聘的复杂性还表现在一系列法律、政策的制约方面。例如,美国有公平就业法,要保证有一定比例的妇女、少数民族被雇用。因此,能否招聘到合格的尤其是优秀的人才,是衡量人力资源管理部门成绩的主要依据之一。

四、招聘的程序

招聘的最终目的是实现个人与岗位的匹配。一般而言企业的招聘流程基本可以分为以下几个环节。

(一)制定招聘计划

招聘计划是招聘的主要依据。它由各部门主管根据本部门岗位责任职责,结合公司战略发展规划,确定本部门的组织架构,并向人力资源部提出岗位招聘需求,提供详细的招聘计划、职责定位及招聘相关信息。人力资源部根据需求部门实际情况,结合公司人才储备政策,确定招聘计划。一般来说,招聘计划主要包括以下5个方面:

1. 招聘规模

招聘规模就是企业准备在招聘过程中吸引多少数量的应聘者。企业可以通过招聘录用金字塔模型来确定招聘规模。也就是说,将整个招募过程分为若干阶段,以每个阶段通过的人数和参加人数的比例来确定招聘的规模,见图4.1。

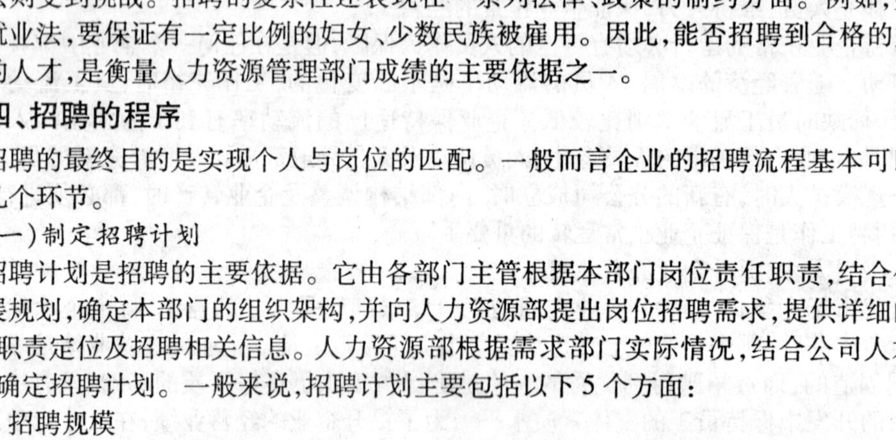

图4.1 招聘录用金字塔模型

2. 招聘范围

招聘范围是指企业要在多大的地域范围内进行招聘活动。招聘范围的确定要根据人才分布规律、应聘者活动范围、人力资源供给状况及招聘成本大小等确定。一般招聘范围选择的规律是:高级经营管理人才一般在全国范围内招聘,甚至可以跨国招聘;专业技术人才可以跨地区招聘;一般办事人员在本地区招聘即可。

阅读资料

深圳大学全球招聘

高端人才年薪60万元至120万元,深圳市政府为此拨出经费3 000万元。

羊城晚报2011年3月22日报道,深圳大学在3月21日召开的媒体通报会上发布,深圳大学首批招聘高端人才年薪为60万元至120万元,目前,已通过美国高校职网、欧盟学术职网等渠道进行全球招聘。

深大校长章必功介绍说,深圳市政府给深大设立了高端人才基金,拨出经费3 000万元,但不是每年都给,是按批次的,3 000万元用完了,再批3 000万元。而高端人才的岗位重点设置在与深圳支柱产业发展密切相关、符合深圳经济社会发展需要的学科。

章必功还表示,学校招聘回来的高端人才,除了有助于学校的科研水平提高外,必须为本科生和研究生开设一门课程,所以学生们也可得到这些优秀教授的授课。

据悉,除了高端人才的招聘,按照学校人事改革方案,该校教师岗位也将实行公开招聘,今年学校公开招聘的教师岗位如下:28个教授岗位、45个副教授岗位及91个讲师岗位。

3. 招聘的时间

这是指招聘到满足需要的员工的时间限制。由于招聘准备工作本身需要耗费一定的时间,再加上选拔和录用时间,因此填补一个空缺职位需要一定的时间. 为了避免出现人员短缺影响企业正常的运转,必须合理确定招聘时间。计算公式为

招聘日期 = 用人日期 - 准备日期 = 用人日期 - 培训日期 - 招聘周期

4. 任职资格

根据工作分析和人力资源规划,确定空缺的职位,再根据空缺职位的工作性质和岗位特征确定填补这一空缺职位的员工应该具备的素质、知识和能力的要求。

5. 费用预算

招聘费用主要包括人工费用,即招聘人员的薪水、福利、差旅费、生活补助和加班费等;业务费用,即通讯费、专业咨询费与服务费、广告费等;一般开支,即设备租用费、办公用具用品、水电及物业管理费等。

(二)招募

人员招募的目的在于吸引更多的人来应聘,使企业有更大的选择余地。有效的招募可以提高招聘质量,减少企业和个人的损失。

1. 选择招聘渠道

由人力资源部通过各种招聘渠道发布招聘信息。企业的招聘渠道有两个:内部招聘和外部招聘。这两种渠道各有利弊,因此企业可以根据招聘岗位的要求以及实际情况来选择合适的招聘渠道。

2. 确定招聘的来源和方法

招聘的来源是指潜在的应聘者所存在的目标群体,招聘方法则是让潜在的应聘者获知企业招聘信息的方法和途径。招聘的来源和方法的确定关系到企业能否选择到满足空缺

职位要求的员工。

3. 发布信息和接受应聘者申请

企业根据空缺岗位的要求，对确定的招聘渠道发布招聘信息，吸引应聘者来应聘，按照事先确定的招聘规模接受符合招聘条件的应聘者的应聘申请。

(三)选拔

选拔是企业根据用人条件和用人标准，运用适当的方法和手段，对应聘者进行审核、比较和选择的过程。可分为初步筛选、笔试和面试三个阶段。具体的过程如下：

人力资源部进行初步的建立搜索和建立筛选工作，将符合基本条件的简历递交给各部门主管或主管指定的部门助理。由各部门主管或部门助理对简历进行第二步筛选，选出符合部门要求的简历，并将符合要求的人员简历交人力资源部约见面试。

不符合要求的简历交人事部存档。人力资源部根据各部门主管的要求，安排面试时间。应聘人员面试前应当详细填写应聘表格，并将填写完整的应聘表格交人力资源部招聘专员，由招聘专员负责进行初试，初试的目的是核对应聘信息，并对应聘人员进行初步的了解。招聘专员在进行初步沟通后，确定是否进入下一轮面试，原则上除非与招聘要求明显不符的，均应当带给部门主管面试。

招聘专员在初步面试后，应当填写面试意见。部门主管进行第二轮面试，针对各部门的需求，对应聘人员的技术能力进行考核，部门工作安排进行解释，并将考核意见和面试结论书面记录。部门主管面试结束后，将应聘人员带办公室主任面试，办公室针对应聘人员的职业道德和品行操守进行综合考核，并参考部门主管的意见，对应聘人员的薪资待遇进行初步定位。

部门主管和办公室主任均认为面试合格的应聘人员，带给董事长面试。由董事长最终决定是否录用及录用后的薪资待遇。

阅读资料

谷歌将简化新员工招聘程序

新浪科技讯2011年2月7日消息，谷歌人力资源主管拉斯洛·波克(Laszlo Bock)日前表示，谷歌将招聘更多新员工，并调整招聘程序。

当前，谷歌招聘一名新员工通常需要经过12次至14次面试，应聘者还要回答一系列深奥的问题。这一套繁琐的招聘程序此前已遭到指责，被视为谷歌的傲慢和自大。

而波克日前表示，谷歌将调整新员工的招聘程序。在新员工招聘数量方面，谷歌于2007年创下的最高纪录是6 300人，这一次，谷歌将打破该纪录。

(四)录用

录用是在选拔结果的基础上，企业最终挑选的符合要求的，能够填补职位空缺的人员。

首先，对于决定录用的人员，由人力资源部备案，准备入职工作；对于不录用的人员，根据各面试人意见，分别对简历进行销毁、保存、备用；其次，发出录用通知，签订劳动合同；最后，岗前培训，安排工作。图4.2为员工招聘流程示例。

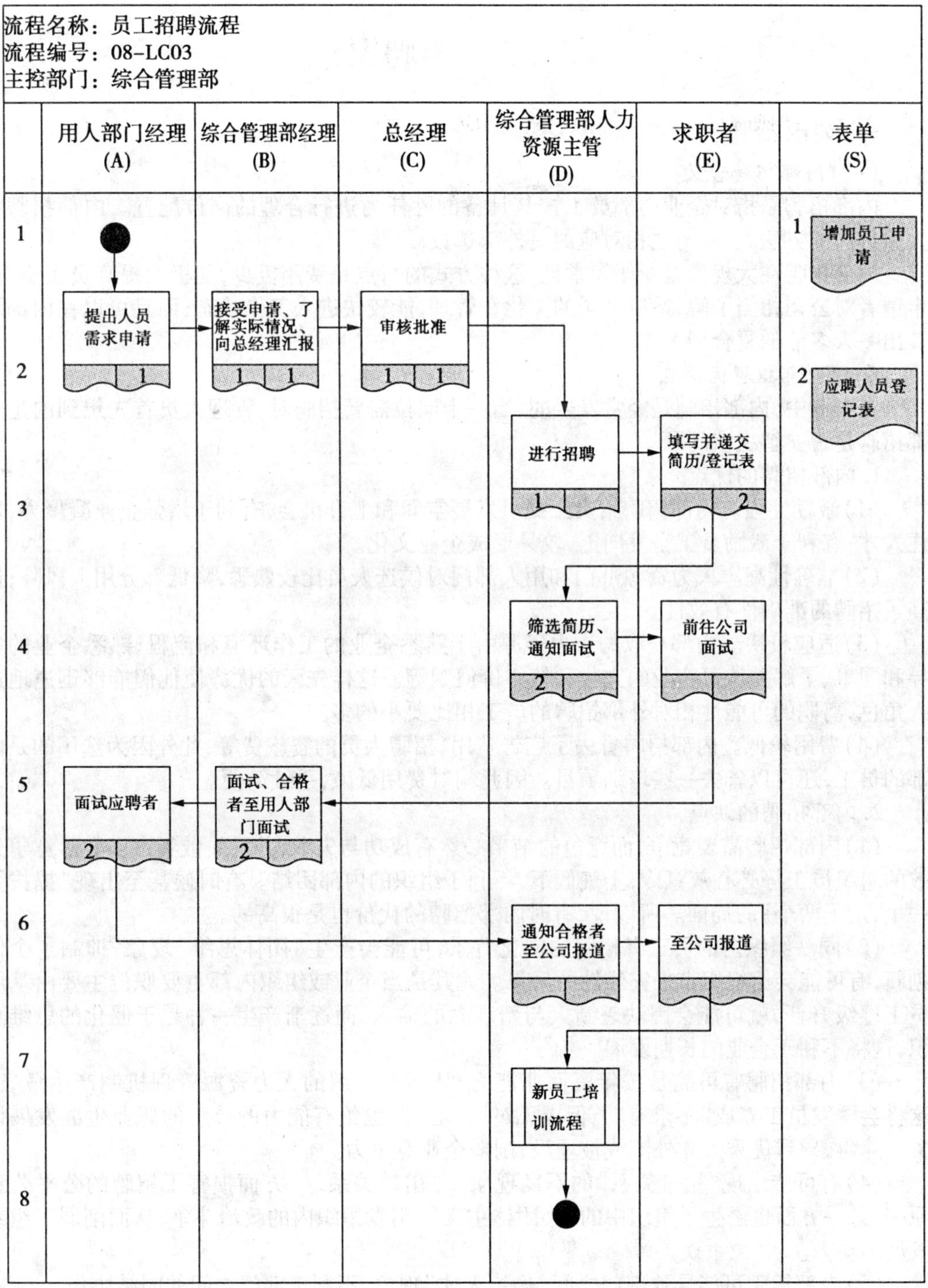

图 4.2 员工招聘流程示例

(五)评价

招聘工作的评价是对招聘工作的总结,是对人力资源管理工作提出更高的要求,是招聘过程不可缺少的环节。主要包括招聘收益和成本评价,以及录用结果的评价。

第二节　招聘渠道

一、内部招聘

（一）内部招聘含义

内部招聘是指对企业内部员工按其具备的胜任力进行合理的岗位配置。内部招聘是人员选拔的方法之一，与之相对应的是外部选拔。

内部招聘在大规模企业比较常见，这种方式的特点是费用极少，能极大提高员工士气，申请者对公司相当了解，适应公司的文化和管理，能较快进入工作状态；而且可以在内部培养出一人多能的复合型人才。

（二）内部招聘优缺点

在企业中，内部招聘是经常发生的，当一个岗位需要招聘时，管理人员首先想到的是内部招聘是否能解决该问题。

1. 内部招聘的优点

（1）激励性强。内部招聘给员工提供发展空间和上升机会，有利于增强企业凝聚力，留住人才；有利于激励员工奋发向上，较易形成企业文化。

（2）准确性高。人力资源部门和用人部门对候选人员比较熟悉，降低部分用人风险；提高了招聘的准确性有效性。

（3）适应较快。内部获取的人力资源由于熟悉企业的工作环境和流程、熟悉企业的领导和同事、了解并认可企业的文化和核心价值观等。这样先天的优势使他们能够迅速地进入角色，离职的可能性相对外部招聘的员工相比要小的多。

（4）费用较低。内部招聘省去了广告费用、招聘人员的餐旅费等，此外因为选用的是内部的员工，还可以省去一些培训项目。因此相对费用低廉，手续简便。

2. 内部招聘的缺点

（1）内部招聘需要竞争，而竞争的结果必然有成功与失败，并且失败者占多数。竞争失败的组织员工势必心灰意冷，士气低下，不利于组织的内部团结。有时候甚至出现“提拔了一个，走了两个”的局面。所以说，有时内部招聘的代价也是很高的。

（2）同一组织内的员工有相同的文化背景，可能会产生“团体思维”现象，抑制了个体创新，有可能会给组织带来灾难性的后果。尤其是当企业或组织内部重要职位主要由基层员工逐级升任，就可能会因缺乏新人与新观念的输入，而逐渐产生一种趋于僵化的思维意识，这将不利于企业的长期发展。

（3）内部招聘有可能是按年资而非能力，从而对组织的人力资源管理机制产生危害。这将会诱发员工养成“不求有功，但求无过”的心理，也给有能力的员工的职业生涯发展设置了障碍，导致优秀人才外流或被埋没，削弱企业竞争力。

（4）有可能出现“裙带关系”的不良现象。“裙带关系”一方面损害了招聘的公平公正原则，另一方面也滋生了组织中的“小团体主义”，引发组织内的政治斗争，从而削弱了组织发展的动力。

（5）内部招聘可能导致部门之间“偷抢人才”现象，不利于部门之间的团结协作。

（6）内部招聘，在培训上有时并不经济。因为一次产生了两个需要培训的员工：一个是被提拔的员工，一个是填补该员工留下的空缺的员工。

（7）内部招聘，尤其是管理者的内部提拔，有可能产生一种把人晋升到他或她所不能胜任的职位的倾向。此外，由于是从基层逐步晋升上来，组织的高层管理者多数年事偏高，不利于冒险和创新精神的发扬，而冒险和创新则是处于新经济环境下组织发展至关重要的两个因素。要弥补或消除内部招聘的不足,需要人力资源部门做大量更细致的工作。

(三)内部招聘的渠道

在企业中,内部招聘是经常发生的,当一个岗位需要招聘时,管理人员首先想到的是内部招聘是否能解决该问题。内部候选人的来源主要有内部选拔、横向调动、岗位轮换和重新雇佣或召回以前员工等四个渠道。

(四)内部招聘的方法

1. 推荐法

又称熟人推荐法,是企业内部招募员工的一种方法。其优点是对候选人比较了解,招募成本低;缺点是受主观意识影响大,容易形成小团体。对招聘专业人才比较有效,不仅招聘成本小,而且应聘人员素质较高、可靠性强。

在企业内部最常见的推荐法是主管推荐,其优点在于主管一般比较了解潜在候选人的能力,由主管提名的人选具有一定的可靠性。而且主管们也会觉得他们具有全部的决定权,满意度比较高。它的缺点在于这种推荐会比较主观,容易受个人因素的影响,主管们可能提拔的是自己的亲信而不是一个胜任的人选。有时候,主管们并不希望自己手下最得力的下属被调到其他部门,这样会影响本部门的工作实力。

2. 布告法

布告法的目的在于企业中的全体员工都了解到哪些职位空缺,需要补充人员,使员工感觉到企业在招聘人员这方面的透明度与公平性,并有利于提高员工士气。布告法是在确定了空缺职位的性质、职责及其所要求的条件等情况后,将这些信息以布告的形式,公布在企业中一切可利用的墙报、布告栏、内部报刊上,尽可能使全体员工都能获得信息,所有对此岗位感兴趣并具有此岗位任职能力的员工均可申请此岗位。目前在很多成熟的企业当中,张榜的形式由原来的海报形式改为在企业内部的网上发布,各种申请手续也在网上完成,从而使整个过程更加快捷、方便。一般说来,布告法经常用于非管理人员的招聘,特别适合于普通职员的招聘。布告法的优点在于让企业更为广泛的人员了解到此类信息,为企业员工职业生涯的发展提供了更多机会,可以使员工脱离原来不满意的工作环境,也促使主管们更加有效地管理员工,以防本部门员工的流失。它的缺点在于这种方法花费的时间较长,可能导致岗位较长时间的空缺,影响企业的正常运营,而员工也可能由于盲目的变换工作而丧失原有的工作机会。

3. 档案法

人力资源部门都有人员档案,从中可以了解到员工在教育、培训、经验、技能、绩效等方面的信息,帮助用人部门与人力资源部门寻找合适的人员补充职位空缺。员工档案对员工晋升、培训、发展有着重要的作用。因此,员工档案应力求准确、完备,对员工在职位、技能、教育、绩效等方面的变化应及时做好记录,为人员选择与配备做好准备。

值得注意的是,我们强调的"档案",应该是建立在新的人力资源管理思想指导下的人员信息系统,该档案中应该对每一位员工的特长、工作方式、职业生涯规划有所记录,将过去重"死材料"的防范型档案,转变到重"活材料"的开发型思路上来,为内部有效管理和用人做好准备。在现代档案管理基础上,利用这些信息帮助人力资源管理部门获得有关职位应聘者的情况,发现那些具备了相应资格但由于种种原因没有申请的合格应聘者,通过企业内的人员信息查找,在企业与员工一致意见的前提下,选择合适的员工来担任空缺或新增的岗位。

二、外部招聘

(一)外部招聘含义

外部招聘是指外部具有企业需要的胜任力的人招聘进来并安置在合适的位置上。外部招聘是人员选拔的方法之一,与之相对应的是内部招聘。

(二)外部招聘的目的

(1)补充初级岗位。

(2)获取现有员工不具备的技术。

(3)获得能够提供新思想并具有不同背景的员工。

(4)解决组织现有人力资源的不足。

(5)为组织发展储备人才。

(三)外部招聘的主要途径

1.广告

广告是单位从外部招聘人员最常用的方法之一。通常的做法是在一些媒体上刊登出单位职位空缺的消息,吸引对这些空缺职位感兴趣的潜在人选应聘。采用广告的形式进行招聘,由于工作空缺的信息发布迅速,能够在一两天就传达给外界,同时有广泛的宣传效果,可以展示单位实力。

发布广告有两个关键的问题,其一是广告媒体如何选择,其二是广告内容如何设计。一般来说,单位可选择的广告媒体很多。例如,传统媒体广播电视、报纸、杂志等,现代媒体如网站等,其总体特点是信息传播范围广,速度快,应聘人员数量大、层次丰富,单位的选择余地大。其中,报纸广告招聘的适应面广,见效快;各种人才都可以通过在当地发行量大的报纸上刊登招聘广告来获取;当招聘岗位较多时也很经济;报纸广告招聘周末版效果最好。

广告的内容不仅应明确告诉潜在的应聘者单位能够提供什么职位、对应聘者的要求是什么,而且广告应有吸引力,能够激起大众对单位的兴趣。另外,广告还应告诉应聘者申请的方式,这些内容都应在确定广告内容时予以充分的注意。在选择广告内容时,单位必须注意要维护和提升单位的对外形象。

2.借助中介法

随着人才流动的日益普遍,人才交流中心、职业介绍所、劳动力就业服务中心等就业中介机构应运而生了。这些机构承担着双重角色:既为单位择人,也为应聘者择业。借助这些机构,单位与应聘者均可获得大量的信息,同时也可传播各自的信息。这些机构通过定期或不定期地举行交流会,使得供需双方面对面地进行商谈,缩短了招聘与应聘的时间。实践证明,这是一条行之有效的招聘与就业途径。

(1)人才交流中心。在全国的各大中城市,一般都有人才交流服务机构。这些机构常年为单位服务。中心一般建有人才资料库,用人单位很方便地在资料库中查询条件基本相符的人员资料。通过人才交流中心选择人员,有针对性强、费用低廉等优点,但对于如计算机、通讯等专业的热门人才或高级人才的招聘效果不太理想。

(2)招聘洽谈会。人才交流中心或其他人才机构每年都要举办多场招聘洽谈会。在洽谈会中,单位与应聘者可以直接进行接洽和交流,节省了单位与应聘者的时间。随着人才交流市场的日益完善,洽谈会呈现出向专业化方向发展的趋势。比如有中高级人才洽谈会、应届生双向选择会、信息技术人才交流会等等。通过参加招聘洽谈会,单位招聘人员不仅可以了解当地人力资源素质和走向,还可以了解同行业其他单位的人力资源政策和人力需求情况。这种方法,由于应聘者集中,单位的选择余地较大,但招聘高级人才还是较为困难。

(3)猎头公司。在我国,猎头公司是近几年为适应单位对高层次人才的需求与高级人才的求职需求而发展起来的。在国外,猎头服务早已成为单位求取高级人才和高级人才流动的主要渠道之一,我国的猎头服务近些年来发展迅速,有越来越多的单位逐渐接受了这一招聘方式。

对于高级人才,用传统的渠道往往很难获得,但这类人才对组织的作用却非常关键。

因此,猎头服务的一大特点就是推荐的人才素质很好。猎头公司往往建有自己的人才库,优质高效的人才是猎头公司最重要的资源之一,对人才库的管理和更新也是他们日常的工作之一,而搜寻手段和渠道则是猎头服务专业性最直接的体现。

3. 校园招聘

组织通过招聘人员到学校、参加毕业生交流会等形式直接招聘人员。供需双方直接见面,双向选择。单位可以有选择地去某校物色人才,派人分别到各有关学校召开招聘洽谈会。为了让学生增进对企业的了解,鼓励学生毕业后到本企业来工作,征募主持人应当向学生详细介绍企业情况及工作性质与要求,最好印发公司简介小册子,或制成录像带、印刷介绍图片。

校园招聘的优势在于:学生的可塑性强,选择余地大,候选人专业多样化,可满足企业的多方面需求,有助于宣传企业的形象等。不足之处在于:费时费钱,需要事先安排时间,与学校沟通等。此外,由于学生没有工作经验,需要花费时间和费用进行适应岗位的培训和培养。

4. 网络招聘

也被称为电子招聘,是指通过技术手段的运用,帮助企业人事经理完成招聘的过程。即企业通过公司自己的网站、第三方招聘网站等机构,使用简历数据库或搜索引擎等工具来完成招聘过程。

网络招聘的优点有:互联网的覆盖是以往任何媒介都无法比拟的,它的触角可以轻易地延伸到世界的每一个角落。网络招聘的双方通过交互式的网上登陆和查询完成信息的交流,因此方便、快捷、时效性强。网络招聘是一个跨时空的互动过程,对供求双方而言都是主动行为,无论是用人单位还是个人都能根据自己的条件在网上进行选择。这种积极的互动,减少了招聘和应聘过程中的盲目行为。通过上网,招聘者就已经对应聘者的基本素质有了初步的了解,相当于已经对他们进行了一次小型的计算机和英文的测试,对应聘者作了一次初步筛选。

但是网络招聘存在提供的信息真实度低、应用范围狭窄与基础环境薄弱、技术和服务体系不完善、信息处理的难度大和网络招聘的成功率较低等缺点。

(四)外部招聘的意义

1. 外部招聘是企业获得高质量人才的关口

在竞争环境中,人力资源在组织所有的资源中堪称为“第一资源”。所以,对人才的吸引、选拔、保持、发展、评价、开发和培养构成了组织人力资源管理的基本职责。其中,外部招聘可以说是企业获得人才的第一关。如果在这个首要环节,组织没有能够获取充足的适合于企业的人才,日后就需要花费大量的人力、物力和财力去培养和开发人力资源,这会给企业造成巨大的损失,不论企业将来花费多大的精力去减少这种损失,企业所失去的发展机会都是无法弥补的。

2. 外部招聘是人力资源输入的重要环节

组织犹如一个生命体,生命的生存和繁衍需要有旺盛的新陈代谢,而这取决于构成组织生命体的每一位员工。组织的人才流动是一种动态的过程,外部招聘就像是为组织注入新鲜血液,在这个输入环节,如果能充分吸收外部的氧气,就可以加强组织自身的生命力。

3. 外部招聘为组织带来创新

组织作为一个有机体,其思维方式和思想精华是由组织成员的思维方式和思想精华所构成的。每当一个外部的人才进入组织,他的思维方式就会迅速注入组织并影响组织中的每一个成员,可能就此促成了组织的某种创新。组织要适应不断变化的环境、要不断焕发出勃勃生机就必须不断接受新的思想、获得新的理念,外部招聘在一定程度上有利于组织进行更新。

4. 外部招聘有助于扩大企业的知名度

外部招聘的招聘信息在市场上总是以很快的速度传播，这种招聘信息促进了组织知名度的扩展。一方面，发布外部招聘信息可以让社会了解企业，在吸引人才的同时扩大企业的影响；另一方面，企业发布外部招聘信息也是在向社会传达一种信息，即企业正处于扩张发展时期，这是企业蓬勃向上的信号，无形之中增加了社会对企业的信任感。

（五）外部招聘的优缺点

1. 外部招聘的优点

（1）候选人员来源广泛，具备各类条件和不同年龄层次的求职人员有利于满足企业选择合适人选的需要。

（2）有新员工会带来不同的价值观和新观点、新方法。从外部招聘来的员工对现有的组织文化有一种崭新的、大胆的视角，而较少有感情的依恋。典型的内部员工已经彻底地被组织文化同化了，受惯性思维影响，既看不出企业有待改进之处，也没有进行变革、自我提高的意识和动力，整个组织缺乏竞争的意识和氛围，呈现出一潭死水的局面。通过从外部招聘优秀的技术人才和管理专家，就可以在无形中给组织原有员工施加压力，激发斗志，从而产生"鲶鱼效应"。

（3）对外招聘管理人员，在某种程度上可以缓解内部候选人竞争的矛盾。当有空缺位置时，一些人往往会通过自我"打分"而有被入选提拔的希望。如果参与竞争的人条件大致相当，竞争比较激烈，但却又都不太合适，在这种情况下，从外部选聘就可以缓解这一矛盾，使未被提拔的人获得心理平衡。

2. 外部招聘的缺点

（1）对应聘者的测评有一定风险，应聘者实际水平和能力很难准确判别，因此不称职者会占有一定或相当比例。

（2）应聘者带来的文化可能与企业文化有冲突。

（3）应聘者入选后对组织的各方面情况需要有一个熟悉的过程，即不能迅速进入角色开展工作。

（4）如果组织中有胜任的人未被选用或提拔，外聘人员的做法会挫伤组织员工的积极性。如果形成外聘制度，则更需慎重决定，因为其影响面可能更大。

综上所述，内部招聘和外部招聘各有其优势与不足。因此，组织在进行新员工招聘时，要进行综合考虑，发挥各自的优势，避免其不足。尤其高层管理人员的引进，应更为慎重。一旦决策失误，将会严重影响组织的发展。如果组织想维持现有的强势组织文化，不妨从内部招聘；如果想改善或重塑现有的组织文化，可以尝试从外部招聘。当然，管理者的选拔还要考虑到文化的差异。例如，美国的企业组织就倾向于外部招聘，而日本则倾向于内部招聘。由于新的岗位总是有限的，内部员工竞争的结果必然是有人欢喜有人忧，有可能影响到员工之间的关系，甚至导致人才的流失，这是企业很不愿意看到的；企业内部长期的"近亲繁殖"、"团体思维"、"长官意志"等现象，不利于个体创新和企业的成长，尤其是中小型企业。

三、选择招聘方式的原则

（一）内部优先原则

高级管理人才选拔应遵循内部优先原则。在人力资本成为企业核心竞争力重要组成部分的今天，高级管理人才对于任何企业的发展都是不可或缺的。企业在高级管理人才的选拔过程中应当遵循内部优先的原则。高级管理人才能够很好地为企业服务，一方面是依靠自身的专业技能、素质和经验，能够为企业服务；另一方面更重要的是对企业文化和价值观念的认同，愿意为企业贡献自己全部的能力和知识。企业内部培养造就的人才，更能深刻理解和领会企业的核心价值观，由于长期受企业文化的熏陶，已经认同并成为企业文化的忠诚者,所以也更能坚持企业的核心价值观不变,而核心价值观的延续性对企业是至关重要的。同时企业的高层管理团队和技术骨干,都是以团队的方式进行工作,分工协作,密切配合,而核心价值理念相同的人一同工作更容易达成目标,如果观念存在较大差异,将直接影响到合力的发挥。

(二)内外结合原则

外部环境剧烈变化时,企业必须采取内外结合的人才选拔方式。当外部环境发生剧烈变化时,行业的经济技术基础、竞争态势和整体游戏规则发生根本性的变化,知识老化周期缩短,原有的特长、经验成为学习新事物新知识的一种包袱,企业受到直接的影响。这种情况下,从企业外部、行业外部吸纳人才和寻求新的资源,成为企业生存的必要条件之一。不仅因为企业内部缺乏所缺的专业人才,同时时间也不允许坐等企业内部人才的培养成熟。因此,必须采取内部招聘与外部招聘相结合、内部培养与外部专业服务相结合的措施。

(三)灵活原则

快速成长期的企业,应当广开外部渠道。对于处于成长期的企业,由于发展速度较快,仅仅依靠内部招聘与培养无法跟上企业的发展的。同时,企业人员规模的限制,选择余地相对较小,无法得到最佳的人选。这种情况下,企业应当采取更为灵活的措施,广开渠道,吸引和接纳需要的各类人才。同时,处于快速成长期的企业,由于提供给新员工的职位比较多,在短时间内得到晋升的机会大,利用外部招聘可以很容易吸引人才以及留住人才。

(四)与企业文化相符的原则

企业文化类型的变化决定了招聘方式。如果组织要维持现有的强势企业文化,不妨从内部招聘,因为内部的员工在思想、核心价值观念、行为方式等方面对于企业有更多的认同,而外部的人员要接受这些需要较长的时间,而且可能存在风险;如果企业想改善或重塑现有的企业文化,可以尝试从外部招聘,新的人员带来的新思想、新观念可以对企业原有的东西造成冲击,促进企业文化的变化和改进完善。

内部招聘优先还是外部招聘优先,对于不同层次的人才、不同环境和阶段的企业应采取不同的选择,必须视企业的实际情况来定。这就需要企业在既定的战略规划的前提下,在对企业现有的人力资源状况分析和未来情况预测的基础上制定详细的人力资源规划,明确企业的用人策略,建立内部的培养和选拔体系。同时,有目的、有计划、分步骤地展开招聘选拔工作,给予企业内外部人才公平合理的竞争机会,以形成合理的人才梯队,保证企业未来的发展。

第三节 选拔的技术和方法

人员选拔就是从众多的应聘者中选出企业需要的合适人员的过程。人员选拔阶段是招聘过程中最关键的一步,因为这将直接决定企业所雇用的人是否适合岗位要求。

一、简历与申请表的筛选

(一)简历筛选

简历也称为履历表,是应聘者自带的个人介绍材料。

1. 简历的分类

(1)按时间顺序列举。这种类型的简历是以时间为顺序列举出应聘者的工作经历。先列出最近所从事的工作的职称,然后按逆时间顺序将过去的工作职称依次列出。时间顺序型简历对于那些想找一份与自己以前从事职业相同种类工作的人是最适宜的。此类简历直截了当,书写简明,如果处理得当,整个简历将显得有力、可信且富有说服力。

(2)按职能技能来编写。它是按照职能或技能而不是按时间段、工作职务或公司名称来编写的。职能或技能型简历对那些频繁更换工作,综合以往几种工作的技能用于新工作,或是新近经过再培训教育而获得新技能的人来说,是最适合不过的。

(3)按实用性原则填写。它是根据需要有选择地列出自己学习、工作的经历,充分表现自己的技能、品德。与前一种相比,它主要强调熟练的技能,不必强调工作的年限。这种格式的优点是:它能使你的简历更有针对性,瞄准某个具体、特殊的职业或领域,有的放矢。这种简历有较大的弹性,把注意力从各种工作历史和非目标性的技能转向从事目标职业的技能,最适用于第一次找工作或长期失业的应聘者。对那些多才多艺,从事过多种工作,获得全面发展的人来说尤为重要。

(4)按学历经历填写。这种类型的简历其实包含了上述两种简历的内容,最适用于在学术领域工作的应聘者和谋求律师、医生等职业的应聘者。鉴于此,它的特色是学历背景,如就学的大学名字、所得学位、获得的专业成果,加入的组织、参与的公益工作、职位等就显得非常重要了。

(5)复合型简历。这种类型的简历包括有职能、技能型简历的内容,随后是一个简略的时序型工作简历,其中包括职务头衔,雇主姓名和雇用日期等。复合型简历兼具以上两种简历的优点,适合于大多数应聘者。它既能突出应聘者的技能,又能提供过去的工作经历。

2. 简历的筛选

简历的审查是初步的筛选,审查的重点在于:

(1)简历中是否列出个人的成就事项。简历仅列出个人的经历还不够,最重要是他在每一过程中有什么重大的成就。

(2)简历中是否显示出成功的模式。应聘人的后一个工作是否比前一个工作成绩突出?譬如职务较高、收入较多,而不只是从一个公司跳到另一个公司。

(3)简历中是否有什么隐情。若是在连续的两个工作之间拉得很长,是否做其他的事或有什么原因,譬如生病、出国或求学等其他因素。

(二)申请表筛选

申请表是招聘单位设计的由应聘者填写的表格。目的在于有针对性地收集关于应聘者过去和现在情况的信息,以评价应聘者是否能够满足最起码的职位要求。

1. 申请表的划分方式

(1)按使用范围,可分为通用型和专用型。通用型申请表普通适合于组织内的全部或大部分职位工作,而专用型申请表则根据某一个或一类特定岗位的具体需求而专门制定。

(2)按是否用作选员依据,可分为普通申请表和加权申请表。其中普通申请表是组织为了解自己所关心的申请者的一般背景资料而设计的一种规范化表格,其目的在于避免由于应聘者自发提供资料时可能出现的疏漏、冗余等情形,并不用作选员依据。而加权申请表是针对申请人所申请的工作岗位所需要的个人条件和以后工作成就之间的关系而制定的特殊表格,表中的项目往往根据组织的历史资料而被赋予不同的权重,应聘者在该表中所有项目的得分总和作为其能否选用的依据。

2. 申请表的筛选

筛选申请表时,应注意以下几点:

(1)申请表是否填写完整。

(2)确定申请者是否看懂了且遵照申请表的指示来填写,填写是否为有效信息。

(3)表是否填写很整齐干净。申请表代表一个人的做事态度和用心程度,随便填写和书写潦草、词不达意都不可取。

二、笔试

(一)笔试的含义

笔试是通过文字测验的形式考核应聘者学识水平的重要工具。这种方法可以有效地测量应聘人的基本知识、专业知识、管理知识、综合分析能力和文字表达能力等素质及能力的差异。笔试形式主要有七种:多种选择题、是非题、匹配题、填空题、简答题、回答题、小论文。

笔试在员工招聘中有相当大的作用,尤其是在大规模的员工招聘中,它可以一下子把员工的基本活动了解清楚,然后可以划分出一个基本符合需要的界限。适用面广,费用较少,可以大规模地运用。但是分析结果需要较多的人力,有时被试者会投其所好,尤其是在个性测试中显得更加明显。

(二)笔试的优缺点

笔试的优点是一次能够出十几道乃至上百道试题,考试的取样较多,对知识、技能和能力的考核的信度和效度都较高,可以大规模的进行分析。因此,花费时间少,效率高,报考人的心理压力较小,较易发挥水平,成绩评定比较客观。

笔试的缺点主要表现在不能全面的考察应聘者的工作态度、品德修养以及组织管理能力、口头表达能力和操作技能等。因此,笔试虽然有效,但还必须采用其他测评方法,如行为模拟法、心理测验法等,以补其短。一般来说,在企业组织的招聘中,笔试作为应聘者的初次竞争,成绩合格者才能继续参加面试或下一轮测试。

(三)笔试的设计原则

在设计试卷时,要注意以下一些原则:

(1)注意命题的准确性。命题是笔试的首要问题,命题恰当与否,直接关系到笔试考核的信度和效度。因此,在笔试命题过程中自始至终要符合考察的目标。知识考试的目标是什么,这样才能得到应有的效果。

(2)各种知识考试类型可以结合起来运用。比如,在一张试卷上既可以有百科知识的内容,又可以有专业知识的内容,也可以有相关知识的内容。这样可以节省时间,在较短时间内全面了解一个应聘者各方面的水平。

(3)充分重视知识的实际运用能力。设计试卷时,要尽量多用案例以及讨论等方式。

阅读资料

网易笔试试题

一、在产品检验中,误检包括两种情况:一是把不合格产品定为合格:二是把合格产品定为不合格。有甲乙两个产品检验系统,它们依据的是不同的原理,但共同之处在于:第一,它们都能检测出所有送检的不合格产品;第二,都仍有恰好3%的误检率;第三,不存在一个产品,会被两个系统都误检。现在把这两个系统合并为一个系统,使得被该系统测定为不合格的产品,包括且只包括两个系统分别工作时都测定的不合格产品。可以得出结论:这样的产品检验系统的误检率为0。以下哪项最为恰当地评价了上述推理? ( )

A.上述推理是必然性的,即如果前提真,则结论一定真。

B.上述推理很强,但不是必然性的,即如果前提真,则为结论提供了很强的证据,但附加的信息仍可能削弱该论证。

C.上述推理很弱,前提尽管与结论相关,但最多只为结论提供了不充分的根据。

D.该推理不能成立,因为它把某事件发生的必要条件的根据,当作充分条件的根据。

二、商品房价格在近两年大幅度上涨的原因可能有哪些?

三、媒体上假新闻层出不穷,你认为主要原因是什么?

四、下面这些题目是根据国际足球编辑的职位作答

1.英超联赛的影响力为什么能超越其他联赛,你认为这个趋势会不会继续下去及理由?

2.国足现在的主力阵容?哪三个位置最薄弱?

三、面试

(一)面试的含义

面试是通过主考官与应聘者面对面的信息沟通,直接考察应聘者是否具备与空缺职位相关的工作能力和个性品质的一种人员选拔技术。它是由表及里测评应聘者的知识、能力、经验等有关素质的一种考试活动。面试是公司挑选职工的一种重要方法,面试给公司和应聘者提供了进行双向交流的机会,能使公司和应聘者之间相互了解,从而双方都可更准确做出聘用与否、受聘与否的决定。

(二)面试的程序

1. 面试准备阶段

(1)考官的组成。招聘应由人力资源管理部门和用人部门共同完成,面试考官应由人力资源部门的招聘专员与用人部门的主管组成,必要时聘请外部专家。人力资源部门的责任是:规划面试过程、实施面试过程、评价面试过程;用人部门主管的责任是:确定职位关键素质要求、参与面试中对被面试者专业素质的测评。

(2)回顾职位说明书,确定测评指标。面试时间是有限的,不可能对被面试者的素质进行全面测评,只能根据职位要求确定若干关键测评指标,一般五个指标比较合适。例如,销售代表测评指标:自我指导与自我激励能力、与人和谐相处能力、交流技术信息能力、专业行为举止、说服客户的能力。

(3)分析应聘材料和简历。分析应聘材料和简历,发现疑点,从而在面试中有针对性地进行提问。着重分析应聘材料中空白或省略的内容、与所应聘职位或行业相关的工作经历、职位的跳跃性、工作变动的频率和可能的原因、对薪酬的要求。

(4)电话筛选应聘者。通过电话,筛掉明显不合格者,能够降低招聘成本,节省候选人的时间。

(5)准备面试时间和场地、设计面试座位方式。面试时间应是面试双方都可以全身心投入的时间,如周末。尽量不要在工作日的上午安排面试,以免影响被面试者在原单位的工作。面试场地要安排在安静的场所,使被面试者能够精力集中。面试座位方式的安排应以让对方放松(压力面试除外)和便于沟通为原则。

(6)必备资料。面试前要准备的资料包括:候选人简历、考官名片和公司介绍材料。面试时,考官对所有候选人的基本情况不可能都记得很清楚,所以应带上候选人简历,以便在面试开始前再浏览一遍。另外,被面试者在接受完面试后经常会索要考官名片和公司的介绍材料,以便进一步了解公司情况。

(7)制定面试计划表。面试前,最重要的莫过于准备面试计划表。面试计划表的数量应为被面试者的人数。具体内容包括:被面试者个人基本信息、简历中疑点、围绕测评指标设计的基本面试题。

2. 面试开始阶段

也被称为导入阶段。双方坐定之后,考官要向被面试者做一些必要的说明,包括对考官成员的介绍,交代面试过程需要多少时间,告诉对方面试中考官要做一些必要的记录,大约占整个面试2%的时间比重。为缓解被面试者的紧张情绪,建立轻松的气氛首先可以提问应与工作无关,如天气、交通等,目的是让被面试者放松下来,以便正常发挥水平。接下来问被面试者熟悉的、开放性的问题,如自我介绍、以前工作的主要职责等等,大约占整个面试8%的时间比重。

3. 正式核心面试阶段

这是整个面试最主要的阶段,是决定是否录用的关键性环节。在此阶段,应围绕招聘职位的关键指标进行测评,重点收集关于被面试者核心胜任力的信息。面试题目以行为性问题和探索性问题为主,同时配合使用开放性问题、假设性问题和封闭式问题,该阶段大约占整个面试80%的时间比重。

4. 确认面试阶段

考官将进一步对核心阶段所获得的测评结果进行确认,同时,检查是否遗漏了哪些重要指标的测评并加以追问。该阶段大约占整个面试5%的时间比重,所提问题以开放性问题为主。

5. 结束面试阶段

解决面试者关心的一些问题,同时给被面试者留下良好印象。要询问被面试者是否有要问考官的问题,明确告诉被面试者何时会收到录用与否的通知。对被面试者来接受面试以及对本公司的关注表示感谢,该阶段大约占整个面试5%的时间比重。

(三)面试的种类

1. 按照面试的结构分为结构化面试与非结构化面试

(1)结构化面试。结构化面试,也称标准化面试,是相对于传统的经验型面试而言的,是指按照事先制定好的面试提纲上的问题一一发问,并按照标准格式记下面试者的回答和对他的评价的一种面试方式。结构化面试,根据所制定的评价指标,运用特定的问题、评价方法和评价标准,严格遵循特定程序,通过测评人员与应聘者面对面的言语交流,对应聘者进行评价的标准化过程。结构化面试的测验结果比较准确和可靠。结构化面试的基本原理是:对同类应聘者,用同样的语气和措词、按同样的顺序、问同样的问题,按同样的标准评分。问题的结构就是招聘岗位所需要的人员素质结构。

结构化面试有很多优点,如内容确定、形式固定、便于考官面谈时操作;面谈测评项目、参考话题、测评标准及实施程序等,都是事先经过科学分析确定的,能保证整个面试有较高的效度和信度;对于有多个考生竞争的场合,这种面试更易做到公平、统一;更主要的是这种面试要点突出,形式规范,紧凑,高效,能更加简洁地实现目标。在比较重要的面试场合,如录用公务员,选拔管理人员、领导人员等,常采用结构化面试。但是结构化面试不可能进行话题外的提问,局限了面试深度。

(2)非结构面试。非结构化面试就是没有既定的模式、框架和程序,主考官可以"随意"向被测者提出问题,而对被测者来说也无固定答题标准的面试形式。主考官提问问题的内容和顺序都取决于其本身的兴趣和现场应试者的回答。一般来说非结构化面试中采用案例分析、脑筋急转弯、情景模拟等方式。这种方法给谈话双方以充分的自由,主考官可以针对被测者的特点进行有区别的提问。虽非结构化面试形式给面试考官以自由发挥的空间,但这种形式也有一些问题,它易受主考官主观因素的影响,面试结果无法量化以及无法同其他被测者的评价结果进行横向比较等。

2. 按面试的目的分为压力面试和非压力面试

(1)压力面试。压力面试是指有意制造紧张,以了解求职者将如何面对工作压力。面试人通过提出生硬的、不礼貌的问题故意使候选人感到不舒服,针对某一事项或问题做一连串的发问,打破沙锅问到底,直至无法回答。其目的是确定求职者对压力的承受能力、在压力前的应变能力和人际关系能力。

压力面试通常用于对谋求要承受较高心理压力的岗位的人员的测试。测试时,面试官可能会突然问一些不礼貌、冒犯的问题,让被面试人员会感到很突然,同时承受较大的心理压力。这种情况下,心理承受能力较弱的求职者的反应可能会较异常,甚至不能承受。而心理承受能力强的人员则表现较正常,能较好地应对。这样就可以判别出求职者的心理承受能力。

压力面试在于考察求职者的应变能力,人际交往能力,需要求职者具有敏捷的思维、稳定的情绪和良好的控制力。

(2)非压力面试。与压力面试相反,招聘者力图创造一种宽松亲切的氛围,使被试者在最小压力情况下回答问题,以获取需要的信息。一般来讲,除了那些需要真正在压力下工作的岗位外,非压力面试适用于绝大多数的情况。

(四)面试测评的主要内容

1. 仪表风度

指应聘者的体型、外貌、气色、衣着举止、精神状态等。研究表明,仪表端庄、衣着整洁、举止文明的人,一般做事有规律、注意自我约束、责任心强。

2. 专业知识

了解应聘者掌握专业知识的深度和广度,其专业知识更新是否符合所要录用职位的要求,作为对专业知识笔试补充。面试对专业知识的考察更具灵活性和深度,所提问题也更接近空缺岗位对专业知识的需求。

3. 工作实践经验

一般根据查阅应聘者的个人简历或求职登记表,作些相关的提问。查询应聘者有关背景及过去工作的情况,以补充、证实其所具有的实践经验,通过工作经历与实践经验的了解,还可以考察应聘者的责任感、主动性、思维能力、口头表达能力及遇事的理智状况等。

4. 口头表达能力

面试中应聘者是否能够将自己的思想、观点、意见或建议顺畅地用语言表达出来。考察的具体内容包括:表达的逻辑性、准确性、感染力、音质、音色、音量、音调等。

5. 综合分析能力

面试中,应聘者是否能对主考官所提出的问题,通过分析抓住本质,并且说理透彻、分析全面、条理清晰。

6. 反应能力与应变能力

主要看应聘者对主考官所提的问题理解是否准确,回答的迅速性、准确性等。对于突发问题的反应是否机智敏捷、回答恰当。对于意外事情的处理是否得当、妥当等。

7. 人际交往能力

在面试中,通过询问应聘者经常参与哪些社团活动,喜欢同哪种类型的人打交道,在各种社交场合所扮演的角色,可以了解应聘者的人际交往倾向和与人相处的技巧。

8. 自我控制能力与情绪稳定性

自我控制能力是非常重要的。一方面,在遇到上级批评指责、工作有压力或是个人利益受到冲击时,能够克制、容忍、理智地对待,不致因情绪波动而影响工作;另一方面工作要有耐心和韧劲。

9. 工作态度

一是了解应聘者对过去学习、工作的态度;二是了解其对现报考职位的态度。在过去学习或工作中态度不认真,做什么、做好做坏者无所谓的人,在新的工作岗位也很难说能勤勤恳恳、认真负责。

10. 上进心、进取心

上进心、进取心强烈的人,一般都确立有事业上的奋斗目标,并为之而积极努力。表现在努力把现有工作做好,且不安于现状,工作中常有创新。上进心不强的人,一般都是安于现状,无所事事,不求有功,但求无过,对什么事都不热心。

11. 求职动机

了解应聘者为何希望来本单位工作,对哪类工作最感兴趣,在工作中追求什么,判断本单位所能提供的职位或工作条件等能否满足其工作要求和期望。

12. 业余兴趣与爱好

应聘者休闲时爱从事哪些运动,喜欢阅读哪些书籍,喜欢什么样的电视节目,有什么样的嗜好等，可以了解一个人的兴趣与爱好，这对录用后的工作安排常有好处。

13. 单位介绍与回答应聘者问题

面试时主考官还会向应聘者介绍本单位及拟聘职位的情况与要求，讨论有关工薪、福利等应聘者关心的问题，以及回答应聘者可能问到的其他一些问题等。

课堂思考题
影响面试的因素有哪些？

四、心理测试

（一）心理测试的内容

心理测试就是通过一系列的科学方法来测量被评者的智力水平和个性方面差异的一种科学方法。心理测验的内容包含：

1. 能力测试

（1）普通能力测试主要包括思维能力、想象能力、记忆能力、推理能力、分析能力、数学能力、空间关系判断能力、语言能力等方面的测试。

（2）特殊职业能力测试。特殊职业能力是指那些特殊的职业或职业群的能力，该项测试的目的在于选拔那些具有从事某项职业的特殊潜能的人才。

（3）心理运动机能测试主要包括两大类即心理运动能力测试和身体能力测试。

2. 人格测试

人格测试的目的是为了了解应聘者的人格特质。人格对工作成就的影响是极为重要的，不同气质、性格的人适合于不同种类的工作。对于一些重要的工作岗位为选择合适的人才，则需要人格测试。

3. 兴趣测试

兴趣测试揭示了人们想做什么和喜欢做什么，从中可以发现应聘者最感兴趣并从中得到最大满足的工作是什么。兴趣测试倾向的目的是为了进行合理的人事配置。根据人们的职业兴趣倾向进行职位配置，会最大限度地发挥其潜力，保证工作的圆满完成。

（二）心理测试的优缺点

1. 心理测试的优点

（1）迅速。心理测试可以在较短的时间内迅速了解一个人的心理素质，潜在能力和他的各种指标。

（2）比较科学。世界上目前还没有一种完全科学的方法，可以在短期内全面了解一个人的心理素质和潜在能力，而目前心理测试可比较科学地了解一个人的基本素质。

（3）比较公平。员工招聘中往往会出现不公平竞争的倾向，但心理测试在一定程度上可以避免这种不公平性。因为通过心理测试，心理素质比较高的员工可以脱颖而出，而心理素质较低的应聘者，落选也感到心平气和，因为他们知道自己心理测试的成绩比较低。

（4）可以比较。员工素质的高低通过智力测试以后，他们的测试结果可以比较，因为用同一种心理测试的方法得出的结果有可比性，而其他的方法往往在不同的场合，不同的地点，没有可比性。

2. 心理测试的缺点

（1）可能被滥用。心理测试虽然是一种科学的测量手段，但是也可以被人滥用。比如，有些人在员工招聘中滥用不合格的量表，反复使用某一种不科学的量表，这样得出的结论就不能令人满意。

（2）可能被曲解。有的时候，测量得出某一结果，对被测者的心理活动和以后的行为都可能产生不良结果。

五、情景模拟测试

(一)情景模拟的含义和特点

1. 情景模拟的含义

情景模拟测试是指设置一定的模拟情况,要求被测试者扮演某一角色并进入角色情景中,去处理各种事务及各种问题和矛盾。考官通过对考生在情景中所表现出来的行为,进行观察和记录,以测评其素质潜能,或看其是否能适应或胜任工作。

2. 情景模拟的特点

(1)针对性强。由于模拟测试的环境是拟招岗位或近似拟招岗位的环境,测试内容又是拟招岗位的某项实际工作,因而具有较强的针对性。测试的环境是仿真的,内容是仿真的,测试本身的全部着眼点都直指拟任岗位对考生素质的实际需求。

(2)直接性。通过情景模拟测试,不仅测试内容与拟招岗位业务有直接关系,而且使考评人员能够直接观察应试者的工作情况,直接了解应试者的基本素质及能力,所以更具有直接性。

(3)可信性。由于模拟测试接近实际,考察的重点是应试者分析和解决实际工作问题的能力,加之这种方式又便于观察了解应试者是否具备拟任岗位职务的素质,因此模拟测试比笔试和其他面试形式更具有可信性。

上述特点也派生了模拟测验的相对局限性,主要表现为测试的规范化程度不易平衡,效率较低,同时,对考官素质的要求较高。

(二)情景模拟测试的方式

1. 机关通用文件处理的模拟

这一项目可作为对招考对象的通用情景模拟手段。它以机关的日常文件处理为依据,编制若干个(约 15 至 20 个)待处理文件,让被测者以特定的身份对文件进行处理,这些待定文件如会议通知、请示或批复、群众来信、电话记录和备忘录等,要求被测者在 2 ~3 小时内处理完毕。

2. 工作活动的模拟

这个测试项目可以采用以下两种形式进行:一种是上下级对话形式,模拟接待基层工作人员的情景,由被测者饰上级,测评员为下级,或向上级领导汇报或请示工作。这种模拟测试可采用主考人员与其对话,其余测评人员观察打分的方式进行。测试前应让被测者看阅有关材料,使其了解角色的背景和要求。测试主题可一个专业一题,需有一定难度和明晰评分标准,时间以每人半小时左右为宜。

3. 角色扮演法

事先向考生提供一定的背景情况和角色说明,模拟时要求考生以角色身份完成一定的活动或任务,例如接待来访、主持会议、汇报工作等。

4. 现场作业法

提供给考生一定的数据和资料,在规定的时间内,要求考生编制计划、设计图表、起草公文、计算结果等。被普遍应用的计算机操作、账目整理、文件筐作业都属于此类形式。

5. 模拟会议法

将考生每 10 人分为一组,就某一需要研讨的问题或需要布置的活动或需要决策的议题,由考生自由发表议论,相互切磋探讨。具体形式有会议的模拟组织、主持、记录及无领导小组讨论等。其中,文件筐测验、无领导小组讨论是近几年在借鉴国外先进测评技术基础上开发的面试方法。

六、人员选拔的信度和效度

信度与效度评估是对招聘过程中所使用的方法的正确性与有效性进行的检验,这无疑会提高招聘工作的质量。信度和效度是对测试方法的基本要求,只有信度和效度达到一定水平的测试,其结果才适于作为录用决策的依据,否则将误导招聘人员,影响其做出正确的决策。

(一)信度评估

信度主要是指测试结果的可靠性或一致性。可靠性是指一次又一次的测试总是得出同样的结论,它或者不产生错误,或者产生同样的错误。通常信度可分为:稳定系数、等值系数、内在一致性系数。

(1)稳定系数是指用同一种测试方法对一组应聘者在两个不同时间进行测试的结果的一致性。一致性可用两次结果之间的相关系数来测定。相关系数高低既与测试方法本身有关,也跟测试因素有关。此法不适用于受熟练程度影响较大的测试,因为被测试者在第一次测试中可能记住某些测试题目的答案从而提高了第二次测试的成绩。

(2)等值系数是指对同一应聘者使用两种对等的、内容相当的测试方法,其结果之间的一致性。内在一致性系数是指把同一(组)应聘者进行的同一测试分为若干部分加以考察,各部分所得结果之间的一致性。这可用各部分结果之间的相关系数来判断。

(3)评分者信度,这是指不同评分者对同样对象进行评定时的一致性。例如,如果许多人在面试中使用一种工具给一个求职者打分,他们都给候选人相同或相近的分数.则这种工具具有较高的评分者信度。

(二)效度评估

效度,即有效性或精确性,是指实际测到应聘者的有关特征与想要测的特征的符合程度。一个测试必须能测出它想要测定的功能才算有效。效度主要有三种:预测效度、内容效度、同侧效度。

(1)预测效度是说明测试用来预测将来行为的有效性。在人员选拔过程中,预测效度是考虑选拔方法是否有效的一个常用的指标。我们可以把应聘者在选拔中得到的分数与他们被录后的绩效分数相比较,两者的相关性越大,则说明所选的测试方法、选拔方法越有效,以后可根据此法来评估、预测应聘者的潜力。若相关性很小或不相关,说明此法在预测人员潜力上效果不大。

(2)内容效度,即测试方法能真正测出想测的内容的程度。考虑内容效度时,主要考虑所用的方法是否与想测试的特性有关,如招聘打字员,测试其打字速度和准确性、手眼协调性和手指灵活度的操作测试的内容效度是较高的。内容效度多应用于知识测试与实际操作测试,而不适用于对能力和潜力的测试。

(3)同侧效度是指对现在员工实施某种测试,然后将测试结果与员工的实际工作绩效考核得分进行比较,若两者的相关系数很大,则说明此测试效度就很高。这种测试效度的特点是省时,可以尽快检验某测试方法的效度。但若将其应用到人员选拔测试时,难免会受到其他因素的干扰而无法准确地预测应聘者未来的工作潜力。例如,这种效度是根据现有员工的测试得出的,而现在员工所具备的经验、对组织的了解等,则是应聘者所缺乏的。因此,应聘者有可能因缺乏经验而在测试中得不到高分,从而错误地被认为是没有潜力或能力的。其实,他们若经过一定的培训或锻炼,是有可能成为称职的员工的。

第四节　人员配置

一、人员配置概述

人员配备是组织根据目标和任务需要正确选择、合理使用、科学考评和培训人员,以合适的人员去完成组织结构中规定的各项任务,从而保证整个组织目标和各项任务完成的职能活动。人员配置是企业为了实现生产经营的目标,采用科学的方法,根据岗得其人、人得其位、适才适所的原则,实现人力资源与其他物力、财力资源的有效结合而进行的一系列管理活动的总称。

人员配置的程序见图4.3。主要包括:

- 制定用人计划,使用人计划的数量、层次和结构符合组织的目标任务和组织机构设置的要求。
- 确定人员的来源,即确定是从外部招聘还是从内部重新调配人员。
- 对应聘人员根据岗位标准要求进行考查,确定备选人员。
- 确定人选,必要时进行上岗前培训,以确保能适用于组织需要。
- 将所定人选配置到合适的岗位上。
- 对员工的业绩进行考评,并据此决定员工的续聘、调动、升迁、降职或辞退。

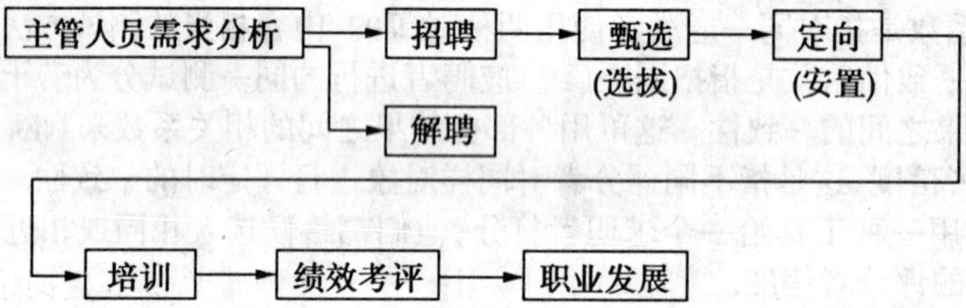

图4.3 人员配置过程

二、人员配置的任务

(一)物色合适的人选

组织各部门是在任务分工基础上设置的,因而不同的部门有不同的任务和不同的工作性质,必然要求具有不同的知识结构和水平、不同的能力结构和水平的人与之相匹配。人员配备的首要任务就是根据岗位工作需要,经过严格的考查和科学的论证,找出或培训为己所需的各类人员。

(二)促进组织结构功能的有效发挥

要使职务安排和设计的目标得以实现,让组织结构真正成为凝聚各方面力量,保证组织管理系统正常运行的有力手段,必须把具备不同素质、能力和特长的人员分别安排在适当的岗位上。只有使人员配备尽量适应各类职务的性质要求,从而使各职务应承担的职责得到充分履行,组织设计的要求才能实现,组织结构的功能才能发挥出来。

(三)充分开发组织的人力资源

现代市场经济条件下,组织之间的竞争的成败取决于人力资源的开发程度。在管理过程中,通过适当选拔、配备和使用、培训人员,可以充分挖掘每个成员的内在潜力,实现人员与工作任务的协调匹配,做到人尽其才,才尽其用,从而使人力资源得到高度开发。

三、人员配置的原则

(一)经济效益原则

组织人员配备计划的拟定要以组织需要为依据,以保证经济效益的提高为前提;它既不是盲目地扩大职工队伍,更不是单纯为了解决职工就业,而是为了保证组织效益的提高。

(二)任人唯贤原则

在人事选聘方面,大公无私,实事求是地发现人才,爱护人才,本着求贤若渴的精神,重视和使用确有真才实学的人。这是组织不断发展壮大,走向成功的关键。

(三)因事择人原则

因事择人就是员工的选聘应以职位的空缺和实际工作的需要为出发点,以职位对人员的实际要求为标准,选拔、录用各类人员。

(四)量才使用原则

量才使用就是根据每个人的能力大小而安排合适的岗位。人的差异是客观存在的,一个人只有处在最能发挥其才能的岗位上,才能干得最好。

(五)程序化、规范化原则

员工的选拔必须遵循一定的标准和程序。科学合理地确定组织员工的选拔标准和聘任程序是组织聘任优秀人才的重要保证。只有严格按照规定的程序和标准办事,才能选聘到真正愿为组织的发展作出贡献的人才。

四、人员配置的方法

(一)以员工为标准进行配置

按员工岗位测试的每项得分,选择最高分任用,缺点是可能同时多人在该岗位上得分较高,结果仅择一人,另外忽略性格等因素,可能使优秀人才被拒门外。

(二)以岗位为标准进行配置

从岗位需求出发,为每个岗位选择最合适的人。此方法组织效率高,但只有在岗位空缺的前提下才可行。

(三)以双向选择为标准进行配置

就是在岗位和应聘者之间进行必要的调整,以满足各个岗位人员配置的要求。此方法,综合平衡了岗位和员工两个方面的因素,现实可行,能从总体上满足岗位人员配置的要求,效率高。但对岗位而言,可能出现得分最高的员工不能被安排在本岗位上,对员工而言,可能出现不能被安排到其得分最高的岗位上的情况。

阅读资料

猴子取食

美国加利福尼亚大学的学者做了一个实验:把6只猴子分别关在3间空房子里,每间两只,房子里分别放着一定数量的食物,但放的位置高度不一样。第一间房子的食物就放在地上。第二间房子的食物分别从易到难悬挂在不同高度的适当位置上。第三间房间的食物悬挂在房顶。数日后,他们发现第一间房子的猴子一死一伤,伤的缺了耳朵断了腿,奄奄一息。第三间房子的猴子也死了。只有第二间房子的猴子活得好好的。

究其原因,第一间房子的两只猴子一进房间就看到了地上的食物,于是,为了争夺唾手可得的食物而大动干戈,结果一死一伤。第三间房子的猴子虽做了努力,但因食物太高,难度过大,够不着,被活活饿死了。只有第二间房子的两只猴子先是各自凭着自己的本能蹦跳取食,然后随着悬挂食物高度的增加,难度增大,两只猴子只有协作才能取得食物。于是,一只猴子托起另一只猴子跳起取食。这样,每天都能取得够吃的食物,从而很好地活了下来。

这个实验虽然做的是猴子取食,但它在一定程度上也说明了人才与岗位的关系。岗位难度过低,人人能干,体现不出能力与水平,选拔不出人才,反倒成了内耗式的位子争斗甚至残杀,其结构无异于第一间房子里的两只猴子。岗位的难度太大,虽努力而不能及,甚至埋没人才,有如第三间房子里的两只猴子的命运。

同样,对人才的不合理运用,也会使人才是使用价值有天壤之别。企业若能确实将对的人放在对的位置上,其整体绩效一定超越其他未能让人才发挥能力的企业。在人力资源的概念中,没有最好的,只有最合适的。岗位的难度要适当,循序渐进,这样才能真正体现出能力与水平,发挥人的能动性和智慧。同时,相互间的依存关系使人才间相互协作,共渡难关。

课后思考题

1. 请阐述员工招聘对企业的影响有哪些?

2. 员工招聘中,面试者需要注意的有哪些?
3. 如果你负责员工招聘,你将如何开展?具体的步骤分别是什么?
4. 如何对企业的招聘进行评估?

案例分析

索尼公司的内部招聘

一天晚上,索尼董事长盛田昭夫按照惯例走进职工餐厅与职工一起就餐、聊天。他多年来一直保持着这个习惯,以培养员工的合作意识和与他们的良好关系。这天,盛田昭夫忽然发现一位年轻职工郁郁寡欢,满腹心事,闷头吃饭,谁也不理。于是,盛田昭夫就主动坐在这名员工对面,与他攀谈。

几杯酒下肚之后,这个员工终于开口了:"我毕业于东京大学,有一份待遇十分优厚的工作。进入索尼之前,对索尼公司崇拜得发狂。当时,我认为我进入索尼,是我一生的最佳选择。但是,现在才发现,我不是在为索尼工作,而是为课长干活。坦率地说,我这位课长是个无能之辈,更可悲的是,我所有的行动与建议都得课长批准。我自己的一些小发明与改进,课长不仅不支持,不解释,还挖苦我癞蛤蟆想吃天鹅肉,有野心。对我来说,这名课长就是索尼。我十分泄气,心灰意冷。这就是索尼?这就是我的索尼?我居然要放弃了那份优厚的工作来到这种地方!"

这番话令盛田昭夫十分震惊。他想,类似的问题在公司内部员工中恐怕不少,管理者应该关心他们的苦恼,了解他们的处境,不能堵塞他们的上进之路,于是产生了改革人事管理制度的想法。

之后,索尼公司开始每周出版一次内部小报,刊登公司各部门的"求人广告",员工可以自由而秘密地前去应聘,他们的上司无权阻止。

另外,索尼原则上每隔两年就让员工调换一次工作,特别是对于那些精力旺盛、干劲十足的人才,不是让他们被动地等待工作,而是主动地给他们施展才能的机会。

讨论问题:

1. 你怎样看待索尼公司的内部招聘?
2. 这种制度能否在中国企业行得通?

第五章　培训与开发

第一节　培训概述

一、培训的含义

培训是为了达到统一的科学技术规范、标准化作业，通过目标规划设定、知识和信息传递、技能熟练演练、作业达成评测、结果交流公告等现代信息化的流程，让员工通过一定的教育训练技术手段，达到预期的水平提高目标。

员工是企业的一种风险投资。企业投入大量人力物力进行员工培训之后，员工反而会流失使企业陷入两难境地。因此，许多企业更愿将精力集中在市场和生产上，而不愿投在培训上。如果培训在整个社会中形成一种风气，那么在不同企业接受过培训的员工都会得到整体素质的提高。

其实培训是员工和企业的双赢。培训使员工以更高的热情、对企业更大的忠诚、更高的效率完成任务，培训能改变客户对企业的提防心态，培育客户对企业的尊敬和信任，建立长期的客户关系。企业的发展潜力和注重有效的培训的程度成正比。在培训的过程中，要注意受训者的学习曲线和信息的反馈，及时的听取受训者的信息，能够帮助组织提高今后的培训效果，减少不必要的支出。

二、培训的目的

培训的出发点和归宿是"企业的生存与发展"，可以把企业培训概括为这样一个三位一体的目的，即通过企业或员工履行教育培训的责任和权力，使企业工作富有成效，使企业维持生存和发展，见图 5.1。

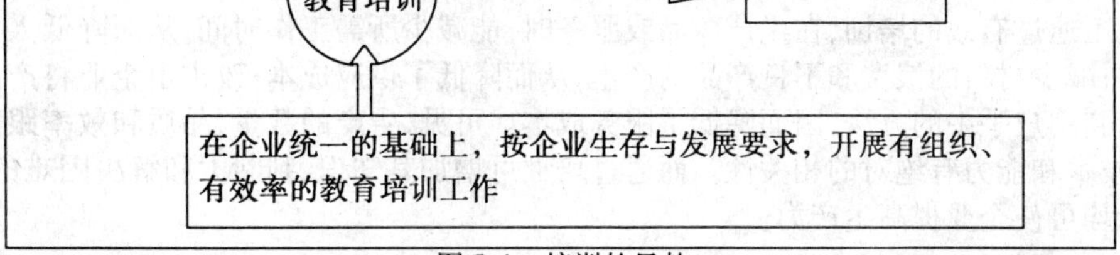

图 5.1　培训的目的

(一)适应企业外部环境的发展变化

企业的发展是内外因共同起作用的结果。一方面，企业要充分利用外部环境所给予的各种机会和条件，抓住时机；另一方面，企业也要通过自身的变革去适应外部环境的变化。

企业不是一个封闭的系统，而是一个不断与外界相适应的升级系统。这种适应并不是静态的机械的适应,而是动态的积极的适应,这就是所谓的系统权变观。外因通过内因起作用,企业要在市场竞争中立于不败之地,关键在于企业内部的机制问题。企业的生存和发展又归结到人的作用上,具体可落实到如何提高员工素质、调动员工的积极性和发挥员工的创造力上,具体可落实到如何提高员工素质、调动员工的积极性和发挥员工的创造力上。企业作为一种权变系统,作为企业主体的人也应当是权变的,即企业必须不断培训员工,才能使他们跟上时代,适应技术及经济发展的需要。

(二)满足员工自我成长的需要

员工希望学习新的知识和技能,希望接受具有挑战性的任务,希望晋升,这些都离不开培训。因此,通过培训可增强员工满足感。事实上,这些期望在某种情况下可以转化为自我实现的诺言。期望越高,受训者的表现越佳;反之,期望越低,受训者的表现越差。这种自我实现诺言现象被称为皮格马利翁效应。

(三)提高绩效

员工通过培训,可在工作中减少失误,生产中减少工伤事故,降低因失误造成的损失。同时,员工经培训后,随着技能的提高,可减少废品、次品,减少消耗和浪费,提高工作质量和工作效率,提高企业效益。

(四)提高企业素质

员工通过培训,知识和技能都得到提高,这仅仅是培训的目的之一。培训的另一个重要目的是使具有不同价值观、信念,不同工作作风及习惯的人,按照时代及企业经营要求,进行文化养成教育,以便形成统一、和谐的工作集体,使劳动生产率得到提高,人们的工作及生活质量得到改善。要提高企业竞争力,企业一定要重视教育培训和文化建设,充分发挥由此铸就的企业精神的巨大作用。

三、培训的意义

(一)补偿作用

企业培训有支持经营机能的补偿作用。企业内"文化"育成的目的是为了实现企业经营战略。由于不断追求更高的经济增长率,只有恰当的利用人力资源,才能取得更高的劳动生产率,而技能培训对人力发展极为重要。因此,员工的培训应与企业经营战略密切配合。

(二)保持企业竞争力的重要手段

高素质的企业队伍是企业最重要的竞争因素。通过培训,可以提高员工的知识水平,提高员工的首创精神和创新能力。同时也可以提高员工工作热情和合作精神,建立良好的工作环境和工作气氛,提高员工的工作满意感和成就感,从而提高员工队伍的整体素质,增强企业竞争力。

(三)提高生产力

员工通过有效的培训,在生产商品或服务时,能减少所需工作时间,从而降低人力及推销成本;减少材料的浪费和不良产品的产生,从而降低了供应成本;改进由企业将产品或服务输送到用户手中的方法,因而降低了服务成本。可见,生产的数量、品质和效率跟员工的知识、技术和能力有绝对的相关性。而通过培训可增加其知识、判断力和解决困难的能力,这两者均可使企业提高生产力。

四、培训的原则

(一)参与原则

在培训过程中,行动是基本的,如果受训者只保持一种静止的消极状态,就不可能达到培训的目的。为调动员工接受培训的积极性,日本一些企业采用"自我申请"制度,定期填写申请表,主要反映员工过去5年内的能力提高和发挥情况和今后5年的发展方向及对个人能力发展的自我设计。然后由上级针对员工申请与员工面谈,互相沟通思想、统一看法,最后由上级在员工申请表上填写意见后,报人事部门存入人事信息库,作为以后制定员工培训计划的依据。同时,这种制度还有很重要的心理作用,它使员工意识到个人对工作的“自主性”和对于企业的主人翁地位,疏通了上下级之间思想交流的渠道,更有利于促进集体协作和配合。

(二)激励原则

真正要学习的人才会学习,这种学习愿望称之为动机。一般而言动机多来自于需要,所以在培训过程,就可应用种种激励方法,使受训者在学习过程中,因需要的满足而产生学习意愿。

(三)应用原则

企业员工培训与普通教育的根本区别在于员工培训特别强调针对性、实践性。企业发展需要什么、员工缺什么就培训什么,要努力克服脱离实际,向学历教育靠拢的倾向。不搞形式主义的培训,而要讲求实效,学以致用。

(四)因人施教原则

企业不仅岗位繁多,员工水平参差不齐,而且员工在人格、智力、兴趣、经验和技能方面,均存在个别差异。所以对担任工作所需具备的各种条件,各员工所具备的与未具备的亦有不同,对这种已经具备与未具备的条件的差异,在实行训练时应该予以重视。显然,企业进行培训时应因人而异,不能采用普通教育“齐步走”的方式培训员工。也就是说,要根据不同的对象选择不同的培训内容和培训方式,有的甚至要针对个人制定培训发展计划。

五、培训的类型

(一)按照培训与工作的关系划分

1. 在职培训

又称“工作现场培训”。人力资本投资的重要形式,对已具有一定教育背景并已在工作岗位上从事有酬劳动的各类人员进行的再教育活动。

阅读资料

《劳动法》第八章第六十八条规定,用人单位应当建立职业培训制度,按照国家规定提取和使用职业培训经费,根据本单位实际,有计划地对劳动者进行职业培训。

在职培训将培训和工作紧密结合起来,融培训于工作之中,使培训和工作之间产生互动,使员工从工作中获得培训,从培训中获得更多的工作机会,从而获得更有价值和实际意义的提升。同时,在职培训可以节约大量的培训费用。此外,通过在职培训增加管理者和员工接触的机会,方便彼此的沟通,及时发现问题,使改进更有针对性和时效性,并建立彼此的信任基础和沟通渠道。

2. 脱产培训

是指离开工作和工作现场,由企业内外的专家和教师,对企业内各类人员进行集中教育培训。由于学员脱产学习,没有工作压力,时间集中、精力集中,其知识技能水平会很快提高。但是脱产学习相比在职培训,针对性较差,而且成本较高。

3. 半脱产培训

半脱产培训介于上述两种之间,可以在一定程度上克服二者的缺点,吸纳其中的优点,从而较好地兼顾费用和质量。

(二)按照培训目划分

1. 文化补习

文化补习的目的在于增加受训者的科学文化知识,提高基本素质,为以后进一步提高文化基础。这类培训的对象主要是学历较低、从事简单劳动的一般人员。

2. 学历教育

这种培训是全面提高受训者的专业素质和学历层次。许多组织都制定措施鼓励员工提高学历。

3. 岗位职务培训

这是以工作的实际需要为出发点，围绕职位特点进行的针对性培训。这种培训旨在传授个人对行使职位职责、推动工作方面的特别技能，偏重于专门技术知识的灌输。同时，这种培训还用来使人员在担任更高级职务之前，能够充分了解和掌握未来职位的职责、权力、知识和技能等。

（三）按照培训层次划分

初级培训侧重于一般性的知识和技术方法；中级培训可适当增加相关理论课程；高级培训则着重于学习新理论、新观念和新方法。培训的级别越高，所采用的组织形式则越趋于小型化和短期化。初级培训通常借助正规学校、社会办学的方式实现；而高级培训则采用短训班、研讨班，甚至出国考察培训等方式来实现。

第二节 培训的流程

培训工作包括三个阶段：前期准备阶段、培训实施阶段和评价效果阶段。具体又包括培训需求分析、确立目标、制订培训计划、实施培训计划、评价培训计划和培训效果的迁移等6个步骤。

一、培训需求分析

（一）培训需求分析

培训需求分析是指了解员工需要参加何种培训的过程。在规划与设计每项培训活动之前，由培训部门、主管负责人、培训工作人员等采用各种方法与技术，对参与培训的所有组织及其员工的培训目标、知识结构、技能状况等方面进行系统的鉴别与分析，以确定这些组织和员工是否需要培训及如何培训的一种活动或过程。

人们的学习需求常常是带有“机会主义”性质的，即人们总是在工作组织中的某个特定“机遇”出现时，才意识到自己需要得到一定的培训。而当培训和日常工作相冲突的时候，人们往往又放弃了进行必要的培训和学习。而对于一个组织来说，培训需求分析既是确定培训目标，设计培训规划的前提，也是进行培训评估的基础，因而成为培训活动的首要环节。

从培训需求分析的内容上看可以分为以下三方面：

1. 培训需求的层次分析

（1）战略层次分析。对未来的分析，人力部发起，考虑改变组织优先权的因素。

（2）组织层次分析。找出企业存在问题并确定是否培训，考察企业目标和对目标发生影响的因素。

（3）员工个人层次分析。个人实际绩效与绩效标准对员工技能要求的差距分析。依据员工业绩、技能测试和个人需求调查问卷。

2. 培训需求的对象分析

（1）新员工培训需求分析。对企业文化、制度、工作岗位的培训，通常使用任务分析法。

（2）在职员工培训需求分析。新技术、技能要求的培训，通常使用绩效分析法。

3. 培训需求的阶段分析

（1）目前培训需求分析（目前存在的问题和不足）。

（2）未来培训需求分析（未来发展的需要）。

(3)能力要求。

(二)员工培训需求的种类

培训需求的产生不仅仅来源于企业中各个层次的员工个人的需要,它也同样来源于企业中的各个特定职能部门群体的需要,甚至企业作为一个组织整体都有可能产生培训需求。这就导致了培训内容和形式的多种多样,特点也各不相同。

1. 员工个人的培训需求

某些培训的需求是来源于企业中每一名成员的。例如,当企业的生存和发展取决于其领导者和手下员工对变化是否具有积极应对的意愿时,或者当企业转入一个新的行业中时,相关的培训需求产生是普遍的。

2. 企业中各个职能部门的培训需求

源于企业中特定群体的培训需求。这些群体可能是一个具体的单位、部门或者机构,比如财务部门、人事部门;也可能是居于一个特定层次的职能,例如监督;也可能是一种具体业务;或者仅仅是从事的一项特殊任务的机构,如清洁部门和安全保卫部门。

3. 企业整体的培训需求

源于企业整体的培训需求包括:企业转入新的经营领域所进行的准备,员工为新工作所做的调整和预备;员工和组织的各种自我发展和提高的活动;规范培训或对不达标行为的指导和培训手段的现代化。

(三)培训需求分析的方法

培训需求分析有多种途径,如从企业经营战略着手,从现有员工的构成结构入手,从对企业的现有工作绩效进行分析入手,或由工作中的一些重大事件(一般为失误)入手等。尽管培训需求分析的突破口和路径不同,但各种分析的结果大体上应该是相同的,因为组织中存在的问题是客观的,组织所需要达到的目标也是客观的。所以从哪一个方面入手并不重要,重要的是在需求分析过程中采取正确的方法,依靠合理的手段。

从企业的经营战略入手,培训部门应该分析当前或者未来的经营战略对员工的要求是怎样的,以及如何利用相关的培训手段来使得员工达到这些要求。这是个从培训计划培训筹备、课程安排到日程安排、组织实施的复杂过程。

另外,一般企业的人力资源部门都会进行人力资源工作分析,编制企业中各个职位的工作说明书和工作规范,这是培训需求分析最容易获得的资料来源。工作说明书不仅说明了工作职责,而且指出工作应达到的绩效标准以及相应的工作中人的行为。工作规范则说明了工作对人的要求。由这两者可大致确定培训的目标,因为这是对企业员工最基本的要求。

1. 诺伊分析方法

诺伊分析方法是由著名企业管理专家R·A·诺伊提出的,它包括组织分析、任务分析以及人员分析三个要素。在进行培训需求分析,制定培训规划时,可以将调查收集的数据分门别类,分别归入组织、人员、岗位这三个层面,然后从这三个层面上进行具体、详尽的分析,以获得所需的信息。

(1)组织分析。是指通过分析研究,明确现行组织机构设置和运行中存在的问题和缺点,为提出组织咨询的具体课题内容和改进方案打下基础。在进行组织调查掌握了丰富、真实的资料和情况后,接下来应该进行从职能(业务)分析、决策分析和管理层及管理职能间的关系分析三方面进行组织分析,明确现行组织结构在设置和运行上的问题和缺点,为组织变革打下基础。

(2)任务分析。所谓任务,一般指工作过程中那些相对独立的基本活动单位。例如秘书工作中的听写、速记、打字等。任务分析即指工作分析者借助一定的手段与方法(基本的工作分析方法与工具),对整个岗位的各种工作任务进行分析分解,寻找出构成整个岗位工作的各种要素及其关系。

(3)人员分析。这里的人员,是指担任一定工作的人,是工作中的"人"。所谓人员分析,即任职资格分析,就是通过一定的方法寻求那些足以保证人们成功地从事某项工作的知识、能力、技能和其他个性特征因素。

2.必要性分析方法

必要性分析方法,是指通过收集并分析信息或资料,以确定是否通过培训来解决组织存在问题的方法。它包括一系列的具体方法和技术。

必要性方法的意义在于:通过对组织进行彻底的分析,以确定组织中所存在的问题的类型以及是否可以由培训来解决这些问题,还包括了运用培训方式来解决这些问题的成本和收益如何等等一系列问题。

二、确立培训目标

培训目标是指培训活动的目的和预期成果。目标可以针对每一培训阶段设置,也可以面向整个培训计划来设定。培训是建立在培训需求分析的基础上的,培训需求分析明确了管理人员所需提升的能力,评估的下一步就是要确立具体且可测量的培训目标。

有了培训目标,员工学习才会更加有效。所以,确定培训目标是员工培训必不可少的环节。培训目标确定的作用表现在:

(1)它能结合受训者、管理者、企业各方面的需要,满足受训者方面的需要。

(2)帮助受训者理解其为什么需要培训。

(3)协调培训的目标与企业目标的一致,使培训目标服从企业目标。

(4)也可使培训结果的评价有一个基准。

(5)有助于明确培训成果的类型。

(6)还能指导培训政策及其实施过程。

(7)为培训的组织者确立了必须完成的任务。

培训目标一般包括三方面的内容:说明员工应该做什么、阐明可被接受的绩效水平以及受训者完成指定学习成果的条件。

培训目标确定应把握以下原则:第一,使每项任务均有一项工作表现目标,让受训者了解受训后所达到的要求,具有可操作性。第二,目标应针对具体的工作任务,要明确。第三,目标应符合企业的发展目标。

三、制订培训计划

(一)培训计划概述

所谓培训计划是按照一定的逻辑顺序排列的记录,它是从组织的战略出发,在全面、客观的培训需求分析基础上做出的对培训时间、培训地点、培训者、培训对象、培训方式和培训内容等的预先系统设定。培训计划必须满足组织及员工两方面的需求,兼顾组织资源条件及员工素质基础,并充分考虑人才培养的超前性及培训结果的不确定性。

年度培训工作是最普遍的,在年末对当年的培训工作进行总结,根据企业经营情况,制定下一年的培训方案,在实施的过程中不断细化、修改和完善,以增强培训效果。

(二)培训计划类型

以培训计划的时间跨度为分类标志,可将培训计划分为长期、中期和短期培训计划三种类型。这三种是一种从属的包含关系,中期培训计划是长期培训计划的进一步细化,短期培训计划则是中期培训计划的进一步细化。

1.长期培训计划

长期培训计划一般指时间跨度为3~5年以上的培训计划。时间过长有些变数无法做出预测,时间过短就失去了长期计划的意义。长期培训计划的重要性在于明确培训的方向性、目标与现实之间的差距和资源的配置,这是影响培训最终结果的关键性因素,应引起特别关注。

2. 中期培训计划

中期培训计划是指时间跨度为1~3年的培训计划。它起到了承上启下的作用,是长期培训计划的进一步细化,同时又为短期培训计划提供了参照物。因此,它并不是可有可无的。

3. 短期培训计划

短期培训计划是指时间跨度在1年以内的培训计划。在制定短期培训计划是需要着重考虑的两个要素是:可操作性和效果。因为没有它的点滴落实,组织的中、长期培训目标就会成为空中楼阁。

四、实施培训计划

实施培训计划主要涉及以下几个方面:

(一)选择确定培训师

培训师是影响培训效果的决定性因素,企业可以通过到高校聘请、参加培训班、与专业培训机构联系等方法寻找合适的培训师。培训师不仅要有广博的理论知识,还要有丰富的实践经验;既要有扎实的培训技能,更要有吸引学员的人格魅力。当然,企业也可以自己培养自己的培训师。

(二)确定教材

一般由培训师根据培训需要确定教材,教材来源主要有外购公开发表的教材、企业内部编写的教材、培训公司开发的教材和培训师编写的教材四种。选择的教材一定要有针对性和实用性。

(三)确定培训地点

培训地点的环境也会影响到培训的效果。培训地点一般可选在企业的专用教室、外租的专用教室、企业内部的会议室、外租的宾馆会议室等。要根据培训的内容来选择或布置培训场所。

(四)准备培训设备

员工培训需借助各种培训设备,如多媒体电脑、投影仪、屏幕、放像机、摄像机、幻灯机、黑板、白板、纸、笔等,应根据需要事先做好准备。尤其是一些特殊的培训需要的设备事前一定要准备好。

(五)确定具体培训时间

在确定具体地培训时间时应考虑工作情况,尽量不要与工作时间发生冲突,必要时可利用休息的时间进行,但是这时应考虑给予受训人员一定的补偿。

(六)拟订下发培训通知

上述准备工作完成后,由负责培训的部门拟订培训通知,并通过适当的途径发到相关部门和个人,应确保每一个参训者都收到通知。因此,最好培训开始前进行一次追踪,使每个人都得到关于培训时间、地点与基本内容的通知。

(七)组织实施培训

由培训师具体根据时间安排进行培训,人力资源管理部门配合做好组织管理工作,以维护良好培训秩序,确保培训效果。

五、评价培训效果

在企业竞争日益表现为人才竞争的今天,培训无疑是企业提高员工素质并增强企业核心竞争力的重要手段。因此。如何提升企业培训效果是非常重要的问题。然而。目前企业的培训效果却难以令人满意。造成企业培训效果不尽如人意的原因是多方面的,具体表现在:企业管理者对培训的重视程度和认识程度不够;培训目的不明确;培训的计划性和系统性差;错误选择参加培训的人员;培训方法选择不当;培训效果缺乏检查和评估。由于以上原因,最终可能会导致企业的培训费用被浪费或者培训没有达到预期的目的。培训是一个学习活动,是一个过程,最终的目标是让学员学到他们需要学的知识和能力,并能够及时和适当地应用到工作中去,是为了达到企业的卓越绩效。因此,提升企业培训效果不仅要在提高培训对象的个人才干上下工夫,而且要具备一整套鼓励创造卓越绩效的"组织环境和文化",并使之与工作要求相配套。

(一)培训效果评估的含义和作用

培训效果的评估是通过一系列的信息、资料、数据对培训的效果进行定性和定量的评价,以提高培训质量的过程。

在培训的各个环节都应进行培训评估。可以说培训需求分析和培训效果评估是培训环节中的两个关键点。在进行培训需求分析时对培训需求分析的结果应进行评价;在培训进行的各阶段应及时进行评估,以保证培训沿着既定的方向运行;在培训结束后,对培训成果应进行不同时段的跟踪评估,为下一次培训提供依据,使培训工作的质量呈螺旋式上升。

培训评估主要包括以下几个部分:

- 培训过程中——评估培训项目包括哪些内容?参训人员对此是否感兴趣?
- 培训后——评估参训人员学到了什么?
- 培训后——评估参训人员对经营管理是否有促进?
- 参训人员回到岗位后评估培训的内容是否在工作中有用?

(二)培训效果评估的方法

1. 培训效果评估的层次和方法

培训效果评估是对培训的认知成果、技能成果、情感成果、绩效成果及投资回报率所进行的定性和定量的评价,见表5.1。

表5.1 培训效果评估方法

层次	评估内容	评估方法	评估时间	评估单位
反应评估	衡量学员对具体培训课程、讲师于培训组织的满意度	问卷调查、面谈观察、综合座谈	课程结束后	培训单位
学习评估	衡量学员对于培训内容、技巧、概念的吸收与掌握程度	提问法、笔试法、口试法、模拟练习与演示、角色扮演、演讲、心得报告与文章发表	课程进行时、课程结束时	培训单位
行为评估	衡量学员培训后的行为改变是否因培训所导致	问卷调查、行为观察、访谈法、绩效评估、管理能力评鉴、任务项目法、360度评估	三个月或半年以后	学员的直接主管上级
结果评估	衡量培训给公司的业绩带来的影响	个人与组织绩效指标、生产率、缺勤率、离职率、成本效益分析,组织气候等资料分析、客户与市场调查、360满意度调查	半年、一年后公司绩效评估	学员的单位主管

2. 撰写培训效果评估报告

撰写培训效果评估报告是对培训评估工作进行如实、详细地总结,其内容包括培训评估的机构和实施过程,并提出参考性意见,为今后的培训工作打基础。

培训效果评估报告的内容包括:导言;概述评估实施的过程;阐明评估结果;解释、评论评估结果和提供参考意见;附录;报告提要。

为了增强培训效果,需要对参训人员的每一个培训项目进行评估,通过评估可以反馈信息、诊断问题、改进工作。评估可作为控制培训的手段,贯穿于培训的始终,使培训达到预期的目的。

六、培训效果迁移的评价

培训效果迁移是培训的重要环节。它是指培训效果迁移到工作实践中去,即提高工作效率与效果。培训效果迁移与否及如何运用直接关系到企业培训的效果。一般来说,员工培训的结果可用于以下几个方面:

(一)为后续培训提供参考依据

企业可根据培训的结果调整或改变培训的内容、方法、时间及培训师等,以提高培训的效果。

(二)作为绩效考核的一个指标

培训是提高员工综合素质的一条重要途径。把培训结果作为员工绩效考核的一个指标有助于提高他们参与培训的积极性,从而提高培训效率。

(三)作为提拔任用的部分依据

参训人员培训的结果从某种程度上来说都反映了他们对待培训的态度及他们的学习能力及未来的发展潜力,把培训的结果作为企业内部提拔任用的部分依据有助于培养企业浓厚的学习氛围,从而提高企业的培训效率。

第三节 培训的方法

培训方法有讲授法、角色扮演法、基本研讨法、视听教育法、案例研究法、模拟与游戏法等。各种教育培训的方法具有各自的优缺点,为了提高培训质量,往往需要将各种方法配合运用。

一、讲授法

(一)讲授法的背景说明

以讲课方式传播知识与技能,古已有之。在印刷术未普及的年代,授课法被视为一种集体性抄写技术,讲课者的知识能一次性的"抄写"给大量听课者,是古代非常普及的一种教学方式。

在西方,讲授法的历史可追溯到公元 14 世纪;而在东方的孔子时代,授课法已广为使用了,这也是先秦文化远远领先于当时的西方文明的一大原因。不论是孔子的"因材施教",还是释迦牟尼的"设坛讲经",无不闪现着他们卓越的授课技巧。在今天,讲授法又被现代科学赋予了新的内涵,已成为非常完善的教育技法。

讲授法在培训员工的教学中,是活用程度最高和运用范围最广的基本技法,在方法选用时应予以最大的重视。

讲授法是一种将大量知识通过授课的便捷方式一次性传播给众多听课者的教学方法。

- 培训目标:教授基础知识和专业知识及工作经验。
- 培训对象:企业内部任何一位员工,甚至董事长、总经理。
- 培训内容:与培训目标相关的具体内容。
- 培训时间:依内容、对象而定,一般不宜太长。
- 培训地点:宽敞、安静,不受外界的干扰的地方。

(二)讲授法的具体操作

1. 准备阶段

(1)选定授课老师。这是该方法的关键。教师是授课法的灵魂人物,教学质量全由他把握。该人必须是仪表、谈吐俱佳,在台上有天生的表现欲,对讲授的知识应了如指掌。此等人士最好外聘知名专家,切勿滥竽充数。

(2)培训依据。调查受训人员的基本情况,包括知识、学历、职位等,进而作出相应的授课计划,此步骤及以后各步骤由授课教师着手完成。

(3)准备资料。授课教师应针对讲课内容准备详细资料,并将大概内容印成书面资料散发受训者。

2. 实施阶段

在具体实施时,应遵循授课的阶段性:

(1)开始阶段——阐明课程的大致内容和重点。

(2)重点阶段——强调课程的主旨和要点。

(3)阐述阶段——举实例印证主旨。

(4)重复阶段——复习课程内容,并于总结时提示重点,加强印象。应注意的是,此阶段并非一成不变的。授课者应该根据内容和自己一贯的风格来把握实施。只要能抓住听课者的注意力,让他们充分理解消化,就应打破陈规,创新求变。

(三)讲授法的实施要点

为了使授课法充分发挥效果,除了授课的内容应符合对象外,授课的技巧也应得到重视。要听课者完全融入授课的气氛中,讲课者就应注意讲课中的每一个细节,不断提高授课技巧。

1. 上台前的要点

(1) 授课法的关键在于教师打动人的嗓音,在未登台前,应首先确认几点事项,使自己的声音呈现最佳状态;确认会场空间大小;确认学员人数;事先应检查话筒,并测试;在无人处模拟讲课,检查嗓音有无沙哑。

(2) 检查自己的仪表及着装。照镜,观察头型是否满意;张嘴,看是否有附着物;检查胡须是否刮干净;检查衣服、下装,特别留意领带与拉链;关掉随身的手机。

2. 引出主题的方式

为激发听者的听课兴趣,导入主题的技巧非常重要,一般可采取以下方式;

(1)开门见山直切主题。

(2)以社会热点问题作开场白。

(3)以格言、警句引出问题。

(4)以幽默、笑话的方式引出话题。

不管以何种方式作开场白,都应迅速地切入主题,切忌长久游离于主题之外,喧宾夺主。

3. 讲课时要点

(1) 保持讲述的条理性。授课时讲师要保持清晰的条理,抓住授课的重点,突破难点。这要求讲师必须在课前做好准备工作,不仅要收集大量的材料,且要对材料进行归纳整理,找出授课内容的重点,并到熟悉为止。

(2)听觉与视觉结合。在授课中,指导教师只凭借自己优美的声音就能打动听众,是很不现实的。若只凭声音的技巧来讲授,很容易变得僵硬、单调。因此最好能活用黑板、幻灯片等辅助教具,配合自己的表情、手势,达到视觉与听觉的双重效果。

(3)身体语言的重要性。讲课中,应注意自己的手势与动作,特别是手势应符合当时的语气与内容,身体姿势切不可单一、僵硬,应尽量放松自然。有时手中拿一小道具是放松的要诀,小小一根教鞭也能辅助教师达到理想的效果。

(四)讲授法的特别提醒

(1)授课法并不是万能的教学方法,从它的缺点来说,授课中指导讲师只是单向的传授，研习人员则只是被动的接纳，参与性不强。

(2)应以20分钟为一段落，加强每段的兴奋点。

(3)尽量避免学员因接受能力不同而导致学习效果的差异。

二、角色扮演法

(一)角色扮演法

角色扮演法是以有效开发角色行动能力为目标的训练方法。它是在1922年由精神医学专家雅各·莫雷所开发的心理剧发展而来的。在雅各·莫雷的心理剧中，由医生担任舞台监督，患者则担任没有任何脚本而自由发挥的演员，医生通过观察患者在演出过程中无意间流露出来的情感和需求，了解其病况，再针对病症，进行集体心理治疗。

所谓角色扮演法，是以有效开发角色(具体到企业就是各类员工)行动能力为目标的训练方法。它能够进一步改变学员态度及培养学员解决问题的能力。

角色扮演法，主要是运用于询问、电话应对、销售技术、业务会谈等基本技能的学习和提高。

(二)角色扮演法具体操作步骤

1.准备阶段

(1)根据学习需要，确定学习主题，如提高商业谈判技巧。

(2)设定演出角色，指派演员，如客户和销售员。

(3)设定演出条件，决定演出时间、地点及背景道具等。

(4)将学习人员分组，最好以五人一组为佳。

(5)让学习人员制定商业谈判作战表。

(6)摄影机测试、布景试验。

2.实施阶段

(1)在角色扮演法开始时，讲解训练方法的名称、内容及预期要达到的目标。

(2)在演出正式开始前作一些活动，以培养学习人员间愉快轻松的气氛。

(3)决定各角色具体任务及担任者。

(4)实际演示，各成员各就各位，根据分配的角色开始演示。

(5)演出结束，观察员针对各演示者存在的问题进行分析与评论。

(6)分析、讨论后再重新演出，或重播录像带，对问题再予以确认。

(三)角色扮演法实施要点

首先应明确演示者只是教材提供者，观察员才是分析、评判的主角，因此观察员自始至终应密切注意演练过程，并作适当评论。

角色应包括三个部分：① 导演：指导角色的进行，通常应由外聘讲师担任，以保证权威性；②演示者：担任各种角色，进行演出；③ 观察员：观察整个演示过程，一般指除演示者以外的所有研习人员。

其次，活动内容包括自我介绍、三分钟演讲、大声朗读文章等，尽量使学习人员在不感到尴尬或抵消抗拒心理的情况下开始演习。

正式演示之前，担任客户角色者应先说明自己的身份，并解释自己正在担任何种内容的演出，同时回答观察员提出的质询。

导演首先应将不同员工担任角色的特征解释清楚，然后再宣布演练的开始。实际演示结束时，各组观察员应选派代表进行分析、评论，并作最后评价。

最后，导演根据观察员的评价，对各演练小组进行评分工作，确定各组分析力的高低。

重新演示一般的方式是播放录音带，各角色发表自己对对方角色的感想，及作为员工方的改善之道。

(四)角色扮演法特别提醒

(1)事前准备工作的完善与否,直接关系到角色演示的效果如何,必须再三检查,疏忽不得。

(2)为了激励演练者士气,在演出开始之前及结束之后,全体观察员应起立鼓掌表示感谢。

(3)各组观察员评论时间最好控制在5~7分钟之间,评论的内容则应包括两项以上的优点、三项以上的缺点及员工角色今后应注意的要点。

(4)角色演示法对时间、演出场地要求严格,同时可辅以授课法、讨论法、个案研究法等,共同结合使用,以产生更高成效。

(5)商业谈判作战表应包括何种流程、何种进攻方式、语调、语气等作成备忘录。

(6)评分工作应十分严格,做到公平合理,有利于提高全体学员积极性,避免不满情绪的滋生。也就是说,应以观察员的评论为梁柱、各组演习状况为横梁,构架公平竞争的大厦。

阅读资料

角色扮演法经典实例分析——以销售技术的学习为例

(1)设定主题为提高商业谈判技巧,即推销技巧,确定演示角色为客人与销售员。

(2)制作演出道具,如谈判时的销售表格,调试摄影机至正常工作状态。

(3)确定推销活动的商业谈判应包括的计划内容:

①和谁见面,了解客户名字、职业、个人喜好等。

②为何见面,明确推销标的,要达成的目标。

③以何种策略进行谈判,将本公司商品的重点特色介绍给顾客。

(4)正式演练。

(5)观察员评论,总结。

(6)导演公布各组得分及名次。

(7)担任顾客的演示者发表对销售员演示者的感想。销售员演示者则针对自己的角色演示

(8)播放录像带,导演作总结,说明如何活用该次演示,使成员形成清晰的概念,帮助人们学习在今后的工作中取得好的成果。

三、基本研讨法

(一)基本研讨法的背景说明

一个人的知识总是有限的,虽然今天提倡通才,通则通矣,但个人力量毕竟势单力薄,始终赶不上有组织的群体力量。“集思广益”是讲座法的基础,只有收集众人之智慧,并相互激发,才可达到1+1>2的创造性效果。

在实际应用中,研讨法并不注重知识的传播,其重点目标为意识的培养,灵感的激发。若想达到理想的教育效果,讨论法还是应与多种教学方式综合使用。

(二)基本研讨法概述

研讨法是指由指导教师有效的组织研习人员以团体的方式对工作中的课题或问题进行讲座并得出共同的结论,由此让研习人员在讲座过程互相交流、启发,以提高研习人员知识和能力的一种教育方法。

- 培训目标:提高能力,培养意识。
- 培训对象:企业内所有成员。
- 培训内容:视具体的培训目标而定。
- 培训方式:课题讨论法;对立式讨论法;民主讨论法;讲演讨论法;长期准备的讨论

法。

● 基本研讨法的具体操作：

1. 准备阶段

(1)确定讨论的目标与内容。

(2)指定讨论的指导教师或主席。

(3)指导教师制订讨论计划和准备讨论材料，并安排讨论时间、布置会场。

2. 实施阶段

讨论方式有很多种，最常用的有课题讨论法、对立式讨论法和民主讨论法三种，其余的方法也应根据实际合理选用。

(1)课题讨论法。所谓课题讨论法是指教育组织者让研习人员讨论、研究工作中的课题或需解决的问题来教育员工的一种讨论法。

该方法在选择讨论课题时应注意：课题应与具体的研习人员所在岗位工作有关；课题应是工作中亟待解决的或是普遍存在的工作问题；课题的研究应有助于知识和能力的提高。

在实施讨论时应注意：鼓励每一个研习人员积极参与讨论；指导教师对研习人员的见解应采取肯定的态度；指导教师应支持个人的独特见解；讨论后应检测学习效果，并分析结论的可行性。

(2)对立式讨论法。对立式讨论法是指将研习人员分为意见对立的两组，针对某一命题进行讨论的一种讨论法，即日常生活中的辩论，一般要求对立的两组人数相等，发表意见时间相同。这种讨论法通过辩论的方式，让双方保持对立的意见，可让研习人员在针锋相对的辩论中练习自己的洞察力、分析力和说服能力。

实施步骤：主席宣布辩题，介绍对立双方观点；由正方发表看法；由反方发表看法；自由辩论；反方总结；正方总结；主席总评双方观点。

企业培训中的对立讨论法一般不需判定双方胜负，只要对双方观点进行评论即可。

(3)民主讨论法。民主讨论法，是指在讨论中，指导教师与研习人员地位平等，研习人员可自由的发表自己的看法与言论，最后由研习人员共同得出团体都认可的结论。

民主讨论中，指导教师的职责为：安排讨论时间、布置会场；宣布讨论的课题或方向；以研习人员的身份加入到讨论中；适当维持讨论秩序；记录最后的讨论结论。

(4)演讲讨论法。演讲讨论法并非让研习人员演讲，而是由教育组织者聘请专家针对某一工作和课题进行演讲，研习人员仔细倾听，专家演讲完毕后再与全体研习人员进行讨论。

演讲内容要求该专家的演讲内容应与研习人员需提高的方面相适应；演讲应尽量浅显易懂，只作启发性的演讲；演讲时间每次不超过一小时。

演讲讨论法中演讲者必须是该课题的专家；事先应让研习人员了解演讲的大致内容；演讲后的讨论应围绕演讲内容展开；讨论时应采取研习人员提问演讲者回答的方式。演讲为研习人指明了方向；演讲后的提问参与性强，有活跃的气氛；演讲者可传播大量有用的知识。

(5)长期准备的讨论法。该方法是指教育组织者在讨论前一至两月就将讨论课题的资料交给研习人员，让研习人员充分准备后参加的讨论法。

准备时应向研习人员明确讨论的课题和方向；提供的资料只是内容的概括，详细的资料应由研习人员自己准备；研习人员应积极的查找资料，整理成较系统的文稿以作讨论之用。

实施讨论时应让每个研习人员轮流发表意见；研习人员的意见应简洁。这种方法可以使参与者有充足的准备时间，提高讨论的效率和质量；研习人员的准备就是对知识的学习。

四、视听教育法

(一)视听教育法的背景说明

以视听技术作为教育手段,这是现代科技的产物。

1. 五花八门的视听器材

从最早的留声机、电影到世纪才产生的电视、录像和电脑等新视听技术的产生,不断地推动着视听教育的发展。在品种繁多的视听器材中,有放映静止画面的幻灯机,有放映动态画面的录影机、CD机、电子黑板,特别是40年代才产生、现在,电脑多媒体已越来越多地被应用到视听教育中。

2. 视听技术

(1)视听技术的含义。视听技术,是指在充分了解五官认知的前提下,通过视听器材重点刺激研习人员视觉与听觉,让二者紧密结合起来,以加深理解、记忆的一种现代科技技术。

这里的“视听”决不是简单地看画面、听声音,而是综合了现代视听器材的画面与声音的双重效果,并辅助指导人员有效的引导,这样获得的教学效果远远高于一般的教学方式。

(2)视听技术与五官的关系。据曼彻斯坦银行调查,五官的感知比例具体为:味觉器官1%、触觉器官1.5%、嗅觉器官3.5%、听觉器官11%、视觉器官83%。所以视听技术以视觉听觉为重点是有科学依据的。

在具体实施中,在刺激研习人员视觉、听觉的同时,再让他们亲自做一做,亲口说一说将会取得更好的教育效果,学员的印象将非常深刻。

(3)视听技术与记忆率。单一的单向教育效果是很差的,只有辅以指导教师多种有效的引导技术,才可提高学员的记忆率。

3. 信息传播的差异

人类有三大信号系统,即视觉、听觉和语言信号系统。在视听技术日益发展的情况下,我们既要看到视听教育的优势,但又不能忽略文字语言的巨大的传播作用。现在,文字媒介仍占据较大优势,如何充分利用二者的长处,让它们结合起来发挥最大的效果,这就需要对它们有充分的认识。

(二)视听教育法

视听教育法是指以视听技术为教育手段,为提高企业人员的知识和能力而进行的一种教育方法。

- 培训目标:传播知识,提高能力。
- 培训对象:适用于企业内部的每一个人。
- 培训方式:以电脑,录影机等为手段。

(三)视听教育法的实施要点

1. 应发挥视听技术的长处

视听技术的优势在于画面优美,声音动听,学员很容易细心学习。但视听教育不能根据教育现场的实际情况改变教育策略,这是缺憾之一。所以在视听教育中指导教师的作用也非常重要,应在实际教学中加入授课法、讨论法的技巧,克服视听教育的呆板。

2. 视听器材教材的选择

多种多样的视听器材,选择时不仅要考虑是否适应,要应预估教育费用。一般视听器材的购买都是昂贵的,要做到物有所值,就应对企业的教育需要和财务状况有正确的认识。

第四节　人力资源开发

一、人力资源开发概述

(一)人力资源开发的含义

人力资源开发就是把人的智慧、知识、经验、技能、创造性、积极性当作一种资源加以发掘、培养、发展和利用的一系列活动,是一个复杂的系统工程。包括以下四方面含义:①开发的对象是人的智力、才能,即人的聪明才智;②人力资源开发要借助于教育培训、激发鼓励、科学管理等手段来进行;③人力资源开发活动是无止境的;④人力资源开发是一项复杂的系统工程。人既是开发的主体,又是被开发的客体。同时,开发过程既受到主观因素的影响,又受到客观因素的影响。

(二)人力资源开发的目标

人力资源开发的目标:一是通过开发活动提高人的才能;二是通过开发活动增强人的活力或积极性。

(1)提高人的才能。才能是认识和改造世界的能力,它构成了人力资源的主要内容。

(2)增强人的活力。通过开发来增强人在工作中的活力,才能充分、合理地利用人力资源,提高人力资源的利用率。

(3)人力资源开发双重目标的关系。提高人的才能是人力资源开发的基础。人的才能的高低,决定人力资源存量的多寡;增强人的活力是人力资源开发的关键。有才能而没有活力,这种才能没有任何现实意义;有了活力就会自我开发潜力,提高才能。

(三)人力资源开发的特征

(1)人力资源开发是一种规划性活动。它涉及需求评估、目标设定、行动规划、执行、效果评定等。

(2)人力资源开发是以明示人类的价值为基础。

(3)人力资源开发是一种问题取向的活动,它应用若干学科的理论与方法以解决人力及组织问题。

(4)人力资源开发是一种系统途径,它将组织的人力资源及其潜能与技术、结构、管理过程紧密的联系在一起。

(5)人力资源开发的对象是人力资源及其整个组织。

(6)人力资源开发的目标是改善人力资源的质量和组织效能。

(7)人力资源开发的核心是学习,是组织成员行为的持久改变或某一方式的行为能力的改变。这种学习既包括个人学习,也包括组织学习,既包括学校中的学习,也包括工作地的学习。

(8)人力资源开发不是一劳永逸的战略,它是一种持续不断的过程。

(四)培训与开发的区别

现代的人力资源开发已经被细分为职业生涯开发、组织开发和管理开发。在当今知识经济时代,知识管理、人力资本管理等新的管理任务也开始进入到人力资源开发的领域中。人力资源开发不同于培训。两者之间的区别见图5.2。

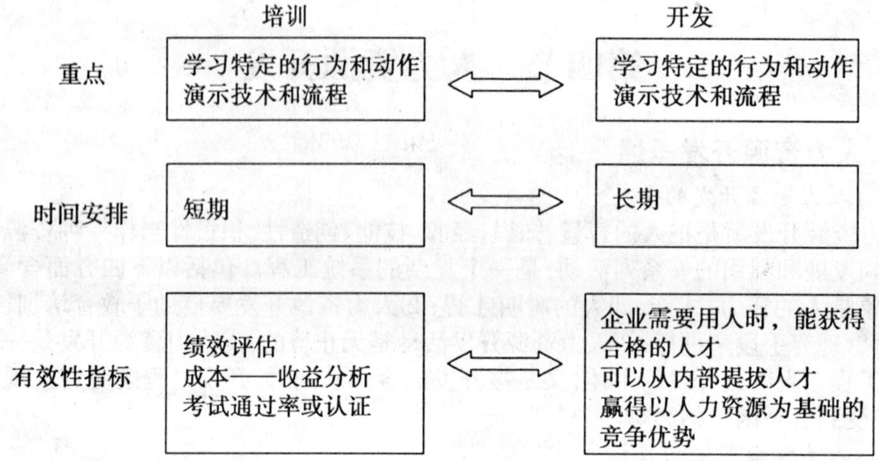

图 5.2 人力资源培训与开发的区别

二、人力资源整体开发

(一)人力资源整体开发的含义及重点

1. 人力资源整体开发的含义

人力资源整体开发又称整体性人力资源开发,是指以社会经济发展长远目标和人力资源开发理论为指导,在“科学化、法制化、现代化”的基础上,在竞争机制、激励机制和调控机制的作用下,全面系统地开发和利用人力资源,充分发挥其积极性、主动性和创造性,最大限度地促进社会经济的全面发展,获得最佳的整体效益。

2. 人力资源整体开发的重点

人力资源整体性开发的重点在于实现人力资源内在素质的提高和现实人力资源潜能的发挥,以及对未来人力资源的关心、保护和培养,获得人力资源对经济可持续发展的效应。人力资源开发的效果既体现在人口、劳动力、人力资源以及人才的比例关系上,也体现在各种优质人才的脱颖而出和良性循环上;既体现在个体的心情舒畅、个人价值的最大体现上,也体现在整体的磨合、整体素质的提高和整体效益的发挥上;既体现在国家与社会对人力资源的开发和使用上,也体现在劳动者能创造出超过自身消费的价值,进而培养出更高比例的优秀杰出人才上。

(二)人力资源整体开发的内容

1. 人力资源系统与外部环境协调发展

人力资源系统的开发与管理应该和其他资源因素平衡协调地发展,取得全局的利益。人类不能因为昨天的需要而牺牲今天,更不能因为今天的需要而牺牲明天。任何资源的使用都不可采取掠夺的方式,不可有任何短期行为,要注重长期的效益。

2. 人力资源总量供求获得相对平衡

这项工作要求对人力资源进行合理规划,根据人力资源开发的理论和政策,评价人力资源开发的状况,预测和平衡人力资源供求关系,防止人力资源的闲置、浪费和失衡,认真研究市场所具备的调节能力。

3. 做到人力资源的合理配置

对人力资源进行科学优化的配置,使得“能者在其位,贤者在其职”。在新的市场经济条件下,才得其用,职得其人,人职相宜,人称其职。尤其应最优配置关键岗位的高级人才,比如,让一流的人才进入领导岗位,以促进人才配置的良性循环,从而达到整体结构的优化组合。

4. 人力资源总体素质获得大幅度的提高

调动全社会的力量,包括国家、各类经济和社会组织、家庭以及个人自身的财力、物力,通过教育和培训等手段,全面提高人力资源的素质,其中包括掌握的知识、技能、核心价值观、身体素质等内容。尤其是创造能力的培训与开发,敬业精神的培养和宣扬,协作能力和团队精神的引导和支持,博大胸怀和前瞻性决策能力的倡导和鼓励,以适应时代的要求。

5. 人力资源管理系统的优化

用人单位要重视对人力资源的使用和潜能的挖掘,通过有效的管理手段,充分调动人员的积极性,实现整体绩效的最优化。合理使用先进的管理手段、管理方法和管理工具,不要用冗长的会议和无意义的争论来影响工作效率,以较先进合理的组织管理结构来提高整体的效益。

6. 实现人力资本的最大效益

人力资源开发活动以效益优先为原则,根据实际情况,做到以较小的投入产出较大的效益。讲求教育与社会需求的密切结合,适应社会对各个层次的要求,从结构、总量、质量上保证国家经济发展对人力资源的需求。

三、人力资源开发的方法

(一)工作轮换

1. 工作轮换的含义

工作轮换是属于工作设计的内容之一,指在组织的不同部门或在某一部门内部调动雇员的工作。目的在于让员工积累更多的工作经验。

工作轮换有两种具体形式:形式一,受训者到不同部门考察工作但不会介入所考察部门的工作;形式二,受训者介入不同部门的工作。

工作轮换有利于促进雇员对组织不同部门的了解,从而对整个组织的运作形成一个完整的概念;有利于提高雇员的解决问题能力和决策能力,帮助他们选择更合适的工作;有利于部门之间的了解和合作。

2. 工作轮换的作用

(1)工作轮换满足员工内在需求。激励员工,减少员工工作的单调性,提高员工的工作生活质量,从长期的角度来提高企业的生产率,是工作轮换制出现并在实践中得到广泛应用的内在因素。激励员工首先应该弄清员工的需要,目前许多激励理论都对人的需要因素进行了有效的研究,但在实践中,对企业管理影响较大的是按来源把需要分为内在性需要和外在性需要的理论。

外在性需要是靠组织所掌握和分配的资源来满足,包括物质性的需要和社会性需要。其中物质性的需要主要指工资、奖金和其他福利待遇。员工想要得到理想的工资和福利是非常正常的事情,但企业的发展需要资金的积累,过度的工资和福利增长都将是企业难以承受的,多数企业在物质性的需要上难以达到员工所期望的指标。因此,员工的这种需要往往难以得到较好的满足。社会性需要指友谊、温暖、特殊的亲密关系、信任、认可、表扬、尊重、荣誉等,这些需要具有抽象性、低成本性等特点,但也具有易变性,其激励作用强。

内在性需要是指依靠工作活动本身或工作任务完成时所提供的某些因素而满足的需要。这种需要与员工工作本身有关,此时工作本身具有激励性而不再是工具性的了。内在性需要的满足取决于员工自身的体验和判断,它是人们从工作本身所获得的满足。

(2)工作轮换满足员工成长需要

①满足员工的职业选择倾向。员工的个性(价值观、动机、需求)是选择工作的一个重要因素,只有当工作与员工个人的个性相符时,员工才愿意在某一岗位长时间工作。但实际上,在我国许多人在进入大学选择专业和首次择业时,都没有考虑自己的职业倾向,也没有很好的人力资源测评的工具能够为人们提供一种较理想的服务。

研究表明，有六种基本的"人格趋向"决定个人选择何种职业，见图5.3。

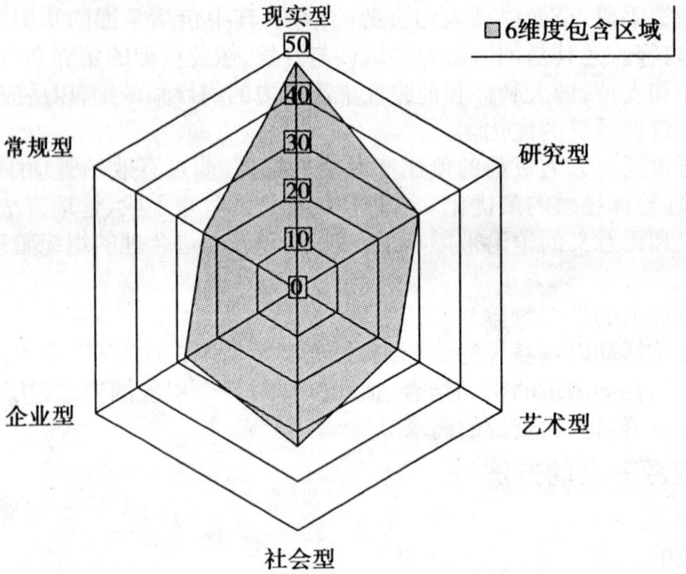

图5.3 职业兴趣六边形

这六种趋向分别位于一个正六边形的每一个角上，每一个角代表一种趋向，相近的角具有一定的相容性，相对的角所代表的相容性就很小。实行工作轮换，能使员工依据自己的人格趋向找到合适的工作，只有这样，才能使员工在恰当的工作岗位上施展自己的能力与才华，才能激发出员工的潜力和积极性。

②满足职业生涯发展的需要。按照现代人力资源理论，一个人的职业生涯可以分为职业探索阶段（参加工作起到25岁左右）、职业建立阶段（25岁～35岁）、职业中期阶段（35岁～50岁）、职业后期阶段（50岁～退休）。在每一个阶段，人们的性格特征、经验、技术以及对自身工作的认识都是不一样的。因此，根据职业生涯发展的不同阶段，实行相应的工作轮换制度，可以满足员工职业成长的需要。

(3)工作轮换促进组织发展。工作轮换是一项成本较低的组织内部调整和变动，既能给企业员工带来工作的新鲜感和挑战性，又不会带来太大的组织破坏，使组织重组后更具效率。

①激发组织的活力。美国学者卡兹(Katz)认为，一个组织有组织寿命，组织的发展存在就像组织寿命曲线，见图5.4。

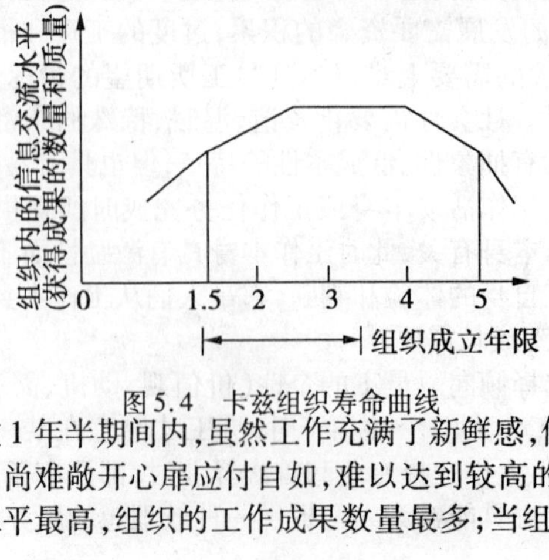

图5.4 卡兹组织寿命曲线

他认为，一个组织在1年半期间内，虽然工作充满了新鲜感，但由于员工需要熟悉组织的工作环境和工作气氛，尚难敞开心扉应付自如，难以达到较高的工作效率；在1年半至5年的期间里，信息交流水平最高，组织的工作成果数量最多；当组织寿命超过5年后，员工对于工作已经非常熟悉,工作的挑战性明显下降,工作本身已经不能激励员工。组织也因沟通减少,反应迟钝而老化,会出现疲钝倾向。因此。适时的工作轮换,带动企业内部的人员流动,可以更新组织的寿命,激发组织的活力。

②储备多样化人才。面对多变复杂的经营环境,企业的组织结构的柔性特征需要增强,这要求职工具有较强的适应能力,以便当企业经营方向或业务内容发生转变时,能够迅速实施人力资源转移。显然只掌握单项技能的员工不能适应这种变化,于是企业的人才储备就显得尤为重要。人才储备首先要求培养复合型人才,通过工作轮换,使员工轮换做不同的工作,以取得多种技能,同时也挖掘了各职位最合适的人才。其次,培养管理人员。对于中高级管理干部来说,应当具有对业务工作的全面了解能力和对全局性问题的分析判断能力。而培养这些能力,显然只在某一部门内做自下而上的纵向晋升是远远不够的。必须使干部在不同部门间横向移动,开阔眼界,扩大知识面,并且与企业内各部门的同事有更广泛的交往接触。

③增强部门间协作。首先,工作轮换有助于打破部门之间的界限,增进企业或团队内部的沟通与交流。部门间的本位主义或小团体主义,往往来自于对其他部门的工作缺乏了解,以及部门之间人员缺乏交往接触。通过工作轮换将有助于员工认识本职工作与其他部门工作的关联,从而理解本职工作的意义。其次,适时的工作轮换,可以健全内部控制制度,防止腐败。通过工作轮换,可以避免一些要害部门的人员因长期在一个部门而滋生腐败。另外,长期坚持工作轮换制度,公司的员工从不同的角度可加强对公司业务和企业文化的理解,提高整个公司的效率并形成了非常强的凝聚力。

从长远看,工作轮换能更有效激发员工的工作热情,提高员工的工作生活质量;能为员工的职业成长提供另一种思路;也能为企业适应外界环境的多变性做好准备。但是同时,实施工作轮换制度时也应注意一些问题:如工作轮换的流程设计,完备的绩效考核体系等是实施工作轮换制的必备条件。另外,工作轮换需要增加培训成本,临时导致生产率的下降等问题也可能会发生。因此,在实施工作轮换制时应着眼于企业长期的利益,根据各企业的实际情况相机而动。

(二)企业接班人计划

企业接班人计划,又称管理继承人计划,是指公司确定和持续追踪关键岗位的高潜能人才,并对这些高潜能人才进行开发的过程。高潜能人才是指那些公司相信他们具有胜任高层管理位置潜力的人。企业接班人计划就是通过内部提升的方式来系统有效地获取组织人力资源,它对公司的持续发展有至关重要的意义。

企业开发和培养接班人,应与企业的整体经营战略紧密结合,因为企业的经营目标不断在演变,需要的领导能力也会随之而变。所以接班人计划的实施,主要有以下六项基础的工作:

1. 建立高级管理人才技能的数据库

需要理清企业的经营策略与长期、短期目标,根据企业的经营战略和现有高层管理人员的素质和能力,确定企业将来所需高层管理人才应具备的素质和能力,这里设计的技能不仅仅是通常理解上的范畴,还应该纳入性格、气质、决策、判断、表现以及"软技能"等等在简历上无法体现的因素。对于高级职位来说,领导技能要比技术技能重要得多。

2. 做好关键高层岗位描述,定义好岗位职责

应该明确目前的岗位职责,并根据可以预见的商业和技术变化定义未来的职责。所需要的技能应该按照重要程度被分类,问题解决能力和个人的性格也应该被考虑在内。

3. 员工技能评估和技能发展需求

通过对员工技能进行评估找出现有人员中哪些人可能成为企业未来成功的领导者,锁定这些公司内部最优秀的未来领导,投入足够的资源去培养。由于所有的接班人计划都假

设高级管理层变动或调整造成的职位空缺会由企业内部的人来填补。因此,计划必须首先确定被纳入接班人计划中的员工的培训需求。公司要经常性地调派锁定培养对象去迎接一个又一个的挑战,同时通过一系列正式的领导力培训项目支持他们的发展。公司高级经理们也应该为他们提供额外的指导来帮助他们弥补技能和经验的不足。接班人计划的成功要依赖于管理团队是否能够积极有效的提升候选人的能力。

4. 开发一套系统持续的、公平的评价标准,阶段性地考核和评估这些培养对象的品质与各种能力

判断他们是否真正具备一个优秀领导人的个人品质,个人知识和能力是否得到提升,领导力培训项目是否有调整必要。在此基础上,培养对象相应有所调整,不合适的人选不断被淘汰,新的人选不断补充。

5. 根据考核和评估结果,选出重点培养对象

要确保他们认识到自己的发展对企业未来发展的重要性,并且让他们获得更多锻炼的机会。

6. 让重点培养对象试演领导角色

在这个阶段中,现有高层领导应在开发这些高潜能人才中培养中发挥积极的作用,他们要经常与这些重点培养对象接触,并使这些人对公司战略和经营目标有更深入的了解。

(三)行动学习

行动学习法是由英国管理学思想家雷吉·雷文斯在1940年发明的,并将其应用于英格兰和威尔士煤矿业的组织培训。

行动学习法培训,就是透过行动实践学习。即在一个专门以学习为目标的背景环境中,以组织面临的重要问题作载体,学习者通过对实际工作中的问题、任务、项目等进行处理,从而达到开发人力资源和发展组织的目的。

行动学习法实际是一种看似复杂实际简单的概念。它是如此简单,以至于其蕴藏的力量多年来一直被人们所忽视。行动学习在商业管理方面的基本概念就是,经理人获得管理经验的最好方法是通过实际的团队项目操作而非通过传统的课堂教学。行动学习法的目的不仅是为了促进某一具体项目或个人的学习发展,更致力于推动组织变革,将组织全面转化成“一个学习系统”。

为了说明行动学习法,雷文斯使用了一个简单的方程式,即 $L=P+Q$,见图5.5。行动学习法中的学习(L)是通过把掌握相关专业知识(P)与提出深刻问题能力(Q)相结合来完成的。

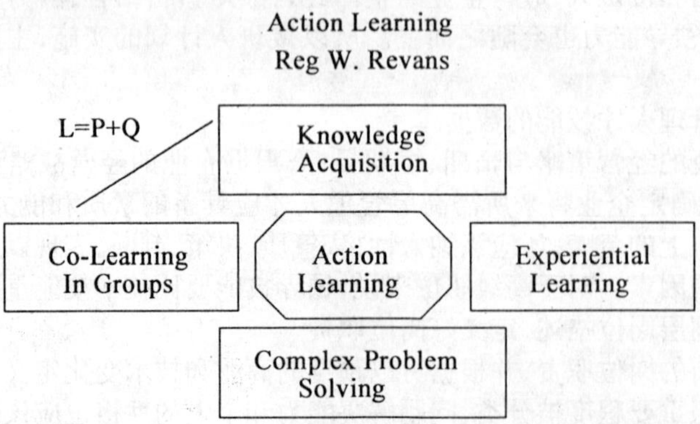

图5.5 雷文斯行动学习公式

行动学习建立在对团队成员所积累经验的激发和重新诠释的行为上。在商业活动中,行动学习体现为经理人以团队合作的形式解决实际案例中的关键问题。这里所说的团队

是由相互平等的成员组成的集体，而不是由某个主要负责人或导师带头组成的委员会。在团队工作过程中，工作的重心将放在互相支持、相互促进和广泛提出问题方面而非简单地各自提出观点。行动学习法的核心要点：行动学习法需要人们在思想上的根本改变；同时，因为身处其中的学习者可以借此超越思想、行为、信仰的极限，把行为、信仰和价值观统一起来，使个人的行为更具效力。所以，它是塑造企业文化、打造学习型组织和建立知识管理系统的关键。行动学习是以学习者为主体，以现实问题或项目为主题，在催化师的引导下将结构化的深度对话渗透在“问题－反思－总结－计划－行动－发现新问题－再反思”的循环过程。它能够使学习者及时将行动体验上升到认识水平，并将新认识及时转化为行动，继而在行动中检验认识，并产生新的学习体验。

第五节 职业生涯管理

一、职业生涯管理概述

（一）职业生涯管理

1. 职业生涯管理含义

职业生涯管理是现代企业人力资源管理的重要内容之一，是企业帮助员工制定职业生涯规划和帮助其职业生涯发展的一系列活动。职业生涯管理应看做是竭力满足管理者、员工、企业三者需要的一个动态过程。在现代企业中，个人最终要对自己的职业发展计划负责，这就需要每个人都清楚地了解自己所掌握的知识、技能、能力、兴趣、价值观等。而且，还必须对职业选择有较深了解，以便制定目标、完善职业计划；管理者则必须鼓励员工对自己的职业生涯负责，在进行个人工作反馈时提供帮助，并提供员工感兴趣的有关组织工作、职业发展机会等信息；企业则必须提供自身的发展目标、政策、计划等，还必须帮助员工作好自我评价、培训、发展等。当个人目标与组织目标有机结合起来时，职业生涯管理就会意义重大。因此，职业生涯管理就是从企业出发的职业生涯规划和职业生涯发展。

2. 职业生涯管理的分类

职业生涯管理主要包括两种：一是组织职业生涯管理，是指由组织实施的、旨在开发员工的潜力、留住员工、使员工能自我实现的一系列管理方法。

二是自我职业生涯管理，是指社会行动者在职业生命周期（从进入劳动力市场到退出劳动力市场）的全程中，由职业发展计划、职业策略、职业进入、职业变动和职业位置的一系列变量构成。

（二）职业生涯管理的特征

1. 职业管理是组织为其员工设计的职业发展、援助计划，有别于员工个人制定的职业计划

职业计划是以个体的价值实现和增值为目的，个人价值的实现和增值并不局限特定组织内部。职业管理则是从组织角度出发，将员工视为可开发增值而非固定不变的资本。通过员工职业目标的努力，谋求组织的持续发展。职业管理带有一定的引导性和功利性。它帮助员工完成自我定位，克服完成工作目标中遇到的困难挫折，鼓励员工将职业目标同组织发展目标紧密相连，尽可能多地给予他们机会。由于职业管理是由组织发起的。通常由人力资源部门负责，所以具有较强的专业性、系统性。与之相比，职业计划没有那么正规和系统，或者我们可以说，只有在科学的职业管理之下，才可能形成规范的、系统的职业计划。

2. 职业管理必须满足个人和组织的双重需要

与组织内部一般的奖惩制度不同，职业管理着眼于帮助员工实现职业计划，即力求满足职工的职业发展需要。因此，要实行有效的职业管理，必须了解员工在实现职业目标过

程中会在哪些方面碰到问题？如何解决这些问题？员工的漫长职业生涯是否可以分为有明显特征的若干阶段？每个阶段的典型矛盾和困难是什么？如何加以解决和克服？组织在掌握这些知识之后，才可能制订相应的政策和措施帮助员工找到内部增值的需要。一方面，全体员工的职业技能的提高带动组织整体人力资源水平的提升；另一方面，在职业管理中有意引导可使同组织目标方向一致的员工个人脱颖而出，为培养组织高层经营、管理或技术人员提供人才储备。提高人员整体竞争和储备人才是组织的需要。对职业管理的精力、财力投入和政策注入可以看成是组织为达到上述目的而进行的较长期投资。组织需要是职业管理的动力源泉，无法满足组织需要将导致职业管理失去动力源而中止，最终职业管理活动的失败。

3. 职业管理形式多样、涉及面广

凡是组织对员工职业活动的帮助，均可列入职业管理之中。其中既包括针对员工个人的，如各类培训、咨询、讲座以及为员工自发的扩充技能、提高学历的学习给予便利等；同时也包括对组织的诸多人事政策和措施，如规范职业评议制度、建立和执行有效的内部升迁制度等。职业管理自招聘新员工进入组织开始，直至员工流向其他组织或退休而离开组织的全过程中一直存在，职业管理同时涉及职业活动的各个方面。因此，建立一套系统的、有效的职业管理是有相当难度的。

(三)职业生涯管理有效性标准

1. 达到个人或组织目标

个人目标包括：高度的自我决定；高度的自我意识；获得必要的组织职业信息；加强个人成长和发展；改善目标设置能力。

组织目标包括：改善管理者与员工的交流；改善个人与组织的职业匹配，加强组织形象；确定管理人才库。

2. 考察项目所完成的活动

包括：员工使用职业工具(参与职业讨论会，参加培训课程)；进行职业讨论；员工实施职业计划；组织采取职业行动(提升，跨职能部门流动)；组织确定继承人。

3. 绩效指数变化

包括：离职率降低；旷工率降低；员工士气改善；员工绩效评价改善；填补空缺的时间缩短；增加内部提升。

4. 态度或知觉的心理变化

包括：职业工具和实践评价(参加者对职业讨论会的反映，管理者对工作布告系统的评价)；职业系统可觉察到的益处；员工表达的职业感受(对职业调查的态度)；员工职业规划技能的评价；组织职业信息的充足性。

事实上，在评价职业生涯管理有效性时，并没有考察所有涉及有效性的方面，而且组织也不必将所有的职业生涯管理方面均在组织中实施，但是这种系统的思考给未来实施评价提供了基础。

(四)企业实施职业生涯管理的意义

1. 职业生涯管理的意义

(1)职业生涯管理是企业资源合理配置的首要问题。人力资源是一种可以不断开发并不断增值的增量资源，因为通过人力资源的开发能不断更新人的知识、技能，提高人的创造力，从而使无生命的"物"的资源充分尽其所用，特别是随着知识经济时代的到来，知识已成为社会的主体，而掌握和创造这些知识的就是"人"，因此企业更应注重人的智慧、技艺、能力的提高与全面发展。因此，加强职业生涯管理，使人尽其才、才尽其用，是企业资源合理配置的首要问题。如果离开人的合理配置，企业资源的合理配置就是一句空话。

(2)职业生涯管理能充分调动人的内在的积极性，更好地实现企业组织目标。职业生涯管理的目的就是帮助员工提高在各个需要层次的满足度,使人的需要满足度从金字塔形向梯形过渡最终接近矩形,既使员工的低层次物质需要逐步提高,又使他们的自我实现等精神方面的高级需要的满足度逐步提高。因此,职业生涯管理不仅符合人生发展的需要,而且也立足人的高级需要,即立足于友爱、尊重、自我实现的需要,真正了解员工在个人发展上想要什么,协调其制订规划,帮助其实现职业生涯目标。这样就必然会激起员工强烈的企业服务的精神力量,进而形成企业发展的巨大推动力,更好地实现企业组织目标。

(3)职业生涯管理是企业长盛不衰的组织保证。任何成功的企业,其成功的根本原因是拥有高质量的企业家和高质量的员工。人的才能和潜力能得到充分发挥,人力资源不会虚耗、浪费,企业的生存成长就有了取之不尽,用之不竭的源泉。发达国家的主要资本不是有形的工厂、设备,而是他们所积累的经验、知识和训练有素的人力资源。通过职业生涯等管理努力提供员工施展才能舞台,充分体现员工的自我价值,是留住人才、凝聚人才的根本保证,也是企业长盛不衰的组织保证。

2.个人参与职业生涯管理的意义

对员工个人而言,参与职业管理的重要性体现在三个方面:

(1)对于增强对工作环境的把握能力和对工作困难的控制能力十分重要。职业计划和职业管理既能使员工了解自身长处和短处,养成对环境和工作目标进行分析的习惯,又可以使员工合理计划、分配时间和精力完成任务、提高技能。这都有利于强化环境把握和困难控制能力。

(2)利于个人过好职业生活,处理好职业生活和生活其他部分的关系。良好的职业计划和职业管理可以帮助个人从更高的角度看待工作中的各种问题和选择,将各分离的事件结合联系,服务于职业目标,使职业生活更加充实和富有成效。它更能考虑职业生活同个人追求、家庭目标等其他生活目标的平衡,避免顾此失彼,两面为难的困境。

(3)可以实现自我价值的不断提升和超越。工作的最初目的可能仅仅是找一份养家糊口的差事,进而追求的可能是财富、地位和名望。职业计划和职业管理对职业目标的多次提炼可以使工作目的超越财富和地位之上,追求更高层次自我价值实现的成功。

(五)影响职业生涯管理的因素

1.个人因素

个人因素在人的职业生涯中起着基础作用,决定着人的发展方向和前景。它包含健康、性别、年龄、教育、自我价值观等要素。

(1)健康。健康身体是任何人职业生涯开始的首要条件。几乎所有的职业都需要有健康的身体。凡是积极追求健康的人,大多满意他们过去的职业经历。他们看重生命,关心健康,执著追求。但是紧张忙碌的职业会导致压力增加。因此,采取一些技巧,保持适度的压力激励自己,但又不伤害身体是十分重要的。

(2)性别。性别问题对事业的挑战别具意义。一般人差不多都认为,卓著的事业是男人的幸福。男人觉得他们很难把时间充分分配到工作、家庭和休闲三个领域;而女性则在家务需求和工作需求的协调方面感到困扰。每个人都必须找出自己的欲望,以便充分发展自己的性别特色,并使自己能够扮演成功,这就与个人的职业生涯密切相关了。

(3)教育。职业进展深受正规教育或专业训练的影响。教育上的成功与社会阶层的晋升有明显的关联。凡是社会阶层高过父母所属阶层的人都觉得,教育是改变社会阶层的主要动力。教育程度虽然是事业成功中不可缺少的因素,但对大多数的职业而言,也未必尽然。现在企业对录用者能做什么较有兴趣,而不是只注意他们的教育资格。一般来说,企业要找的是既受过正规教育,又具备某些没有固定规范的个人发展潜力的人。

(4)年龄。在大部分正式的事业中,“机运之窗”是在一个人能投入、突破时才存在,所以这种“机运之窗”几乎有效地限制了每个人,是与人的年龄密切联系在一起的。事实上,有少数人在一般认定的年龄之后才开始事业的重要阶段,被称为“大器晚成”。但是不能拿大多数人的事业与这极少数的例外者相提并论。岁月好比金钱投资,所以每个人都必须自问:“我的时间应该怎么投资才能获得最佳报酬?”每一个人都应该把握最佳年龄优势期,拓展自己的职业和事业。

(5)心理因素。美国的心理动力论者认为职业选择是个人快乐原则与现实原则相结合的结果。个人在人格与冲动的引导下,通过升华作用,选择可以满足其需要与冲动的职业。职业指导的重点应着重“自我功能”的增强。若心理问题获得解决,则包括职业选择在内的日常生活问题将可顺利完成而不需再加指导。

社会上所有职业都能归入代表心理分析需要的、分属以下范围的职业群:养育的、操作的、感觉的、探究的、流动的、抑制的、显示的、有节奏的运动等。人们对自我能力及性格的定义,往往也决定了自己的行为。而行为又与职业生涯进行直接的关联,这将对个人的职业生涯产生深远的影响。

2. 社会因素

社会因素对每个人的职业生涯乃至发展都有重大的影响。通过对社会大环境进行分析,了解所在国家或地区的经济、法制建设发展方向,寻求各种发展机会。影响职业生涯的社会因素包括:

(1)社会阶层。人类社会存在着严格的层次划分,它像金字塔一样层次分明。每个社会都存在不平等,差别在于划分的原则不同,有的是基于宗教信仰,有的则基于经济状况,有的是基于教育状况。社会上所存在的不平等现象都会影响个人的职业生涯。

社会阶层算是相对比较封闭的一种形态,因为人往往只喜欢和自己所属阶层的人聚合。社交圈为某一类型的人提供机会,“生存机会”多半即由社交圈决定。虽然社会阶层深深地影响个人的职业生涯,但是阶层界限并非牢不可破。它不但有变动的可能,而且是被人接受的。事实上,很多人为了提升自己的社会地位,有时候需离开原来的阶层,加入到工作及生命旅程中的新阶层,教育和婚姻就是非常重要的因素。现在企业只就社会阶层来挑选员工的时代正在逐渐改变,但是,社会阶层在目前仍是个人影响职业生涯一大束缚。

(2)经济发展水平。在经济发展水平高的地区,企业相对集中,优秀企业也就比较多,个人职业选择的机会就比较多,因而有利于个人职业的发展;反之,在经济落后的地区,个人职业选择的机会就比较少,个人职业生涯也会受到限制。

(3)社会文化环境。社会文化是影响人们行为、欲望的基本因素。它主要包括教育水平、教育条件和社会文化设施等。在良好的社会文化环境中,个人能力受到良好的教育和熏陶,从而为职业生涯打下了更好的基础。

(4)价值观念。一个人生活在社会环境中,必然会受到社会价值观念的影响,大多数人的价值取向,在很大程度上都是为社会主体价值取向所左右的。一个人的思想发展、成熟的过程,其实就是认可、接受社会主体价值观念的过程。社会价值观念正是通过影响个人价值观念而影响个人的职业选择。

(5)政治制度和氛围。政治和经济是相互影响的,政治不仅影响到一国的经济体制,而且影响着企业的组织体制,从而直接影响到个人的职业发展。政治制度和氛围还会潜移默化地影响个人的追求,从而对职业生涯产生影响。分析和了解影响职业的社会环境因素,有助于我们个人制定正确的职业生涯规划,使个人在变化的社会环境中不断取得职业生涯的新发展。

3. 环境影响

环境对个人的职业影响有着直接或间接的影响,它左右着人所从事的行业,改变着人生的发展轨迹。而环境又有着地理环境、行业环境、企业内部环境之分。

(1)地理环境。地理因素对事业的影响常常被大家低估,住在符合环境需要其才能地区之人,比在不利环境中尝试推销其能力的人,毕竟有比较多的机会。居住在贫困落后地区的人,最能理解地理对机会的影响。所以,事业人应该选择能提供其所寻找之机会的地点居住。

(2)行业环境。行业环境将直接影响着企业的发展状况,进而也影响到个人的职业生涯发展。这也有利于个人选择有发展的行业和职业,有助于个人职业目标的更好实现。行业环境又包含以下内容:

①行业发展现状。对行业发展现状进行分析,首先应了解自己现在从事的是什么行业,这个行业目前是怎样一个发展趋势,是一个逐渐萎缩的行业还是一个朝阳产业。

②国际国内重大事件对该行业的影响。行业的发展容易受到国际国内重大事件对该行业的影响,进而影响到该行业能否提供较多的职业机会。比如,2008 年的北京奥运会给建筑业、旅游业和服务业提供了较大的发展和较多的发展机会。

③行业发展前景预测。发展前景预测可以从两个方面进行:一方面是行业自身的生命力,是否有技术、资金支持等;另一方面也要考虑和研究国家对相关行业的政策。

二、职业生涯计划编制

(一)职业生涯计划概述

1. 职业生涯计划的含义

职业生涯计划(简称生涯规划),又叫职业生涯设计,是指个人与组织相结合,在对一个人职业生涯的主客观条件进行测定、分析、总结的基础上,对自己的兴趣、爱好、能力、特点进行综合分析与权衡,结合时代特点,根据自己的职业倾向,确定其最佳的职业奋斗目标,并为实现这一目标做出行之有效的安排。

2. 职业生涯计划制定的原则

(1)清晰性原则。考虑目标、措施是否清晰、明确,实现目标的步骤是否直截了当。

(2)挑战性原则。目标或措施是否具有挑战性,还是仅保持其原来状况而已。

(3)变动性原则。目标或措施是否有弹性或缓冲性,是否能依循环境的变化而作调整。

(4)一致性原则。主要目标与分目标是否一致,目标与措施是否一致。个人目标与组织发展目标是否一致。

(5)激励性原则。目标是否符合自己的性格、兴趣和特长。是否能对自己产生内在激励作用。

(6)合作性原则。个人的目标与他人的目标是否具有合作性与协调性。

(7)全程原则。拟定生涯计划时必须考虑到生涯发展的整个历程,作全程的考虑。

(8)具体原则。生涯规划各阶段的路线划分与安排,必须具体可行。

(9)实际原则。实现生涯目标的途径很多,在作规划时必须要考虑到自己的特质、社会环境、组织环境以及其他相关的因素,选择确实可行的途径。

(10)可评量原则。计划的设计应有明确的时间限制或标准,以便评量、检查,使自己随时掌握执行状况,并为计划的修正提供参考依据。

(二)职业生涯的发展阶段

1. 成长阶段(14 岁以前)

这一阶段,大体上可以界定在从一个人出生到 14 岁这一年龄段上。在这一阶段,个人通过对家庭成员、朋友以及老师的认同以及与他们之间的相互作用,逐渐建立起了自我的概念。

2. 探索阶段(15 ~24 岁)

在这一阶段,每一个人将认真地探索各种可能的职业选择。他们试图将自己的职业选择与他们对职业的了解以及通过学校教育、休闲活动和个人工作等途径中所获得的个人兴趣和能力匹配起来。处于这一阶段的人,还必须根据来自各种职业选择的可靠信息来作出相应的教育决策。

3. 确立阶段(24 ~44 岁)

这一年龄段是大多数人工作生命周期中的核心部分,人们通常愿意(尤其是在专业领域)早早地就将自己锁定在某一已经选定的职业上。然而,在大多数情况下,这一阶段的人们仍然在不断地尝试与自己最初的职业选择所不同的各种能力和理想。通常情况下,在这一阶段的人们第一次不得不面对一个艰难的抉择,即判定自己到底需要什么,什么目标是可以达到的以及为了达到这一目标自己需要做出多大的牺牲和努力。

4. 维持阶段(45 ~60 岁) 在这一职业生涯的后期阶段,人们一般都已经在自己的工作领域中为自己创立了一席之地,因而他们的大多数精力主要就放在保持现状和拥有这一位置上了。

5. 下降阶段(60 岁以上)

在这一阶段,人的健康状况和工作能力都在逐步衰退,职业生涯接近尾声。许多人都不得不面临这样一种前景:接受权利和责任减少的现实,学会接受一种新角色,学会成为年轻人的良师益友。再接下去,就是几乎每个人都不可避免地要面对的退休,这时,人们所面临选择就是如何去打发原来用在工作上的时间。

(三)职业生涯计划的方法与步骤

1. 自我评估

主要包括对个人的需求、能力、兴趣、性格、气质等等的分析,以确定什么样的职业比较适合自己和自己具备哪些能力。

2. 组织与社会环境分析

短期的计划比较注重组织环境的分析,长期的计划要更多地注重社会环境的分析。

3. 生涯机会评估

生涯机会的评估包括对长期机会和短期机会的评估。通过对社会环境的分析,结合本人的具体情况,评估有哪些长期的发展机会;通过对组织环境的分析,评估组织内有哪些短期的发展机会。

4. 生涯目标确定

职业生涯目标的确定包括人生目标、长期目标、中期目标与短期目标的确定,它们分别与人生规划、长期规划、中期规划和短期规划相对应。首先要根据个人的专业、性格、气质和价值观以及社会的发展趋势确定自己的人生目标和长期目标,然后再把人生目标和长期目标细化,根据个人的经历和所处的组织环境制定相应的中期目标和短期目标。

5. 制定行动方案

把目标转化成具体的方案和措施。这一过程中比较重要的行动方案有职业生涯发展路线的选择、职业的选择,相应的教育和培训计划的制定。

6. 评估与反馈

职业生涯计划的评估与反馈过程是个人对自己的不断认识过程,也是对社会的不断认识过程,是使职业生涯计划更加有效的有力手段。

课后思考题

1. 什么是员工培训与开发?二者有何异同?为什么要进行员工培训与开发?

2. 人员培训的方法有哪些?各有什么特点?

案例分析

培训费只买来"轰动效应"

某国营机械公司新上任的人力资源部部长王先生，在一次研讨会上获得了一些他自认为不错的其他企业的培训经验，于是，回来后就兴致勃勃地向公司提交了一份全员培训计划书，以提升人力资源部的新面貌。不久，该计划书就获批准。王先生便踌躇满志地对公司全体人员——上至总经理、下至一线生产员工，进行为期一周的脱产计算机培训。为此，公司还专门下拨十几万元的培训费。可一周的培训过后，大家议论最多的，便是对培训效果的不满。除办公室的几名员工和45岁以上的几名中层干部觉得有所收获外，其他员工要么觉得收效甚微，要么觉得学而无用，大多数人竟达成共识地认为：十几万元的培训费用只买来了一时的"轰动效应"。有的员工甚至认为，这场培训，是新官上任点的一把火，是在花单位的钱往自己脸上贴金！而听到种种议论的王先生则感到委屈：在一个有着传统意识的老国企，给员工灌输一些新知识怎么效果不理想呢？他百思不得其解，当今竞争环境下，每人学点计算机知识应该是很有用的呀！怎么不受欢迎呢？

讨论问题：

王先生的培训计划为什么收不到实效？

第六章 绩效管理

第一节 绩效管理概述

一、绩效

(一)绩效的含义

对于绩效的含义,人们有着不同的理解,最主要的观点有两种:一是从工作结果的角度出发进行理解;二是从工作行为的角度出发进行理解。应当说,这两种理解都是有一定道理的,但是又都不很全面,因此主张应当从综合的角度出发来理解绩效的含义。在一个组织中,广义的绩效包括两个层次的含义:一是指整个组织的绩效;二是指个人的绩效。组织绩效和个人绩效之间并不是孤立的,两者之间的关系见图6.1。

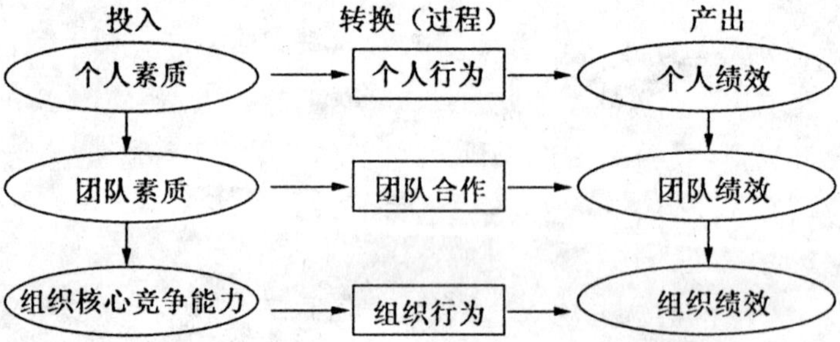

图6.1 绩效矩阵

在本章中,我们讨论的主要是后者,即个人的绩效。就是指员工在工作过程中所表现出来的与组织目标相关的并且能够被评价的工作业绩、工作能力和工作态度。

(1)绩效是基于工作而产生的,与员工的工作过程直接联系在一起,工作之外的行为和结果不属于绩效的范围。

(2)绩效要与组织的目标有关,对组织的目标应当有直接的影响作用。例如,员工的心情就不属于绩效,因为它与组织的目标没有直接的关系。由于组织的目标最终都会体现在各个职位上,因此与组织目标有关就直接表现为与职位的职责和目标有关。

(3)绩效应当是能够被评价的工作行为和工作结果,那些不能被评价的行为和结果也不属于绩效。例如,学生上课时的专心程度就不能直接作为绩效来使用,因为它很难被评价。

(4)绩效还应当是表现出来的工作行为和工作结果,没有表现出来的就不是绩效。这一点和招聘录用时的选拔评价是有区别的,选拔评价的重点是可能性,也就是说要评价员工是否能够做出绩效,而绩效考核的重点则是现实性,就是说要评价员工是否做出了绩效。

(二)绩效的特点

1. 多因性

多因性就是指员工的绩效是受多种因素共同影响的,绩效和影响绩效的因素之间的关系可以用一个公式表示为

$$P = f(S, M, O, E)$$

在这个关系式中见图 6.2。f 表示一种函数关系；P(Performance)是绩效；S(Skill)指技能；M(Motivation)是激励；O(Occasion)机会；E(Environment)，就是环境。

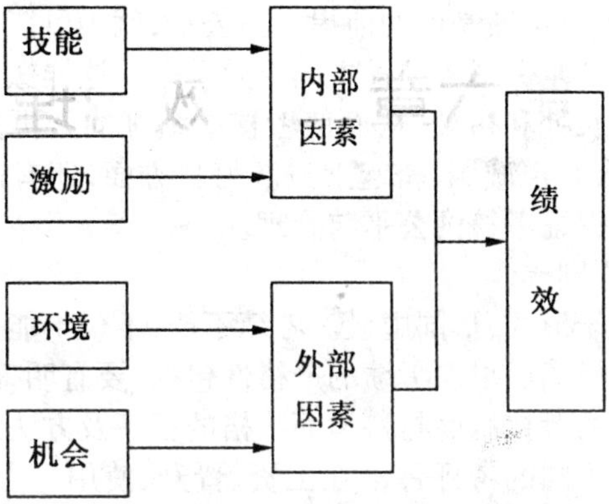

图 6.2　绩效的多因性

(1)技能。技能是员工工作技巧与能力。它取决于个人智力、经历、天赋、教育与培训等个人特点，其中教育培训不仅提高个人技能，还增强个人对实现目标的自信心，从而起到激励作用。

(2)激励。激励是调动员工工作积极性，激励本身与员工个人的需要层次、个性和价值观等有关，其中需要层次影响最大，因而组织应调查不同员工或同一员工不同时期的需求层次，以便针对性地予以激发。

(3)环境。环境是企业内部和外部的客观条件，前者如劳动场所的布局与条件、工作性质、组织结构、上下级间的关系、工资福利、规章制度等；后者如社会政治、经济状况和市场竞争强度等宏观条件。

(4)机会。机会具有偶然性，是员工个人或组织所面临的给予以及发展的可能性。在现实绩效考核中，不可能做到完全平等，机会对绩效来说只是一个不可控制的因素。但是，一个好的管理者应该善于为员工创造这样的机会。

2. 多维性

多维性就是指员工的绩效往往是体现在多个方面的，工作结果和工作行为都属于绩效的范围。例如一名操作工人的绩效，除了生产产品的数量、质量外，原材料的消耗、出勤情况、与同事的合作以及纪律的遵守等等都是绩效的表现。因此，对员工的考察必须从多方面进行考察。应综合考虑员工的工作能力、工作态度和工作绩效三个维度。

3. 动态性

动态性就是指员工的绩效随着时间推移，在主客观条件发生变化的情况下，会发生变化。员工的绩效只是一段时间内工作情况的反映。由于能力水平、激励状态以及机遇、环境因素的变化，绩效差的员工可能随时间的推移而改变、转好；绩效好的员工也可能会退步、变差。因此，这种动态性就决定了绩效的时限性，绩效往往是针对某一特定的时期而言的。

二、绩效考核

(一)绩效考核的定义

绩效考核通常也称为业绩考评或“考绩”，是针对企业中每个职工所承担的工作，应用各种科学的定性和定量的方法，对职工行为的实际效果及其对企业的贡献或价值进行考核和评价。它是企业人事管理的重要内容，更是企业管理强有力的手段之一。业绩考评的目的是通过考核提高每个个体的效率，最终实现企业的目标。在企业中进行业绩考评工作，需要做大量的相关工作。必须对业绩考评的含义作出科学的解释，使得整个组织有一个统一的认识。

(二)绩效考核的原则

1. 公平与公开原则

公平是确立和推行人员考绩制度的前提。不公平,就不可能发挥考绩应有的作用。考绩的结论应对本人公开,这是保证考绩民主的重要手段。这样做,一方面,可以使被考核者了解自己的优点和缺点、长处和短处,从而使考核成绩好的人再接再厉,继续保持先进;也可以使考核成绩不好的人心悦诚服,奋起上进。另一方面,还有助于防止考绩中可能出现的偏见以及种种误差,以保证考核的公平与合理。

2. 严格性和差别性原则

考绩不严格,就会流于形式,形同虚设。考绩不严,不仅不能全面地反映工作人员的真实情况,而且还会产生消极的后果。考绩的严格性包括:要有明确的考核标准;要有严肃认真的考核态度;要有严格的考核制度与科学而严格的程序及方法等。考核的等级之间应当有鲜明的差别界限,针对不同的考评评语在工资、晋升、使用等方面应体现明显差别,使考评带有刺激性,鼓励职工的上进心。

3. 结合奖惩原则

依据考绩的结果,应根据工作成绩的大小、好坏,有赏有罚,有升有降,而且这种赏罚、升降不仅与精神激励相联系。而且还必须通过工资、奖金等方式同物质利益相联系,这样,才能达到考绩的真正目的。

4. 客观考评与可行性的原则

考评应当根据明确规定的考评标准,针对客观考评资料进行评价,尽量避免渗入主观性和感情色彩。在进行绩效考核方案时,应根据绩效管理的目标和要求,合理地进行方案设计,并对绩效考核方案进行可行性分析,分级绩效考核方案所拥有的资源、技术及其他限制条件,全面评价绩效考核方案对人力资源管理所能带来的直接和间接效益,预测绩效考核方案可能发生的问题,并找出原因,提出应变措施。

5. 反馈与修改原则

考评的结果(评语)一定要反馈给被考评者本人,否则就起不到考评的教育作用。在反馈考评结果的同时,应当向被考评者就评语进行说明解释,肯定成绩和进步,说明不足之处,提供今后努力的参考意见等等。在现代人力资源管理中,没有反馈的绩效考核制度将失去存在的意义,不能发挥员工潜能,调动员工的积极性。

(三)绩效考核的内容

对一个组织来说,它不仅要求现实效率,希望现有岗位上的员工能充分发挥其特长和能力,还要求未来可能的效率,也期盼将有能力的人提升到更高一级或更重要的岗位上去,从而全面调动员工的积极性。所以绩效考核的内容是全面的,包括考核员工的能力、态度和业绩等内容。

1. 能力考核

能力是指人能顺利完成某种活动必备的心理特征,通常指个体从事一定社会实践的本领。能力考核是为了了解员工在哪些方面还有欠缺,哪里需要在今后的培训中加强的,哪些岗位的任职资格需要修改。能力可以从常识、专业及相关专业知识;技能、技术和技巧;工作经验等内容。能力考核是根据岗位说明书中人员规范要求,对员工所应具备的能力素质进行评定。表6.1为能力考核的项目和重点。

表 6.1 能力考核的项目和重点

考核项目	重点观察内容
知识	业务所需要的实际知识、相关知识以及社会常识的程度
判断能力	是否能正确把握工作中存在的问题,做出正确的判断。以一定的知识和技能经验为依据,能准确地把握事物的现状,及时做出正确的决策
理解能力	以知识、经验为依据,能把握业务中发生的事物本质,能充分理解其内容,以至于对将来可能发生的变化,有从容应对的能力
创新能力	经常保持不断探索的心态,灵活运用业务上的知识、经验并能改善业务,对业务的发展有自己的见解
协调能力	是否能协调好上下级、同级以及外界的关系,并能创造和谐的工作环境,圆满完成上级指示的工作
沟通能力	为了达到目标,能否与企业员工围绕生产经营管理中出现的各种问题进行深入的交流沟通。

2. 态度考核

工作态度是工作能力向工作业绩转换的"中介"。考核工作态度时应忽略员工职务的高度和能力大小、剔除本人以外的因素和条件。考核的重点是员工的工作认真程度、责任大小、工作的努力程度,是否有干劲、有热情,是否忠于职守和服从命令等, 见表 6.2。

表 6.2 态度考核的项目和重点

考核项目	考核指标	考核标准
工作态度	责任感	明确自己在组织中的地位与作用,积极实施自己的职责;勇于承担责任,在职权范围内不推诿,对自己和下属的行为负责,绝不推卸责任
	积极性	能够充满热情的完成工作,保持旺盛的干劲;努力充实提高自己,经常留心改善工作,不断提高自己的业务水平和领导能力;积极向领导提出有利于组织发展的建议。
	协作性	为部门间的合作和平衡发展做出平衡,配合其他部门开展工作;加强部门内的团结合作,为使整个部门成为一个有效的团队而努力;主动、及时地帮助与指导本部门员工解决困难
	纪律性	模范遵守组织内部各种规章制度,服从上级命令和指挥;坚持原则,绝不拿职权做交易或为了情面放弃原则;在遇到超出自己职责范围内的事情时,不自作主张,及时上报
	创新性	在例外事件面前,能够迅速准确的把握事件的本质,做出恰当的判断和决定;善于提出独特而有效的方法应用于工作中,提高工作效率;善于应用新的、有效的工作方法

3. 业绩考核

业绩是行为的结果,业绩考核就是对员工行为的结果进行绩效评价。主要包括员工完成工作的数量、质量、成本费用以及组织做出的其他贡献,包括岗位上取得的绩效和岗位以外取得的绩效。岗位绩效与岗位职责相关,是员工绩效的主体。在人力资源管理中,岗位职责体现为一系列任务和操作标准,如完成工作的质量、数量、经济效益和社会效益。见表 6.3。

表 6.3 业绩考核的项目和重点

考核项目	重点考察的内容
任务完成度	是否以公司的战略方针为准则，依照计划目标将业务完成，使其成果的质与量均达到要求的标准
工作质量	业务处理的过程或成果是否正确，是否都达到了标准的要求
工作数量	规定期间内的业务处理量或数额是否达到标准或计划内要求的水平，工作的进度及时效的把握程度如何
其他方面	工作内容的其他方面

4. 品行考评

品行考评是对员工的道德品质、思想、品格、修养、忠诚度和公正性等素质的评价。有时也指特定的心理素质方面的情感和意志因素，如情绪、情感、情操、坚定、果断、顽强等内容的考评。重点是员工“德”的考评，见表 6.4。

表 6.4 职员品行评定表

项目	评定级别 负面评价	评 语
迟到缺席	5 4 3 2 1	
缺欠干劲	5 4 3 2 1	
错误太多	5 4 3 2 1	
效率太低	5 4 3 2 1	
容易发脾气	5 4 3 2 1	
容易攻击别人	5 4 3 2 1	
顾客的评语不好	5 4 3 2 1	
在金钱上有纠葛	5 4 3 2 1	

5. 适应性评价

适应性评价所要解决的问题是，如何在目前任职职位上更好地发挥能力；即如何在目前从事的职业领域里更好地发挥能力。如果员工适合现在的职务，适应现在的职业工种有关的领域，如能创造更适宜的条件，就能比过去更好地发挥能力。企业实践表明，员工的工作适应性不仅和员工个人因素有关，与另外两个因素相关：一是人与工作，即人的能力与工作要求不对称；二是人与人及本人性格与合作者性格的差异，影响到人际关系与合作关系，这往往也是影响员工工作适应性的重要原因。因此，在绩效考评的内容上应重视“适应性评价”。

不同岗位的人员考核的内容各不同。见表 6.5、表 6.6、表 6.7。

表 6.5 经理人员能力考核表

分类		评价内容	满分
工作态度	1	经营计划的立案、实施是否有充分的准备	5
	2	是否以长期的展望探索公司的未来	15
	3	是否有以负责人的眼光注意到全体	5
	4	是否重视经营理念	5
	5	是否有敏锐的利益感觉	5

续表 6.5

基本能力	6	为了达成目标，是否有站在最前线指挥	15
	7	是否能节约成本、早日、确实地达成目标	5
	8	是否重视长期目标的实施	5
	9	是否能严守期限、达成目标	5
	10	是否能随机应变，而修改目标值的同时也能达成目标	5
业务熟练程	11	是否能以全公司的立场发言、提议	5
	12	是否能以长期的观点制定企划	5
	13	是否能就公司的观点收集情报	10
	14	是否能与其他部门交流情报	5
	15	是否积极地与其他部门协调	5
责任感	16	是否确实把握部属的优、缺点	5
	17	是否能与其他部门协调	5
	18	是否适才适所	10
	19	是否热心培育后继者	5
协调性	20	是否仔细地聆听部属的意见	5
	21	是否注意身体的健康	5
	22	是否谨慎地使用金钱	10
	23	是否热心于小组内部意见的沟通	10
	24	绝不引起异性问题	5
自我启发	25	不与顾客勾结	5
	26	对社会及时代的变迁是否敏锐	5
	27	是否热心于吸取新技术与知识	10
	28	站在国际的视野上是否能自我革新	5
	29	为了改善，是否可以抛弃前例	10
	30	是否不怠于未来的预测	5
	评价分数合计		

评分标准：

180 分以上为“优秀”，150 分以上为“良好”，120 分以上为“中等”，100 分以上为“及格”，未满 100 分为“不及格”。

表 6.6　技术人员能力考核表

姓名		决定评定分数		
考核标准				
A. 特别优秀	B. 优秀	C. 普通	D. 需要努力	E. 差
专业技术高超，能准确执行上级指示，责任感极强	有良好的技术素质和创新能力，能随机应变人事协调力好	熟练掌握技术、能遵守上级指示、有一定的技术创新力	正确掌握技术有进取心，能随机应变	勉强能完成任务技术能力一般
15 分	14～12 分	11～9 分	8～6 分	5 分以下
10 分	9～8 分	7～5 分	5～4	3 分以下
5 分	4 分	3 分	2 分	1 分

续表 6.6

工作状况	标准上班日数	日	记载事项	综合意见
	缺席(事假)	日		
	(丧假)	日		
	(无故)	日		
	早退	次		
	迟到	次		
	迟到早退缺席换算	日		
	缺席总计	日		
	实际上班日数总计	日		

对判定奖赏的反映	
对判定加薪的反映	
对判定训练的反映	
对判定晋升的反映	

本人对判定的不满
调整

评分标准：

25 分以上为“特优”,20 ~25 分为“优秀”,5 ~20 分为“普通”,10 ~15 分为“需要努力”,10 分以下为“差”。

表 6.7　员工通用项目考核表

编号：　　　　　　　　　任职人：　　　　　　　　　　　　年　　月　　日

考核项目	考核要素	考核内容	标准分	加、扣分		
				自评	考核小组	考核得分
职业道德(20)	忠于职守	热爱本岗位工作	4			
	工作素质	热爱集体,尊重领导,配合支持工作	4			
	团结精神	关心他人,团结协作	4			
	业务学习	钻研业务,勤奋好学,要求上进	4			
	服务态度	对内、外用户服务周到、热情	4			
工作态度(20)	遵守制度	遵守公司规章制度	4			
	出勤情况	满勤	4			
	工作积极性	对高标准做好职务范围内的业务的热情	4			
	工作责任性	完成本职工作的持续性和责任心	4			
	工作协调性	与同事、上司合作的情况	4			
工作成果(42)	完成任务	有否完成任务的具体计划安排	10			
	成本意识	努力减少时间、物质上的损失	10			
	创新能力	提出改进工作的建议情况	8			
	特殊成果	给公司在某方面解决重大问题	8			
	培养人才	参加培训或对他人进行培训	6			

续表6.7

其他管理(18)	能源管理	节约能源(水、电等)	3			
	设备管理	爱护设备,保养好	3			
	财务管理	节约开支,精打细算,遵守财务制度	3			
	物资管理	按计划领用物资,节约,杜绝浪费	3			
	安全防火	安全防火意识强,能主动做好工作	3			
	计划生育	严格执行计划生育政策	3			
总计			100			

三、绩效管理

(一)绩效管理的概念

绩效管理是指管理者与员工之间就目标与如何实现目标上达成共识的基础上,通过激励和帮助员工取得优异绩效从而实现组织目标的管理方法。绩效管理的目的在于通过激发员工的工作热情和提高员工的能力和素质,以达到改善公司绩效的效果。绩效管理是企业三大管理(绩效管理、财务管理、物流管理)系统之一,是人力资源管理的核心。

(二)绩效管理的特点

1. 系统性

绩效管理是一个完整的系统,不是一个简单的步骤。所以许多企业在操作绩效管理时,往往断章取义地认为绩效管理就是绩效考核,企业做了绩效考核表,量化了考核指标,年终实施了考核,就是做了绩效管理了。

这种误区使得许多企业有操作绩效管理时省略了极为重要的目标制定,沟通管理等过程,忽略了绩效管理中需要掌握和使用的技巧与技能,在实施绩效管理中遇到了很多困难和障碍,企业的绩效管理的水平也在低层次徘徊。

2. 目标性

目标管理的一个最大好处就是员工明白自己努力的方向,经理明确如何更好地通过员工的目标对其进行有效管理,提供支持帮助。同样,绩效管理也强调目标管理,“目标 + 沟通”的绩效管理模式被广泛提倡和使用。

只有绩效管理的目标明确了,经理和员工才会有努力奋斗的方向,才会共同致力于绩效目标责任制的实现 ,共同提高绩效能力,更好地服务于企业的战略规划和远景目标。

3. 强调沟通

沟通在绩效管理中起着决定性的作用。制定绩效要沟通,帮助员工实现目标要沟通,年终评估要沟通,分析原因寻求进步要沟通,总之,绩效管理的过程就是员工和经理持续不断沟通的过程。离开了沟通,企业的绩效管理将流于形式。

许多管理活动失败的原因都是因为沟通出现了问题,绩效管理就是致力于管理沟通的改善,全面提高管理者的沟通意识,提高管理者的沟通技巧,进而改善企业的管理水平和管理者的管理素质。

(三)绩效管理的功能

1. 绩效管理对组织的功能

(1)诊断功能。绩效管理的第一个重要的功能就是它的组织诊断功能。它通过对组织进行诊断分析,为组织变革和组织发展提供重要的依据。绩效管理不但需要对组织中每个成员的活动进行追踪,及时沟通和分析,反馈绩效管理信息,而且能及时发现组织中存在的共性问题,采用科学的方法进行组织诊断,通过调查掌握组织机构的现状及存在的问题,并对照工作岗位说明书、组织机构功能图、管理业务流程图等文件,进行组织的职能分析、组织关系分析和决策分析,找出组织中现存问题的症结所在,指出有哪些部位、流程、程序、授权(决策权)和协作关系需要改进和调整,从而为组织变革和组织发展提供依据。

(2)监测功能。绩效管理的第二个重要功能就是它的组织监测功能。通过有效的绩效管理体系的运行,可以显示出组织中从高层领导到中层管理人员,以至一线员工,从硬件如劳动环境、生产条件、技术装备、工作场地、工作条件等,到软件如企业文化、经营理念、领导方式、工作方法、工时制度等方方面面的实际运行情况。在组织绩效管理的过程中,各级主管必须对人力、物力和财力等资源的配置及其实际运行情况,进行及时的监督、测定和考量,才能达到有效的组织、协调和控制,从而实现预定的绩效目标。

(3)导向功能。绩效管理的基本目标是非常明确的,即:不断地改善组织氛围,促进员工与企业的共同发展,以提高整体效率和经济效益。要达到和实现这一基本目标,各级主管在组织绩效管理的活动中,应当充分发挥绩效管理的导向功能,通过积极主动的绩效沟通和面谈,采用科学的方法从不同需求出发,激励、诱导下属,朝着一个共同目标努力学习、积极工作。

(4)竞争功能。绩效管理总是与企业薪酬奖励、晋升调配等制度密切相关相伴的,绩效优秀的员工不但会受到奖励,还可能得到一定的晋级和提升;那些落后的、工作绩效不佳的员工,也可能受到一定的批评或处罚。无论是受奖还是受罚,对员工都会产生某种触动和鞭策,在组织中形成你追我赶的局面。这种员工之间的相互比赛和竞争,有助于组织的发展和目标的实现,从而使企业和员工同时受益。

(5)规范功能。绩效管理为各项人力资源管理提供了一个客观而有效的标准和行为规范。组织通过不断考核,根据考核结果,依据标准对员工进行晋升、奖励、调配等。通过对绩效管理所取得的数据资料,还可以为调整劳动关系提供技术支持。

2. 绩效管理对员工的功能

(1)激励功能。绩效管理可以对员工的绩效做出最合理的评价和最科学的处置,能使员工体验到成功的满足感和成就的自豪感,也能对绩效落后者进行有效惩罚,有利于鼓励先进、带动中间、鞭策落后,从而对每个员工的劳动行为进行有效的激励。

(2)发展功能。绩效管理的发展功能,主要体现在三方面:一是使组织根据考核结果,制定正确的培训计划,达到提高员工素质的目标;二是可以发现员工的特点,按照员工特点制定绩效目标,根据特点决定如何使用员工,使员工在适合自己的岗位上工作,从而充分发挥个人长处,使个人的发展与组织的发展有机结合起来;三是绩效管理获得的数据在评价一个员工的优缺点和确定其潜能方面具有重要的意义。组织可以依据这些信息给员工制定行之有效的职业生涯发展规划,使员工按照预定的方向和目标努力。

(3)控制功能。通过绩效管理,不仅可以把员工工作的数量和质量控制在合理的范围内,还可以控制工作进度和协作关系,从而使员工明确自己的工作职责,按照既定的制度和规定做,提高工作的自觉性和纪律性,提高工作效率。

(4)沟通功能。确立绩效目标时,需要组织和员工沟通意见,共同制定;绩效考评结果出来以后,管理者将与员工谈话,说明考核结果,听取员工的申诉和看法。这样就为上下级提供了一个良好的沟通机会,使上级与下级之间相互了解,以增进相互间的理解。

四、绩效考核与绩效管理的区别与联系

(一)绩效管理与绩效考评的联系

在进行绩效考核时,一种简便易行的方法是根据考核者的总体印象对员工进行考核。

如果采用这种方法的话，则绩效考核与绩效管理在形式上将没有直接的关系。但是，在那些具有较好的绩效管理基础的组织中，绩效考核经常是根据绩效管理过程中设置的绩效目标和标准进行的。也就是说，在这些组织中，绩效管理中的目标设定过程和绩效考核标准的设定，已融合为一个过程。

（二）绩效管理与绩效考评的区别

绩效考核与绩效管理存在着明显的区别：

1. 目的不同

绩效管理是为了达到一定的绩效目标，是以“做事”为中心的；绩效考核的目的，则是为了给一些综合的人事决策提供依据，如薪酬级别的晋升，职位调整等。因此，绩效考核是以“人”为中心的。当然，绩效管理中也会包含一些涉及人的措施，例如，发放绩效薪酬，进行人员培训等。但是，这些都是围绕更好地达成结果目标和行为标准而进行的；而绩效考核的结果，则用于那些与具体的工作结果和行为标准没有直接关系的人事决策，如人员晋升、薪酬等级的提升等。当然，也有的组织利用绩效考核的结果，进行绩效薪酬发放、安排人员培训等，甚至很多从事管理研究的人，也支持这种做法。但我们认为，这属于对绩效考核结果的误用，其管理效果往往并不好。

2. 对象不同

绩效考核对象是单项绩效，包括单项结果绩效和单项行为绩效。绩效管理的对象则是整体绩效，或者说是创造这些绩效的“人”。

3. 内容不同

绩效管理包括目标和标准设定、监督和控制等活动。绩效考核则主要包括绩效评价标准设计、绩效评估等活动。

4. 周期不同

绩效考核的周期一般来说比较短，并且随着绩效项目的差异而非常灵活。例如，对于生产工人的质量绩效的考核，有时必须以小时为单位来进行。对于科研项目这样本身周期较长的工作，则一般要划分为若干较短的周期，进行绩效考核；而绩效管理的周期较长且却相对固定。

第二节　绩效管理的流程

绩效管理的过程通常被看做一个循环。这个循环的周期通常包含绩效计划、绩效实施、绩效考核、绩效诊断和绩效改进 5 个步骤。

一、绩效计划

绩效计划是绩效管理流程中的第一个环节，发生在新的绩效期间的开始。制订绩效计划的主要依据是工作目标和工作职责。绩效计划并不是在制定了后就一成不变，随着工作的开展，会根据实际情况不断调整工作计划。在绩效计划阶段，管理者和被管理者之间需要在对被管理者绩效的期望问题上达成共识。在共识的基础上，被管理者对自己完成工作目标做出承诺。管理者和被管理者共同的投入和参与是进行绩效管理的基础。绩效管理是一项协作性活动，由工作执行者和管理者共同承担。并且绩效管理的过程是连续的过程，而不是在一年内只进行一两次的活动。

（一）绩效计划制定的原则

不论是对于公司进行经营业绩计划，还是员工进行绩效计划，在制定绩效计划时应该注意以下原则：

1. 价值驱动原则

要与提升公司价值和追求股东回报最大化的宗旨相一致，突出以价值创造为核心的企业文化。

2. 流程系统化原则

与战略规划、资本计划、经营预算计划、人力资源管理等管理程序紧密相连，配套使用。

3. 突出重点原则

员工担负的工作职责越多，所对应的相应工作成果也较多。但是在设定关键绩效指标和工作目标设定时，切忌面面俱到，而是要突出关键，突出重点，选择那些与公司价值关联度较大、与职位职责结合更紧密的绩效指标和工作目标，而不是整个工作过程的具体化。

4. 可行性原则

关键绩效指标与工作目标，一定是员工能够控制的，要界定在员工职责和权利控制的范围之内，也就是说要与员工的工作职责和权利相一致，否则就难以实现绩效计划所要求的目标任务。

5. 全员参与原则

在绩效计划的设计过程中，一定积极争取并坚持员工、各级管理者和管理层多方参与。这种参与可以使各方的潜在利益冲突暴露出来，便于通过一些政策性程序来解决这些冲突，从而确保绩效计划制订得更加科学合理。

6. 客观公正原则

要保持绩效透明性，实施坦率的、公平的、跨越组织等级的绩效审核和沟通，做到系统地、客观地评估绩效。对工作性质和难度基本一致的员工的绩效标准设定，应该保持大体相同，确保考核过程公正，考核结论准确无误，奖惩兑现公平合理。

7. 综合平衡原则

绩效计划是对职位整体工作职责的唯一考核手段，因此必须要通过合理分配关键绩效指标与工作目标完成效果评价的内容和权重，实现对职位全部重要职责的合理衡量。

8. 职位特色原则

绩效计划针对每个职位而设定，其特色完全由绩效管理体系来反映。这要求绩效计划内容、形式的选择和目标的设定要充分考虑到不同业务、不同部门中类似职位各自的特色和共性。

（二）绩效计划的内容

绩效计划的内容包括：本岗位在本次绩效周期内的工作要项；衡量工作要项的关键业绩指标；关键业绩指标的权重；工作结果的预期目标；工作结果的测量方法；关键业绩指标的计算公式；关键业绩指标的计分方法；关键业绩指标统计的计分来源；关键业绩指标的考评周期；在达成目标的过程中可能遇到的困难和障碍；各岗位在完成工作的时候拥有的权力和可调配的资源；组织能够为员工提供的支持和帮助以及沟通方式。绩效计划不是管理者简单地分配任务、员工被动地接受，而是管理者与员工相互沟通的过程，管理者与员工对应对此负有责任。

（三）绩效计划的制订程序

绩效计划的制订分为绩效计划的准备、绩效计划的沟通与绩效计划的审核和确认三个阶段。

1. 准备阶段

（1）收集信息。绩效计划通常是通过管理人员与员工双向沟通的绩效计划会议得到的，那么为了使绩效计划会议取得预期的效果，事先必须准备好相应的信息。

①企业的信息。为了使员工的绩效计划能够与企业的目标结合在一起，管理人员与员工将在绩效计划会议中就企业的战略目标、公司的年度经营计划进行沟通，并确保双方对此没有任何歧义。因此，在进行绩效计划会议之前，管理人员和员工都需要重新回顾企业的目标，保证在绩效计划会议之前双方都已经熟悉了企业的目标。

②关于部门的信息。每个部门的目标是根据企业的整体目标逐渐分解而来的。不但经营的指标可以分解到生产、销售等业务部门，而且对于财务、人力资源部等业务支持性部门，其工作目标也与整个企业的经营目标紧密相连。

③个人的信息。关于被评估者个人的信息中主要有两方面的信息：一是工作描述的信息；二是上一个绩效期间的评估结果。在员工的工作描述中，通常规定了员工的主要工作职责，以工作职责为出发点设定工作目标可以保证个人的工作目标与职位的要求联系起来。工作描述需要不断地修订，在设定绩效计划之前，对工作描述进行回顾，重新思考职位存在的目的，并根据变化了的环境调整工作描述。

(2)绩效计划的沟通。绩效计划是双向沟通的过程，绩效计划的沟通阶段也是整个绩效计划的核心阶段。在这个阶段，管理者与员工必须经过充分的交流，对员工在本次绩效期间内的工作目标和计划达成共识。

这一过程包括回顾目标和员工的基本职责；明确考核对象和任务；确定关键绩效指标和指标标准；确定关键绩效指标的权重；确定绩效的跟踪方式等五个环节。

(3)绩效计划的审定和确认。通过绩效沟通过程，管理者与员工共同确定员工工作计划的要点，填写绩效计划书，以此作为员工未来绩效周期内的工作指南。绩效计划书也是管理者对员工工作进行监督、检查与评定的重要依据。

二、绩效实施

绩效实施是整个绩效管理循环中耗时最长、最关键的环节。这一过程运作的好坏直接影响绩效管理的成败。绩效实施过程包括管理者与员工之间的持续沟通，以及对员工数据、资料、信息和收集与分析。

绩效沟通是绩效管理的核心，是指考核者与被考核者就绩效考评反映出的问题以及考核机制本身存在的问题展开实质性的面谈，并着力于寻求应对之策，服务于后一阶段企业与员工绩效改善和提高的一种管理方法。绩效沟通在整个人力资源管理中占据着相当重要的地位。可以说，如果是企业的绩效管理缺乏了有效的绩效沟通，那企业的绩效管理就不能称之为绩效管理，至少在某种程度上讲是不完整的绩效管理。通过妥善有效的绩效沟通将有助于及时了解企业内外部管理上存在的问题，并可为之采取应对之策，防患于未然，降低企业的管理风险。同时，也有助于帮助员工优化后一阶段的工作绩效，提高工作满意度，从中推动企业整体战略目标的达成。而且和谐的企业文化的构建，优秀的人力资源品牌也离不开妥善有效的绩效沟通的助推作用。

绩效信息的收集与分析是一种有组织有系统地收集员工工作活动和企业绩效信息的工作。管理者对那些与绩效有关的员工数据、资料、信息进行收集，目的是为了解决问题或证明问题。解决问题需要知道存在什么问题以及什么原因导致了这一问题，证明问题需要有充足的事实证据、可靠的资料数据，这些都需要由收集到的信息来提供。

课堂思考题

收集信息的内容有哪些？

三、绩效考核

(一)绩效考核的种类

绩效考核是现代组织不可或缺的管理工具。它是一种周期性检讨与评估员工工作表现的管理系统,是指主管或相关人员对员工的工作做系统的评价。有效的绩效考核,不仅能确定每位员工对组织的贡献或不足,更可在整体上对人力资源的管理提供决定性的评估资料,从而可以改善组织的反馈机能,提高员工的工作绩效,更可激励士气,也可作为公平合理地酬赏员工的依据。

1. 按时间划分

(1)定期考核。企业考核的时间可以是一个月、一个季度、半年、一年。考核时间的选择要根据企业文化和岗位特点绩效选择。

(2)不定期考核。不定期考核有两方面的含义,一方面是指组织中对人员的提升所进行的考评,另一方面是指主管对下属的日常行为表现进行记录,发现问题及时解决,同时也为定期考核提供依据。

2. 按考核的内容分

(1)特征导向型。考核的重点是员工的个人特质,如诚实度、合作性、沟通能力等,即考量员工是一个怎样的人。

(2)行为导向型。考核的重点是员工的工作方式和工作行为,如服务员的微笑和态度,待人接物的方法等,即对工作过程的考量。

(3)结果导向型。考核的重点是工作内容和工作质量,如产品的产量和质量、劳动效率等,侧重点是员工完成的工作任务和生产的产品。

3. 按主观和客观划分

(1)客观考核方法。客观考核方法是对可以直接量化的指标体系所进行的考核,如生产指标和个人工作指标。

(2)主观考核方法。主观考核方法是由考核者根据一定的标准设计的考核指标体系对被考核者进行主观评价,如工作行为和工作结果。

(二)绩效考核的对象

绩效考核对象可以由员工个人、主管、同事、下属和顾客五方面构成。见图6.3。

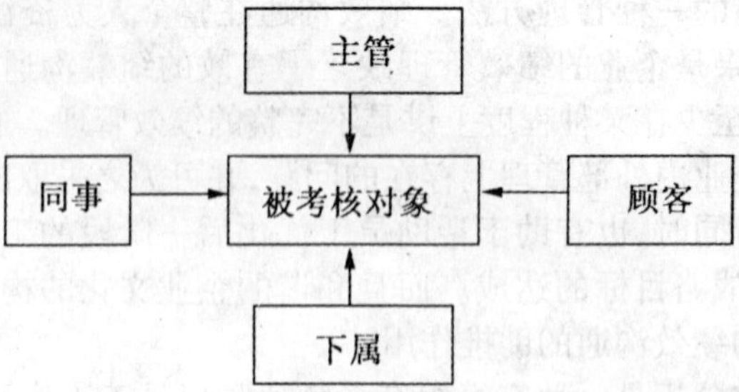

图6.3 绩效考核对象

1. 主管考评

指上级主管对下属员工的考评。这种由上而下的考评,由于考评的主体是主管领导,所以能较准确地反映被考评者的实际状况、对被考评者是否完成工作任务、是否达到预定的目标等工作情况比较了解,而且主管考评有助于实现管理目标,保证管理的权威,也能消除被考评者心理上不必要的压力。所以,在绩效考核中往往由主管考核作为考核主体,其考核的分数对被考核者的考核结果影响很大,约占60% ~70%。但有时也会受主管领导的疏忽、偏见、感情等主观因素的影响而产生考评偏差。

2. 自我考评

指被考评者本人对自己的工作实绩和行为表现所作的评价。这种方式透明度较高，有利于被考评者在平时自觉地按考评标准约束自己。其评定在总体将评价中一般控制在10%左右。但最大的问题是有“倾高”现象存在。

3. 同事考评

指同事间互相考评。这种方式体现了考评的民主性。但考评结果往往受被考评者的人际关系的影响。和自己关系好的就给高分；不好的就给低分，还有可能造成相互的猜疑而影响同事的关系。所以，在绩效考核中，同事考核约占10%左右。

4. 下属考评

指下属员工对他们的直接主管领导的考评。一般选择一些有代表性的员工，用比较直接的方法，如直接打分法等进行考评，考评结果可以公开或不公开。下属考核可以促使上级关心下属的工作，建立融洽的工作关系；但是由于顾及上级的反应，往往不敢真实反应情况。所以，其评定结果在总体评价中一般控制在10%左右。

5. 顾客考评

许多企业把顾客也纳入员工绩效考评体系中。在一定情况下，顾客常常是唯一能够在工作现场观察员工绩效的人，此时，他们就成了最好的绩效信息来源。但是顾客只是侧重于员工工作的结果，不太了解被考核者的实际情况，因此不利于对员工进行全面的评价。在实际考核过程中，采用这种形式，应当慎重。

四、绩效诊断

绩效诊断就是分析引起各种绩效问题的原因，通过沟通寻求支持与了解的过程。绩效诊断的作用在于帮助员工制定绩效改善计划，作为上一循环的结束和下一循环的开始，连接着整个绩效管理循环，使之不断循环上升。绩效诊断包括以下五个内容：

第一，对企业绩效管理制度的诊断。如现行的绩效管理制度在执行的过程中哪些条款得到了落实，哪些条款遇到了障碍难以贯彻，绩效管理制度存在着哪些明显的不科学、不合理、不现实的地方需要修改调整。

第二，对企业绩效管理体系的诊断。如流程绩效管理体系在运行中存在着哪些问题，各个子系统之间健全完善的程度如何，各子系统相互协调配合的情况如何，日前亟待解决的问题是什么等等。

第三，对绩效考评指标和标准体系的诊断。如绩效考评指标与评价标准体系是否全面完整、科学合理、切实可行，有哪些指标和标准需要修改调整等。

第四，对考评者全面全过程的诊断，如在执行绩效管理的规章制度以及实施考评的各个环节中，有哪些成功的经验可以推广，有哪些问题亟待解决，考评者自身的职业品质、管理素质、专业技能存在哪些不足，有哪些亟待提高等。

第五，对被考评者全面全过程的诊断。如在企业绩效管理的各项活动中，员工持有何种态度，通过参与绩效管理活动，员工有何转变，在实际工作取得何种成果，职业品质和素养有哪些提高等。

五、绩效改进

绩效改进是指确认工作绩效的不足和差距，查明产生的原因，制定并实施有针对性地改进计划和策略，不断提高竞争优势的过程。即指采取一系列行动提高员工的能力和绩效。绩效改进的形式多种多样，其过程大致上可以分为以下几个步骤：第一，分析员工的绩效考核结果，找出员工绩效中存在的问题；第二，针对存在的问题，制定合理的绩效改进方案，并确保其能够有效的实施，如个性化的培训等；第三，在下一阶段的绩效辅导过程中，落实实施已经制定的绩效改进方案，尽可能为员工的绩效改进提供知识、技能等方面的帮助。

第三节 绩效考核的方法

一、绩效考核方法的基本类型

根据绩效评价中运用的评估标准，绩效评价可分为绝对评价和相对评价两类，见图6.4。

- 绩效评价方法
  - 相对评价——比较法（人与人相比较）
  - 绝对评价——
    - 量表法（人与客观标准相比较）
    - 目标管理法（人与目标相比较）
  - 描述法

图6.4 绩效评价方法的分类

（一）绝对评价

绝对评价是按统一的标准尺度衡量任职于相同职务的员工，即按绝对标准评价他们的绩效；所谓相对评价是根据部门或团队内人员相互比较作出评价。根据绝对评价中使用的“绝对标准”的不同性质，可以进一步将绝对评价分为两类：

1. 量表法

包括将员工的工作情况与数量、质量、时间等客观工作标准相比较的行为导向型评价法，以及将员工特质与胜任工作的素质和能力相比较的品质导向型评价法。

2. 目标管理法

将员工的工作情况与客观工作目标相比较的目标管理法。由于绝对评价的标准不以评价对象为转移，可以采用这种方法对每个员工独立进行评价。

（二）相对评价

相对评价又称比较法。这种方式的问题在于无法对一个人单独进行评价，而且在绩效面谈中难以找出充分的理由向员工解释最终评价结果的合理性。此外，由于相对评价中使用的评价标准在不同的评价群体中各不相同。所以，其评价结论无法在不同评价群体之间进行横向比较。因此，目前绩效评价发展总体趋势是在可能的情况下使用绝对标准进行评价，而不单独使用相对评价。

（三）描述法

描述法又称事实记录法、叙述法、鉴定法，是一种特殊的绩效评价方法。评价者用描述性文字对评价对象的能力、态度、成绩、优缺点、发展的可能性、需要加以指导的事项和关键性事件等作出评价，由此得到对评价对象的综合评价。

二、常用的绩效考核方法

（一）比较法

比较法是指参照部门或团队内其他员工的工作业绩或工作结果，确定每人的相对名次。企业可据此作出精简组织、人事调整、奖金发放等决策。

1. 排序法

排序法包括简单排序法和交替排序法。简单排序法指评估者把所有员工从最优到最差直接排序。交替排序法指评估者首先把绩效最优的员工列于榜首，把最劣者列于名单末尾;然后在剩下的员工中挑选最好的员工列于名单第二位,把业绩最差的列在倒数第二位,循此程序,直至全部排完。

排序法可以为人事决策提供一份简单明了的人选名单,但难以反映员工之间的业绩间距。例如,第二名与第三名之间的差距很小,但第三名与第四名之间的差距却可能很悬殊。此外,评估者往往只能按某个绩效指标,如顾客投诉、服务效率等对员工进行排序。若要全面评估员工的工作状况,则需在多个绩效维度上轮番对员工排序。当员工数量较多时,采用排序法进行绩效评价就比较困难。

2. 成对比较法

成对比较法指在每项绩效标准上,将所有员工两两相比,记录每位员工优于其他员工的次数,按员工被评为较优的总次数确定他们的排名,见表6.8。

表6.8 成对比较法

评价项目:业务知识;	注:两两相比的员工中,较优秀的员工得1分			
	A	B	C	D
A		1	1	0
B	0		0	0
C	0	1		0
D	1	1	1	
得分	1较差	3最优秀	2中等	0最差

成对比较法和排序法有一个共同问题:每个人在排序中的位置唯一,任何两个员工必须分出先后。但事实上某些员工的表现往往差不多,难分伯仲。此外,成对比较法的工作量较大,当管理幅度较大时,采用成对比较法就会更耗时。

3. 强制分布法

强制分布法是在考核进行之前就设定好绩效水平的分布比例,然后将员工的考核结果安排到分布结构里去。

该方法是根据正态分布原理,即俗称的"中间大、两头小"的分布规律,预先确定评价等级以及各等级在总数中所占的百分比,然后按照被考核者绩效的优劣程度将其列入其中某一等级。例如,要求考核者将10%的人评定为最高分那一级;20%的人评定为次高分那一级;40%的人评为居中的那一级;再将20%的人评为次低分那一级;最后将10%的人评为最低分那一级。见图6.5。

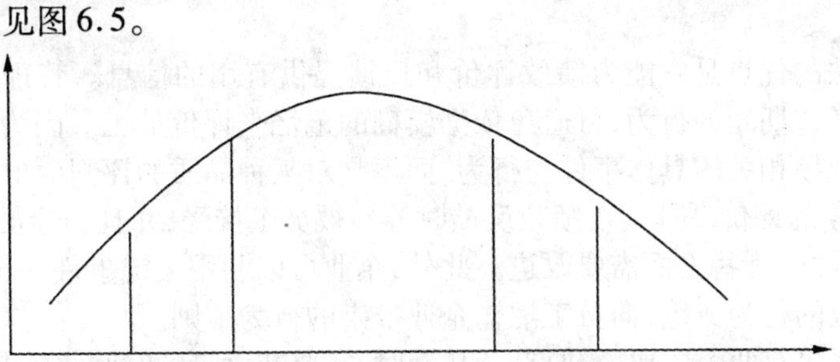

优秀	良好	中等	较差	最差
10%	20%	40%	20%	10%

图6.5 强制分布法

这种方法可以在一定程度上避免绩效评价过程中过严或过松的现象,还可以帮助企业对不同绩效等级的员工采取有针对性的管理措施。例如,通用电气公司推行的20—70—10绩效评估计划对前20%的优秀员工予以重奖,给排名靠后的10%的员工安排改进的机会或让其请辞,以合理的人员流动提高员工队伍的竞争性。通用电气每年流失的管理人员和专业人士约为8 000名,其中将近4 800人是被辞退的,但通用电气公司600名最优秀的管理人员每年因跳槽或退休而离职的比率约为10%。然而,强制分配法基于一个有争议的假设,即凡是有人的地方,就有左、中、右。

强制分布法适用于被考核人员较多的情况,操作起来比较简便。由于遵从正态分布规律,可以在一定程度上减少由于考核人的主观性所产生的误差。此外,该方法也有利于管理控制,尤其是在引入员工淘汰机制的企业中,具有强制激励和鞭策功能。但是如果员工的业绩水平事实上不遵从所设定分布样式,那么按照考评者的设想对员工进行硬性区别容易引起员工不满。而且该方法只能把员工分为有限有几种类别,难以具体比较员工差别,也不能在诊断工作问题时提供准确可靠的信息。

(二)描述法

描述法指评估者用文字描述和评论被评估者的能力、态度、行为、成绩、优缺点等。这种方法使用简单、成本低,实用性非常广,但是缺乏统一的标准,难以对多个被评估者进行客观公正的比较。因此,描述法通常被作为其他评估方法的辅助方法,以减少评估误差,为绩效反馈提供必要的事实依据。

1. 评语法

评语法要求管理人员用一段简短的书面鉴定,描述员工在考评期间内的绩效表现。有些评语没有规定格式。有些则要求评估者按事先列好的问题,逐项评论员工的绩效情况。与其他方法相比较,评语法较为灵活,便于操作。如果管理人员认真撰写评语,评语法能成为定量评估方法的有效补充,为员工改善业绩提供书面建议。然而,许多管理者不愿花时间认真描述每位下属的业绩,给员工的绩效评语往往千人一面,流于形式。此外,评语法的有效性在很大程度上依赖管理人员的书面表达能力。一些主管不能很好地用文字表达他们的想法,结果把对员工绩效的评语写得一塌糊涂。

2. 关键事件法

关键事件法是由美国学者弗兰根和伯恩斯共同创立的一种客观地收集评估资料的方法。它要求评估者通过观察,分别记录每位员工在工作中的关键性行为,以此为据对员工进行绩效评价。评估者既要记录员工的有效行为(如下大雨时,泊车服务生把自己的雨伞借给顾客),也要记录员工的无效行为(如服务员与顾客发生争执),形成"考绩日志"形式的书面报告。

关键事件法的优点是它能为绩效评价和反馈提供有用的信息。管理人员要尽量准确地记录员工在考核期间的行为,可避免依据模糊的记忆来评价员工。因为关键事件法所记载的是与工作业绩相关的具体事件与行为,而不是对某种品质的评判(如"此人工作认真负责")或笼统抽象的评价,所以,在绩效反馈时容易被员工接受,并且能让员工清楚地知道自己哪些方面做得好,哪些方面需要改进。此外,企业可以利用关键事件法记录下来的事例,树立员工应仿效的行为典范,向员工灌输企业推崇的行为准则。

但这个方法也有两个主要的缺点:一是费时,需要花大量的时间去搜集那些关键事件,并加以概括和分类;二是关键事件的定义是显著的对工作绩效有效或无效的事件,但是,这就遗漏了平均绩效水平。而对工作来说,最重要的一点就是要描述"平均"的职务绩效。利用关键事件法,对中等绩效的员工就难以涉及,因而全面的职务分析工作就不能完成。

（三）量表法

量表法是参照客观标准，制定不同形式的评估尺度进行绩效评价的方法。企业采用量表法进行绩效评价，首先要根据被评估者的工作要求建立绩效评价指标体系，给每项评价指标设定权重；然后由评估者根据被评估者在各项评估指标上的表现以及各项指标的标度含义，给被评估者打分；最后汇总计算评价对象的绩效评价总分。常用的量表法包括图评价量表法、行为锚定量表法、行为观察评价法等。

1. 图评价量表法

评价者可采用图评价量表法，从不同的绩效维度对员工进行评价，见表6.9。

表6.9　图评价量表图示

发表日期：51906　　　交表日期：53006 姓名：________　　　职务名称：前台领班 部门：前厅　　　主管： 全日制：__X__　兼职：______　聘请日：______ 考核期间：从5：205　到5：206 评估的原因（单选）：常规考核 __√__ 新员工考核 ____ 咨询建议 ____ 免职考察 ____
根据以下定义，评出1、M、E三个绩效等级。 1——业绩低于工作要求，工作有待改进 M——业绩符合工作要求和标准 E——在大多数情况下，业绩都超过了工作要求和标准
具体的工作职责：根据每项工作职责评价员工的绩效，在评分尺度上合适的位置打“√”；在评分后加注适当的评语，阐明打分的依据。
工作职责1：销售和分配客房 备注：________
工作职责2：及时准确记录客房利用的情况，编制预测报告表 备注：________
（略）
出勤情况（包括缺勤和迟到）：　缺勤次数：______　迟到次数：______ 备注：________
总体评价：根据总体的业绩的情况，在以下的方格内填入1、M或E，以最恰当地描述员工的总体业绩。 □ 备注：________

这些评价维度通常是反映员工工作质量、工作数量、工作独立性、业务知识水平、人际关系、出勤情况等方面的工作特征指标，或根据员工的工作行为分类，列出具体行为，以便评估者评价被评估者在每类行为上的表现。每一维度都根据业绩评价的需要划分出若干等级刻度，以便评估者在一个连续区间内评价被评估者的业绩。这些等级刻度可粗可细，通常用三点刻度或五点刻度代表员工在各项绩效指标方面的优劣程度，如“1、2、3、4、5”、

"优异、良好、一般、合格、不合格"。由于各个维度对业绩的作用往往并不相同,企业可以根据每个维度的重要性分别给予不同的权重,使评价结果更为科学、准确。

图评价量表法的好处之一是评价内容结构化,便于员工之间的业绩比较。此外,该方法的开发成本和使用成本相对较低,简单易行,便于理解,因而得到广泛的应用。

但是,图评价量表法也有一些缺点。评价的准确性受评价者主观影响较大,特别是当评价维度和维度等级没有明确界定和说明时,容易导致宽松化、严格化、晕轮效应等评价失误。例如,"独立性"、"创新性"、"可靠性"、"合作性"等描述绩效指标的词汇可以有多种不同的解释,尤其是这些词与"优秀"、"一般"、"差"等词搭配在一起时,其含义更为模糊、笼统。不同评估者对量表上描述的内容可能有不同的理解,这就很难保证评价结果客观、准确和公正。因此,有效的图评价量表法不仅应该明确地定义每一个评价维度,而且对维度等级也要有明确的界定和说明。

此外,在向员工提供业绩评价反馈时,图评价量表法也容易令员工产生抵触情绪。例如,当被评价者得知其人际关系的评价只有2分时,他的第一反应很可能是抵触,拒绝接受任何有关业绩反馈的信息。评估者在评分后加入注解有助于缓解这一问题。表6.9是评估前厅领班工作绩效的图评价量表。评估者可以根据量表上列出的每条职责,对员工的工作表现打分,并在每一单元后的空白处补充更为详细的评语。

2. 行为锚定量表法

行为锚定等级考核法是基于对被考核者的工作行为进行观察、考核,从而评定绩效水平的方法。行为锚定等级评价法也称行为定位法,行为决定性等级量表法或行为定位等级法是由美国学者史密斯(P. C. Smith)和德尔(L. Kendall)于60年代提出的。

行为锚定等级评价法是一种将同一职务工作可能发生的各种典型行为进行评分度量,建立一个锚定评分表,以此为依据,对员工工作中的实际行为进行测评级分的考评办法,见表6.10。

表6.10 行为锚定量表图示

职位:餐厅服务员　　　　评价批标:服务绩效

评价等级:

优秀:——在服务过程中,根据顾客的需要,有效地向顾客推介菜肴

9-

良好 8——恰当地回答顾客的问题,为顾客提供额外的相关信息

7-

一般 6——有问必答,当无法供应顾客点的菜肴时,向顾客推荐类似菜式

5-

较差 4——被动地回应顾客的要求,动作拖沓,回答含糊

3-

2-

差 1——缺乏服务技能,发生服务差错时,与顾客发生争执

行为锚定等级评价法实质上是把关键事件法与评级量表法结合起来,兼具两者之长。行为锚定等级评价法是关键事件法的进一步拓展和应用。它将关键事件和等级评价有效地结合在一起,通过一张行为等级评价表可以发现,在同一个绩效维度中存在一系列的行为,每种行为分别表示这一维度中的一种特定绩效水平,将绩效水平按等级量化,可以使考评的结果更有效,更公平。

行为锚定等级评价法的目的在于通过一个等级评价表，将关于特别优良或特别劣等绩效的叙述加以等级性量化，从而将描述性关键事件评价法和量化等级评价法的优点结合起来。行为锚定等级评价法通常要求按照以下5个步骤来进行。

(1)进行岗位分析，获取关键事件，以便对一些代表优良绩效和劣等绩效的关键事件进行描述。

(2)建立评价等级。一般分为5~9级，将关键事件归并为若干绩效指标，并给出确切定义。

(3)对关键事件重新加以分配。由另一组管理人员对关键事件作出重新分配，把它们归入最合适的绩效要素指标中，确定关键事件的最终位置，并确定出绩效考评指标体系。

(4)对关键事件进行评定。审核绩效考评指标登记划分的正确性，由第二组人员将绩效指标中包含的重要事件由优到差，从高到低进行排列。

(5)建立最终的工作绩效评价体系。

3. 行为观察评价法

行为观察评价法与行为锚定量表法的区别在于，它不是把关键事件作为界定绩效级别的标度，要求评价者评价哪一种行为最确切地反映了员工的绩效，而是要求评价者根据被评价者在考核期间表现出特定行为的频率，选择与频度相应的分值。例如，餐厅服务员在一月之内没有与顾客发生争执得3分，争执1~2次得2分；争执3~4次得1分；争执5次或5次以上得0分。对每项行为评定分值后，按各项行为指标的权数加权平均，就得出总体的绩效评价等级。表6.11是行为观察评价法的示例。

表6.11　行为观察评价法图示

评价指标：克服变革的阻力							
1. 向下属描述变革的细节	几乎从不	1	2	3	4	5	几乎总是
2. 解释为什么必须进行变革	几乎从不	1	2	3	4	5	几乎总是
3. 与员工讨论变革将给员工带来何种影响	几乎从不	1	2	3	4	5	几乎总是
4. 倾听员工的心声	几乎从不	1	2	3	4	5	几乎总是
5. 在变革成功的过程中请求员工的帮助	几乎从不	1	2	3	4	5	几乎总是
6. 必要时，就员工关心的问题定一个具体日期，进行变革后的跟踪会谈	几乎从不	1	2	3	4	5	几乎总是
总体评价：	6～10 很差	11～15 尚可	16～20 良好	21～25 优秀	26～30 出色		

(四)目标管理法

目标管理法是最典型的成果导向型评价法。它的核心内容是目标的设定及科学地对目标完成情况进行评价。企业与员工在共同协商基础上，将企业目标层层分解，形成部门目标乃至个人目标；然后通过充分授权、适时监督、不断给予支持和帮助的方式，激发员工进行有效的“自我控制”，努力实现目标；最后，根据每项目标最终的执行情况进行绩效评价，给予相应的奖励或惩罚，激励员工在下一个周期更好地完成目标任务。

目标管理法首先应具体明确目标管理法的目标；其次参与决策，目标管理法参与的方式决定目标，上级和下级共同参与目标的选择和对如何实现达成一致意见；再次，规定期限，每一个目标的完成都有一个明确的时间界限；最后，反馈绩效，目标管理寻求不断将事情的进展情况反馈给个人，以便他们能够调整自己的行动。也包括正式的评估会议，上下级共同回顾和检查进展情况。

这种评估法的最大优点在于为员工树立了明确的目标。管理人员与员工一起建立具体、细致且具有挑战性目标，可激励员工尽量向目标靠拢，对提高业绩水平有积极效果。从公平的角度来看，目标管理的绩效标准是按照相对客观的条件来设定的，因而评价结果较为公平。此外，管理人员与员工要共同协商，对目标及实施方法达成一致，有助于加强上下级之间的沟通。

但是，目标管理也存在一些不容忽视的问题。这种方法要求每个考核周期都制定一套完整的绩效评价标准，需要花费较多的时间和精力。由于绩效标准因员工不同而不同，管理人员必须花较多精力评估员工的目标完成情况，而且评估结果不能用于员工之间的比较。有些管理人员为了取得较好的评估结果，投机取巧，故意设定一些看起来难但实际上容易达到的目标。此外，由于目标管理过分关注目标实现，容易导致员工为追求结果而采用短期行为甚至错误的行为。例如，有的销售人员为了完成销售额对顾客采用欺诈行为，作出不切实际的服务承诺。所以，在目标设定和目标实现的评价时必须考虑这些影响因素。

三、绩效考核的误差

（一）考评指标理解误差

主要是由于考评人对考评指标的理解的差异而造成的误差。同样是“优、良、合格、不合格”等标准，但不同的考评人对这些标准的理解会有偏差，同样一个员工，对于某项相同的工作，甲考评人可能会选“良”，乙考评人可能会选“合格”。避免这种误差，可以通过以下三种措施来进行：

（1）修改考评内容，让考评内容更加明晰，使能够量化的尽可能量化。这样可以让考评人能够更加准确的进行考评；

（2）避免让不同的考评人对相同职务的员工进行考评，尽可能让同一名考评人进行考评，员工之间的考评结果就具有可比性；

（3）避免对不同职务的员工考评结果进行比较，因为不同职务的考评人不同，所以不同职务之间的比较可靠性较差。

（二）光环效应误差

当一个人有一个显著的优点的时候，人们会误以为他在其他方面也有同样的优点。这就是光环效应。在考评中也是如此。比如，被考评人工作非常积极主动，考评人可能会误以为他的工作业绩也非常优秀，从而给被考评人较高的评价。在进行考评时，被考评人应该将所有考评人的同一项考评内容同时考评，而不要以人为单位进行考评，这样可以有效地防止光环效应。

（三）中心化趋势、宽松化和严格化误差

中心化趋势误差指评估者对所有员工的评价都差不多，员工的评估成绩拉不开距离，即使业绩很差的员工也能得到与大家差不多的成绩。宽松化误差指对所有员工的评价都偏高。有些管理人员给员工打分时会多给几分同情分，使员工的得分偏高。严格化误差指评估者对所有员工的评价结果都偏低。例如，用一个 5 点刻度的量表评价员工的业绩（1 表示非常差，5 表示优秀），宽松化的评估者对大多数员工的评分都较接近 5，而严格的评估者对大多数员工的评分都较接近 1。

与严格化误差相比，发生宽松化误差和中心化误差更为常见。产生这种现象的原因主要是：评估者对评估工作缺乏自信心，因而不愿作出“极差”之类的评价，以避免引起评价争议；评价指标的说明不完整、评价标准或评价方法不明确。此外，由于管理人员的绩效在很大程度上取决于下属的工作表现，为了显示自己管理有方，不少管理者在评价下属时都倾向于把分数拔高，使自己部下显得比其他部门员工优秀。为了避免冲突，主管往往也会给员工高于他们实际绩效的评分。

减少上述误差的主要方法是使评估者正确认识绩效评价的目的，通过培训使他们了解评估系统的科学性和重要性，并让他们有足够的时间和渠道加强对被评估者的了解，以增强评估者的信心。必要时，结合使用比较法，分出员工的绩效等级。此外，对评估者的评估结果进行复审，也可以在一定程度上避免评估过严或过宽。

（四）近期误差

由于人们对最近发生的事情记忆深刻，而对以前发生的事情印象浅显，所以容易产生近期误差。考评人往往会用被考评人近一个月的表现来评判一个季度的表现，从而产生误差。消除近期误差的最好方法是考评人每月进行一次当月考评记录，在每季度进行正式的考评时，参考月度考评记录来得出正确考评结果。

（五）个人偏见误差

考评人喜欢或不喜欢（熟悉或不熟悉）被考评人，都会对被考评人的考评结果产生影响。考评人往往会给自己喜欢（或熟悉）的人较高的评价，而对自己不喜欢（或不熟悉）的人给予较低的评价，这就是个人偏见误差。例如，有的经理认为漂亮、高挑的青年女员工比男员工更能胜任前台工作，在评估时不自觉地给男员工较低的评价，而忽视了考察员工实际的工作绩效。采取小组评价或员工互评的方法可以有效地防止个人偏见误差。高层管理者审核经理所作的评估结果，有助于纠正这一问题。

（六）压力误差

当考评人了解到本次考评的结果会与被考评人的薪酬或职务变更有直接的关系，或者惧怕在考评沟通时受到被考评人的责难，鉴于上述压力，考评人可能会做出偏高的考评。解决压力误差。一方面要注意对考评结果的用途进行保密，一方面在考评培训时让考评人掌握考评沟通的技巧。如果考评人不适合进行考评沟通，可以让人力资源部门代为进行。

（七）自我比较误差

考评人不自觉地将被考评人与自己进行比较，以自己作为衡量被考评人的标准，这样就会产生自我比较误差。解决办法是将考核内容和考核标准细化和明确，并要求考评人严格按照考评要求进行考评。

（八）盲点误差

考评人由于自己有某种缺点，而无法看出被考评人也有同样的缺点，这就造成了盲点误差。盲点误差的解决方法和自我比较误差的解决方法相同。

第四节 绩效管理中的全球性问题

一、国际化企业的绩效管理

绩效管理的一般原则在大多数国家都是通用的，然而，由于文化、经济、法律、政策等因素，在一个国家有效的某种方法到了另一个国家可能就失效了。因此，企业在跨国发展的过程中，必须要考虑不同地区或国家的法律要求、地方业务惯例、民族文化等因素对员工职务行为范围的确定、绩效指标和标准的设计、绩效评估者的选择以及提供反馈的方式等方面带来的影响。

例如,美国的汽车租赁公司大多采用行为导向的量表法来测量客户服务代表的绩效,所测量的行为指标通常包括对顾客微笑、与顾客保持眼神接触、问候顾客以及为顾客解决问题。公司衡量客户服务代表在这些指标上的表现,以反映客服代表通过提高客户服务质量为实现企业目标所作的贡献。然而,当业务扩展到其他国家后,就要对这些行为导向指标进行修正,以适应当地市场的需要。例如,在日本,人们对礼貌行为有独特的理解。客户服务代表要以适当的角度向客人鞠躬,目光要稍微向后调整,以礼貌的方式与客人进行眼神接触。在加纳以及许多其他的非洲国家则需要增加一些行为指标,如客户服务代表需表现出对客户忠诚、遵守规则和遵守服务程序等行为。

衡量绩效的频率和方式可能也要因国家和地区而异。在一些发展速度非常快的地区或行业,一年才更新一次绩效计划可能跟不上市场的发展。此外,由于文化上的差异,并不是各地的员工都像欧美国家的员工那样渴求在工作上拥有独立自主权和免于监督的自由空间。日本伊藤洋华堂(Ito-Yokado)公司对其属下的7-Eleven便利店都安装了现金自动计数器,以便总部随时监视每一笔交易,了解便利店经理使用系统分析工具统计产品销售状况的频率。在美国,便利店经理们大多不接受这种绩效监督和辅导方式。他们倾向于自行决定如何摆放货架、调整产品组合以及处理服务和管理过程中的突发事件。

文化差异还给绩效反馈工作提出了挑战。全世界的员工都希望得到正面的反馈,但美国和法国的管理人员往往使用直率的表达方式,英国的管理人员更多地使用含蓄的表达和间接的方式。在美国通用的反馈规则——"清晰地表达和切中要点",在英国、中东或东亚国家可能被视为是一种冒犯或令人不安的反馈方式。在墨西哥,管理人员需要在深入讨论员工有待改进之处之前,先提供一些正面的反馈,以平缓员工的情绪。在亚洲许多国家的文化中,"面子"是很重要的东西,管理人员有荣誉观念,他们希望反馈是"和谐"的,确保双方能"仪态大方"地离开会议室。但是,在美国、德国和斯堪的纳维亚地区,管理人员更多注重的是反馈内容,而不是"面子"问题。

有时,宗教观念也会影响绩效反馈工作。例如,在新加坡航空公司的泰国办事处,管理人员拒绝向下属作出负面的反馈,因为他们认为这会给他们带来因果报应,使他们来生投胎时变成下等人。新加坡航空公司只好作出相应调整,以便这些管理人员按当地文化接受的方式进行反馈。

二、我国企业在绩效管理中常见的误区

目前,我国许多企业对绩效管理的认识只停留在人事考核层面上。对绩效管理认识不足,评估方法和技术使用失当,绩效管理过程中沟通不良等原因使这些企业无法把绩效管理与企业的战略和人力资源开发结合起来,发挥绩效管理对组织行为的积极作用,甚至由于评估结果失真而阻碍效率的提高。糟糕的绩效管理系统或者绩效评估方法不仅会浪费管理者和员工大量的时间,更关键的是它对组织的心理氛围造成了不可弥补的影响:影响了企业的组织文化氛围,影响了员工的士气、凝聚力和对管理层的信任。分析我国企业在绩效管理中常见的误区,有助于提高管理水平,取得质的进步。

(一)绩效管理等于绩效评估的误区

我国不少企业把绩效管理当做一项流于形式的评估工作。提起绩效评估,在许多人眼前浮现的是一堆各种各样的表格,人力资源部把人们填好的表格存放在档案柜里,几年后拿出来销毁。由于表中所提供的信息往往模糊且不准确,所以企业也不会依据它们来做人事决策。造成人们这种印象的一个根本原因就是企业过于孤立地看待了绩效评估这一行为,这是

对绩效管理在观念和定位上的误区。许多企业请外部的专家顾问帮助建立绩效管理体系，问得最多的问题都是"我们该怎样考核啊？"似乎关心的焦点全在评估上，而往往忽视了绩效管理的过程。绩效评估与绩效管理并不是等价的。绩效评估是完整的绩效管理过程中的一个环节，而绩效管理则要求企业管理人员通过计划、辅导、评估和反馈，以持续开放的沟通推动团队和员工表现出有利于实现组织目标的行为，并最终作出组织所期望的贡献。如果将绩效评估与完整的绩效管理割裂开来，就会造成组织的绩效管理系统与组织的战略目标脱钩，反之，如果能够做好绩效评估之前和之后的其他环节的工作，评估只是水到渠成的事情。

（二）绩效管理是一项额外的工作，应该由人力资源部门负责的误区

在许多管理者看来，自己最重要的工作是做好业务，绩效管理是在正常管理工作之外的一项额外工作，这项工作应该由人力资源部门来推动和负责。这种观念必然使企业的绩效管理系统缺乏高层领导者和直线管理人员的支持。只有在人力资源部门的敦促下，他们才能腾出时间读读绩效管理的文件，填写一下表格。另一方面，这种观念使人力资源部门在开发绩效考核系统时承受巨大的压力，在推行绩效管理体系的过程中还要竭力鼓励业务部门经理接受绩效管理工作，发动各部门管理者和员工的积极性和创造性来完善绩效管理系统。人力资源管理部门"独立"建构的绩效管理系统往往由于缺乏与企业战略的联系，考虑问题的层面过于肤浅，实施效果不尽如人意。

实际上，绩效管理是管理者通过下属员工的力量来完成工作的一种手段，而不仅是人力资源管理工具。管理者可以通过将绩效目标进行分解并分配给下属，同时促使下属完成这些绩效目标从而实现自己的目标。因此，绩效管理恰恰是每个管理者不可或缺的一环工作内容，而不是额外的工作。

（三）绩效指标与企业的战略脱节的误区

绩效指标的设置是绩效管理的操作技术中比较核心的一项内容。不少企业在年终评估后发现各个部门的绩效指标完成情况都非常好，但是企业整体的绩效却不是很好。出现这种现象的主要原因之一是，企业在制定绩效计划和指标体系时，由各部门各自提出部门年度目标、考核指标和标准，然后企业就部门提出的事项进行讨论和审核。出于对本部门利益的考虑，各部门在设定绩效指标时往往不是从公司整体的战略目标进行分解，而是更多地关注部门内部每个具体的岗位，提出本部门目前能做的和急需做的任务。结果，企业的战略就无法很好地落实到每个人头上。要解决这类棘手的问题，企业应首先明确实现战略目标的路径，理清各部门工作与组织目标之间的逻辑，将目标进行科学的分解后再拟定考核这些子目标的指标体系，以确保绩效指标既具有良好的可操作性，又能够保证组织中每个人都朝着正确的方向努力。

（四）绩效管理最主要在于发奖金和调整工资

很多企业在聘请咨询顾问进行绩效管理系统设计时，都把出发点放在如何根据评估结果进行利益分配上。例如，现在是干好干坏一个样，如何通过绩效管理将收入差距拉开；年终要分奖金、涨工资了，该给谁发不该给谁发，该给谁涨不该给谁涨，总得有个说法。应该承认，很多企业从经验管理过渡到科学管理，在利益分配的问题上从一种无序的状态发展到有序的状态，这是非常必要的。但只认识到这点还是远远不够的，绩效管理还有很多更为重要的意义。科学的绩效管理要把目标放在战略目标的实现上，要让所有员工都为促进企业的整体绩效而努力，同时要让每个员工找到自己成长的方向。

课后思考题

1. 绩效管理包含哪些关键的组成部分？

2. 绩效管理的作用体现在哪些方面？

3. 企业在设置绩效评价指标时，要注意哪些问题？

4. 如果你是一名部门主管，你愿意采用360°评估法来评估你吗？为什么？

5. 绩效评价中有哪些常见的评估者误差，如何避免这些误差？

案例分析

她为什么离职？

冯倩以优异的成绩毕业于一所名牌大学。毕业后，她就职于一家市场调研公司。一天，她的上司张健生委派她负责一个重要的研究项目。老张预计这个研究项目大概需要五个月才能完成。他暗暗观察着这个年轻人的工作进展，心想：如果她把这项工作干好，那么，项目完成后就提拔她。

转眼三个月过去了，冯倩敲开老张的办公室，沉默了一下，然后说道："张先生，非常感谢你给我这样一个工作机会，但是，这三个月来，我一直处于不确定的迷雾中，这给了我很大的压力。我曾经尝试过与您沟通，但您除了坐在自己的办公室里，就是和大老板们开会，总共也没有和我们讲过几句话。那天我发了一个电子邮件给您，向您讲了一些工作上的事情，可是很长时间都没有得到您的答复。虽然我可以尽量克服工作上的困难，但是对于很多事情，我是多么想早一点知道解决办法和您的看法。我想，我没法完成这个项目……我本来打算在这里长期工作下去，现在我不得不改变主意。我已经接受了凯瑟琳公司的一份工作。我会用两个星期时间交接工作，从11月1日开始我将到新公司上班。对不起。"

老张惊呆了，他怎么也无法相信他最看好的员工要走了。

讨论问题：

1. 你认为冯倩离职的根本原因是什么？

2. 如果你是老张，应如何改善他的绩效管理工作？为什么？

第七章　薪酬管理

第一节　薪酬管理概述

一、薪酬的含义

(一)薪酬的定义

薪酬是指员工因被雇佣而获得的各种形式的经济收入、有形服务和福利。这里的薪，指薪水，又称薪金、薪资，所有可以用现金、物质来衡量的个人回报都可以称之为薪。也就是薪是可以数据化的，我们发给员工的工资、保险、实物福利、奖金、提成等都是薪。做工资、人工成本预算时预计的数额都是“薪”。酬则为报酬、报答、酬谢，是一种着眼于精神层面的酬劳。有不少的企业，给员工的工资不低，福利不错，员工却还对企业诸多不满，到处说企业坏话；而有些企业，给的工资并不高，工作量不小，员工很辛苦，但员工却很快乐，为什么呢？究其源，还是在付“酬”上出了问题。当企业没有精神、没有情感时，员工感觉没有梦想，没有前途，没有安全感，就只能跟企业谈钱，员工跟企业间变成单纯的交换关系。这样的单纯的“薪”给付关系是不会让员工产生归属感的。

薪酬的实质是一种公平的交易或交换关系，是员工在向单位让渡其劳动或劳务使用权后获得的报偿。

(二)薪酬与工资、报酬的关系和区别

薪酬不能等同于工资和报酬。

工资是指员工从事企业所需要的劳动而得到的以货币形式的回报，是企业直接支付给员工的劳动报酬，它是保证社会再生产得以进行的必要条件，是按劳分配主体原则的重要体现。工资不能等同于薪酬，在现代企业的分配制度中，对人力资源(企业中任何一名员工)实行的是工资制，对人力资本(企业中的技术创新者和职业经理人)实行的是薪酬制。

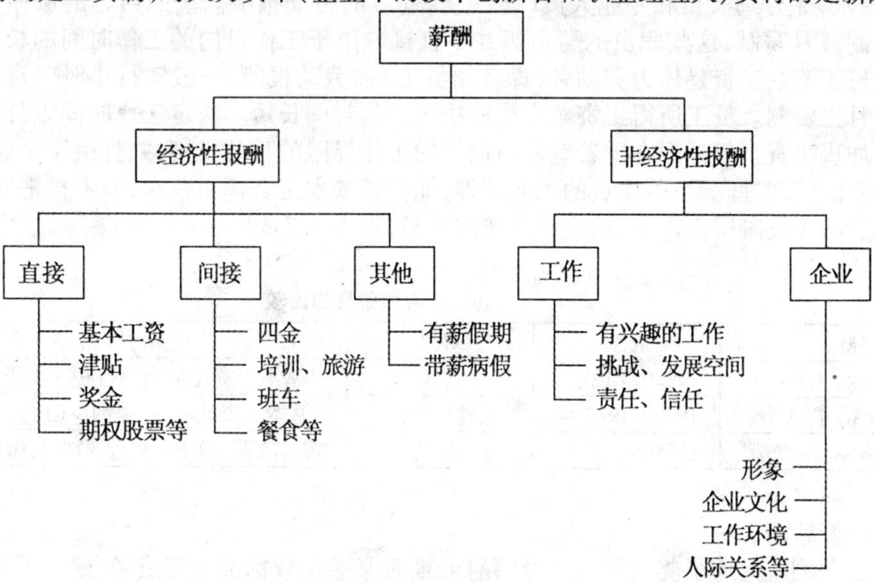

图 7.1　报酬构成图

报酬分为经济类报酬和非经济类报酬两种，见图7.1。经济类报酬是指员工的工资、津贴、奖金等。非经济类报酬是员工获得的成就感、满足感或良好的工作气氛等。

报酬和薪酬是不同的两个概念，报酬是从个人所获收益的角度而言，强调权利；而薪酬则强调权责对等。

现实中一些公司在进行薪酬体系设计时，常常把薪酬与工资、报酬概念混为一谈，这样将影响公司的发展。因此有必要准确区别薪酬与工资、报酬的概念。

二、薪酬的构成

根据货币支付的形式，可以把薪酬分为两大部分：

一部分是以直接货币报酬的形式支付的工资，包括基本工资、奖金、绩效工资、激励工资、津贴、加班费、佣金、利润分红等；一部分则体现为间接货币报酬的形式，间接地通过福利（如养老金、医疗保险）以及服务（带薪休假等）支付的薪酬。这里将薪酬划分为基本薪酬、可变薪酬和间接薪酬三部分，见表7.1。

表7.1 薪酬的构成、功能及其特征

薪酬构成	功能	决定因素	变动性	特点
基本薪酬	保障 体现岗位价值	职位价值、能力、资历	较小	稳定性 保障性
可变薪酬	对员工良好业绩的回报	个人、团体和组织的绩效	较大	激励性 持续性
间接薪酬	提高员工的满意度 避免企业年资负债	就业与否、法律	较小	针对所有员工满意度、保障性

1. 基本薪酬

基本薪酬是根据员工所承担或完成的工作本身或者是员工所具备的完成工作的技能，向员工支付的稳定性报酬，是员工收入的主要部分，也是计算其他薪酬性收入的基础。

在西方国家，传统上来讲基本薪酬分为薪金（Salary）和工资（Wage）两种类型。薪金（也称薪水）是管理人员和专业人员（即白领职员）的劳动报酬。按照西方的法律，一般实行年薪制或月薪制，这些职员的薪金额并不直接取决于工作日内的工作时间的长短，加班没有加班工资。工资是体力劳动者（即蓝领员工）的劳动报酬，一般实行小时工资制、日工资制或月工资制。员工所得工资额直接取决于工作时间长短。法定工作时间以外的加班，必须付加班工资。但是现在随着蓝领与白领的工作界限的日益模糊，并且由于企业为了建立一整套的管理理念，培养雇员的团队精神，他们把基本工资都叫薪水，而不再把雇员分成薪水阶层和工资阶层。工资、薪金和薪酬的比较，见表7.2。

表7.2 工资、薪金和薪酬的比较

概念	时期	对象	支付构成
Wage 工资	1920年以前	蓝领	基本工资比重大、福利少（少于5%）
Salary 薪水	1920～1980年	白领、蓝领	基本工资比重大、福利少（约为15%）
Compensation 薪酬	1980年以后	白领、蓝领	基本工资30%＋奖金30%＋福利40%

2. 可变薪酬

可变薪酬就是为了奖励那些已经（超标）实现某些绩效标准的完成者，或为了激励追求者去完成某些预定的绩效目标，而在基本工资的基础上支付的可变的、具有激励性的报酬。

它可以从两个角度去理解，即可变薪酬被用于对已完成的超额、超标准的绩效进行奖励；对预定的绩效目标进行激励。

简单地说，可变薪酬就是为了奖励完成者和激励追求者所支付的报酬，其支付依据主要是绩效标准。

(1)绩效薪酬。是对员工超额工作部分或工作绩效突出部分所支付的奖励性报酬，旨在鼓励员工提高工作效率和工作质量。它是对员工过去工作行为和已取得成就的认可，通常随员工业绩的变化而调整。其中包括"绩效加薪"、"一次性奖金"和"个人特别绩效奖"三种比较常用的形式。

(2)激励薪酬。相对于绩效薪酬，是用来对预定的绩效目标进行激励的奖金支付方案。其中包括对个人、团队和组织的激励计划。用于衡量业绩的标准有成本节约、产品数量、产品质量、税收、投资收益、利润增加等，不计其数。激励工资有短期，也有长期的。

激励薪酬与绩效薪酬是不同的。激励薪酬是一种提前将收益分享方案明确告知员工的方法，它是以支付工资的方式影响雇员将来的行为；而绩效薪酬则侧重于对过去突出业绩的认可。激励薪酬制度在实际业绩达到之前已经确定，通常雇员对于超额完成财务目标后所能得到的红利非常清楚，而对绩效薪酬往往不会提前知道。另外，二者的最大区别在于：绩效薪酬通常会加到基本薪酬上去，是对基本薪酬永久的增加。而激励薪酬是一次性付出，对劳动成本不形成永久的影响。雇员业绩下降时，激励薪酬也会自动下降。

3. 间接薪酬

这部分薪酬通常不与员工的劳动能力和提供的劳动量相关，而是一种源自员工组织成员身份的福利性报酬。福利因国家的不同而不同，像亚洲的韩国、日本、中国等国都会发放各种津贴和补贴作为福利。津贴是指工资无法全面、准确反映的由劳动条件、社会环境、社会评价、物价浮动等对员工造成伤害的可能性较大，在社会看来不够体面的工作等；而把与生活相联系的补偿称为补贴，如住房补贴等。这在欧美是较少的，他们的福利更多地表现为非货币形式，比如休假、服务(医疗咨询、员工餐厅)和保障(医疗保险、人寿保险和养老金)等。

当前，福利和服务已日益成为薪酬的重要形式，它对于吸引、保有员工有着不可替代的作用。

薪酬构成形式没有固定统一的模式和组合比例，不同国家、地区和企业应根据实际需要和可能的条件，制定自己的薪酬标准。

三、薪酬功能

(一)薪酬对雇员的功能

1. 经济保障功能

从经济学的角度来说，薪酬实际上就是劳动力这种生产要素的价格，其作用就在于通过市场将劳动力尤其是具有一定的知识、技能和经验的稀缺人力资源配置到各种不同的用途上去。员工作为企业的人力资源，通过劳动取得薪酬来维持自身的衣食住行等基本需要，保证自身劳动力的生产。同时，员工还要利用部分薪酬来进修学习、养育子女，实现劳动力的增值再生产。因此，员工的薪酬决定着他们的生存、营养和文化教育条件，是企业人力资源生产和再生产的重要保证。

2. 心理激励功能

(1)从心理学角度。薪酬是个人和组织之间的一种心理契约，这种契约通过员工对于薪酬状况的感知而影响员工的工作行为、工作态度以及工作绩效，即产生激励作用。

(2)从激励的角度。员工的较高层次薪酬需求得到满足的程度越高，则薪酬对于员工的激励作用就越大；反之，如果员工的薪酬需要得不到满足，则很可能会产生消极怠工、工作效率低下、人际关系紧张、缺勤率和离职率上升、组织凝聚力和员工对组织的忠诚度下降等多种不良后果。

3. 社会信息功能

对于员工来说，薪酬所具有的信息传递功能也是一种非常重要的功能。这是因为，在现代社会中，由于人员在企业之间甚至在地区之间频繁流动，因此在相对稳定的传统社会中需要薪酬等用来确定一个人的社会地位以及组织内部的价值关注。而薪酬作为流动社会中的一种市场信息则很好地说明了一个人在社会与经济上所处的位置。

（二）薪酬对雇主的功能

1. 控制经营成本

由于企业所支付的薪酬高低直接影响到企业在劳动力市场上的竞争能力，因此，企业保持较高的薪酬水平对于企业吸引和保留员工无疑是有利的。但是，较高的薪酬也无疑造成企业较高的成本支出，从而影响企业在产品市场上的竞争能力。在多数企业中薪酬总额要占总成本的40%～90%。通过合理控制企业的薪酬成本，企业才能够将自身的总成本降低40%～60%。因此，有效地控制薪酬成本支出对大多数企业的经营成功都是具有重大的意义。

2. 增值功能

薪酬是能够为企业和投资者带来预期收益的资本，是用来购买劳动力所支付的成本。以工资为核心的成本投入可以为投资者带来远超于成本的收益。

3. 改善经营绩效

薪酬对员工的工作行为、工作态度及工作业绩都有最直接的影响。薪酬决定了企业人力资源的存量；也决定了员工受激励的状况，影响到工作的工作效率、缺勤率，对组织的归属感以及对组织的承诺度。

4. 强化企业文化

合理的和富有激励性的薪酬制度会帮助企业形成良好的企业文化，或者对已存在的企业文化起到积极的强化作用。企业通过制定公平合理的薪酬可以调动员工的积极性和激发员工的创造力，使员工体会到自身的被关心和自我价值的被认可，增加对企业的情感依恋，自觉地与企业同甘共苦，为自身的发展与企业目标的实现而努力工作。

（三）薪酬对社会调节功能

薪酬差异是人力资源流动与配置的重要“调节器”。在通常情况下，企业一方面可以通过调整内部薪酬水平来引导内部人员流动；另一方面，可以利用薪酬的差异对外吸引急需的人才。国家亦可以通过薪酬调整人们的利益分配，形成社会分配的总体平衡，实现人力资源的宏观合理配置。

四、薪酬的主要影响因素

（一）内部因素

1. 本组织的业务性质与内容

如果组织是传统型、劳动力密集型的，它的劳动力成本可能占总成本的比重很大；但若是高技术的资本密集型的组织，劳动力成本在总成本中的比重却不大。显然，这些组织的薪酬政策会有所不同。

2. 组织的经营状况与财政实力

一般来说，资本雄厚的大公司和赢利丰厚并且正处于发展上升的企业，对员工付酬也较慷慨；反之，规模较小或不景气的企业，则不得不量入为出。

3. 组织的管理哲学和企业文化

企业文化是组织分配思想、价值观、目标追求、价值取向和制度的土壤。企业文化不同，必然会导致观念和制度的不同，这些不同决定了组织的薪酬体系、分配机制的不同，这些因素间接地影响着组织的薪酬水平。

（二）外部因素

1. 劳动力市场的供需关系与竞争状况

劳动力价格（薪酬）受供求关系影响，劳动力的供求关系失衡时，劳动力价格也会偏离其本身的价值：一般而言，供大于求时，劳动力价格会下降，供小于求时，劳动力价格会上升。

2. 地区及行业的特点与惯例

这里的特点也包括基本观点、道德观与价值观。例如，受传统的"平均"、"稳定"至上观点的影响，则拉开收入差距的措施便多半不易被接受。

3. 当地生活水平

这个因素从两层意义上影响组织的薪酬政策：一方面，生活水平高了，员工对个人生活期望也高了，无形中对组织造成一种偏高的薪酬标准的压力；另一方面，生活水平高也可能意味着物价指数要持续上涨，为了保持员工生活水平不致恶化及购买力不致降低，组织也不得不定期向上适当调整薪酬水平。

4. 国家的有关法令和法规

薪酬管理与法律法规和政策有着密切联系，法律、法规和政策是薪酬管理的依据，对组织的薪酬管理行为起着标准和准绳的作用。如最低工资制度、个人所得税制度等。

五、薪酬管理

（一）薪酬管理的含义

薪酬管理，是指一个组织针对所有员工所提供的服务来确定他们应当得到的报酬总额以及报酬结构和报酬形式的一个过程。在这个过程中，企业就薪酬水平、薪酬体系、薪酬结构、薪酬构成以及特殊员工群体的薪酬做出决策。同时，作为一种持续的组织过程，企业还要持续不断地制定薪酬计划，拟定薪酬预算，就薪酬管理问题与员工进行沟通，同时对薪酬系统的有效性做出评价后不断予以完善。

（二）薪酬管理的内容

薪酬管理对几乎任何一个组织来说都是一个比较棘手的问题，主要是因为企业的薪酬管理系统一般要同时达到公平性、有效性和合法性三大目标，企业经营对薪酬管理的要求越来越高，但就薪酬管理来讲，受到的限制因素却也越来越多，除了基本的企业经济承受能力、政府法律法规外，还涉及企业不同时期的战略、内部人才定位、外部人才市场以及行业竞争者的薪酬策略等因素。薪酬管理的内容包括：

1. 薪酬的目标管理

即薪酬应该怎样支持企业的战略，又该如何满足员工的需要。

2. 薪酬的水平管理

即薪酬要满足内部一致性和外部竞争性的要求，并根据员工绩效、能力特征和行为态度进行动态调整。包括确定管理团队、技术团队和营销团队薪酬水平，确定跨国公司各子公司和外派员工的薪酬水平，确定稀缺人才的薪酬水平以及确定与竞争对手相比的薪酬水平。

3. 薪酬的体系管理

这不仅包括基础工资、绩效工资、期权期股的管理，还包括如何给员工提供个人成长、工作成就感、良好的职业预期和就业能力的管理。

4. 薪酬的结构管理

即正确划分合理的薪级和薪差等，正确确定合理的级差和等差，还包括如何适应组织结构扁平化和员工岗位大规模轮换的需要,合理地确定工资宽带。

5. 薪酬的制度管理

即薪酬决策应在多大程度上向所有员工公开和透明化,谁负责设计和管理薪酬制度,薪酬管理的预算、审计和控制体系又该如何建立和设计。

(三)薪酬管理的特殊性

薪酬管理比起人力资源管理中的其他工作而言,有一定的特殊性。具体表现在三个方面。

1. 敏感性

薪酬管理是人力资源管理中最敏感的部分,因为它牵扯到公司每一位员工的切身利益。特别是在人们的生存质量还不是很高的情况下,薪酬直接影响他们的生活水平;另外,薪酬是员工在公司工作能力和水平的直接体现,员工往往通过薪酬水平来衡量自己在公司中的地位。所以薪酬问题对每一位员工都会很敏感。

2. 特权性

薪酬管理是员工参与最少的人力资源管理项目,它几乎是公司老板的一个特权。老板,包括企业管理者认为员工参与薪酬管理会使公司管理增加矛盾,并影响投资者的利益。所以,员工对于公司薪酬管理的过程几乎一无所知。

3. 特殊性

由于敏感性和特权性,所以每个公司的薪酬管理差别会很大。另外,由于薪酬管理本身就有很多不同的管理类型,如岗位工资型、技能工资型、资历工资型、绩效工资型等。所以,不同公司之间的薪酬管理几乎没有参考性。

(四)薪酬管理的原则

(1)补偿性原则要求补偿员工恢复工作精力所必要的衣、食、住、行费用和补偿员工为获得工作能力以及身体发育所先行付出的费用。

(2)公平性原则要求薪酬分配全面考虑员工的绩效、能力及劳动强度、责任等因素,考虑外部竞争性、内部一致性要求,达到薪酬的内部公平、外部公平和个人公平。

(3)透明性原则要求薪酬方案公开。

(4)激励性原则要求薪酬与员工的贡献挂钩。

(5)竞争性原则要求薪酬有利于吸引和留住人才。

(6)经济性原则要求比较投入与产出效益。

(7)合法性原则要求薪酬制度不违反国家法律法规。

(8)方便性原则要求内容结构简明、计算方法简单和管理手续简便。

(五)薪酬管理的地位与作用

薪酬管理是人力资源管理作业活动的重要组成部分,其作用不仅体现在人力资源管理内部,对于整体组织管理也具有重要意义,尤其体现在薪酬水平上。

1. 薪酬管理对整体组织管理的作用

(1)薪酬管理是管理者人本管理思想的重要体现。薪酬是劳动者提供劳动的回报,是对劳动者各种劳动消耗的补偿,因此薪酬水平既是对劳动者劳动力价值的肯定,也直接影响着劳动者的生活水平。所谓以人为本的管理思想就是要尊重人力资本所有者的需要,解除其后顾之忧,很难想象一个组织提倡以人为本,其薪酬制度却不能保证员工基本生活水平。在我国物质生活水平日益提高的今天,管理者不仅要保证其员工基本生活,更要适应社会和个人的全方位发展,提供更全面的生活保障,建立起适应国民经济发展水平的薪酬制度。

(2)薪酬战略是组织的基本战略之一。一个组织有许多子战略,例如市场战略、技术战略、人才战略等,其中的薪酬战略是人才战略的最重要组成部分,因而也是一个组织的基本战略之一。一个优秀的薪酬战略应对组织起到四个作用:吸引优秀的人才加盟;保留核心骨干员工;突出组织的重点业务与重点岗位;保证组织总体战略的实现。

(3)薪酬管理影响着组织的赢利能力。薪酬对于劳动者来说是报酬,对于组织来讲也意味着成本。虽然现代的人力资源管理理念不能简单地以成本角度来看待薪酬,但保持先进的劳动生产率,有效地控制人工成本,发挥既定薪酬的最大作用,对于增加组织利润,增强组织赢利能力进而提高竞争力的作用无疑是直接的。

2. 薪酬管理与其他人力资源管理环节的关系

由于现代人力资源管理的整体性特征,薪酬管理与其他人力资源管理环节同样具有密切的联系,董克用和叶向峰认为主要关系如下:

(1)薪酬管理与工作分析的关系。工作分析是薪酬设计的基础,尤其对于岗位工资制来说,更是建立内部公平薪酬体系的必备前提。工作分析所形成的岗位说明书是进行工作评价、确定薪酬等级的依据,工作评价信息大都来自岗位说明书的内容。即使在新的技能工资体系中,工作分析仍然具有重要的意义,因为评价员工所具备的技能,仍然要以他们从事的工作为基础来进行。

(2)薪酬管理与人力资源规划的关系。薪酬管理与人力资源规划的关系主要体现在人力资源供需平衡方面,薪酬政策的变动是改变内部人力资源供给的重要手段。例如,提高加班工资的额度,可以促使员工增加加班时间,从而增加人力资源供给量,当然这需要对正常工作时间的工作严格加以控制。

(3)薪酬管理与招聘录用的关系。薪酬管理对招聘录用工作有着重要的影响,薪酬是员工选择工作时考虑的重要因素之一,较高的薪酬水平有利于吸引大量应聘者,从而提高招聘的效果。此外,招聘录用也会对薪酬管理产生影响,录用人员的数量和结构是决定组织薪酬总额增加的主要因素。

(4)薪酬管理与绩效管理的关系。薪酬管理和绩效管理之间是一种互动的关系。一方面,绩效管理是薪酬管理的基础之一,激励薪酬的实施需要对员工的绩效做出准确的评价;另一方面,针对员工的绩效表现及时地给予不同的激励薪酬,也有助于增强激励的效果,确保绩效管理的约束性。

(5)薪酬管理与员工关系管理的关系。在组织的劳动关系中,薪酬是最主要的问题之一,劳动争议也往往是由薪酬问题引起的。因此,有效的薪酬管理能够减少劳动纠纷,建立和谐的劳动关系。此外,薪酬管理也有助于塑造良好的组织文化,维护稳定的劳动关系。

第二节 薪酬设计

一、薪酬设计的原则

(一)薪酬设计的含义

薪酬设计是建立现代薪酬管理制度的前提和重要组成部分。是企业人力资源管理中最核心的内容之一,关系到企业的经营管理以及长远的发展。

薪酬设计是对个人劳动价值的具体体现,合理的薪酬设计能充分调动人的工作热情,激发其才能的发挥,使其获得满足感,荣誉感,进而更好地促进企业的发展壮大。

(二)薪酬设计的原则

企业设计薪酬时必须遵循一定的原则,这些原则包括战略导向、经济性、体现员工价值、激励作用、相对公平、外部竞争性等。

1. 战略导向原则

战略导向原则强调企业设计薪酬时必须从企业战略的角度进行分析,制定的薪酬政策和制度必须体现企业发展战略的要求。企业的薪酬不仅仅只是一种制度,它更是一种机制,合理的薪酬制度驱动和鞭策那些有利于企业发展战略的因素的成长和提高,同时使那些不利于企业发展战略的因素得到有效的遏制、消退和淘汰。因此,企业设计薪酬时,必须从战略的角度进行分析哪些因素重要,哪些因素不重要,并通过一定的价值标准,给予这些因素一定的权重,同时确定它们的价值分配即薪酬标准。

2. 经济性原则

薪酬设计的经济性原则强调企业设计薪酬时必须充分考虑企业自身发展的特点和支付能力。它包括两个方面的含义:短期来看,企业的销售收入扣除各项非人工(人力资源)费用和成本后,要能够支付起企业所有员工的薪酬;从长期来看,企业在支付所有员工的薪酬及补偿所用非人工费用和成本后,要有盈余,这样才能支撑企业追加和扩大投资,获得企业的可持续发展,用合理的薪酬投入制造出更大的效益。

3. 体现员工价值原则

现代的人力资源管理必须解决企业的三大基本矛盾,即人力资源管理与企业发展战略之间的矛盾、企业发展与员工发展之间的矛盾和员工创造与员工待遇之间的矛盾。因此,企业在设计薪酬时,必须要能充分体现员工的价值,要使员工的发展与企业的发展充分协调起来,保持员工创造与员工待遇(价值创造与价值分配)之间短期和长期的平衡。

4. 激励作用原则

在企业设计薪酬时,同样是 10 万元,不同的部门、不同的市场、不同的企业发展阶段支付给不同的员工,一种方式是发 4 万元的工资和 6 万元的奖金,另一种方式是发 6 万元的工资和 4 万元的奖金,激励效果完全是不一样的。激励作用原则就是强调企业在设计薪酬时必须充分考虑薪酬的激励作用,即薪酬的激励效果。这里涉及企业薪酬(人力资源投入)与激励效果(产出)之间的比例代数关系。企业在设计薪酬策略时要充分考虑各种因素,使薪酬的支付获得最大的激励效果。

5. 相对公平(内部一致性)原则

内部一致性原则是斯密公平理论在薪酬设计中的运用,它强调企业在设计薪酬时要"一碗水端平"。内部一致性原则包含几个方面:一是横向公平,即企业所有员工之间的薪酬标准、尺度应该是一致的;二是纵向公平,即企业设计薪酬时必须考虑到历史的延续性,一个员工过去的投入产出比和现在乃至将来都应该基本上是一致的,而且还应该是有所增长的。这里涉及一个工资刚性问题,即一个企业发给员工的工资水平在正常情况下只能看涨,不能看跌,否则会引起员工很大的不满;最后就是外部公平,即企业的薪酬设计与同行业的同类人才相比具有一致性。

6. 外部竞争性原则

外部竞争性原则强调企业在设计薪酬时必须考虑到同行业薪酬市场的薪酬水平和竞争对手的薪酬水平,保证企业的薪酬水平在市场上具有一定的竞争力,能充分地吸引和留住企业发展所需的战略性、关键性人才。

7. 合法性原则

企业的薪酬管理体系和管理过程是否符合国家的相关法律规定。

课堂思考题

请搜集与薪酬管理有关的法律。

(三)薪酬设计必须考虑的因素

企业设计薪酬,在制定的薪酬策略的指导下,在遵循一定原则的基础上,必须对相应的影响企业薪酬设计的因素进行分析,这些因素包括战略发展阶段、文化、市场竞争因素等。

1. 战略与发展阶段因素

企业在薪酬设计时必须充分考虑企业的发展战略,这与战略导向原则是一致的。企业设计薪酬还必须结合企业自身的发展阶段，不同的阶段对薪酬策略要求是不一样的。见表7.3。

表7.3 企业不同发展阶段下的薪酬模式

企业发展阶段		创立	成长	成熟	稳定	衰退	再次创新
薪酬模式	基本薪酬	低	有竞争力	有竞争力	高	高	有竞争力
	激励薪酬	高	高	有竞争力	低	无	高
	间接薪酬	低	低	有竞争力	高	高	低

如在创立期，企业的薪酬政策关注的易操作性和激励性，表现出非常个人化的随机性报酬，在薪酬评价上以主观为主，总裁拥有90%以上的决策权；处于高速成长期的企业，在制定薪酬政策时，必须考虑到薪酬的激励作用，这个时候设计的薪酬工资较高、奖金相对非常高，长期报酬也比较高，福利水平也会要求比较高。但如果企业处于平稳发展期或者衰退期时，制定薪酬策略又不一样了。因此，企业设计薪酬政策必须充分与企业发展的阶段相结合。

2. 文化因素

文化因素主要是指企业工作所倡导的文化氛围。企业的工作文化一般有四种：功能型工作文化、流程型工作文化、时效型工作文化和网络型工作文化。

(1)功能型工作文化的企业强调严密的自上而下的行政管理体系、清晰的责任制度、专业化分工等，这种工作文化的企业在设计薪酬时一般以职务工资制为主。

(2)流程型工作文化的特点是以客户满意度为导向来确定价值链；基于团队和相互学习的工作关系，共同承担责任；围绕流程和供应链来设计部门等。现在很多企业的工作文化都开始向流程型进行转变。这种工作文化的企业在设计薪酬时主要以客户、市场导向为主，一般以职能工资制为主。

(3)时效型工作文化集中资源，抓住机会，迅速把产品和服务推向市场，强调高增长和新市场进入；项目驱动；权利取决于对资源的控制；跨部门团队，包括高水平的专家等。这种工作文化的企业在设计薪酬时主要考虑时效和速度因素，同时考虑工作质量因素，一般以绩效工资制为主。

(4)网络型工作文化没有严密的层级关系，承认个人的特殊贡献，强调战略合作伙伴；以合伙人方式分配权力，强调对公司总体目标的贡献；以"合同"方式形成工作网络。典型的公司有律师事务所、会计事务所、某些咨询公司等。这种工作文化的企业在设计薪酬时主要强调利益共享、风险共担。

3. 市场竞争因素

市场竞争因素包括市场薪酬水平、市场人才供给与需求情况、竞争对手的薪酬政策与薪酬水平、企业所在市场的特点与竞争态势等等。在充分调查和考虑以上因素后，企业制定出薪酬设计的市场薪酬线。

二、薪酬设计的流程

薪酬设计的要点，在于"对内具有公平性，对外具有竞争力"。要设计出合理科学的薪酬体系和薪酬制度，一般要经历以下几个步骤：

第一步：职位分析

职位分析是确定薪酬的基础。结合公司经营目标，公司管理层要在业务分析和人员分析的基础上，明确部门职能和职位关系，人力资源部和各部门主管合作编写职位说明书。

第二步：职位评价

职位评价(职位评估)重在解决薪酬的对内公平性问题。它有两个目的,一是比较企业内部各个职位的相对重要性,得出职位等级序列;二是为进行薪酬调查建立统一的职位评估标准,消除不同公司间由于职位名称不同、或即使职位名称相同但实际工作要求和工作内容不同所导致的职位难度差异,使不同职位之间具有可比性,为确保工资的公平性奠定基础。它是职位分析的自然结果,同时又以职位说明书为依据。

职位评价的方法有许多种。比较复杂和科学的,是计分比较法。它首先要确定与薪酬分配有关的评价要素,并给这些要素定义不同的权重和分数。在国际上,比较流行的如 Hay 模式和 CRG 模式,都是采用对职位价值进行量化评估的办法,从三大要素、若干个子因素方面对职位进行全面评估。不同的咨询公司对评价要素有不同的定义和相应分值。

科学的职位评价体系是通过综合评价各方面因素得出工资级别,而不是简单地与职务挂钩,这有助于解决当官与当专家的等级差异问题。比如,高级研发工程师并不一定比技术研发部经理的等级低。前者注重于技术难度与创新能力,后者注重于管理难度与综合能力,二者各有所长。

大型企业的职位等级有的多达 17 级以上,中小企业多采用 11 ~ 15 级。国际上有一种趋势是宽带薪酬(Broadbanding),即企业内的职位等级正逐渐减少,而工资级差变得更大。

第三步:薪酬调查

薪酬调查重在解决薪酬的对外竞争力问题。企业在确定工资水平时,需要参考劳动力市场的工资水平。公司可以委托比较专业的咨询公司进行这方面的调查。外企在选择薪酬调查咨询公司时,往往集中在美国商会、William Mercer(伟世顾问)、Watson Wyatt(华信惠悦)、Hewitt(翰威特)、德勤事务所等几家身上。一些民营的薪酬调查机构正在兴起,但调查数据的取样和职位定义都还不够完善。

薪酬调查的对象,最好是选择与自己有竞争关系的公司或同行业的类似公司,重点考虑员工的流失去向和招聘来源。薪酬调查的数据,要有上年度的薪资增长状况、不同薪酬结构对比、不同职位和不同级别的职位薪酬数据、奖金和福利状况、长期激励措施以及未来薪酬走势分析等。

只有采用相同的标准进行职位评估,并各自提供真实的薪酬数据,才能保证薪酬调查的准确性。在报纸和网站上,经常能看到 × × 职位薪酬大解密之类的文章,其数据多含有随机取样的成分,准确性很值得怀疑。即使是国家劳动部门的统计数据,也不能取代薪酬调查用作定薪的依据。

由于 IT 行业人员流动比较频繁,可以利用招聘面试、人员跳槽的机会,了解竞争者的薪酬水平,但要防止以偏概全。

薪酬调查的结果,是根据调查数据绘制的薪酬曲线。在职位等级——工资等级坐标图上,首先标出所有被调查公司的员工所处的点;然后整理出各公司的工资曲线。

图 7.2 直观地反映 A、B 两家企业的薪酬水平与同行业相比处于什么位置。

第四步:薪酬定位

在分析同行业的薪酬数据后,需要做的是根据企业状况选用不同的薪酬水平。影响公司薪酬水平的因素有多种。从公司外部看,国家的宏观经济、通货膨胀、行业特点和行业竞争、人才供应状况甚至外币汇率的变化,都对薪酬定位和工资增长水平有不同程度的影响。在公司内部,盈利能力和支付能力、人员的素质要求是决定薪酬水平的关键因素。企业发展阶段、人才稀缺度、招聘难度、公司的市场品牌和综合实力,也是重要影响因素。

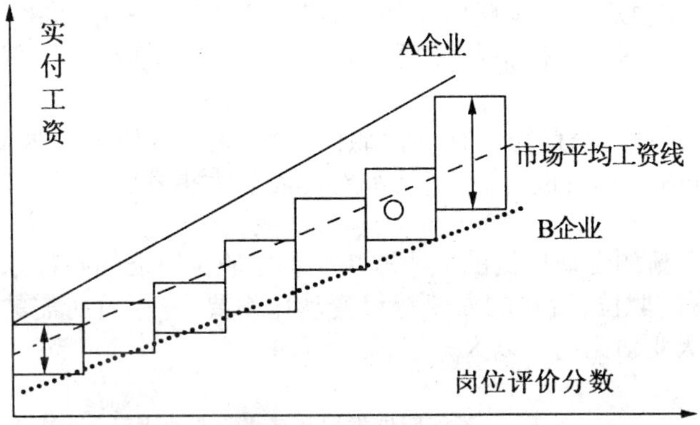

图7.2　工资曲线

同产品定位相似的是,在薪酬定位上,企业可以选择领先策略或跟随策略。薪酬上的领头羊未必是品牌最响的公司,因为品牌响的公司可以依靠其综合优势,不必花费最高的工资也可能找到最好的人才。往往是那些财大气粗的后起之秀最易采用高薪策略,它们多处在创业初期或快速上升期,投资者愿意用金钱买时间,希望通过挖到一流人才来快速拉近与巨头公司的差距。

在薪酬设计时有个专用术语叫25P、50P、75P。意思是说,假如有100家公司(或职位)参与薪酬调查的话,薪酬水平按照由低到高排名,它们分别代表着第25位排名(低位值)、第50位排名(中位值)、第75位排名(高位值)。一个采用75P策略的公司,需要雄厚的财力、完善的管理、过硬的产品相支撑。因为薪酬是刚性的,降薪几乎不可能,一旦企业的市场前景不妙,将会使企业的留人措施变得困难。

第五步:薪酬结构设计

报酬观反映了企业的分配哲学,即依据什么原则确定员工的薪酬。不同的公司有不同的报酬观。有的甚至制定了"人才基本法",把报酬观列入"公司宪法"中。新兴企业的薪酬措施往往不同于成熟的官僚化企业。IT企业应特别注重其分配方式要与自身的行业特点、企业文化相一致。

许多跨国公司在确定人员工资时,往往要综合考虑三个方面的因素:一是其职位等级;二是个人的技能和资历;三是个人绩效。在工资结构上与其相对应的,分别是职位工资、技能工资、绩效工资。也有的将前两者合并考虑,作为确定一个人基本工资的基础。

职位工资由职位等级决定,它是一个人工资高低的主要决定因素。职位工资是一个区间,而不是一个点。企业可以从薪酬调查中选择一些数据作为这个区间的中点,然后根据这个中点确定每一职位等级的上限和下限。例如,在某一职位等级中,上限可以高于中点20%,下限可以低于中点20%。

相同职位上不同的任职者由于在技能、经验、资源占有、工作效率、历史贡献等方面存在差异,导致他们对公司的贡献并不相同(由于绩效考核存在局限性,这种贡献不可能被完全量化体现出来),因此技能工资有差异。所以,同一等级内的任职者,基本工资未必相同。如上所述,在同一职位等级内,根据职位工资的中点设置一个上下的工资变化区间,就是用来体现技能工资的差异。这就增加了工资变动的灵活性,使员工在不变动职位的情况下,随着技能的提升、经验的增加而在同一职位等级内逐步提升工资等级。

绩效工资是对员工完成业务目标而进行的奖励,即薪酬必须与员工为企业所创造的经济价值相联系。绩效工资可以是短期性的,如销售奖金、项目浮动奖金、年度奖励,也可以是长期性的,如股份期权等。此部分薪酬的确定与公司的绩效评估制度密切相关。

综合起来说,确定职位工资,需要对职位做评估;确定技能工资,需要对人员资历做评估;确定绩效工资,需要对工作表现做评估;确定公司的整体薪酬水平,需要对公司盈利能力、支付能力做评估。每一种评估都需要一套程序和办法。所以说,薪酬体系设计是一个系统工程。

不论工资结构设计得怎样完美,一般总会有少数人的工资低于最低限或高于最高限。对此可以在年度薪酬调整时进行纠偏,比如对前者加大提薪比例,而对后者则少调甚至不调等。

在通常情况下,薪酬变动比例的大小取决于特定职位所需的技能水平等综合因素。所需的技能水平较低的职位,所在的薪酬等级变动比率要小一些;所需的技能水平较高的职位,所在的薪酬等级变动比例可以大一些,见表7.4。

表7.4 不同职位类型及其薪酬变动比率

薪酬变动比率	职位类型
20% ~25%	生产、维修、服务等
30% ~40%	办公室文员、技术工人、专家助理
40% ~50%	专家、中层管理人员
50%以上	高层管理人员、高级专家

第六步:薪酬体系的实施和修正

在确定薪酬调整比例时,要对总体薪酬水平做出准确的预算。目前,大多数企业是财务部门在做此测算。为准确起见,最好同时由人力资源部做此测算。因为按照外企的惯例,财务部门并不清楚具体工资数据和人员变动情况。人力资源部需要建好工资台账,并设计一套比较好的测算方法。

在制定和实施薪酬体系过程中,及时的沟通、必要的宣传或培训是保证薪酬改革成功的因素之一。从本质意义上讲,劳动报酬是对人力资源成本与员工需求之间进行权衡的结果。世界上不存在绝对公平的薪酬方式,只存在员工是否满意的薪酬制度。人力资源部可以利用薪酬制度问答、员工座谈会、满意度调查、内部刊物甚至BBS论坛等形式,充分介绍公司的薪酬制定依据。

为保证薪酬制度的适用性,规范化的公司都对薪酬的定期调整做了规定。

第三节 薪酬体系

一、薪酬体系概述

薪酬体系是组织的人力资源管理整个系统的一个子系统。它向员工传达了在组织中什么是有价值的,并且为向员工支付报酬建立起了政策和程序。一个设计良好的薪酬体系直接与组织的战略规划相联系,从而使员工能够把他们的努力和行为集中到帮助组织在市场中竞争和生存的方向上去。

二、薪酬体系的典型类型

(一)职务工资制

1.职务工资制的含义

职务工资制,是首先对职务本身的价值作出客观的评估,然后根据这种评估的结果赋予担任这一职务的从业人员与其职务价值相当的工资的这样一种工资制度。这种工资体系建立在职务评价基础上,职工所执行职务的差别是决定基本工资差别的最主要因素。职务工资制依据职务这一不含任何个人特征的因素来决定工资的主体部分。

在实施该制度时,应该设立一个5~20人左右的职务工资制推行委员会。参加这一委员会的人选,一般由人事劳资部门的职员以及现场作业、事务、技术等部门的一些富于经验者参加。

采取职务工资制所需具备的条件是:

(1)职务内容已经明确化、规范化、标准化,具备进行职务分析的基本条件。

(2)职务内容已基本趋于安定,职务意识清楚,工作序列关系有明确的界限,不至于因为职务内容的频繁变动而使职务工资体系的相对稳定性和连续性受到破坏。

(3)必须具有按个人能力安排工作岗位的机制。

(4)在企业中职务性质不同的级数应相当地多,不至于产生很快就无法升级的情形,从而阻塞工资提升的道路,加剧提职的竞争。

(5)工资应处于较高水准,从而使即使是处于最低职务级别的人也能领到其工资养家糊口,提供最低程度的生活保障。

2. 职务工资制的特点

(1)职务工资制是对于从业人员现在所担任的职务的工作内容(价值)进行工资支付的制度,因而能够比较准确地反映劳动的质与量,贯彻同工同酬的原则。

(2)职务工资制要求对职务必须有严密的客观的分析,并且在对每一职务进行分析的基础上还要进行分级,称为职务等级(有时略称"职级")的划分。

(3)在职务工资制下,虽然每种职务下可划分为数级,但经过几次工资提升之后,便会达到本职务的最高限额。在这种情况下,如果从业人员在职务上得不到提升等,也就是职务仍然不变动的话,便不可能再使工资得到提升。因此,职务工资制是以升职提薪为基本原则的。

(4)在职务工资制下,工资是根据职务确定的,工资的考订必须要考虑到与职务有关的各种要素,并加以客观的分析、评价,由于不掺杂容易导致偏好的个人因素,因此,客观性较强。

3. 职务工资制的优缺点

(1)职务工资制的优点。①实现了同种劳动,同种报酬,实际是按劳分配的一种具体实现方式。②有利于按职务系列进行工资管理,同时使责、权、利有机地结合起来。③有利于鼓励从业人员提高业务能力和管理水平。

(2)职务工资制的缺点。①当采用职务工资制时,会抑制企业内部人员的配置和职务安排。②由于职务与工资挂钩,因此当职工在企业内晋升无望时,也就是没有机会提资,这样,这些职工就会丧失进取的动力,劳动积极性会受到很大挫折,从而使企业流动率过高,生产发展受阻。

(二)职能工资制

1. 职能工资制的含义

职能工资,可以概括地定义为按照职务完成能力大小支付薪水的工资。职能工资制,最早在日本普及,而日本最早引进职能工资制的是五十铃汽车公司。1985年以后在日本成为职能工资为中心的时代,在工业企业中有80%的企业采用了职能工资制。

1960年以前,五十铃汽车公司实行所谓电产式生活工资体系。这实际上是一种年龄工资。当时作业速度、精度有赖于员工的作业经验和技术。后来,随着技术革新的推进作业速度和精度越来越受到作业管理和自动化机械程度的影响,并出现了新的职业层。这时,年龄工资受到批判。

国内较早引入职能工资制的是中国人民大学工商管理学院包政教授,他从日本留学回国后介绍给中国内地学者,并开始应用于中国企业的工资改革。国内较早介绍职能工资制的书是由彭剑锋主编《现代管理制度、程序、方法》一书。国内最早推行职能工资制的企业是深圳华为技术有限公司,由彭剑锋、吴春波等起草方案。

职能工资制,也是一种基于能力的薪酬体系。这种为员工支付报酬的方法的思想基础是,员工能力是组织能力的基础,只有由具有高能力的员工构成的组织在市场中才具有竞争力,并且以组织整体方式呈现出来的竞争力是内化于每个员工的,其他企业难以模仿和获得。为了达到增强自身竞争力的目的,企业必须鼓励员工不断提高自己的能力,应当根据员工的能力差异作为向其支付报酬的基础。

2. 职能工资制的特点

(1)根据公司员工的构成特点不同,可将相类似职务进行归类,划分出几个大类。每个大类设计出 10 到 20 个工资等级。

(2)与职务工资相比,不必对每个职务进行范围划分,但每个大类的等级数较多。

3. 职能工资制与职务工资制

职务工资制基于职务,发放的对象是职务;职能工资制基于员工能力,发放的对象是员工能力,能力工资占整个工资中 65% 以上比例。职能工资制相比职务工资制要科学、合理得多,因为它把员工的成长与公司的发展统一起来考虑,而不是把员工当机器,仅仅执行一定的职务和承担一定的职责。职能工资制的重点在于职业化任职资格体系和职业化素质与能力评价体系的建立。

4. 职能工资制的优缺点

突出工作能力对个人工资的重要作用,鼓励个人能力的提高。个人的能力是决定工资的最主要因素,所以即使不担任某一职务,但其能力经考核评定被认为已有资格担任此项业务,就可以支付与这一职务相对应的工资。就排除了因客观上职务无空缺而使员工失去发展动力的情况,但是员工本身的工作能力不好测量。

5. 实施职能工资制的关键

(1)科学的任职资格体系。职能工资制是一种基于能力的薪酬体系,如果对能力定义不准确、标准不清晰,必将导致整个薪酬体系的不合理。所以,在设计职能工资体系以前,企业首先需要制定出符合自身特点的能力体系,也就是任职资格体系。任职资格体系描述的不是抽象的能力概念,而是在对所有职位根据性质分类的基础上,对每一类职位建立各自的能力级别和标准。这项工作需要企业投入比较大的精力,因为这是整个职能工资体系,乃至整个基于能力的人力资源管理体系的基础。

(2)配套的培训体系。在企业鼓励员工提高自身能力的同时,也对企业培训提出了更高的要求。因为员工报酬是基于他们在工作中所表现出来的能力,所以企业必须向员工提供提高自身能力的帮助。在这里,培训就扮演了重要的角色。因此,培训再也不能是随意安排员工课程,或者请外面的培训教师上课那么简单。企业必须根据任职资格体系的内容和标准,针对不同的职种,以及同一职种的不同任职资格等级,开发出具有针对性的课程,帮助员工提高自己能力。只有这样,员工才能看到因提高能力而获得更高报酬的希望。

(3)构建具有弹性的学习型组织和创新型组织。在以职位为基础的薪酬体系中,每个员工都牢牢固定在各个职位上,很少有晋升的机会,这样就很难激励员工不断学习新的知识和技能。在职能工资制中,由于员工的薪酬待遇与个人晋升及职业发展有了较好的结合,员工具有不断学习新的知识、技能的动力,那么企业一方面要建立配套的培训体系,同时,如何鼓励员工运用知识和技能提高工作绩效,也是一个需要重点考虑的问题。因为,如果员工掌握的新知识和新技能没有机会运用,他们就会失去学习的兴趣和信心,而企业也并没有从员工能力的提高中受益。所以,企业必须使自己的组织变成更具弹性的学习型组织和创新型组织。

(4)简单原则。职能工资制不能太复杂,否则员工会由于不了解其真正含义而没有信心,而企业也会由于体系本身的复杂而导致的操作困难对继续推行其失去信心。实际上,根据国外的经验,实施又取消基于能力的薪酬体系的企业,大部分是因为体系过于复杂,投入了大量精力却没有得到相应回报。另外,在推行职能工资制以前,需要在企业进行宣传,因为,毕竟人们都已经习惯了基于职位的报酬方式,所以必须首先得到员工的理解和支持,这样才能有一个良好的实施基础。

(三)绩效工资制

1. 绩效工资制的含义

绩效工资制度的前身是计件工资,但它不是简单意义上的工资与产品数量挂钩的工资形式,而是建立在科学的工资标准和管理程序基础上的工资体系。

绩效工资制度的基本特征是将雇员的薪酬收入与个人业绩挂钩。业绩是一个综合的概念,比产品的数量和质量内涵更为宽泛,它不仅包括产品数量和质量,还包括雇员对企业其他贡献。企业支付给雇员的业绩工资虽然也包括基本工资、奖金和福利等几项主要内容,但各自之间不是独立的,而是有机的结合在一起。

2. 绩效工资制度的基本特点

与传统工资制相比,绩效工资制的主要特点:

(1)有利于雇员工资与可量化的业绩挂钩,将激励机制融于企业目标和个人业绩的联系之中。

(2)有利于工资向业绩优秀者倾斜,提高企业效率和节省工资成本。

(3)有利于突出团队精神和企业形象,增大激励力度和雇员的凝聚力。

绩效工资体系的不完善之处和负面影响主要是:容易导致对绩优者的奖励有方,对绩劣者约束欠缺的现象,而且在对绩优者奖励幅度过大的情况下,容易造成一些雇员瞒报业绩的行为。因此,对雇员业绩的准确评估和有效监督是绩效工资实施的关键。

3. 绩效工资制度的主要内容

绩效工资的计量基础是雇员个人的工作业绩,因此,业绩评估是绩效工资的核心。工作业绩评估手段可以分为正式体系和非正式体系,非正式体系主要是依靠管理人员对雇员工作的个人主观判断;正式体系建立在完整的评估系统之上,强调评估的客观性。

(1)评估目标及其制订原则。业绩评估的目的不仅是为付给雇员合理的劳动报酬提供依据,更重要的是发挥雇员个人的能力和创造性,达到雇员个人发展目标与企业发展目标的一致。因此,制定切实可行的评估目标是绩效工资的基础,在评估目标确定中,要遵守以下原则:

第一,雇员对评估目标一定要接受认可,业绩评估目标一定要在上下级之间,主管和雇员之间充分交流的基础上制定。

第二,业绩测量手段要可靠、公正和客观,评估后,要将规划业绩和实际业绩的差距及时反映给被评估者,达到及时沟通的目的。

第三,对非业绩优秀者,要帮助和监督被评估者制订完善的计划,根据计划有针对性地进行培训,或提供改进的条件,达到鞭策后进的目的。

第四,对业绩优秀者,不仅要给予外在奖励(增加收入),还要给予内在奖励(提供晋升和发展机会),从内外两方面鼓励优秀者为企业作出更大的贡献。

(2)业绩要素。业绩评估要选择一些有代表性的业绩要素,这些要素能够全面、客观的反映被评估者的业绩,也利于评估者做出公正的评价。不同企业在业绩要素的选择上,侧重不同,见表7.5。

表 7.5 业绩要素

使用频率高的要素	使用频率稍低的要素
与工作有关的知识、能力和技能	处理问题和工作方式的灵活性
工作热情、责任感、工作态度和敬业精神	独立处理问题的能力和开创性
工作质量及其关注意识	管理他人的能力
工作数量	对岗位需要的熟悉程度
	出勤和守时情况
	确定和实现优先目标的能力
	劳动卫生和安全生产意识

(3)评估方式。企业业绩评估的方法很多,但先进的评估方法一是体现规范化和程序化的特点;二是注重评估效果,突破为评估而评估,为报酬而评估的传统框架。

(4)实施条件。业绩工资的实施需要具备一些条件,包括:

第一,工资范围足够大,各档次之间拉开距离。

第二,业绩标准要制订的科学、客观;业绩衡量要公正有效,衡量结果应与工资结构挂钩。

第三,有浓厚的企业文化氛围支持业绩评估系统的实施和运作,使之起到奖励先进、约束落后的目的。

第四,将业绩评估过程与组织目标实施过程相结合,将工资体系运作纳入整个企业的生产和经营运作系统之中。

(四)经理人员薪酬设计——年薪制

1. 年薪制的含义

年薪又称年工资收入,是指以企业会计年度为时间单位计发的工资收入,主要用于公司经理、企业高级职员的收入发放,称为经营者年薪制。年薪制是一种国际上较为通用的支付企业经营者薪金的方式,它是以年度为考核周期,把经营者的工资收入与企业经营业绩挂钩的一种工资分配方式,通常包括基本收入(基薪)和效益收入(风险收入)两部分。

基本收入(基薪)主要依据企业规模(如职工人数、总资产规模等)确定,在很多实行国企经营者年薪制的省份,对于基薪都设定了上限;效益年薪则根据企业完成指标的情况上下浮动。目前,一些地区在效益年薪中还引入了股权激励的方式,将部分效益年薪收入通过各种方式转化为企业股份,由经营者持有。

2. 年薪制的实施条件

作为一种特殊的企业薪酬制度,经营者年薪制的实施需要良好的实施环境:

(1)以现代企业制度为基本的运行条件。主要包括:企业所有权与经营权的分离,以保证经营者有独立的决策经营权;实行公开招聘、优胜劣汰制度,保证经营者的高素质;以契约形式确立经营者的责、权、利,通过一套科学、严密、完善的监督体系和内部管理机制制衡和规范经营者行为。

(2)有科学的外在评估机制。只有对企业资产和经营状况进行准确的评估,才能决定经营者的基薪和风险收入,这取决于两个条件:第一,全面反映企业经营状况的指标体系。第二,社会评估机构的介入。

对企业经营状况的考核,必须全面考核反映企业资产的增值保值情况、企业盈利、偿还债务和企业成长的能力,以及技术改造的投入、新产品研究开发投入以及人力资源状况。社会评估单位必须有强大的评估力量,能够公正、客观的评价企业经营状况和经营者的工作绩效。

(3)理顺经营者与出资者的关系,经营者与企业其他雇员的关系;加速和完善企业家市场,促进经营者职业化、市场化的运行机制;创造一个宽松的宏观经济环境和公平竞争的市场,使企业业绩能够与经营者的劳动付出和经营水平紧密联系在一起。

3. 年薪制的特点

(1)年薪制的针对性。年薪制适用于特定的对象,包括企业的经营管理者(包括中层和高层)和一些其他的创造性人才,比如科研人员、营销人才、软件工程师、项目管理人才等。这些人具有这样的特点:素质较高、工作性质决定了他们的工作需要较高的创造力,工作中需要的更多的是激励而不是简单管理和约束,工作的价值难以在短期内体现。

(2)较长的周期。一般是以年为周期,这是和其考核相关的,对于绝大部分的年薪制适用人员,都是以企业经营年度为周期,对于一些科研人员、项目开发人员,这个周期也可能是半年、两年、一年半或其他,虽然不一定正好是一整年,但是都具有周期较长这一特点,因此也被归类为年薪制。

(3)存在一定的风险。薪酬中的很大一部分是和本人的努力及企业经营好坏情况相挂钩的。因此具有较大的风险和不确定性。

(4)传统的工资主要是面向过去,而年薪制在相当大的程度上是面向未来,年薪的制定不是简单地依据过去的业绩,同时更取决于接受者所具备的经营企业(或其他工作)的能力和贡献潜力。对于接受年薪制的企业经营者而言,年薪制是委托人和代理人之间的一个动态合约,是双方通过博弈而实现的动态均衡,年薪制的目标对双方来说就是以最低的委托代理成本实现双方相对满意的委托代理收益,把委托人即企业的利益和经营者个人的利益更多更紧密地联系起来。

4. 企业年薪制的五种模式

现代公司企业高层管理人员的报酬结构是多元化的,但从世界上来讲,各国年薪报酬的具体实践方式实际上具有较大差别。根据我国的具体国情将其划分为三种模式。

(1)准公务员型模式。①报酬结构:基薪+津贴+养老金计划。②报酬数量:取决于所管理企业的性质、规模以及高层管理人员的行政级别,一般基薪为职工平均的2~4倍,正常退休后的养老金水平为平均养老金水平的4倍以上。③考核指标:政策目标是否实现,当年任务是否完成。④适用对象:所有达到一定级别的高层管理人员,包括董事长、总经理、党委书记等,尤其是长期担任国有企业领导、能够完成企业的目标、临近退休年龄的高层管理人员。⑤适用企业:承担政策目标的大型、特大型国有企业,尤其是对国民经济具有特殊战略意义的大型集团公司、控股公司。⑥激励作用:这种报酬方案的激励作用机理类似于公务员报酬的激励作用机理,职位升迁机会、较高的社会地位和稳定体面的生活保证是主要的激励力量来源,而退休后更高生活水准保证起到约束短期行为的作用。

(2)一揽子型模式。①报酬结构:单一固定数量年薪。②报酬数量:相对较高,和年度经营目标挂钩。实现经营目标后可得到事先约定好的固定数量的年薪。例如,规定某企业经营者的年薪为15万元,但必须实现减亏500万元。③考核指标:十分明确具体,如减亏额、实现利润、资产利润率、上交税利、销售收入等。④适用对象:具体针对经营者一人,总经理或兼职董事长。至于领导班子其他成员的工资可用系数折算,但系数不得超过1。⑤适用企业:面临特殊问题亟待解决的企业,如亏损国有企业,为了扭亏为盈可采取这种招标式的办法激励经营者。⑥激励作用:具有招标承包式的激励作用,激励作用很大,但易引发短期化行为。其激励作用的有效性发挥在很大程度上取决于考核指标的科学选择、准确真实。这种报酬方案的制订,尤其是考核指标的选择,类似于各地政府较为普遍实行的对经营者的奖励。

(3)非持股多元化型模式。①报酬结构:基薪+津贴+风险收入(效益收入和奖金)+养老金计划。②考核指标:确定基薪时要依据企业的资产规模、销售收入、职工人数等指标;确定风险收入时,要考虑净资产增长率、实现利润增长率、销售收入增长率、上交税利增长率、职工工资增长率等指标,还要参考行业平均效益水平来考核评价经营者的业绩。③适用对象:一般意义的国有企业的经营者,指总经理或兼职董事长,其他领导班子成员的报酬按照一定系数进行折算,折算系数小于1。④适用企业:追求企业效益最大化的非股份制企业。现阶段我国国有企业绝大多数都采用这种年薪报酬方案。一般集团公司对下属子公司的经营者实施的年薪报酬方案也多是这种,只是各个企业的具体方案中考核指标、计算方法有一定差异。⑤激励作用:如果不存在风险收入封顶的限制,考核指标选择科学准确,相对于以前国有企业经营者的报酬制度和上述方案而言,这种多元化结构的报酬方案更具有激励作用。但该方案缺少激励经营者长期行为的项目,有可能影响企业的长期发展。

第四节　薪酬水平与薪酬结构

一、薪酬水平

(一)薪酬水平的含义

薪酬水平是指企业内部各类职位和人员平均薪酬的高低状况,它反映了企业薪酬的外部竞争性。薪酬水平反映了企业薪酬相对于当地市场薪酬行情和竞争对手薪酬绝对值的高低。它对员工的吸引力和企业的薪酬竞争力有着直接的影响,其数学公式为:薪酬水平=薪酬总额/在业的员工人数。

(二)薪酬水平的调整

薪酬水平的调整是薪酬结构、等级要素、构成要素等不变,调整薪酬结构上每一等级或每一要素的数额。薪酬水平调整的依据包括市场、绩效、职位和能力等因素,可以采用其中一种依据也可以其中一种依据为主,其他为辅。

1.市场

通过市场薪酬调查,了解企业关键岗位的薪酬水平,发生偏离时及时进行调整以保持此类岗位在劳动力市场上的竞争力。这类关键岗位一般包括研发技术类人才、高级管理人才和企业特定发展阶段的稀缺人才等。

2.绩效

对于那些薪酬支付是以绩效为导向的员工,如销售类人员、生产类人员,通过绩效调薪使绩效表现与员工薪酬直接挂钩,其目的主要是奖励先进,鞭策后进。

3.职位

对于职位价值发生变化的职位要重新进行评估,从而重新归入相应的薪酬等级。另外对于职位发生变化的员工,其薪酬也要与员工的职位及管理职责挂钩。

4.能力

对于公司认可的技能提升,比如经过培训而得以提升的最新的技能,要给予员工调薪,其目的是能够更好激励员工在专业水平及技能上的提升。

5.工龄

对于鼓励员工长期服务的企业,可以依据工龄调薪,一般幅度不大。

(三)薪酬水平策略

1.领先型薪酬水平策略

(1)领先型薪酬水平策略的含义。领先型薪酬策略又被称为"政策薪酬领袖政策"、"领袖型薪酬策略",采取本组织的薪酬水平高于竞争对手或市场的薪酬水平的策略。这种薪酬策略以高薪为代价,在吸引和留住员工方面都具有明显优势,并且将员工对薪酬的不满降到一个相当低的程度。

在实践中,像惠普、摩托罗拉这样的大型跨国企业充当薪酬领袖的做法已经是尽人皆知了。在我国,许多企业也在开始向这方面发展,其中较早采用这种薪酬领袖战略的企业之一是位于深圳的民营企业华为公司。这家以电话程控交换机及其相关产品的研发、生产以及营销为支柱的民营企业,在发展初期以及之后的相当长一段时间内,就明确地提出了让公司员工拿到与在外企甚至国外工作的同类员工等值的收入。实践证明,高薪政策帮助该公司获得了大量的创造性人才,从而为公司在产品市场上与同类外资企业抗衡起到了重要的作用。

企业采取领先型薪酬策略一般有三种情况:

第一,企业具有雄厚的实力,通过高薪吸引和留住优秀人才,保持人员稳定,并且高薪有利于树立企业形象。

第二,企业急需某类人才,也许企业并不具备一些大公司所具备的优势,但又非常需要引进和利用一些高级人才,此时便以高薪为代价与大企业竞争。

第三,工作可能具有某些明显劣势,如工作地点偏远、办公环境恶劣、责任重大、风险高等等,很少有人愿意从事,此时便支付高薪作为一种补偿。

(2)领先型薪酬策略的特征。采用这种策略的企业通常具有这样的特征:投资回报率较高、薪酬成本在企业经营总成本中所占的比率较低、产品市场上的竞争者少。

首先,投资回报率高的企业之所以能够向员工提供较高薪酬:一方面在于他们往往具有更多的资金和相应的实力,因而不会因为员工薪酬水平高而造成周转资金不灵;另一方面,这种做法能够提高组织吸引和保留高质量劳动力的能力,同时还可以利用较高的薪酬水平来抵消工作本身所具有的种种不利特征,比如工作压力大或者工作条件差等。

其次,当薪酬成本在企业总成本中占到的比率较低时,薪酬支出实际上只是企业成本支出中一个相对不那么重要的项目。在这种情况下,企业很可能会很乐意通过提供高水平的薪酬来减少各种相关劳动问题的出现,从而把更多的精力投入到那些较薪酬成本控制更为重要和更有价值的事情当中去。

最后,产品市场上的竞争者少,一般意味着企业面临的产品或服务需求曲线是弹性较小的甚至是无弹性的,企业可以提高产品价格,而不用担心消费者会减少对自己的产品或者服务的消费。换言之,这种企业实际上可以通过提高产品价格的方式将较高的薪酬成本转嫁给消费者。在这种情况下,企业支付较高的薪酬水平自然就是可行的了。

2. 跟随型薪酬策略

跟随型薪酬策略也称为“市场追随政策”、“市场匹配政策”,力图使本组织的薪酬成本接近竞争对手的薪酬成本,使本组织吸纳员工的能力接近竞争对手吸纳员工的能力。跟随型薪酬策略是企业最常用的策略。

薪酬管理者采用跟随型策略的三个理由:第一,薪酬水平低于竞争对手,会令组织内员工不满;第二,薪酬水平低会影响组织的招聘;第三,支付市场薪酬水平是管理的责任。

由于以上三点原因,很多企业都愿意采取跟随策略。一方面不会因薪酬水平过低而吸引不到员工、留不住员工;另一方面也不用支付过高的薪酬水平而增加成本。大多数企业采取跟随型薪酬策略是一个必然结果,如果企业的薪酬水平略高于竞争对手,则可以吸引到企业所需要的员工,假设其他条件完全相同。如果这种员工是稀缺的,那其他企业为了争夺,也会提高薪酬水平。如果每个企业都在不断地竞争,势必相互不断地提高薪酬水平,直至毫无利润可言。这种情况往往两败俱伤,是任何企业都不愿看到的结果。因此,保持一个大家都认可的薪酬水平是明智之举。跟随型薪酬策略根据竞争对手或市场的薪酬水平,制定本组织的薪酬水平,保持在一个基本一致的程度。

3. 滞后型薪酬策略

滞后型薪酬策略又称为“成本导向策略”、“落后薪酬水平策略”或“拖后型薪酬政策”,

采取本组织的薪酬水平低于竞争对手或市场薪酬水平的策略。

采用滞后型薪酬策略的企业,大多处于竞争性的产品市场上,边际利润率比较低,成本承受能力很弱。受产品市场上较低的利润率所限制,没有能力为员工提供高水平的薪酬,是企业实施滞后型薪酬策略的一个主要原因。当然,有些时候,滞后型薪酬策略的实施者并非真的没有支付能力,而是没有支付意愿的问题。

滞后型薪酬策略具有很高的风险,很可能招不到人,还会引起员工频繁跳槽。但是也有不少企业采用这种滞后型策略,主要原因是当前的资金不充裕。这种策略也并非完全不可取,它可以作为一种过渡策略,帮助企业快速成长或渡过难关。

优秀的薪酬管理者,可以从其他方面来弥补低薪的劣势,如提供具有挑战性的工作、赋予较大的权力、营造和谐共进的氛围、提供较多的培训等,应聘者和员工可能会因这些原因而愿意与企业共同成长。但是,长期的低薪一定会挫伤员工的积极性,毕竟薪酬才能满足更多的需求。因此,采用这一策略的企业,往往会用将来更具诱惑力的薪酬来留住员工,比如承诺将来工资提高到更高的水平,或是向员工发放股票等。人们可能为了将来更高的收入,而容忍当前较低的收入,所以滞后型薪酬策略可以作为一种暂时性的策略。

比如,在信息以及其他一些高科技企业中,一些企业支付给员工的基本薪酬可能会低于市场水平,但是员工却可以获得企业的股票或者是股票期权,这种将滞后型的基本薪酬策略和未来的较高收入结合在一起的薪酬组合不但不会影响企业的员工招募和保留能力,反而有助于增强员工的工作积极性和责任感。此外,这种薪酬策略还可以通过与富有挑战性的工作、理想的工作地点、良好的同事关系等其他因素相结合而得到适当的弥补。

4. 混合型薪酬策略

混合型薪酬策略,是指企业在确定薪酬水平时,是根据职位的类型或者员工的类型来分别制定不同的薪酬水平决策,而不是对所有的职位和员工均采用相同的薪酬水平定位。比如,有些公司针对不同的职位族使用不同的薪酬决策,对核心职位族采取市场领袖型的薪酬策略,而在其他职位族中实行市场追随型或相对滞后型的基本薪酬策略。

对企业里的关键人员例如高级管理人员、技术人员,提供高于市场水平的薪酬,对普通员工实施匹配型的薪酬政策,对那些在劳动力市场上随时可以找到替代者的员工提供低于市场价格的薪酬。此外。有些公司还在不同的薪酬构成部分之间实行不同的薪酬政策。比如在总薪酬的市场价值方面处于高于市场的竞争性地位,在基本薪酬方面处于稍微低一点的拖后地位,同时在激励性薪酬方面则处于比平均水平高很多的领先地位。

举例来说,某公司可能会制订这样一项新的薪酬方案,员工的基本薪酬水平较市场上的平均薪酬水平降低3%,但是如果员工所在部门的经营利润超过了某一目标,那么他们就有机会得到最高相当于一个月工资的奖金。这样,尽管这家公司的基本薪酬水平比市场水平偏低,但是在经营绩效较好的情况下,考虑到奖金的增加,该公司的薪酬水平实际上还是稍微领先于市场的。目的在于鼓励员工注意企业的经营绩效,并激励他们提高生产率。同时,它还向本公司潜在的求职者发出了一个信号,即公司希望员工能够将工作完成得更好,并且能够承担一定的风险。

混合型薪酬策略同时采用两种或两种以上策略。企业综合每种策略优劣,适合具体情况灵活掌握。

混合型薪酬策略最大的优点就是其灵活性和针对性,对于劳动力市场上的稀缺人才以及企业希望长期保留的关键职位上的人采取薪酬领袖政策,对于劳动力市场上的富裕劳动力以及鼓励流动的低级职位上的员工采取市场匹配政策甚至拖后政策,既有利于公司保持自己在劳动力市场上的竞争力,同时又有利于合理控制公司的薪酬成本开支。

此外,通过对企业薪酬构成中的不同组成部分采取不同的市场定位战略,还有利于公司传递自己的价值观以及实现自己的经营目标。

二、薪酬结构

（一）薪酬结构含义

薪酬结构是指组织中各种工作或岗位之间薪酬水平的比例关系，包括不同层次工作之间报酬差异的相对比值和不同层次工作之间报酬差异的绝对水平。

薪酬结构包含以下三方面内容：组织内部以职位或等级区分的薪酬等级的数量；同一薪酬等级内部的薪酬变动范围（或薪酬变动比率）；相邻两个薪酬等级之间的交叉与重叠关系。

（二）薪酬结构的设计与调整

1. 调整的原因

由于劳动力市场价格、组织结构、竞争对手薪酬结构等方面的调整，以及新员工的加盟，促使原薪酬结构失去合理性，不被多数员工所认可，因而，起不到应有的激励作用。此时，必须对薪酬结构作适当的调整使之与变化了的情况相适应。

2. 薪酬结构的设计与调整

薪酬结构的设计与调整应当遵循三个原则，即公平性、激励性和可操作性。常用的薪酬结构的设计与调整的方法包括：增加薪酬等级；减少薪酬等级；调整不同等级的人员规模和薪酬比例。

（三）薪酬结构的策略

薪酬结构主要是企业总体薪酬所包含的固定部分薪酬（主要指基本工资）和浮动部分薪酬（主要指奖金和绩效薪酬）所占的比例。供企业选择的薪酬结构策略有高弹性薪酬模式、高稳定薪酬模式和调和型薪酬模式，见表7.6：

表7.6　三种薪酬模型比较

	高弹性薪酬模型	高稳定薪酬模型	调和性薪酬模型
特点	绩效薪酬是薪酬结构的主要组成部分，基本薪酬等处于非常次要的地位，所占的比例非常低（甚至为零）	基本薪酬是薪酬结构的主要组成部分，绩效薪酬等处于非常次要的地位，所占的比例非常低（甚至为零）	绩效薪酬和基本薪酬各占一定的比例
优点	对员工的激励性很强，员工的薪酬完全依赖于其工作绩效的好坏	员工收入波动很小，员工安全感很强	对员工既有激励性又有安全感
缺点	员工收入波动很大，员工缺乏安全感及保障	缺乏激励功能，容易导致员工懒惰	制定科学合理的薪酬系统

1. 高弹性薪酬模式

这是一种激励性很强的薪酬模型，绩效薪酬是薪酬结构的主要组成部分，基本薪酬等处于非常次要的地位，所占的比例非常低（甚至为零）。即薪酬中固定部分比例比较低，而浮动部分比例比较高。这种薪酬模型，员工能获得多少薪酬完全依赖于工作绩效的好坏。当员工的绩效非常优秀时，薪酬则非常高，而当绩效非常差时，薪酬则非常低甚至为零。

2. 高稳定薪酬模式

这是一种稳定性很强的薪酬模型，基本薪酬是薪酬结构的主要组成部分，绩效薪酬等处于非常次要的地位，所占的比例非常低（甚至为零）。即薪酬中固定部分比例比较高，而浮动部分比较少。这种薪酬模型，员工的收入非常稳定，几乎不用努力就能获得全额的薪酬。

3. 调和型薪酬模式

这是一种既有激励性又有稳定性的薪酬模型，绩效薪酬和基本薪酬各占一定的比例。

当两者比例不断调和和变化时，这种薪酬模型可以演变为以激励为主的模型，也可以演变为以稳定为主的薪酬模型。

企业在进行薪酬设计时，还可以选择一种叫做混合型的薪酬结构策略。这种策略的特点是针对不同的岗位、不同人才的特点选择不同的薪酬结构策略，比如严格要求自己、积极要求上进、喜欢接受挑战的员工可以采用高弹性的薪酬模型，对于老老实实做事、追求工作和生活稳定的员工可以采用高稳定型的薪酬模型。

第五节　福利

一、福利概述

（一）福利的含义

福利是员工的间接报酬。一般包括健康保险、带薪假期或退休金等形式。这些奖励作为企业成员福利的一部分，奖给职工个人或者员工小组。

福利必须被视为全部报酬的一部分，而总报酬是人力资源战略决策的重要方面之一。从管理层的角度看，福利可对以下若干战略目标作出贡献：协助吸引员工；协助保持员工；提高企业在员工和其他企业心目中的形象；提高员工对职务的满意度。与员工的收入不同，福利一般不需纳税。由于这一原因，相对于等量的现金支付，福利在某种意义上来说，对员工就具有更大的价值。

福利适用所有的员工，而奖金则只适用于高绩效员工。福利的内容很多，各个企业也为员工提供不同形式的福利，但可以把各种福利归为以下几类：补充性工资福利、保险福利、退休福利、员工服务福利。

目前的趋势是福利在整个报酬体系中的比重越来越大。

（二）福利的项目

1. 广义福利与狭义福利

广义的福利泛指在支付工资、奖金之外的所有待遇，包括社会保险在内。狭义的福利是指企业根据劳动者的劳动在工资、奖金，以及社会保险之外的其他待遇。

2. 法定福利与补充福利

法定福利亦称基本福利，是指按照国家法律法规和政策规定必须发生的福利项目，其特点是只要企业建立并存在，就有义务、有责任且必须按照国家统一规定的福利项目和支付标准支付，不受企业所有制性质、经济效益和支付能力的影响。法定福利包括：

（1）社会保险。包括生育保险、养老保险、医疗保险、工伤保险、失业保险以及疾病、伤残、遗属三种津贴。

（2）法定节假日。按照2007年国务院令513号颁布的国务院关于修改《全国年节及纪念日放假办法》的决定，全年法定节假日为11天。

（3）特殊情况下的工资支付。是指除属于社会保险，如病假工资或疾病救济费（疾病津贴）、产假工资（生育津贴）之外的特殊情况下的工资支付。如婚丧假工资、探亲假工资。

（4）工资性津贴，包括上下班交通费补贴、洗理费、书报费等。

（5）工资总额外补贴项目：计划生育独生子女补贴；冬季取暖补贴。

补充福利是指在国家法定的基本福利之外，由企业自定的福利项目。企业补充福利项目的多少、标准的高低，在很大程度上要受到企业经济效益和支付能力的影响以及企业出于自身某种目的的考虑。

3. 集体福利与个人福利

集体福利主要是指全部职工可以享受的公共福利设施。如职工集体生活设施，如职工食堂、托儿所、幼儿园等；集体文化体育设施，如图书馆、阅览室、健身室、浴池、体育场(馆)；医疗设施，如医院、医疗室等。

个人福利是指在个人具备国家及所在企业规定的条件时可以享受的福利。如探亲假、冬季取暖补贴、子女医疗补助、生活困难补助、房租补贴等。

(三)福利的功能

1. 吸引优秀员工

优秀员工是组织发展的顶梁柱。以前一直认为，组织主要靠高工资来吸引优秀员工，现在许多企业家认识到，良好的福利有时比高工资更能吸引优秀员工。

2. 提高员工的士气

良好的福利使员工无后顾之忧，使员工有与组织共荣辱之感，士气必然会高涨。

3. 降低员工辞职率

员工过高的辞职率必然会使组织的工作受到一定损失，而良好的福利会使很多可能流动的员工打消辞职的念头。

4. 激励员工

良好的福利会使员工产生由衷的工作满意感，进而激发员工自觉为组织目标而奋斗的动力。

5. 凝聚员工

组织的凝聚力由许多的因素组成，但良好的福利无疑是一个重要因素，因为良好的福利体现了组织的高层管理者以人为本的经营思想。

6. 提高企业经济效益

良好的福利一方面可以使员工得到更多的实惠；另一方面用在员工身上的投资会产生更多的回报。

二、法定福利

法定福利主要包括养老保险、失业保险、医疗保险、工伤保险、生育保险以及住房公积金。

(一)养老保险

养老保险又称老年保险，是社会保障制度的重要组成部分，是社会保险五大险种中最重要的险种之一。所谓养老保险(或养老保险制度)是国家和社会根据一定的法律和法规，为解决劳动者在达到国家规定的解除劳动义务的劳动年龄界限，或因年老丧失劳动能力退出劳动岗位后的基本生活而建立的一种社会保险制度。

(二)医疗保险

医疗保险是指为被保险人的治疗疾病时发生的医疗费用提供保险保障的保险。职工因疾病、负伤、生育时，由社会或企业提供必要的医疗服务或物质帮助的社会保险。如中国的公费医疗、劳保医疗。如今中国职工的医疗费用由国家、单位和个人共同负担，以减轻企业负担，避免浪费。

医疗保险同其他类型的保险一样，也是以合同的方式预先向受疾病威胁的人收取医疗保险费，建立医疗保险基金；当被保险人患病并去医疗机构就诊而发生医疗费用后，由医疗保险机构给予一定的经济补偿。

因此，医疗保险也具有保险的两大职能：风险转移和补偿转移。即把个体身上的由疾病风险所致的经济损失分摊给所有受同样风险威胁的成员，用集中起来的医疗保险基金来补偿由疾病所带来的经济损失。

医疗保险费由用人单位和个人共同缴纳。国务院于1998年12月下发了《国务院关于建立城镇职工基本医疗保险制度的决定》(国发[1998]44号)，明确规定用人单位缴费率控制在职工工资总额的6%左右,职工缴费率一般为本人工资收入的2%。退休人员参加基本医疗保险,个人不缴纳基本医疗保险费。对退休人员个人账户的计入金额和个人负担医疗费的比例给予适当照顾。

(三)失业保险

失业保险是指国家通过立法强制实行的,由社会集中建立基金,对因失业而暂时中断生活来源的劳动者提供物质帮助的制度。它是社会保障体系的重要组成部分,是社会保险的主要项目之一。

失业保险具有如下几个主要特点:

1. 普遍性

它主要是为了保障有工资收入的劳动者失业后的基本生活而建立的,其覆盖范围包括劳动力队伍中的大部分成员。因此,在确定适用范围时,参保单位应不分部门和行业,不分所有制性质,其职工应不分用工形式,不分家居城镇、农村,解除或终止劳动关系后,只要本人符合条件,都有享受失业保险待遇的权利。分析我国失业保险适用范围的变化情况,呈逐步扩大的趋势,从国有企业的四种人到国有企业的七类九种人和企业化管理的事业单位职工,再到《失业保险条例》规定的城镇所有企业事业单位及其职工,充分体现了普遍性原则。

2. 强制性

它是通过国家制定法律、法规来强制实施的。按照规定,在失业保险制度覆盖范围内的单位及其职工必须参加失业保险并履行缴费义务。根据有关规定,不履行缴费义务的单位和个人都应当承担相应的法律责任。

3. 互济性

失业保险基金主要来源于社会筹集,由单位、个人和国家三方共同负担。缴费比例、缴费方式相对稳定,筹集的失业保险费,不分来源渠道,不分缴费单位的性质,全部并入失业保险基金,在统筹地区内统一调度使用以发挥互济功能。

(四)工伤保险

工伤保险是指国家或社会为生产、工作中遭受事故伤害和患职业性疾病的劳动者及家属提供医疗救治、生活保障、经济补偿、医疗和职业康复等物质帮助的一种社会保障制度。

工伤保险是员工因在生产经营活动中所发生的或在规定的某些特殊情况下,遭受意外伤害、职业病以及因这两种情况造成死亡,在员工暂时或永久丧失劳动能力时,员工或其遗属能够从国家、社会得到必要的物质补偿。这种补偿既包括受到伤害的职工医疗、康复的费用,也包括生活保障所需的物质帮助。工伤保险是社会保险制度的重要组成部分,也是建立独立于企事业单位之外的社会保障体系的基本制度之一。

(五)生育保险

生育保险是通过国家立法,在职业妇女因生育子女而暂时中断劳动时由国家和社会及时给予生活保障和物质帮助的一项社会保险制度。其宗旨在于通过提供生育津贴、医疗服务和产假,维持、恢复和增进生育妇女身体健康,并使婴儿得到精心的照顾和哺育。

生育保险提供的生活保障和物质帮助,通常由现金补助和实物供给两部分组成。现金补助主要是指及时给予生育妇女的生育津贴。有些国家还包括一次性现金补助或家庭津贴。实物供给主要是指提供必要的医疗保健、医疗服务以及孕妇、婴儿需要的生活用品等。提供的范围、条件和标准主要根据本国的经济状况确定。

阅读资料

《2010年度人力资源和社会保障事业发展统计公报》显示：截至2010年底，全国参加城镇职工基本养老保险人数为25 707万人，比2009年末增加2 157万人。其中，农民工参保人数为3 284万人，比2009年末增加637万人。2010年末全国参加城镇基本医疗保险人数为43 263万人，比上年末增加3 116万人。其中，参加城镇职工基本医疗保险人数23 735万人，比上年末增加1 797万人；参加城镇居民基本医疗保险人数为19 528万人，比上年末增加1 319万人。2010年末参加医疗保险的农民工人数为4 583万人，比上年末增加249万人。2010年末全国参加失业保险人数为13 376万人，比上年末增加660万人。其中，参加失业保险的农民工人数为1 990万人，比上年末增加347万人。2010年末全国参加工伤保险人数为16 161万人，比上年末增加1 265万人。其中，参加工伤保险的农民工人数为6 300万人，比上年末增加713万人。2010年末全国参加生育保险人数为12 336万人，比上年末增加1 460万人。”

（六）住房公积金

住房公积金是指国家机关、国有企业、城镇集体企业、外商投资企业、城镇私营企业及其他城镇企业、事业单位及其在职职工缴存的长期住房储金。住房公积金的这一定义包含以下五个方面的含义：

第一，住房公积金只在城镇建立，农村不建立住房公积金制度。

第二，只有在职职工才建立住房公积金制度。无工作的城镇居民不实行住房公积金制度，离退休职工也不实行住房公积金制度。

第三，住房公积金由两部分组成，一部分由职工所在单位缴存，另一部分由职工个人缴存，职工个人缴存部分由单位代扣后，连同单位缴存部分一并缴存到住房公积金个人账户内。

第四，住房公积金缴存的长期性。住房公积金制度一经建立，职工在职期间必须不间断地按规定缴存，除职工离退休或发生《住房公积金管理条例》规定的其他情形外，不得中止和中断。体现了住房公积金的稳定性、统一性、规范性和强制性。

第五，住房公积金是职工按规定存储起来的专项用于住房消费支出的个人住房储金，具有两个特征：一是积累性，即住房公积金虽然是职工工资的组成部分，但不以现金形式发放，并且必须存入住房公积金管理中心在受委托银行开设的专户内，实行专户管理。二是专用性。住房公积金实行专款专用，存储期间只能按规定用于购、建、大修自住住房，或交纳房租。职工只有在离退休、死亡、完全丧失劳动能力并与单位终止劳动关系或户口迁出原居住城市时，才可提取本人账户内的住房公积金。

住房公积金制度实际上是一种住房保障制度，是住房分配货币化的一种形式。

三、企业自助式福利

（一）自助式福利的含义

企业福利实际上是对员工努力的一种肯定和鼓励，也是对员工需要的一种满足。根据马斯洛的需求层次理论。人的需求具有多样性。因此，人的福利需求并不是单纯在物质方面，而是多元化的。一些企业认为，福利货币化不仅省事，而且员工看得见。这样做，固然简便易行，但也带来一些负面影响。比如，企业发现许多福利项目并未达到自己的目标，而只是一项徒有虚名的开销；员工拿工资时感到自己所贡献的与所得的不等。于是，工资化的福利沦为企业弥补员工工资不足的一种形式，员工并不会认为企业在过多地关爱自己。员工福利应当多样化，这已为许多跨国公司的成功实践。美国《财富》杂志评选出2002年“全美最值得为之工作的100家公司”，这些公司一个共同的特点就是以多样化的丰厚的福利回报员工，而非高额的货币化工资。因为在更多的人看来，薪金是企业对自身劳动的肯定,而福利则表示企业对自身的重视。如果企业能很好地运用其福利手段,可能达到事半功倍的效果。要想使企业的福利产生预期的良好效果,就必须使企业的福利项目能很好地满足人才的个人需求。体现全新福利发放形式的福利制度(计划)较好地解决了这一问题,自助式福利计划便是一系列福利计划中较为有效的一种。

自助式福利是企业设计了众多的福利项目供员工自由选择。福利支付形式的"个性化"是其重要特点。这种福利形式,正如自助餐一样,可以让员工自由挑选所喜欢的物品,因此这种福利形式可称为自助式福利。在自助式福利计划中,除了国家规定的"五险一金"外,企业自己制定的"软性"福利,如培训、保险之类的待遇,它为企业吸引和留住优秀人才发挥了积极的意义。自助式福利项目一般应包括:职工意外伤害保险、职工失业保险、职工养老保险、职工医疗保险、大病统筹、职工个人财产保险、带薪休假、提供职工住房、住房公积金或住房补贴、免费午餐、职工食堂或伙食补助、提供交通接送或交通补贴、带薪培训或教育补助、本企业股份股票或期权优先权、娱乐或体育活动、整洁而园林化的厂区、家庭特困补助、家庭慰问金、抚恤金、工伤残疾、重病补助、组织公司旅游或提供疗养机会、节日礼物或优惠实物分配。

(二)自助式福利的优点

1. 自助式福利的最大优点在于,它恰当地提供了员工所需要的物品

由于每个人得到的都是自己需要的物品,自然他的需要满足程度要大于或等于他被动收到公司统一发放的福利物品的满足程度。从而使福利的总效用达到最大化。同时,由于在每个福利项目后面一般都标示了其市场价值(金额),这样可以使员工感到珍惜,更加充分地发挥投入与产出之间的正效应。

2. 用福利"软手铐"网住人才,起到维系员工的作用

如果员工选择某大件福利项目如住房,他就需要为公司奉献相当长一段时间,才能达到消费该福利项目的条件。另外,从企业的角度看,如果员工选择了有条件发放的本企业的股份、股票或期权优先权形式的自助式福利项目,就相当于企业推迟了福利的分发期(沉淀福利制度)。因此,这也是一个有效的控制雇员流失的方法。因为这些福利项目暂时沉淀了员工的部分福利,从而减少人才流失的可能性。从这种意义上来说,自助式福利对员工有着维系作用。

3. 它可以激励员工为实现一定的福利购买力而努力工作,起到类似目标管理的作用

由于自助式福利可以预支,这样当员工在本人购买力不足的情况下购买了某大件物品时,他就"欠"了公司一笔"福利债"。为了还这笔"债",他就需要努力工作,以期在公司的绩效考核中取得更多的福利购买力。公司如果要享受这种方法带来的好处,就应当鼓励员工选择较大的福利项目。这样,就给员工设立了一个远大的、可实现的目标,激发他们为了这些"远大"的目标而努力工作。同时,公司应当加大绩效考核结果的比重(即使绩效考核结果在整个"购买力"数值产生机制中占取更大的比重),这样更有利于员工发奋工作。

4. 给予人才认同感

自助式福利体现了企业的人情化关怀,有利于凝聚人心,增强员工的归属感,激发员工奋发有为的动力和活力。尽管提供各种各样的福利项目需要花费企业的部分利润,工作难度也大。但是,一旦员工在某种程度上拥有对自己福利形式的发言权,工作满意度和对公司的忠诚度都会得到提升,因为这种做法表示了对他们的尊重及处理事情的务实态度。这样的企业更富有人情味和温暖感,更容易培育融洽的人际关系,让人感到企业最贴心的关怀和帮助,从而在共同利益和共同目标的驱动下,员工的主动性、积极性和创造性可以得到极大发挥。福利的多样化,是以温情脉脉的方式"套牢"员工,从员工那里得到的无疑是丰厚的回报。

(三)采取自助式福利应注意的问题

在国际上,自助式福利已成为企业福利管理的主要模式。国内企业也应该尝试这一模式,充分发挥其多样化、灵活性优势,更好地满足员工的不同需要,真正实现福利的激励和保障功能,促进企业发展。要保证自助式福利的实施效果,企业在实施过程中应注意以下几个问题:

1. 要适应企业的实际承受能力和发展策略

员工福利支出是企业雇佣成本的一个重要组成部分,福利水平的确定将影响到企业劳动力成本的支出,进而影响企业的竞争力。因此,员工福利的水平一定要以企业自身的经济实力为依托,不可不切实际地追求高福利、全福利,而影响了企业的正常经营和发展。

2. 福利项目要符合员工的实际需要,切忌华而不实

企业在进行福利项目选择时一定要深入调查,所选项目尽量要现实化,既要在企业承受能力之内,也要在员工的需要范围之列,以实现供需平衡。

3. 应采取员工参与机制,及时与员工沟通,了解员工需求

福利提供的对象是员工,在福利计划设计及实施过程中,只有员工参与进来,才能真正了解员工的需求,实现福利的激励和保障功能。员工在某种程度上拥有对自己福利形式的发言权,其工作满意度和对公司的忠诚度都会得到提升。

4. 自助式福利管理是一项相对复杂的管理,企业在准备实施此福利模式时应事先做好相关的人员及机构安排

在需求分析、调查、物品的采购、保管等一系列管理过程中,应保持各阶段的协调和衔接,避免出现管理的混乱。此外,应注意到自助式福利管理也是一个动态的管理过程,企业应不断调节福利水平,调整福利项目,随时应对员工的需求变动。

四、员工福利的发展趋势

企业员工福利制度在产生不到一百年的时间里,其形式随着社会经济的发展而不断变化。进入21世纪以来,随着企业员工结构的变化,企业员工福利管理又有了新的变化。归纳起来,福利制度的发展趋势有以下几点:

(一)从普惠制到重点针对核心人才的趋势

所谓普惠制是指福利制度面向公司中所有员工,与员工对企业贡献和业绩大小并不挂钩。久而久之,福利成为薪酬中的保健因素,员工将福利看成是企业必备和常规的薪酬部分而感受不到企业的关怀,这既与福利设立的初衷大相径庭,也造成企业成本攀升。现代企业在设计福利计划时,倾向于将福利作为对核心人才和优秀员工的一种奖励,要求员工通过努力工作来争得福利报酬。

(二)员工福利的弹性化趋势

不同群体的员工对福利项目的偏好不同,传统的统一的福利计划很难满足员工多样性的需求,相反企业却为此付出了大量的成本。为了减轻负担,更好地满足员工个性化需要,企业出现了设计弹性化的福利制度的趋势。弹性化的福利制度就是由员工自行选择福利项目的福利管理模式,它强调让员工依照自己的需求从企业所提供的福利项目中来选择组合属于自己的一套福利"套餐"。弹性化企业福利有四种形式:自助式福利、标准组件式福利、核心外加式福利、弹性支用账户式福利。

(三)员工福利的社会化趋势

员工福利的社会化趋势是指企业通过签订合同,把自己的福利计划完全外包给其他专业性的公司来做,由专业性公司负责企业福利制度的设计,以及员工福利的购买、发放和管理。其优点是企业可以省去许多福利设计和管理方面的麻烦,使企业集中精力专注于核心业务,福利制度专业化程度高;其缺点是专业公司对企业的了解程度不如企业自己的人力

资源部门，对员工的需求也不是很清楚。

（四）员工福利的货币化趋势

员工福利的货币化趋势是指企业为了简化员工福利的管理，免去设计福利项目和迎合员工偏好差异的麻烦，直接向员工发放与原来福利项目等值的现金。其优点是既省去了大量的行政作业，又避免了员工多样化需求；其缺点是改变了福利原有的性质和意义，成了第二奖金，此外不能够再享受国家的税收优惠，也不能体现规模采购的好处，可能会使企业人工成本增加。

五、如何设计一套好的福利管理制度

好的福利管理制度的标准有五点：其一，恰当的。对外具有竞争力，对内符合企业战略、企业规模和经济实力。其二，可支付的。福利项目要在企业可以支付的范围内进行设计。其三，可理解的。各个福利项目的设计和表述能够很容易地为员工所理解，选择时不会产生歧义。其四，可操作的。福利项目是切合实际的、可实施的。其五，可变动的。福利方案要灵活设计，能够尽量满足各类员工的不同需求，具有自我调节的能力。

确定福利制度的享受对象。通常意义上的福利是一种参与式的回报，面向公司中所有员工，与员工个人及其群体对企业的贡献和绩效没有关系。有的企业在设计福利项目时，是专门针对某类员工，福利成为一种吸引和留住核心人才和优秀员工的措施，那么企业就要事先确定福利制度的享受对象。必须考虑福利制度是为谁而设计？哪些人员有资格享受特殊的福利制度？

此外，还应该基于企业战略和人力资源策略来设计福利制度，认真了解国家相关法规，正确评估福利制度所需的资金数量及其来源，做好福利制度的信息沟通。

第六节　薪酬预算与调整

一、薪酬调查

（一）薪酬调查的概念和种类

薪酬调查，就是通过一系列标准、规范和专业的方法，对市场上各职位进行分类、汇总和统计分析，形成能够客观反映市场薪酬现状的调查报告，为企业提供薪酬设计方面的决策依据及参考。薪酬调查是薪酬设计中的重要组成部分，重点解决的是薪酬的对外竞争力和对内公平性问题，薪酬调查报告能够帮助企业达到个性化和有针对性地设计薪酬的目的。通过薪酬调查了解和掌握本地区、本行业的薪酬水平状况，特别是竞争对手的薪酬的状况。通过调查确定本企业的新的、有竞争力的薪酬制度，从而提高企业竞争力。

薪酬调查的种类很多。从调查方式上看，薪酬调查可以分为正式薪酬调查和非正式薪酬调查两种类型；从主持薪酬调查的主体来看，薪酬调查又可以分为政府的调查、行业的调查、专业协会或企业家联合会的调查、咨询公司的调查，以及公司企业自己组织的等多种形式的薪酬调查。从调查的组织者来看，正式调查又可分：商业性薪酬调查、专业性薪酬调查、政府薪酬调查。

此外，从薪酬调查的具体内容和对象来看，薪酬调查又可以区分为薪酬市场调查和企业员工薪酬满意度调查两方面。

（二）薪酬调查的实施步骤

1. 准备阶段

准备阶段是在具体设计薪酬调查问卷上交实施调查之前要做的工作。主要包括：

（1）确定调查的必要性。如果现有的薪酬调查数据足以提供企业所需要的大部分信息，显然就没有必要去做市场薪酬调查。

(2)确定调查的对象及职位。如果企业的兴趣在于管理人员的薪酬,那么只要包括公司高层和部门经理一级的职位即可。

(3)确定调查的目标企业及对象。如果企业所要调查的是那些由地方劳动力市场状况决定薪酬水平的职位,那么企业的调查样本就应该选择在企业所在地方区域或范围内的那些企业身上。

(4)选择所要收集的信息。在确定了调查对象和拟定了调查职位之后,还必须确定应当将哪些薪酬的组成部分纳入调查范围。

2. 实施阶段

薪酬调查的实施阶段的主要工作是设计调查问卷并实施调查。调查问卷的内容通常包括企业本身一些信息;各种薪酬构成方面的信息;职位方面的信息;任职者的一些信息等。

调查问卷的设计应当尽量考虑到被调查者的使用方便。从时间的角度看,调查者最好是在与调查参与者初步接触之后的 2 ~4 周内将问卷寄给被调查者,同时根据问卷所调查职位的多少来确定调查问卷的回答时间。在调查的过程中,调查者还可以采用其他方式来收集信息,以弥补问卷调查的不足。

3. 结果分析阶段

在调查问卷回收上来以后,调查者首先要做的是对每份调查问卷的信息进行分析、筛选和统计,以此确保数据的有效性。在统计分析过程中要注意统计的口径要统一,数据要准确真实,最好采用计算机技术进行数据分析和处理工作。当统计结果出来以后,就要对统计结果进行分析,绘制出反映市场薪酬水平的薪酬结构图和本企业的薪酬结构线,并进行比较分析,最后写出薪酬调查报告,作为企业制定薪酬策略的参考依据。

二、薪酬预算

(一)薪酬预算的概念及目标

薪酬预算是指企业管理者在薪酬管理过程中进行的一系列成本开支方面的权衡和取舍。薪酬预算是薪酬控制的重要环节,准确的预算可以保证企业在未来一段时间内的薪酬支付受到一定程度的协调和控制。薪酬预算要求管理者在进行薪酬决策时,综合考虑企业的财务状况、薪酬结构及企业所处的市场环境因素的影响,确保企业的薪酬成本不超出企业的承受能力。

举例来说,在新的财务年度,管理者需要综合考虑外部市场的薪酬水平、员工个人的工作绩效、企业的经营业绩以及生活成本的变动情况等各种要素,并权衡这些要素在加薪中所占据的比重;这种权衡还发生在长期奖金和短期奖金之间——绩效加薪和根据资历加薪之间以及直接货币报酬和间接福利支出之间。此外,是主要以薪酬作为激励手段还是用其他人力资源管理手段来激励员工,同样是一个值得管理者们考虑的问题。事实上,在企业的财务资源一定的情况下,企业在薪酬管理人员配备、员工培训和其他的一些管理措施之间所投入的财务预算存在着一种此消彼长的关系。因此,薪酬预算的多少可以很清晰地反映出企业的人力资源战略重心,它同时也是整个人力资源管理中的重要组成部分,直接关系到企业的经营成功和员工们的心理感受。在这种情况下,如果企业在薪酬预算方面不存在正式的制度而是任由管理者自由决定,那么就很可能在各种人力资源管理手段方面的投入出现较大偏差,而员工们可能也无法得到公平和公正的对待。

薪酬预算的目标主要有两个:一是合理控制员工流动率,同时降低企业的劳动力成本;二是有效影响员工的行为。

(二)薪酬预算的方法

1. 宏观接近法

所谓宏观接近法,是指首先对公司的总体业绩指标作出预测,然后确定下来企业所能够接受的新的薪酬总额，最后再按照一定的比例把它分配给各个部门的管理者，由管理者负责进一步分配到具体的员工身上。

因此，特定企业里这一流程所需的层级次数是与组织结构的繁简程度成正比的。在结构较为烦琐的传统型企业里，这一过程往往甚为繁复；一旦管理不力，很可能给组织带来较大的管理成本。

(1)根据薪酬费用比率推算合理的薪酬费用总额。这是一种最简单、最基本的薪酬预算方法。在本企业的经营业绩稳定且适度的情况下，管理者可以由本企业过去的经营业绩推导出适合本企业的安全的薪酬费用比率，并以此为依据对未来的薪酬费用总额进行预算；若本企业的经营水平不佳，则应参考行业的一般水平来确定出合理的薪酬费用比率。薪酬费用比率的计算公式可以表示为

薪酬费用比率 = 薪酬费用总额 ÷ 销售额 = (薪酬费用总额 ÷ 员工人数) ÷ (销售总额 ÷ 员工人数)

根据一般经验，薪酬费用总额与销售额的比例大致为14%。其具体数值又因企业的规模和行业而异。

例如，假设某一公司根据过去数年的经营业绩，得出本企业的合理薪酬费用比率为12%；公司现有员工100名，每人月平均薪酬为4 000元，则现有的薪酬费用和销售总额为：

年薪酬费用总额 = 4 000 元 × 12 个月 × 100 人 = 480 万元

年销售额 = 480 万元 ÷ 12% = 4 000 万元

此时，假设公司预测年销售额可以增加10%，即

目标年销售额 = 4 000 万元 × (1 + 10%) = 4 400 万元

则

目标薪酬费用总额 = 4400 万元 × 12% = 528 万元

于是

薪酬费用总额增长率 = (528 − 480) ÷ 480 = 10%

也就是说，企业销售额提高10%，其薪酬总额亦可增加10%；反过来，若企业欲加薪10%，则其就必须实现销售额增长10%的年度经营目标。

(2)根据盈亏平衡点推断适当的薪酬费用比率。所谓盈亏平衡点，是指在该点处企业销售产品和服务所获得的收益恰好能够弥补其总成本而没有额外的盈利。也就是说，企业处于不盈不亏但尚可维持的状态。这种状态可以用图7.3中的点A加以表示。

除了盈亏平衡点之外，我们在这里还要使用两个概念。

①边际盈利点。是指销售商品和服务带来的收益不仅能够弥补全部成本支出，而且还可以付给股东适当的股息；

②安全盈利点。是指在确保股息之外，企业还能得到足以应付未来可能发生风险或危机的一定盈余。

它们计算公式分别为：

盈亏平衡点 = 固定成本 ÷ (1 − 变动成本比率)

边际盈利点 = (固定成本 + 股息分配) ÷ (1 − 变动成本比率)

安全盈利点 = (固定成本 + 股息分配 + 企业盈利保留) ÷ (1 − 变动成本比率)

根据上面三个公式，我们可以推断出企业支付薪酬成本的各种比率：

薪酬支付的最高比率(最高薪酬成本比率) = (薪酬成本总额 ÷ 盈亏平衡点) × 100%

薪酬支付的可能限度(可能薪酬成本比率) = (薪酬成本总额 ÷ 边际盈利点) × 100%

薪酬支付的安全限度(安全薪酬成本比率) = (薪酬成本总额 ÷ 安全盈利点) × 100%

举例来说，现在假定某公司的固定成本为2 000万元(含薪酬成本1 200万元)，变动成本比率为60%，则在实现盈亏平衡经营时，即

盈亏平衡点 = 2 000 万元 ÷ (1 - 60%) = 5 000 万元

最高薪酬成本比率 = (1 200 万元 ÷ 500 万元) × 100% = 24%

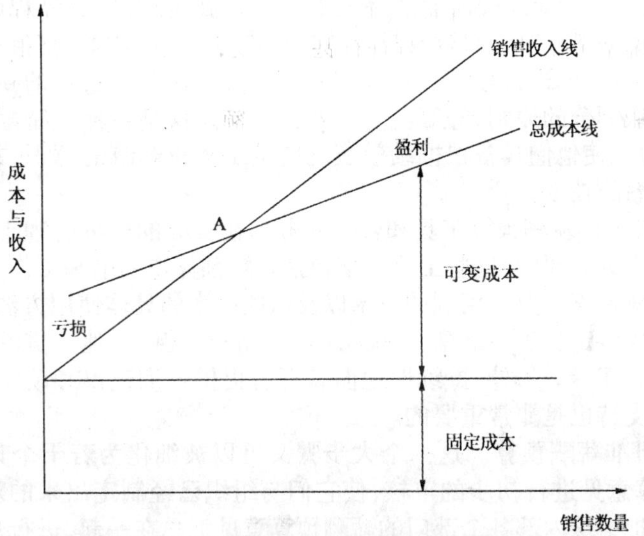

图 7.3　盈亏平衡点与企业的薪酬费用比率决策

在实现边际盈利时，假设公司欲实现 600 万元的微弱盈利，则

边际盈利点 = (2 000 万元 + 600 万元) ÷ (1 - 60%) = 6 500 万元

可能薪酬成本比率 = (1 200 万元 ÷ 6 500 万元) × 100% = 18.5%

假设公司除有适当盈余分配 600 万元之外，还欲为企业的发展保留 1 000 万元的盈余，则会有

安全盈利点 = (2 000 万元 + 600 万元 + 1 000 万元) ÷ (1 - 60%) = 9 000 万元

安全薪酬成本比率 = (1 200 万元 ÷ 9 000 万元) × 100% ≈ 13.3%

这也就是说，在成本费用结构像这样的企业里，比较恰当的薪酬费用比率应当是 13.3%。如果是 18.5% 或者 20% 的话，则该企业的经营已经超越常规限度，说明企业可能已经处于比较危险的状态。

(3) 根据劳动分配率推算合适的薪酬费用比率。这里所说的劳动分配率，是指在企业所获得的附加价值中，有多少被用来作为薪酬开支的费用。其计算公式为

劳动分配率 = 薪酬费用总额 ÷ 附加价值

附加价值比率 = 附加价值 ÷ 销售额

在这里，附加价值是指企业本身创造的价值，在性质上犹如家庭的可支配收入。它是生产价值中扣除从外面购买材料或动力的费用之后，附加在企业上的价值；它是企业进行劳动力和资本分配的基础。

下面举例说明如何利用劳动分配率导出薪酬费用总额的计算方法。

假定某公司目标销售额为 5 800 万元，其附加价值比率(附加价值/销售额)为 40%，目标劳动分配率为 45%，则企业可用的薪酬费用总额为

5 800 万元 × 40% × 45% = 1 044 万元

反之，若此企业欲使薪酬费用总额上涨到 1 570 万元，则其必须实现的销售额为

1 570 万元 ÷ 40% ÷ 45% = 8 722 万元

2. 微观接近法

与宏观接近法相对应，微观接近法指的是先由管理者预测出单个员工在下一年度里的薪酬水平，再把这些数据汇总在一起，从而得到整个企业的薪酬预算。

在企业的经营过程中,这一做法比宏观接近法更为常见。具体说来,整个过程应该包括以下几个步骤:

(1)对管理者就薪酬政策和薪酬技术进行培训。在采用微观接近法的情况下,各级管理者是决定企业的薪酬预算能否顺利进行的最重要的力量。因此,在实施具体的薪酬预算之前,有必要首先对他们进行培训。培训的主要内容应该包括公司的薪酬政策、薪酬预算技术以及薪酬等级划分的原则,等等。

通过培训,应该使他们具备根据绩效表现向员工支付薪酬的意识,并掌握加薪和预算等方面的常规性薪酬技术。

(2)为管理者提供薪酬预算工具和咨询服务。在实际的薪酬管理工作中,向管理者提供一定的工具是十分必要的,这些工具应该包括薪酬预算说明书和工作表格。

前者是对薪酬预算需要应用到的技术以及这些技术的具体使用方法作出的简要说明;后者则主要是提供特定员工在薪酬方面的一般性信息。例如,他一贯的绩效表现、过去的加薪情况及加薪时间等。另外,持续性地向管理者提供咨询建议和薪酬信息,对他们进行技术和政策上的支持也是非常重要的。

(3)审核并批准薪酬预算。这一个大步骤又可以被细化为若干个具体的小步骤。首先,要对这些预算意见进行初步的审核,使它们与组织已经制定出来的薪酬政策和薪酬等级相符合;其次,把组织内部各个部门的薪酬预算意见汇总在一起,进行总体上的调节和控制,确保内部公平性和外部一致性的实现,保证各个部门之间的平衡;最后,管理层进行集体决议,确定出最终的预算意见,并确保得到决策层的批准。

(4)监督预算方案的运行情况,并向管理者进行反馈。在预算方案下达至各个具体部门并加以执行的整个过程中,管理者必须对该方案的执行状况进行严密监控,一方面要保持与员工的畅通交流,了解他们的看法和态度,并对他们的反应作出积极、快速的反馈;另一方面也要从企业全局的角度出发,做好因时因地对方案进行调整的准备。

三、薪酬控制

(一)薪酬控制

薪酬控制,是指为确保既定薪酬方案顺利落实而采取的种种相关措施。对薪酬体系的运行状况进行监控,其主要目的在于对之前的预期和之后的实际状况进行对比,以便采取补救措施。

薪酬预算和薪酬控制应看成一个不可分割的整体:企业的薪酬预算需要通过薪酬控制来实现,薪酬控制过程中对薪酬预算的修改则意味着一轮新的预算的产生。

(二)薪酬控制的途径

在企业的经营过程中,薪酬控制在很大程度上指的是对于劳动力成本的控制。一般情况下,企业的劳动力成本控制可以用下面的公式来表示,即

$$劳动力成本=雇佣量\times(平均工资水平+平均福利成本)$$

因此,可以从员工雇佣量、平均工资水平及福利费用三方面来控制企业的薪酬费用。

1.通过员工雇佣量进行薪酬控制

雇佣量取决于企业的员工人数和他们对应的工作时数,通过控制这两个要素来管理劳动力成本是最简单和最直接的做法。在支付的薪酬水平一定的情况下,企业的员工越少,企业支付的薪酬总额就越少。企业往往采用精减人员,有效控制薪酬成本的方式来达到预期的利润目标。由于和变动员工人数相比,变动员工的工作时数更加方便,所以企业在薪酬水平一定的情况下,通过延长员工的工作时数来控制人工成本,达到降低劳动力成本的目的。

通过雇佣量进行薪酬控制,要注意在合法的前提下进行操作,否则就有可能违反国家劳动法律法规的规定。

2. 通过薪酬水平和薪酬结构进行薪酬控制

薪酬的控制，更主要还是要通过对薪酬水平和薪酬结构的调整来实现。薪酬水平是企业总体上的平均薪酬水平，而薪酬结构则主要涉及薪酬中基本薪酬、可变薪酬和福利支出等各组成部分所占比重的大小。

基本薪酬对于薪酬预算和控制的最重要影响体现在加薪方面：从劳动力成本方面看，可变薪酬相对于基本薪酬所占的比例越高，企业劳动力成本的变化余地也就越大，而管理者可采取的控制预算开支的余地也就越大；企业的福利支出分为两类：与基本薪酬相联系的福利以及与基本薪酬没有什么联系的福利，与基本薪酬相联系的福利会随着基本薪酬的变化而变化，因而会对薪酬控制发生较大影响。

课后思考题

1. 薪酬管理的概念及重要性？
2. 薪酬调查的基本步骤有哪些？
3. 企业薪酬制度由哪些部分构成及其包括哪些内容？

案例分析

A 制冷公司的薪酬设计

A 制冷公司是一家合资公司，公司成立于 1995 年，目前是中国最重要的中央空调和机房空调产品生产销售厂商之一。现有员工 300 余人，在全球有 17 个办事处，随着销售额的不断上升和人员规模的不断扩大，企业整体管理水平也需要提升。

公司在人力资源管理方面起步较晚，原有的基础比较薄弱，尚未形成科学的体系，尤其是薪酬福利方面的问题比较突出。在早期，人员较少，单凭领导一双眼、一支笔倒还可以分清楚给谁多少工资，但人员激增后，只靠过去的老办法显然不灵，这样的做法带有很大的个人色彩，更谈不上公平性、公正性、对外的竞争性了。于是他们聘请普尔摩公司就其薪酬体系进行系统设计。

普尔摩公司管理顾问经过系统的分析诊断，就公司现在的薪酬管理所存在的问题进行了整理，认为该公司在薪酬管理方面存在的主要问题有：一是薪酬分配原则不明晰，内部不公平。不同职位之间、不同员工之间的薪酬差别基本上是凭感觉来确定。二是不能准确了解外部特别是同行业的薪酬水平，无法准确定位薪酬整体水平。给谁加薪、加多少，老板和员工心里都没底。三是薪酬结构和福利项目有待进一步合理化。四是需要建立统一的薪酬政策。

普尔摩公司管理顾问认为，解决薪酬分配问题需要一系列步骤：首先，需要有工作说明书以作为公司人力资源管理的基础；其次在工作说明书的基础上，对职位所具有的特性进行重要性评价，依据国际上被广泛使用的权威的评估方法对该公司的职位等级进行评定，最终形成公司职级图；再次，公司应委托专门的薪酬调查公司就同行业、同类别、同性质公司的薪酬水平进行调查，获得薪酬市场数据；另外，依据公司职级图、薪资调查的数据、公司的业务状况以及实际支付能力，对公司的薪酬体系进行设计，此项工作内容包括制定薪酬结构、制定不同人员的薪酬分配办法和薪酬调整办法、测算人力成本等；最后，形成公司可执行、公布的薪酬政策。

经过双方的紧密配合，该公司领导对最终形成的方案十分满意，因为他们再也不用为每月发工资这件事头疼了，薪酬分配政策的公平性也消除了员工之间的猜疑，增强了其工作热情。

讨论问题：

请根据关于薪酬管理理论的介绍来为该公司做一份薪酬设计。

第八章　员工关系管理

第一节　员工关系管理概述

一、员工关系概述

(一)员工关系的含义

员工关系指员工与公司、员工与员工之间的关系,企业以此引导建立积极向上的工作环境。

员工关系会对企业的发展潜力产生强烈的影响,这种关系取决于不同的社会环境以及管理者对员工的基本看法。管理者既要把员工看做是需要通过资源投入才能够形成的一笔财富(即真正的人力资源),也可以将员工仅仅看成是实现最小化支出的一项成本。

对任何一个企业来说,建立积极正向的员工关系可以吸引且留住优良员工、提高员工生产力、增加员工对企业的忠诚度、提升工作士气、提升公司绩效、降低旷工、缺席率。员工缺勤率提高,增加了由于员工福利、补充员工、培训和绩效损失带来的企业经营成本。员工离职率提高,增加了由于招聘、培训和绩效损失带来的企业经营成本。

建立和谐的员工关系,是企业文化建设的重要方面,也是良好企业形象的重要方面。和谐的员工关系是上级与下级之间、平级同事之间、不同部门之间的润滑剂,它是激励员工、减轻工作压力的重要手段之一,有利于员工之间的沟通,也是培养和加强员工团队意识、平等合作精神的重要手段。

有一些知名企业,如雅芳、IBM 、宝洁等,都设有员工关系经理,专门负责做好员工关系的管理工作。

员工关系的建设,通常有三个重要的目标:第一,建设和传达企业文化。第二,创造愉悦、和谐的工作环境和良好的员工关系氛围。第三,上情下达,下情上传,加强沟通和理解。

(二)员工关系管理的具体内容

从广义的概念上看,员工关系管理的内容涉及了企业整个企业文化和人力资源管理体系的构建。从企业愿景和企业价值观确立,内部沟通渠道的建设和应用,组织的设计和调整,人力资源政策的制订和实施等等。所有涉及企业与员工、员工与员工之间的联系和影响的方面,都是员工关系管理体系的内容。

从管理职责来看,员工关系管理主要有九个方面:

1. 劳动关系管理

劳动争议处理,员工上岗、离岗面谈及手续办理,处理员工申诉、人事纠纷和意外事件。

2. 员工纪律管理

引导员工遵守公司的各项规章制度、劳动纪律,提高员工的组织纪律性,在某种程度上对员工行为规范起约束作用。

3. 员工人际关系管理

引导员工建立良好的工作关系,创建利于员工建立正式人际关系的环境。

4. 沟通管理

保证沟通渠道的畅通,引导公司上下及时的双向沟通,完善员工建议制度。

5. 员工绩效管理

制定科学的考评标准和体系,执行合理的考评程序,考评工作既能真实反映员工的工作成绩,又能促进员工工作积极性的发挥。

6. 员工情况管理

组织员工心态、满意度调查,谣言、怠工的预防、检测及处理,解决员工关心的问题。

7. 企业文化建设

建设积极有效、健康向上企业文化,引导员工价值观,维护公司的良好形象。

8. 服务与支持

为员工提供有关国家法律、法规、公司政策、个人身心等方面的咨询服务,协助员工平衡工作与生活。

9. 员工关系管理培训

组织员工进行人际交往、沟通技巧等方面的培训。

二、员工关系管理的重要性

(一)影响员工关系的因素

有些管理者认为对员工的积极正确评价是员工关系计划的基础。这些计划在一定程度上是有效的,但是这并不是员工关系的核心。员工关系的核心是一个不断建立关系的过程。企业将花费时间、精力来建立。企业要想建立积极正向的员工关系,首先要明确影响员工关系的因素有哪些?然后根据影响因素制订管理措施从而改进员工关系。

1. 沟通是影响员工关系最重要的因素

如果企业沟通渠道不畅,缺乏必要的反馈,将会引起很多矛盾,进而导致员工工作热情和积极性下降,影响工作效率。不断进行的双向沟通将会增进员工关系,减少冲突,增加员工对企业的信任,如果员工不信任管理者,上行沟通将会受到阻碍;如果管理者不信任员工,下行沟通将会受到影响。

2. 管理者的管理理念影响员工对企业的信念和管理者的动机进而影响员工关系

如果员工不支持或不理解管理者的道德理念,他们将间接地对管理者的动机产生疑问。这将使员工产生压力,进而影响员工的工作绩效,同时也影响员工对企业的信念,在员工关系中,信念比现实更重要。员工将根据他们对企业的信念履行工作职责,员工应当被明确地告知工作的真实情况,尽管有时这对管理者或员工是不合适的。员工的信念,不管正确与否,其不确定性将会影响工作绩效。良好的沟通将确保员工的信念与企业的现实相关联。另外重视和关心与工作问题有关的员工情感是建立员工关系的重要部分之一。

3. 冲突是产生负向的员工关系的直接起因

冲突是由于工作群体或个人,试图满足自身需要而使另一群体或个人受到挫折时的社会心理现象。企业内冲突表现为由于双方的观点、需要、欲望、利益和要求的不相容而引起的激烈争斗。企业内部的冲突既可发生在个人与个人之间,也可发生在群体与群体之间。如:上下权力层次间的冲突,同一权力层次各部门之间的冲突,职能部门和一线班组之间的冲突等等。企业必须解决冲突从而避免不适当的压力对员工或绩效产生负面影响。

4. 管理者对员工的期望不明确将增加员工的压力,进而影响员工关系

员工需要知道管理者对他们的期望是什么。员工不喜欢得到特别的惊喜,知道管理者的期望将极大地减少员工的工作压力。

5. 企业是否公平地对待所有员工是影响员工关系的关键因素

公平可以简单地认为在相同的情况下,对所有的员工都一视同仁,不存在厚薄。这并不意味较高的绩效不应当得到较高的报酬。对员工来说,公平也意味着获得公平的工资和福利。

(二)员工关系管理的目标

员工关系管理十分重要,员工关系管理的主要目标有以下几个:

1. 协调和改善企业内部人际关系

企业的总目标能否实现,关键在于企业与个人目标是否一致,企业内部各类员工的人

际关系是否融洽。员工关系管理就是要畅通企业内部信息交流渠道,消除误会和隔阂,联络感情,在企业内部形成相互交流、相互配合、相互支持、相互协作的人际关系,而这种人际关系一旦形成,标志着创造了一种良好的企业心理气氛,成为提高工作效率,推动企业发展的强大动力。

2. 树立员工的团体价值

企业的价值观念是企业内部绝大多数人认同并持有的共同信念和判断是非的标准,是调整企业员工行为和人际关系的持久动力,它是企业精神的表现。员工的团体价值是决定企业兴衰成败的根本问题,对于塑造企业形象和企业生存发展具有重要的作用。企业的价值观念是经过长期的培养逐步形成的。因此,通过员工关系管理,逐步地精心培育全体员工认同的价值观念,从而影响企业的经营决策、领导风格及全体员工的工作态度和作风,引导全体员工把个人的目标和理想凝聚在同一目标和信念上,形成一股强大的凝聚力。

3. 增强企业对员工的凝聚力

通过员工关系管理,使每一个员工都从内心上真正把自己归属于企业之中,处处为企业的荣誉和利益着想,把自己的命运和企业的兴衰联系在一起,为自己是该企业的一员而自豪,使企业内部上下左右各方面“心往一处想,劲往一处使”,成为一个协调和谐、配合默契、具有强大凝聚力的集体,这是企业内部员工关系管理的又一重要目标。

(三)员工关系管理的重要性

1. 员工关系协调是实现企业目标的前提

员工关系在公共关系中占有极其重要的地位。企业内部一切公关工作都从员工关系开始,是因为员工是企业的主体。企业目标的实现,绝非是某一个人的事情,而要靠全体成员齐心协力共同完成。实践证明,一个企业的员工团结一致,互相配合,其工作成果就较大,各项任务就完成得比较好;反之,员工关系处理不好,内部就会矛盾重重,步调不一,各项工作就上不去,企业目标也就难以实现。

在企业中,员工是真正的中心,是企业最先需要获得理解和支持的内在动力。在现代社会中,员工日益成为具有主导作用的独立群体。作为一种独立群体,员工在利益上虽然与企业具有天然的一致性,但也存在着同企业的利益的差异。一方面,员工是企业的细胞、主体力量,对企业的生存和发展具有决定性的作用,企业不得不将其利益与员工的利益协调一致,以形成企业发展的内在根据和动力;另一方面员工日益分化为独立的利益群体,存在着与企业的利益发生矛盾的一面,成为直接牵动企业,制约企业的一种力量,主导并规定着企业的行为选择。企业之所以要协调好同员工之间的关系,不仅仅由于内在利益一致性的驱使,更为重要的是双方有着不同的利益倾向,需要在员工公众利益基点上予以协调。

2. 员工关系协调是塑造企业形象的基础

在很多情况下,外界公众是通过接触企业内部的员工来了解企业的,员工的接人待物,言行举止,乃至气质、风度,都直接或间接地传播企业信息。另外,企业的员工最了解本企业产品质量和服务方式,他们不一定是推销员、服务员,但他们可以通过家庭、亲友将本企业的产品、服务方式和服务质量的信息扩散给外部公众,这样会增加宣传的可信度,更容易为外界所接受。同时,企业的员工又是产品的消费者和服务方式的选择者,如果他们能率先购买本企业的产品,选择本企业的服务,这种现身说法的渗透和宣传比一般广告更能影响消费公众。

在美国,长期从事考察企业的专家发现,“顾客对 IBM 公司的忠诚是 IBM 工人良好服务态度的结果。”美国的迪斯尼公司也非常重视协调好员工关系,在“使员工有高度的满足感”的宗旨下,该公司把每一位员工都称为“主人”,比如“饮食主人”、“保安主人”、“市容主人”等。这样做为的是使员工热爱公司、热爱工作,从而善待顾客。IBM 公司与迪斯尼公司之所以声誉卓著,在对外关系中左右逢源又在业务拓展上长驱直入,其奥妙就在于他们在员工关系的协调上有独到的功夫和投入。因此,人们总结到:员工关系是整个公共关系工作的起点。

3. 员工关系协调是企业成功的根本条件

员工关系对于企业有着举足轻重的地位,员工关系协调是企业获得成功的根本条件。员工关系协调,必然在企业中产生巨大的内聚力。只要关系融洽,员工就会心情舒畅、团结一致、齐心协力地发挥巨大的潜能,创造企业的业绩和财富。

员工是企业赖以生存和发展的细胞,与企业的目标和利益最为密切。企业的一切目标、利益、计划、政策、措施和活动都要通过员工的行为来加以实现和推进。所以,员工又是企业最宝贵的财富,离开员工就没有企业存在的基础。显而易见,企业与员工之间的关系是唇齿相依、血肉相连的关系。要将员工关系视为根本与神圣,将员工关系作为最重要的第一关系来对待。只有员工关系协调,才能发挥员工作为企业细胞的内在动力和潜能。

三、建立正向员工关系的过程

(一)制定政策、规则和工作程序

任何一个企业需要制定规则从而使每一个员工知道管理者对他们的期望。管理者需要不断地与员工进行沟通进而使企业制定的政策、规则和工作程序能够得到下属的支持,并且需要一贯地加以强化。也就是说,企业要通过建立制度而不是通过人治来建立积极正向的员工关系,从而避免在管理中的随意性。

(二)进行有效的管理

管理者可以通过以下四种管理方式对下属进行有效的管理:首先,管理者应当根据员工是否能够完成任务为标准来进行工作分配。关键是要知道员工的优势和劣势。为了增加员工对企业的认同,必须使他们感觉到他们的工作对企业来说是非常重要的。如果员工认为他们的贡献在某种程度上是独一无二的、特别的或具有创造性的,那么员工可能更加积极地工作,并且逐渐成为企业比较重要的资产。其次,管理者需要对自己的时间进行管理。因为拙劣的时间管理的后果,是工作过程和程序不能按部就班地进行。这可能导致员工和外部顾客的不满。员工非常重视自己的时间。如果时间不能很好地利用,员工可能感觉到管理者在浪费自己的时间,优秀员工和外部顾客可能就会消失。再次,管理者要善于对冲突进行管理。很多管理者由于工作繁忙而没有时间去思考解决冲突的最好办法。他们往往只作出被动反应而不会思考产生问题的原因。冲突影响企业的绩效以及目标的达成。管理者需要专心思考冲突的解决办法和如何防止冲突的产生。绩效改进辅导应当被认为是一种积极的行为。员工有权知道他们应当怎么做。与员工积极地沟通好的以及需要改进的绩效是管理者的一项义务。

最后,管理者要重视与离职者面谈。事实上离职面谈是发现员工真实感受的一种好的方式,从而在需要的时候采取合适的正确的管理方式。企业必须能够接受批评和不要惩罚批评者。大多数员工不相信管理者会这么做,他们害怕受到惩罚,尽管以后将不在企业工作。除非企业已经建立信任机制,否则的话离职面谈的结果就不能达到期望的效果。同时离职面谈的反馈结果如果没有得到运用,那么离职面谈就毫无意义;如果能够合理运用离职面谈的话,那么可以作为识别企业中存在问题的一种手段,进而导致问题的解决。

(三)招聘合适的人

雇用、招聘、配备是避免员工关系问题的非常重要的一个方面。预防性的措施包括良好的面试,实际工作预演。需要花费一定的时间把企业的政策、工作程序以及员工与雇主的法律义务告知新员工。把合适的人引进到企业中来,招募与甄选是进行防护的第一道关口。决定谁是合适的人不能完全依据经验与学历,还要考虑其个性、态度、沟通、技能以及其他与企业相匹配的行为特性。比如在招聘或提拔管理者时,需要候选人具备较强的人际沟通技能。如果管理者沟通技能拙劣,那么以后将会产生冲突和其下属的工作绩效较低的问题。

(四)确保良好的沟通

经验表明,建立自由沟通、和睦友好的气氛,可为企业实现管理目标提供精神支柱和思想动力。一般来讲,成员沟通交往机会多、信息沟通状况好的企业员工关系较好。比如日本的许多优秀的企业(如丰田、松下等公司)在建立积极正向的员工方面做得非常出色,他们的最主要经验就是注意沟通,特别是双向沟通。双向沟通指信息的发生者和接受者的方向和地位不断更换,信息发出后会立即得到反馈。双向沟通的最大优点在于能达到真正意义上有效的人际沟通,可从多方面反应来对事物作出准确的判断,同时可增进彼此的了解,加深感情,特别是有助于了解员工的思想情绪以及心理状态。沟通的内容不仅包括事实,还包括思想和感受,沟通双方在交流思想、分享感受的过程中,无形之中加深了理解和信赖。所以,沟通不仅是信息传递的重要手段,还是建立良好员工关系的主要方法。企业中沟通的形式一般有以下三种:

第一,新员工导向。这种沟通有助于减少新员工刚进入企业的不安感和忧虑,从而减少最初的离职率。

第二,会议。此沟通方式在企业是非常普遍的,有利于更快地传播信息。但当被用来进行员工之间信息交换的时候,往往会议不是一个好的方式,特别是如果员工的贡献可能产生争论的时候。

第三,通过公司的刊物进行。这种方式可能是一个主要的沟通工具,但不是唯一的工具,而且可能不是最重要的一种沟通手段,因为公司刊物不能替代面对面的口头交流。

第四,员工反馈。比如定期的员工态度调查和反馈可以作为一种工具,用来预测可能导致绩效有问题的员工不满感。如果要征求员工的反馈,那么员工需要知道反馈意见如何被采纳。他们需要明白整个过程,知道他们的反馈意见是否在企业决策中扮演重要作用。

(五)公平对待和尊重员工

企业在制定员工奖酬制度时一定要公平对待和尊重员工。有许多方法可以奖酬员工。其中一种方法是通过建立正式的奖酬制度来确保员工受到奖励。如果奖酬制度能够适当地执行,那么员工就会感觉自己受到了公平的对待,从而提高工作的积极性。奖励计划不应当只针对某些员工而把其他人排除在外。员工会很容易地发现企业的偏袒。企业应当精心设计报酬形式,因为任何形式的报酬或奖励都应当对员工有吸引力。只有这样,才能增加员工的满意度,更好地激励员工。

(六)建立员工帮助计划(EAP)

EAP又称员工帮助项目或员工援助项目,就是组织为帮助员工及其家属解决职业心理健康问题,由组织出资为员工设置的一套系统的服务项目,是心理卫生服务的一种。员工帮助计划的目的在于透过系统的需求发掘渠道,协助员工解决其生活及工作问题。例如,工作适应、感情问题、法律诉讼等,帮助员工排除障碍,提高适应力,最终提升企业生产力。企业应当向员工提供有关员工帮助计划方面的信息并鼓励在需要的时候接受服务。这项计划应当与其他任何计划(比如医疗计划)一样受到企业的重视。例如,台湾集成电路制造股份公司制定的EAP目标是追求物质和心灵并重,努力营造工作与生活融合的舒适环境,公司设置了一个24小时的开放空间,员工可以在这里舒解工作压力。

企业可以通过制度,不断进行沟通、完善的管理和招聘适当的人来建立良好的员工关系。短期激励不应当与建立良好的员工关系而带来的长期回报相混淆。如果我们相信人力资源是人,以及公平地对待和重视他们的话,那么建立良好员工关系所付出的努力是值得的。因为没有什么能够替代良好的员工关系。

第二节　劳动关系

一、劳动关系概述

(一)劳动关系的含义

劳动关系又称为劳资关系,在《中华人民共和国劳动法》中,对劳动关系作了明确的界定,是指劳动者与所在单位之间在劳动过程中发生的关系。《劳动法》从法律的角度确立和规范劳动关系，是调整劳动关系以及与劳动关系有密切联系的其他关系的法律规范。

《劳动法》中所规范的劳动关系，主要包括以下三个法律特征：第一，劳动关系是在现实劳动过程中所发生的关系，与劳动者有着直接的联系。第二，劳动关系的双方当事人，一方是劳动者，另一方是提供生产资料的劳动者所在单位。第三，劳动关系的一方劳动者，要成为另一方所在单位的成员，要遵守单位内部的劳动规则以及有关制度。

（二）劳动关系的基本内容

（1）劳动者与用人单位之间在工作事件、休息时间、劳动报酬、劳动安全、劳动卫生、劳动纪律及奖惩、劳动保护、职业培训等方面形成的关系。

（2）与劳动关系密不可分的关系还包括劳动行政部门与用人单位、劳动者在劳动就业、劳动争议以及社会保险等方面的关系。

（3）工会与用人单位、职工之间因履行工会的职责和职权，代表和维持职工合法权益而发生的关系等。

正确处理企业劳动关系，应遵循以下原则：第一，兼顾各方利益原则；第二，协商为主的解决原则；第三，以法律为准则；第四，劳动争议预防为主。

企业可以通过以下途径来改善内部劳资关系：立法；发挥工会及党组织的作用；培训主管人员；提高职工的工作生活质量；职工参与民主管理。

（三）劳动关系的分类

1. 按实现劳动过程的方式来划分

（1）直接实现劳动过程的劳动关系，即用人单位与劳动者建立劳动关系后，由用人单位直接组织劳动者进行生产劳动的形式。当前这一类劳动关系居绝大多数。

（2）间接实现劳动过程的劳动关系，即劳动关系建立后，通过劳务输出或借调等方式由劳动者为其他单位服务实现劳动过程的形式。这一类劳动关系目前居少数，但今后会逐年增多。

2. 按劳动关系的具体形态来划分

包括：正常情况下的劳动关系；停薪留职形式；放长假的形式；待岗形式，下岗形式；提前退养形式，应征入伍形式等等。

3. 按用人单位性质分类

包括：国有企业劳动关系；集体企业劳动关系；三资企业劳动关系；私营企业劳动关系等。

4. 按劳动关系规范程度划分

包括：规范的劳动关系，即依法通过订立劳动合同建立的劳动关系；事实劳动关系是指未订立劳动合同，但劳动者事实上已成为企业、个体经济组织的成员，并为其提供有偿劳动的情况；非法劳动关系，如招用童工和无合法证件人员；无合法证、照的用人单位招用劳动者等情形。

（四）劳动关系的主体及影响因素

1. 劳动关系主体

劳动关系主体是指在劳动关系中享有权利和承担义务的劳动关系的参与者。即拥有劳动力的雇员（劳动者）和使用劳动力的雇主（用人单位）。从广义上讲，劳动关系的主体还包括政府。

（1）雇员。雇员是指在就业组织中，本身不具有基本经营决策权力并从属于这种决策权力的工作者。低层管理者只负责监督和分配，而无权命令或奖惩下属，因而也属于雇员的范畴。但依照相关劳动法规，有些人员并不属于雇员，如公务员、军事人员、农业工人、家庭佣人、企业的高层管理者。

（2）雇员团体。雇员团体是指因为共同利益、兴趣或目标而组成的雇员组织。从这一意义上说，工会也属于雇员团体。工会的主要目标是代表并为其成员争取利益和价值。

（3）雇主。雇主，也称为“管理方”或资方，是指雇用他人为其工作，并须支付工资或报酬的法人或自然人。管理方是分层级的,权力分布是不均衡的,多集中于管理方的上层。

(4)雇主组织。雇主组织的主要形式是雇主协会,它们以行业或贸易组织为纽带。

(5)政府。政府在劳动关系中的角色,一是劳动关系立法的制定者;二是公共利益的维护者;三是公共部门的雇主;四是提供有效的服务。

2. 影响因素

(1)社会分工。根据社会分工理论,社会分工有利于扩大市场需求、推动制度变迁和促进经济增长,而市场需求、制度变迁和经济增长又会反过来促进社会分工。这种相互作用的过程必然对资本与劳动及其所有者产生影响,从而深刻地影响着社会劳动关系的变迁。

(2)产权。产权对劳动关系的影响,主要是通过劳动关系双方的行为选择实现的。随着社会生产关系的不断调整,资本出现了社会化的趋势。资本社会化最主要的形式是企业股权的分散化。这种趋向既是经济发展的自然结果,也是国家政策主动调节的产物。股权的分散化、社会化,意味着资本所有权与使用权的分离,使资本所有者多元化、大众化,这就是许多西方学者所日益关注的"所有权扩散"的现象。这种现象以美国公司的"职工持股计划"和英国公司的"雇员持股计划"最为典型。这些计划使职工由单一的雇佣劳动者变成兼有所有者的二重身份,从而缓解分配不公以保证企业效率和社会安定,从而使资本与劳动的关系有了很大变化,即从所有与非所有关系,变为大所有与小所有的关系,这种变化也淡化了资本作为所有者对劳动作为非所有者的不平等关系。受产权关系变化的影响,各资本主义国家还制定了对劳工的保护法,全面而具体地实施对劳动权益的保护以及对资本权益范围的界定。在发达国家,劳资双方不仅有严密的法律约束,并且完善了自身约束,资本与劳动作为社会不同分工的合作关系得到了加强,劳资矛盾趋于缓和。

(3)产业革命与经济全球化。除了社会分工和产权之外,产业革命及其推动下所出现的经济全球化也对各国劳动关系的现状与运行产生了深远的影响。

20 世纪 90 年代以来,以信息技术为标志的新产业革命不仅对社会分工和国际分工产生了积极而深刻的影响,而且对传统意义上的劳资关系的影响也是巨大而深远的。

信息社会的劳资关系更为复杂。其本质特点就是出现了一种智能的力量:相对资本而言,它已成为资本的一部分,甚至具有凌驾于经济资本之上的权力;相对于劳动而言,它成为淘汰大量体力劳动,甚至是非技术化、非智能化劳动的力量。当代社会对于非技术劳动力的剥夺不再仅仅是来自原始意义上资本对于剩余价值的追求,而且还来源于技术劳动力对劳动岗位的有效侵占。

经济全球化促进了世界范围内的资源要素组合分工的深化,使得劳动关系的市场化程度趋高,劳动关系双方的两极化和国际化趋势得到了加强。发达国家资本的强势地位与发展中国家劳动的弱势地位形成鲜明的对比。这就要求劳动者的组织——工会加强国际间的合作,有效缓解劳资冲突;同时也对政府的宏观调控提出了更高的要求,加强彼此之间的合作,以协调经济全球化对各国劳动关系所产生的负面影响,促进劳动争议处理机制的国际化标准的形成。

(4)影响劳动关系的其他因素。① 影响劳动关系的内部因素。影响劳动关系的内部因素,如果从广义的劳动关系主体的角度来看,主要包括三个方面:一方是雇员或工会;另一方是雇主或雇主组织;还有一方就是政府。② 影响劳动关系的外部因素。除了就业组织内部的因素之外,还有许多环境因素,这些因素被统称为劳动关系的外部环境。主要有以下六个方面:社会经济环境;法律和制度环境;技术环境;劳动力市场环境;政策环境;思想文化环境。

二、劳动关系系统及其运行

劳动关系是社会关系大系统的子系统,是人类最本质的关系。它的基本要素是以个体或群体身份出现的人,受人的主观思想的影响,其运行是能动的,它与周围环境发生各种物质的、能量的、信息的交换,它是一个开放的系统。劳动关系是以人的劳动活动为基础的,劳动生产水平直接影响劳动关系系统的运行。

企业劳动关系运作指企业管理者与劳动者双方及其代表在处理与劳动相关的经济利

益时所持的态度、立场和基本手段等。劳动关系的运作一般有两种形式，即冲突和合作。其运行的基本方向是合作。

(一)冲突

冲突是双方的目标、利益和期望出现的分歧。如罢工、旷工、怠工等。

1. 冲突的根源

(1)异化的合法化。工人并不为自己工作，他们在法律上不拥有生产资料、生产产品和生产收益，也不能控制生产过程，从法律上造成了劳动者与生产特征的分离。工人为了保住这份工作，可能会认同工作的安排并尽力工作，但由于生产收益并不归他们所有，所以他们没有努力工作的客观理由。

(2)客观的利益差异。市场经济根本的原则就是企业利润最大化。资本主义存在的条件就是通过劳动力长期的过度供给将工人置于不利之地，从而少付工人劳动报酬，雇主的利益在于给付工人报酬的最小化，以及从工人那里获得收益的最大化。雇主与工人的利益是直接冲突的。即企业对利润的追求和员工对福利工资的要求是劳动关系深层次冲突的根本原因。

(3)雇佣关系的性质。在一个崇尚个人自由和民主的社会，劳动者不愿意处于从属地位，但员工事实上很难参与到管理权力。虽然员工拥有退出、罢工和怠工的力量，并能够同管理方协商有关管理制度，但却很难真正行使参与管理的权利，这种权利的分布不是考虑员工的利益所得，而是考虑了资本所有者的利益所在，从而造成员工对管理方的不信任。

(4)劳动合同的性质。如果劳动关系双方签订了详细的劳动合同，规定了双方的权利和义务，则前三种冲突就会降到最低。但是如果劳动合同订立得不规范，当事人对条款不理解，或理解不同，在劳动合同的履行中就会产生冲突。

2. 冲突的背景根源

这种背景根源主要体现在：广泛存在的社会不平等、劳动力市场的状况、工作本身的经验。

3. 冲突的表现

冲突发生以后，劳动者一方的表现有以下几种形式：

(1)罢工。罢工行动，或被简称为罢工，是工人为了表示抗议，而集体拒绝工作的行为。在以集体劳动为重的工作行业，如工厂、煤矿等，罢工往往能够迅速得到雇主、政府和公众的迅速注意，从而工人所提出的要求就更可能获得保证。在西方国家，罢工在19世纪末期和20世纪初、工业革命发生期间产生了关键的作用，成功迫使了政府修改政策甚至倒台。罢工是冲突最为明显的表现形式。罢工不仅仅是工人为了获得更好的工资和工作条件而对付雇主的手段，它还是一种表达工人集体意愿的途径，工人通过这种方法来反映自己的不满，并且以此对他们认为不公平或不合理的雇佣行为进行反击。

(2)怠工。在工作中故意不积极工作，使工作效率降低。这是西方工业国家劳工阶级与资方谈判的常用手法之一。

(3)抵制。抵制表现为劳动者不买自己企业的产品，还鼓动社会上的其他人也不买自己企业的产品，这种抵制通常是工会出面组织，通过向人们宣传不买企业产品向管理方施加压力，迫使管理者接受劳动者一方的条件。

冲突发生以后，企业管理方的表现为以下几种形式：

(1)关闭工厂。管理方拒绝劳动者进入企业参加工作。表现为：管理方将劳动者解雇、或停发其工资、或者停止其职务等，迫使劳动者就范。

(2)黑名单。管理者通过调查将一帮不安分分子，即有可能在劳动关系冲突中起带头作用的劳动者登记下来，并暗中在本行业扩散，结果造成上了黑名单的劳动者在被解雇后在同行业很难找到工作。这在很多国家是违法的行为。

(3)排工。这是指管理方对某些劳动者采取排斥的态度或拒绝录用。主要针对那些参加工会的劳动者。

（二）合作

合作是指双方很大程度上遵守一套规章制度，这些制度与规则既包括广义的国家法律，也包括双方共同订立的集体协议或劳动合同。

在当代，企业劳动关系的合作是人们追求的理想目标，是企业劳动关系运作的基本方向。而要实现企业劳动关系的合作，就是要求双方主体采取各种合作措施，以促进双方维持良好的关系，目的是为了提高企业的生产效率，改善工人生活。

企业劳动关系合作的根源主要有两种：一种员工为了谋生不得不与雇主合作。如果他们与雇主的利益和期望不相符，就会受到各种惩罚，甚至失去工作。从长远来看，员工非常愿意加强工作的稳定性，也更加依赖这种雇佣关系的延续，并在工作中获得加薪的机会。所以利益同样可以带来合作。二是员工具有对工作满意的需要。如果员工对工作具有高的满意度，如果员工感到工作本身是快乐的，那么即使他们感到工作有压力、工作超负荷或对工作缺乏指挥权，他们仍然会乐于工作。另外管理方出于自身利益向员工进行一定的让步，都会在一定程度上提高员工的满意度。这些措施会削减冲突产生根源的影响，增加合作。

企业劳动关系合作的形式，主要包括工人参与管理、双方协议制度和集体谈判制度等三种形式。其中，双方协议制度尤其是工作参与管理是合作的理想形式，集体谈判制度是合作的普遍形式。劳动关系合作可以给双方主体带来有益的后果，对于维护社会稳定和社会进步也是非常重要的。

三、劳动关系管理制度

（一）劳动关系管理的含义和目标

是指用人单位根据国家法律、法规制定的，并根据本单位实际情况，在组织劳动过程和进行劳动管理过程中的办法、规则的总和。

劳动关系管理的总体目标是缓解、调整组织劳动关系的冲突，创造组织良好的工作氛围和良好的人际关系环境，最大限度地促进劳动关系合作，以提高组织管理效率，实现组织目标。具体来说，劳动关系管理的目标体现在以下诸方面：

- 把工作中的干扰降到最低程度，减少冲突的可能性。
- 降低单位劳动成本，而不必降低工资。
- 通过商定的程序，宣泄不满情绪，建立更稳定的雇员关系。
- 提高生产力和劳动力的利用效率。
- 增强协作与承诺，以提高对必要的变化的适应能力。
- 增加对劳动过程的控制。

（二）劳动关系管理风格

劳动关系管理风格是企业劳动关系形成的基础。从理论上说，管理风格有一元论和多元论两种类型。一元论认为，可以把员工划分为若干等级，企业通过建立内部等级制度，抑制冲突，以实现组织目标；多元论认为，实现共同目标可用多种方法，冲突是不能压制的，管理者应当通过协调管理者与员工的关系实现组织目标。从总体上说，组织中主要有五种劳动关系管理风格：

1. 传统式

这种风格由所谓权威主义所指导，一般适用于小型的由所有者自己管理的企业。在这种企业中，劳动关系在出现问题之前一般不会受到重视，企业通常采用救火式的方法，发现什么问题才解决什么问题，不重视从根本上解决问题。企业文化是强硬式的，是一种权威式的管理风格，行业工会也被这些企业认为是不需要的，企业主尽可能少地付给雇员工资，对待行业工会的态度也是恶意的。

2. 温情式

这是一种家长主义的管理风格。它和传统式管理风格一样，不赞成建立行业工会，认为雇主和雇员的关系从根本上讲是合作的关系，雇主能前瞻性地处理雇员关系问题，不需要建立行业工会。这类企业支付给雇员的工资通常高于市场平均水平，在用人上雇主十分小心地选择合适的人员，然后花大量的精力使雇员忠诚于企业的目标。企业文化主要倡导企业家精神。

3. 协商式

奉行协商式管理风格的企业，通过综合应用其雇员关系中正式的和非正式的机制进行运作，其前提是管理人员应该具有前瞻性计划并采取了前瞻性行动，因而被称为是解决问题式的管理风格。行业工会在这类企业中受到欢迎，并被视为企业的伙伴，是代表雇员意见的基础，同时也是管理沟通过程中的关键。这种管理风格非常强调向工会和员工咨询，鼓励他们寻找解决问题的方法，以试图与他们达成协议。工资既可以通过集中谈判解决，也可以不通过集中解决，各个企业或子公司的经理和工会代表可以自行改进组织工作、生产率和福利。然而，所有这些都是以劳资双方关于劳动关系管理共享为基础的。

4. 法制式

这是一种类似于协商式的管理风格。与协商式管理风格相同，法制式的管理风格具有关注前瞻性的计划，管理者与行业工会共同工作，员工参与主要通过行业工会的渠道实现的特点。与协商式管理风格不同之处在于，对待雇员关系的方法较为强硬和充满敌意，更注重正式的管理协议，通过在工作场所进行强有力的双边谈判来实现和平共处。协商位于双方的谈判之后。

5. 权变式

权变式的管理风格由权变理论所指导，它依赖于子公司所拥有的权力并根据当地的情况管理劳动关系，是一种实用的方法。在很多不同的行业内运作是联合大型企业的特点，子公司向母公司负责利润，当然也提供一些关键性服务。因此行业工会可能被认可，也可能不被认可；员工参与可能普遍存在，也可能不普遍存在；工资的给付在由高层管理者给定的范围内由各个企业自己确定。

（三）劳动关系管理风格影响因素

1. 产品市场因素

产品市场因素主要由三个部分组成。一是关于所服务的客户的性质，是行业客户还是家庭客户，以及主要产品是否是时尚产品而需要不断变化，还是一些高品质或耐用的产品，这需要有一个方向。二是市场的竞争激烈程度，每一个组织所拥有的市场规模，以及市场上主要参与者的数量。三是市场规模的变化速度，是在增长还是在下降，是稳定的还是可预见或不可预见而不断变化。

2. 技术因素

技术因素也包括三个方面。首先是资本密集的程度，这与劳动力和资本设备的成本相关，与公司所增加的价值中工资、福利所占的比例相关。二是技术变化的速度，尤其是引进新技术对工作定义和前景带来变化的程度，以及刺激雇员抵制变化的程度。最后是经营上相互依赖的程度，在生产商品或提供服务中不同工作、部门和子公司之间合作的程度。例如，一个劳动力成本占整个成本的比例很少的组织，会有阶段地引进新技术，而且不同的职能部门之间彼此相互依赖，这样的组织更有可能采用协商式的管理风格。

3. 劳动力市场因素

劳动力市场因素有三个比较重要的方面。首先是劳动力供给的格局，指雇主可以雇佣的人员的潜在的数量和质量，当然受到失业水平、学校毕业生人数、技术的缺乏等各方面严重的影响。其次是组织或整个行业中贸易工会的历史、传统，以及考虑替代集体代表的其他方法是否可行，如没有工会或单一工会的情况。最后是劳动力的职业混合，及根据脑力还是体力招募劳动力的程度。所有这些因素尤其与设立新的子公司相关。

4. 组织特点因素

首先，公司的规模大小一直被认为是影响管理风格的关键因素。其次，组织的结构对生产和发展的做法的演变非常重要，而且这可能在单一机构的公司之间也存在差异，它们中有些是高度集中化的多机构组织，有些是高度分散化的多工厂公司，还有一些是大企业集团，只要利润中心或单位能赚钱，它们不太在意采用一些专门的政策。这一类组织中最关键的因素是对人力资源管理的集中控制和公司人力资源哲学的传播程度。再次，是所有权。例如，有研究表明，美国或日本的组织更可能采取协商式的管理风格，而公共部门的机构则不太可能这样做。最后，筹资因素也是影响组织采用管理风格的重要因素。

5. 社会、法律和政治环境因素

前面四种因素有助于创造一种公司经营的环境，因而为实务中的雇员管理提供了工具或束缚。像就业水平等经济因素对雇员关系有着实际和感觉上的影响，政治环境在激发对某些方法的信心上也具有同样的作用。法律环境同样会对雇主的管理带来阻碍或帮助。所有这些都编织在企业所经营的社会环境和它影响雇主、雇员以及对与社会责任有关的事物公众态度的程度之中。

（四）企业劳动关系管理制度框架

1. 企业劳动关系管理制度的特点

（1）企业劳动关系管理的六种劳动关系调节形式。一是通过劳动法律法规对劳动关系的调节；二是劳动合同规范的调节；三是集体合同规范的调节；四是职工代表大会的调节；五是企业内部劳动管理规则的调节；六是劳动争议处理制度的调节。

（2）制定主体的特定性。制定劳动关系管理的主体是企业，包括企业和劳动者共同的行为规范，是企业经营权与职工民主管理权相结合的产物。

2. 劳动关系管理制度的基本内容

（1）劳动合同管理制度。这主要包括劳动合同履行的原则；员工招收录用条件、招工简章、劳动合同草案、专项协议草案审批权限；员工招收录用计划的审批；劳动合同续订、变更、解除事项的审批；试用期考查办法；员工档案的管理办法；应聘人员资料保存；集体合同草案的拟定、协商程序；解除、终止劳动合同人员的档案移交办法；劳动合同管理制度修改、废止的程序。

（2）劳动纪律。这主要包括时间规则：作息时间、考勤办法、请假程序及办法；组织规则：企业各部门、权责、呈报系统；岗位规则：劳动任务、岗位职责、操作规范及职业道德；协作规则：工种、工序、岗位间关系、上下层次间的连接、配合等规则；品行规则：言语、着装、用餐、行走、礼节；劳动定员定额规则：编制定员规则、劳动定额规则；劳动岗位规范制定规则：岗位名称、岗位职责、生产技术规定、上岗标准。

（3）劳动安全卫生制度。

（4）其他制度：工资制度、福利制度、考核制度、奖惩制度和培训制度等。

阅读资料

2006 年，中国开始开展“创建劳动关系和谐企业与工业园区”活动，通过制定、实施和谐劳动关系创建标准、推动建立劳动关系协调机制、表彰先进典型等措施，促进企业和工业园区内劳动关系的和谐稳定。截至 2009 年底，全国 31 个省（区、市）开展了和谐劳动关系创建活动。

积极发挥工会组织的重要作用。中国工会组织是职工利益的代表者和维护者，在创建和谐劳动关系的过程中，发挥着重要的、不可替代的作用。截至 2010 年 9 月底，全国工会会员达到 2.39 亿人，新增 1361.3 万人，其中新增农民工会员 839.8 万人。共签订集体合同 140.8 万份，覆盖企业 243.9 万个，覆盖职工 1.85 亿人。各级工会组织积极履行维权职责，帮助指导劳动者与用人单位依法订立劳动合同，代表职工与企业开展集体协商和签订集体合同，截至 2010 年低，全国规模以上企业劳动合同签订率达到 97%。各级工会还组织职工参与本单位民主决策、民主管理和民主监督，参与劳动人事争议调解仲裁，为职工提供法律服务，督促用人单位遵守国家法律法规。

加强对企业职工的人文关怀。近年来，针对个别企业用工方面存在的问题，中国各级政府采取积极措施，督促、倡导企业切实加强对职工的人文关怀，改善职工生产生活条件，完善职工诉求表达机制，建立职工交流互助平台，开展职工心理健康咨询服务。同时积极引导社会舆论，努力形成共建和谐劳动关系的良好社会氛围。”

第三节 劳动合同和集体合同管理

一、劳动合同

(一)劳动合同概述

1.劳动合同的含义

劳动合同是指劳动者与用人单位确立劳动关系、明确双方权利和义务的协议。其条款包括劳动合同期限、工作内容、劳动保护和劳动条件、劳动报酬、劳动纪律、劳动合同终止的条件、违反劳动合同的责任等。订立和变更劳动合同,应当遵循平等自愿、协商一致的原则,不得违反法律、法规。

劳动合同是确立劳动者与用人单位劳动关系的法律凭证。只有签订劳动合同,才能明确双方当事人的权利和义务,相互的合法权益才能更好地受到法律保护。劳动合同也是劳动法的基本问题之一,在市场经济建设过程中,劳动合同的作用主要表现在以下几个方面:

(1)劳动合同是公民实现劳动权利和履行劳动义务的一种重要法律形式。我国宪法规定公民有劳动的权利和义务。公民的这项权利和义务是通过多种形式实现的,其中一种重要的形式就是通过劳动者与用人单位签订劳动合同来实现,劳动者在劳动合同期限内获得有保障的工作,用人单位不得无故解除劳动合同。因此,劳动合同从法律上为劳动者参加生产劳动,实现劳动的权利和义务奠定了基础。

(2)劳动合同是产生社会劳动关系的一种法律依据,能够保护双方当事人的合法权益。劳动合同从依法订立起就具有法律约束力,劳动者与用人单位之间的劳动关系受到国家法律的保护,双方当事人都应按照劳动合同的规定,行使权利和履行义务,任何一方违反了劳动合同,都将受到法律的处罚。

(3)劳动合同是用人单位合理使用劳动力、调动劳动者积极性和提高劳动生产效率的重要手段。用人单位根据生产需要确定招收录用劳动者的条件、方式和数量等,通过签订劳动合同,做到人尽其才,合理使用;劳动合同对于双方均有法律约束力,任何一方不得违反,能够有效地保护劳动者的合法权益,从而有利于调动劳动者的生产积极性,劳动合同使劳动者和用人单位互相制约。一方面劳动者有选择的权利,能进能出,促使劳动者能良性、有序流动,另一方面用人单位享有一定的自主权,能够贯彻“各尽所能、按劳分配”的原则。优先劳动力资源配置,有效地引入竞争、约束机制,从而大大提高劳动生产率和企业的经济效益。

③劳动合同可以减少和防止劳动争议的发生。在社会主义制度条件下,劳动者与用人单位之间的根本利益是一致的,但由于种种原因,也会产生矛盾,发生争议。劳动合同对劳动者和用人单位双方的权利义务和责任有着明确具体的规定,有助于双方当事人自觉履行合同、正确行使权利和严格履行义务,谁违反了劳动合同,都必须依照合同承担责任,不易发生争执,从而可以防止劳动争议的发生。

2.劳动合同的订立

(1)订立原则。用人单位与劳动者订立(含续订)劳动合同,应遵循平等自愿,协商一致和符合法律等三项原则。凡依据三项原则订立的劳动合同,均具有法律的约束力,双方当事人必须履行该合同所规定的义务。

(2)订立程序。用人单位与劳动者是两个平等的社会主体,订立劳动合同一般需要经过的程序是:

①双方协商要约和承诺,也就是合同的条款。

②达成一致后双方签字或盖章。用人单位盖法人的章,必要时可书面委托所属的有关

部门代为盖章,或由法定代表人签字或受委托人代为签字;劳动者应自己签字或盖章,遇有极特殊的情况,如本人因故出远门而合同又须及时订立,也可书面委托他人代签。

④劳动合同一般应一式两份,用人单位与劳动者各持1份,若合同鉴证部门需要,也可一式三份。

(二)劳动合同的内容

劳动合同的内容可分为两方面,一方面是必备条款的内容;另一方面是协商约定的内容。

1.必备条款

《劳动法》第19条规定了劳动合同的法定形式是书面形式,其必备条款有7项:

(1)劳动合同期限。法律规定合同期限分为三种:有固定期限,如1年期限、3年期限等等均属这一种;无固定期限,合同期限没有具体时间约定,只约定终止合同的条件,无特殊情况,这种期限的合同应存续到劳动者到达退休年龄;以完成一定的工作为期限。例如,劳务公司外派一员工去另外一公司工作,两个公司签订了劳务合同,劳务公司与外派员工签订的劳动合同期限是以劳务合同的解除或终止而终止,这种合同期限就属于以完成一定工作为期限的种类。用人单位与劳动者在协商选择合同期限时,应根据双方的实际情况和需要来约定。

(2)工作内容。在这一必备条款中,双方可以约定工作数量、质量,劳动者的工作岗位等内容。在约定工作岗位时可以约定较宽泛的岗位概念,也可以另外签一个短期的岗位协议作为劳动合同的附件,还可以约定在何种条件下可以变更岗位条款等等。掌握这种订立劳动合同的技巧,可以避免工作岗位约定过死,因变更岗位条款协商不一致而发生的争议。

(3)劳动保护和劳动条件。在这方面可以约定工作时间和休息休假的规定,各项劳动安全与卫生的措施,对女工和未成年工的劳动保护措施与制度,以及用人单位为不同岗位劳动者提供的劳动、工作的必要条件等等。

(4)劳动报酬。此必备条款可以约定劳动者的标准工资、加班加点工资、奖金、津贴、补贴的数额及支付时间、支付方式等。

(5)劳动纪律。此条款应当将用人单位制定的规章制度约定进来,可采取将内部规章制度印制成册,作为合同附件的形式加以简要约定。

(6)劳动合同终止的条件。这一必备条款一般是在无固定期限的劳动合同中约定,因这类合同没有终止的时限。但其他期限种类的合同也可以约定。须注意的是,双方当事人不得将法律规定的可以解除合同的条件约定为终止合同的条件,以避免出现用人单位应当在解除合同时支付经济补偿金而改为终止合同不予支付经济补偿金的情况。

(7)违反劳动合同的责任。一般可约定两种形式的违约责任,一是由于一方违约给对方造成经济损失,约定赔偿损失的方式;二是约定违约金,采用这种方式应当注意根据职工一方承受能力来约定具体金额,不要出现显失公平的情形。另外,这里讲的违约,或者称违反劳动合同,不是指一般性的违约,而是指违约程度比较严重,达到致使劳动合同无法继续履行的程度,如职工违约离职,单位违法解除劳动者合同等等。

2.约定条款

按照法律规定,用人单位与劳动者订立的劳动合同除上述7项必须具备的条款内容外,还可以协商约定其他的内容,一般简称为协商条款或约定条款,其实称为随机条款似乎更准确,因为必备条款的内容也是需要双方当事人协商、约定的。

这类约定条款的内容,是当国家法律规定不明确,或者国家尚无法律规定的情况下,用人单位与劳动者根据双方的实际情况协商约定的一些随机性的条款。劳动行政部门印制的劳动合同样本,一般都将必备条款写得很具体,同时留出一定的空白地由双方随机约定一些内容。例如:可以约定试用期、保守用人单位商业秘密的事项、用人单位内部的一些福利待遇、房屋分配或购置等等内容。

随着劳动合同制的实施,人们的法律意识,合同观念会越来越强,劳动合同中的约定条款的内容会越来越多。这是改变劳动合同千篇一律状况,提高合同质量的一个重要体现。

二、集体合同

(一)集体合同概述

1. 集体合同的含义

集体合同是指企业职工一方与用人单位就劳动报酬、工作时间、休息休假、劳动安全卫生、保险福利等事项,通过平等协商达成的书面协议。集体合同实际上是一种特殊的劳动合同。

集体谈判是签订集体合同的前提,集体合同是集体协商的目的;签订集体合同必须要进行集体协商。

2. 集体合同的特征

集体合同具有以下几个方面的特征:

(1)集体合同是一项劳动法律制度。

(2)集体合同适用于各类不同所有制企业。

(3)集体合同的订立,主要通过劳动关系双方的代表或双方的代表组织自行交涉解决。

(4)集体合同制度的运作十分灵活,没有固定模式,并且经法定程序订立的集体合同,对劳动关系双方具有约束力。

(5)集体合同制度必须遵循的一项重要原则,就是劳动关系双方在平等自愿的基础上相互理解和相互信任。

3. 集体合同的内容

包括:劳动报酬;工作时间;休息休假;保险福利;劳动安全与卫生;合同期限;变更、接触终止集体合同的协商程序;双方履行集体合同的权利和义务;履行集体合同发生争议时协商处理的约定;违反集体合同的责任;双方认为应当协商约定的其他内容。

(二)集体合同的意义

(1)集体合同能够纠正和防止劳动合同对于劳动者的过分不公平,使之比较公平合理,也使劳资双方实力取得基本的平衡。

(2)许多在劳动合同中难以涉及的职工整体利益问题,可通过集体合同进行约定。

(3)在劳动合同的有效期内,如果企业经营状况和社会经济形势等因素发生了较大变化,那么可以通过集体合同调整和保障劳动者的利益。根据劳动法的有关规定,用人单位需要裁减人员,应当征求全体职工意见。因此,在集体合同中明确规定这方面的内容,实际上是将经济性裁员规范化,有利社会的稳定。

(4)通过集体合同对劳动关系的内容进行全面规定之后,劳动合同只需就单个劳动者的特殊情况作出规定即可,这样就会大大简化劳动合同的内容,也会大大降低签订劳动合同的成本。

(5)实行集体合同制度,有利于从整体上维护职工的劳动权益,更好地保护劳动者个人的合法权益,调动职工生产劳动的积极性、主动性和创造性,增强职工的企业主人翁意识,实现中国《劳动法》维护职工合法权益的根本立法宗旨,体现中国社会主义市场经济制度的优越性。

(6)实行集体合同制度,在劳动关系的调整上可以在国家劳动法律法规的调整与劳动合同的调整中间增加集体合同的调整这一层次上,实现对劳动关系的多方位、多层次调整。

(7)实行集体合同制度,有利于更好地发挥工会在稳定企业劳动关系中的积极作用,使工会在协调劳动关系和维护职工劳动权益的职能发挥得更直接、更生动、更有效,使工会的“维权”职能实现法制化。

(8)实行集体合同制度,有利于缓和和解决劳动争议和劳动矛盾,有利于劳动争议案件的减少和处理,有利于职工和企业之间的沟通和理解有利于维护和发展企业生产经营的良好秩序,促进企业的稳定和发展。

(9)实行集体合同,有利于政府从救火队到裁决者的角色转变。如果国家有健全的集体合同法律制度,如果在用人单位实行集体合同,劳动者完全可以通过自己的力量维护自身权力,政府居中裁决,政府的压力也将大大减轻。

(三)订立、变更及终止

1. 集体合同的订立

集体合同的订立,是指工会或职工代表与企事业单位之间,为规定用人单位和全体职工的权利义务而依法就集体合同条款经过协商一致,确立集体合同关系的法律行为。集体合同按如下程序订立:

(1)讨论集体合同草案或专项集体合同草案。经双方代表协商一致的集体合同草案或专项集体合同草案应提交职工代表大会或者全体职工讨论。

(2)通过草案。全体职工代表半数以上或者全体职工半数以上同意,集体合同草案或专项集体合同草案方获通过。③集体协商双方首席代表签字。

2. 集体合同的变更

集体合同的变更,是指集体合同生效后尚未履行完毕之前,由于主客观情况发生变化,当事人依照法律规定的条件和程序,对原集体合同进行修改或增删的法律行为。集体合同的解除,是指提前终止集体合同的法律效力。经双方协商代表协商一致,可以变更或解除集体合同或专项集体合同。劳动法规定有下列情形之一的,可以变更或解除集体合同或专项集体合同:

(1)用人单位因被兼并、解散、破产等原因,致使集体合同或专项集体合同无法履行的。

(2)因不可抗力等原因致使集体合同或专项集体合同无法履行或部分无法履行的。

(3)集体合同或专项集体合同约定的变更或解除条件出现的。

(4)法律、法规、规章规定的其他情形。变更或解除集体合同或专项集体合同适用本规定的集体协商程序。

3. 集体合同的终止

集体合同的终止,是指因某种法律事实的发生而导致集体合同法律关系消灭。集体合同或专项集体合同期限一般为1~3年,期满或双方约定的终止条件出现,即行终止。集体合同或专项集体合同期满前3个月内,任何一方均可向对方提出重新签订或续订的要求。

集体合同或专项集体合同签订或变更后,应当自双方首席代表签字之日起10日内,由用人单位一方将文本一式三份报送劳动保障行政部门审查。劳动保障行政部门自收到文本之日起15日内未提出异议的,集体合同或专项集体合同即行生效。

第四节 劳动争议处理

一、劳动争议概述

(一)劳动争议的含义

劳动争议是指劳动关系当事人因劳动权利义务发生分歧而引起的争议。

西方国家对劳动争议的处理,有的由普通法院审理,有的由特别的劳工法院处理。由特别的劳工法院处理劳动争议,始于13世纪的欧洲的行会法庭。法国1806年于里昂创设了劳动审理所,此后意大利、德国等国才相继设立了劳工法庭。很多国家处理劳动争议采取自愿调解、强制调解、自愿仲裁和强制仲裁4项措施。

中国于20世纪50年代初期曾建立劳动争议处理制度,1950年劳动部发布过《关于劳动争议解决程序的规定》,采用协商、调解、仲裁和人民法院审理等程序处理劳动争议。1956～1986年改用来信来访制度处理劳动争议。这带来诸多问题:浪费人力、物力和使纠纷久拖不决。80年代实行改革开放政策后,劳动争议不断增加。1987年7月,国务院发布《国营企业劳动争议处理暂行规定》,恢复了在国有企业中的劳动争议处理制度。建立社会主义市场经济后,劳动关系发生了变化,劳动争议大量增加,1993年7月,国务院颁布了《企业劳动争议处理条例》,劳动争议处理制度扩大到了各种性质的企业之中。1994年7月5日,全国人大常委会审议通过了《劳动法》,在第10章《劳动争议》内肯定《企业劳动争议处理条例》的各项内容,并特别规定因签订集体合同发生争议、当事人协商解决不成的,当地人民政府劳动行政部门可以组织有关各方协调处理;因履行集体合同发生的争议,当事人协商解决不成的,再通过仲裁、法院审判程序处理。

(二)劳动争议的主体范围和类型

1.劳动争议的主体范围

(1)中国境内的企业与职工。

(2)个体工商户与学徒、帮工。

(3)国家机关、事业组织、社会团体与本单位的工人(或称工勤人员)及与之建立劳动合同关系的非工勤人员。

(4)军队、武警部队的机关、事业组织、企业与无军籍职工。

(5)用人单位与一部分离退休人员及其聘用的离退休人员。

(6)中国境外企业或劳动者与境内劳动者或企业在中国境内签订或履行劳动合同的。

2.劳动争议的分类

常用的劳动争议分类方式主要有以下几种:

(1)按照劳动争议中是否含有涉外因素来分类,可分为国内劳动争议和涉外劳动争议。

(2)按照劳动争议的内容来分类,可分为权利争议和利益争议。

(3)按照职工一方当事人涉及的人数来分类,可分类为集体争议和个人争议(3人以上为集体争议,3人以下为个人争议)。

(4)按照劳动争议的客体来划分,可分为履行劳动合同争议、开除争议、辞退争议、辞职争议、工资争议、保险争议、福利争议、培训争议等。

(三)劳动争议的内容及其特点

1.劳动争议的内容

根据我国的《中华人民共和国企业劳动争议处理条例》第二条规定,劳动争议主要包括:

(1)因企业开除、除名、辞退职工和自动离职发生的争议。

(2)因执行国家有关工资、保险、福利、培训、劳动保护的规定发生的争议。

(3)因履行劳动合同发生的争议。

(4)法律、法规规定因当依本法处理的其他劳动争议。

根据《中华人民共和国劳动争议调解仲裁法》第二条规定,劳动争议主要包括:

(1)因确认劳动关系发生的争议。

(2)因订立、履行、变更、解除和终止劳动合同发生的争议。

(3)因除名、辞退和辞职、离职发生的争议。

(4)因工作时间、休息休假、社会保险、福利、培训以及劳动保护发生的争议。

(5)因劳动报酬、工伤医疗费、经济补偿或者赔偿金等发生的争议。

(6)法律、法规规定的其他劳动争议。

2.劳动争议的特点

企业劳动争议是发生在企业内部的企业劳动者与企业管理者之间的利益矛盾、利益争端或纠纷。它与一般的民事纠纷或民事争议相比,具有以下几方面明显的特点:

(1)有特定的争议内容。只有围绕经济利益而发生的企业劳动权利和劳动义务的争议,才是企业劳动争议;凡是在企业劳动权利和劳动义务范围之外的争议,都不属于企业劳动争议。如企业因财务问题、营销问题以及员工的股份分红问题而发生的争议就不属于企业劳动争议。

(2)有特定的争议当事人。企业劳动争议的当事人就是也只能是企业劳动关系的双方主体,即一方是企业管理者及其代表,另一方是企业劳动者及其代表。只要也只有劳动者及其代表与企业管理者及其代表之间通过集体合同或劳动合同建立了劳动关系,他们才有可能成为企业劳动争议的双方当事人。只有发生在企业劳动关系双方主体之间的争议,才是企业劳动争议。

(3)有特定的争议手段。争议手段是指争议双方当事人坚持自己主张和要求的外在表达方式。企业劳动争议的手段不仅包括劳动者的怠工、联合抵制排工等方式,也包括企业劳动关系双方主体经常使用的抱怨、旷工、工作周转、限制产量、工业意外事故以及工业破坏活动等方法。这些便构成了企业劳动争议特定的手段。

二、劳动争议的处理制度

(一)处理体制的选择

各国处理劳动争议所遵循的立法原则不外两种:一是自愿原则;二是强制原则。遵循不同的基本原则,就会形成不同的组织体制和办案体制。

根据自愿原则,调解或仲裁机构独立于政府的特征较强,由双方当事人协议是否调解或仲裁;和解协议必须是双方自愿达成;仲裁人员应由当事人选择。这就形成了“裁审自择”、“裁审分轨”的双轨体制。

根据强制原则,调解或仲裁机构与政府的联系较多,政府常常从中起主要作用;劳动争议任何一方当事人或者政府无须协商均可依据法律规定交付仲裁解决争议;仲裁人员由仲裁机构指定。在强制原则下有的国家规定仲裁裁决具有终局效力,有的国家则规定对裁决不服,当事人可向法院起诉,形成“裁审衔接”的单轨体制。

(二)劳动争议处理的一般方法

1.劳资双方自行解决

劳资协商制度是市场经济国家处理企业劳动争议的一种重要制度,协商解决的办法在处理企业劳动争议中使用的频率相当大。

协商解决的办法,主要是指劳资双方在平等的地位上就彼此争议的问题和焦点进行协商,以求得问题的解决。劳资协商制度,由于各国的国情、历史、传统的不同,形成各自不同的协商风格和协商内容,所以,各国都有自己不同的特点。概括起来,主要有劳资对话制、劳资共决制、工人代表制三种。

在市场经济国家里,企业集体谈判也往往作为解决企业劳动争议的主要手段之一。实际上,企业集体合同在某种程度上也可以看做是企业劳动争议处理的一种结果或结论。因此,可以说,与劳资协商制度一样,集体谈判制度也是市场经济国家一种重要的企业劳动争议的处理制度。

在很多市场经济国家里,企业劳动争议发生后,劳资双方协商常常是前奏,在双方协商不成的情况下,才使用集体谈判。在日本,劳资双方更是巧妙地综合使用这两种方法为自己的利益服务。

企业管理者主要通过劳资协商制来阻碍或缓和工会参与管理的要求;工会则在协商阶段将有关问题和信息集中起来,强化自己的斗争手段,为确立自己在集体谈判中的有利地位奠定基础。

2.第三方参与解决

由劳资双方自己解决彼此之间的劳动争议或纠纷在市场经济国家已经形成了各种成

熟的制度，这就是上文分析的劳资协商制度、集体谈判制度等。而当劳资双方彼此之间根本达不成协议时，即劳资双方自己无法解决彼此之间的劳动争议时，就需要借助于第三方参与来解决这种争议。一般来说，企业劳动争议处理中的第三方参与主要有三种基本办法：调解、仲裁和诉讼。

我们所说的处理劳动争议，一般而言，均是指有第三方参与的劳动争议处理，在第三方参与的企业劳动争议处理的三种主要办法中，除诉讼以外，其他两种办法都需要建立相应的企业劳动争议处理的组织机构。企业劳动争议处理的组织机构的组建要实行“三方原则”，即在组织机构当中，必须有企业劳动争议的双方当事人的代表和第三方或中立方的代表。中立方的代表一般由政府或公益机构委派。企业劳动争议处理的组织机构的三方组建原则早在1919年的《国际劳工组织章程》中就已得到了体现；1992年国际劳工大会上，劳工局长的《民主化和国际劳工组织》报告中对“三方原则”又进行了重新的强调。目前，发达市场经济国家的劳动立法中，大多数对企业劳动争议处理组织机构的三方组建原则都进行了必要的规定或说明。

（三）劳动争议的处理原则

1. 合法原则

合法原则是指企业劳动争议的处理机构在处理争议案件时，要以法律为准绳，并遵循有关法定程序。以法律为准绳，就是要求对企业劳动争议的处理要符合国家有关劳动法规的规定，严格依法裁决。遵循有关法定程序，就是要求对企业劳动争议的处理要严格按照程序法的有关规定办理，企业劳动争议处理的开始、进行和终结都要符合程序法的规定。同时，对双方当事人应该享受的请求解决争议、举证、辩解、陈述和要求回避等有关程序法的权利要给予平等的保护。

2. 公正和平等原则

公正和平等原则是指在企业劳动争议案件的处理过程中，应当公正、平等地对待双方当事人，处理程序和处理结果不得偏向任何一方。尽管企业管理者和劳动者双方当事人在企业劳动关系的实际运作过程中所处的地位是不一样的，前者处于领导者、支配者的地位；后者处于被领导者、被支配者的地位，而一旦企业劳动争议形成，并进入处理程序阶段，两者便是平等的争议主体，都受到法律的平等保护。公正和平等原则要求企业劳动争议的任何一方当事人都不得有超越法律和有关规定以上的特权。

3. 调解原则

调解原则是指调解这种手段贯穿于企业劳动争议第三方参与处理的全过程。不光企业调解委员会在处理企业劳动争议中的全部工作是调解工作，而且仲裁委员会和法院在处理企业劳动争议中也要先行调解，调解不成时，才会行使裁决或判决。同时，即使是仲裁委员会的裁决和法院的判决也要以调解的态度强制执行，否则其法律效力的发挥也会大打折扣。

4. 及时处理原则

及时处理原则是指企业劳动争议的处理机构在处理争议案件时，要在法律和有关规定要求的时间范围内对案件进行受理、审理和结案，无论是调解、仲裁还是诉讼，都不得违背在时限方面的要求。例如，企业劳动争议调解委员会对案件调解不力，要在规定的时限内结案，不要影响当事人申请仲裁的权利；企业劳动争议仲裁委员会在调解未果的情况下，要及时裁决，不得超过法定的处理时限；法院的处理也是这样，在调解未果的情况下，要及时判决。总之，及时处理原则就是要使双方当事人合法权益得到及时的保护。

（四）劳动争议处理的程序

1. 调解

调解是西方国家最为常用的解决劳动关系冲突和减少工人罢工次数的办法。实际上，调解也是市场经济国家处理劳动争议的基本办法或途径之一。

调解分为劳动争议调解委员会的调解和劳动争议仲裁委员会的调解两类。前者是自愿性的,即由当事人决定是否提请劳动争议调解委员会调解;后者是强制性的,即只要提请劳动争议仲裁委员会,就必须进行调解,这也是一项工作制度,一般经调解不成的,才进行裁决。

作为处理企业劳动争议的基本办法或途径之一,调解不是指企业劳动争议进入仲裁或诉讼以后由仲裁委员会或法院所作的调解工作,而是指企业调解委员会对企业劳动争议所作的调解活动。企业调解委员会所作的调解活动主要是指,调解委员会在接受争议双方当事人调解申请后,首先要查清事实、明确责任;在此基础上,根据有关法规和集体合同或劳动合同的规定,通过自己的说服、诱导,最终促使双方当事人在相互让步的前提下自愿达成解决企业劳动争议的协议。

目前,劳动争议调解委员会设于企业,由企业的员工代表、行政代表和工会委员会代表组成,主任由各成员共同推举,委员会的工作受员工代表大会的领导。劳动争议调解委员会的调解,必须有当事人一方提出申请,同时另一方表示愿意接受,才能进行。当事人任何一方不愿接受调解,或调解达不成协议,只能交付仲裁。应当注意的是,按规定因开除、除名、辞退违纪员工发生的争议必须直接提交劳动争议仲裁委员会,而不能向劳动争议调解委员会申请调解。另外,若发生劳动争议的员工一方人数为10名以上,并具有共同申请理由,可由当事人推举1至3名代表,参加调解或仲裁活动。

实施调解的结果有两种:一是调解达成协议,这时要依法制作调解协议书。二是调解不成或调解达不成协议,这时要做好记录,并制作调解处理意见书,提出对争议的有关处理意见,建议争议双方当事人依照有关法规的规定,向劳动仲裁委员会提出仲裁申请。

调解协议由调解协议书具体体现。只要达成协议,争议双方当事人要自觉执行调解协议;当然,双方当事人也有对调解协议反悔的权利。调解委员会对当事人的反悔只能说服、劝解,无权强制执行,但有建议仲裁的权利。只要一方当事人对协议反悔,或拒不执行协议,经调解委员会说服、劝解无效,就视为调解不成。

劳动争议调解委员会处理劳动争议,应当自当事人提出申诉之日起30日结案,到期未结案则视为调解不成。

以调解方式解决劳动争议,具有程序简易、费用低廉、有利于促进当事人之间的团结和维护正常生产秩序等优点。而且,由于调解协议完全出自双方自愿,一般都能严格执行。但是,由于调解完全依靠当事人的自愿,难以保证所有劳动争议都得到解决。因此,除了这种方式以外,还必须有更加具有权威的解决办法。

2. 仲裁

仲裁是西方国家另一种解决劳动关系冲突的办法。同时,仲裁也是市场经济国家处理劳动争议的另一种基本办法或途径。仲裁是指劳动争议仲裁机构依法对争议双方当事人的争议案件进行居中公断的执法行为,其中包括对案件的依法审理和对争议的调解、裁决等一系列活动或行为。

劳动争议仲裁委员会由劳动行政机关代表、工会代表和企业主管部门代表组成,三方代表应当人数相等,并且总数必须是单数,委员会主任由同级劳动行政机关负责人担任,其办事机构为劳动行政机关的劳动争议处理机构。劳动争议仲裁委员会对于劳动争议双方来说是第三者,它的决定无须经双方同意,并具有法律强制力,因而仲裁是比调解更为有效的解决方法。按规定,劳动争议的任何一方不愿调解、劳动争议经调解未达成协议时,均可向劳动争议仲裁委员会提出仲裁申请,并提交书面申请书。申请书应写明争议双方当事人的情况、申请仲裁的理由、要求解决的问题及有关的证明材料等。申请人应根据争议双方的人数提交申请书若干份。

当事人申请仲裁,因履行劳动合同而发生的争议,应自争议发生之日起60日内或从劳动争议调解委员会调解不成之日起30日内,向劳动争议仲裁委员会提出。因开除、除名、辞退违纪员工而发生的争议,当事人应于企业公布处理决定之日起15日内申请仲裁。因特殊原因,当事人可在其知道或应当知道权利被侵害之日起1年之内提起追诉。超过规定期限,仲裁机构不再受理。

仲裁委员会在收到仲裁申请后一段时间内(一般为7天)要作出受理或不受理的决定。决定受理的,仲裁委员会要及时通知申请人和被诉人,并组成仲裁庭;决定不受理的,要说明理由。

在受理申诉人的仲裁申请后,仲裁委员会就需要进行有针对性的调查取证工作,这其中包括拟定调查提纲,根据调查提纲进行有针对性的调查取证,核实调查结果和有关证据等。调查取证的主要目的是收集有关证据和材料,查明争议事实,为下一步的调解或裁决做好准备工作。

劳动争议仲裁委员会在处理劳动争议时,应先行调解。调解成功,劳动争议仲裁委员会制作调解书,由双方当事人签字,劳动争议仲裁委员会成员署名,并加盖委员会印章,调解书一经送达当事人,即发生法律效力,当事人必须执行。一方不执行,另一方当事人可申请法院强制执行。如调解不成,则应及时仲裁,由劳动争议仲裁委员会召开会议,并根据少数服从多数的原则作出仲裁决定。仲裁决定做出后,应制作仲裁决定书。由劳动争议仲裁委员会成员署名,并加盖委员会印章,送达双方当事人。当事人一方或双方不服仲裁的,可以在收到仲裁决定书之日起15日内向人民法院起诉;一方当事人期满既不起诉也不执行的,另一方当事人可以申请人民法院强制执行。

与企业劳动争议的调解相比,企业劳动争议的仲裁具有这样一些明显的特点:仲裁申请可由任何一方当事人提出,而不必由双方当事人共同提出,或不必在双方当事人首肯的情况下由一方当事人提出;仲裁机构的仲裁调解或仲裁裁决依法生效后具有强制执行的法律效力,当事人必须执行;仲裁机构在调解不成的情况下,必须作出最终裁决。

劳动仲裁是世界各国解决劳动争议较普遍的方法,其基本精神是由一个中立的第三者对当事人之间的争议作出评判。仲裁和调解相比,最大的特点是其更具权威性和法律效力。从我国劳动争议仲裁来看,仲裁活动具有一定的行政性质,也有一定的群众性质,不是纯粹的司法活动。根据司法最终解决的法制原则,劳动争议的最终解决只能依靠国家司法机关,这也是许多国家所普遍遵循的原则。因此,我国劳动争议处理程序还包括人民法院的审判。

3. 审判

劳动争议当事人不服仲裁,可以在收到仲裁决定书之日起15日内向法院起诉,由法院依民事诉讼程序进行审理及判决。法院审判劳动争议的最大特点在于它的处理形式严肃性与权威性及其法律效力。但审判毕竟是解决劳动争议的最后阶段,由于有调解和仲裁程序在前,所以,真正通过审判解决的劳动争议并不多。

企业劳动争议案件的审理,可以在普通法院,也可以设立专门的劳动(劳工)法院。如德国劳动法院、芬兰劳工法庭等就是专门设立的劳动法院。

与企业劳动争议的仲裁相比,企业劳动争议的法律诉讼具有这样一些鲜明的特点:法律诉讼是在法院进行的,法院在处理企业劳动争议的过程中有权采取强制措施;法律诉讼程序相对较为复杂,各种证据和材料的准备相对较为严密;法院的调解或判决具有最终解决争议的效力,可以由自己对争议当事人实施强制执行。

企业劳动争议的法律诉讼一般由这样几个阶段组成:

(1)起诉、受理阶段。起诉是指争议当事人向法院提出诉讼请求,要求法院行使审判权，依法保护自己的合法权益。诉讼请求要尽可能详细，要明确被告，要说明要求被告承担何种义务等；在诉讼请求明确的同时，还要尽可能多地提供争议发生的时间、地点、争议经过和有关事实根据以及相应的法律文书等。

受理是指法院接收争议案件并同意审理。法院的受理与否是在对原告的起诉进行审查以后作出决定的。对决定受理的案件，法院要在规定的时间内通知原告和被告；对决定不受理的案件，法院也应在规定的时间内通知被告，并尽量说明理由。当然，对法院裁定为不受理的案件，原告可以上诉。

(2)调查取证阶段。法院的调查取证除了对原告提供的有关材料、证据或仲裁机构掌握的情况、证据等进行核实外，自己还要对争议的有关情况、事实进行重点的调查，包括查明争议的时间、地点、原因、后果、焦点问题以及双方的责任和态度等。法院的调查取证要尽可能对各种证据进行仔细、认真的收集和核实。

(3)进行调解阶段。法院在审理企业劳动争议案件时，也要先行调解。法院的调解也要在双方当事人自愿的基础上，法院不得强迫调解。法院调解成功的，要制作法院调解书。法院调解书要由审判人员、书记员签名，并加盖法院的印章；法院调解书在由双方当事人签收后，即具备了法律效力，当事人必须执行。法院调解不成或法院调解书送达前当事人反悔的，法院应当进行及时判决。

(4)开庭审理阶段。开庭审理是在法院调解失败的情况下进行的，这一阶段主要进行这样一些活动：法庭调查、法庭辩论和法庭判决等。法庭调查主要是由争议当事人向法庭陈述争议事实，并向法庭提供有关证据；法庭辩论一般按照先原告后被告的顺序由双方当事人及其代理人对争议的焦点问题进行辩论；法庭判决是在辩论结束以后，由法庭依法作出判决。法庭判决要制作法庭判决书，法庭判决书在规定的时间内要送达当事人。

(5)判决执行阶段。法庭判决书送达当事人以后，当事人在规定时间内不向上一级法院上诉的，判决书即行生效，双方当事人必须执行。当事人不服一审判决的，有权向上一级法院上诉。

阅读资料

通过调解仲裁解决劳动人事争议，是一项具有中国特色的权益救济和保障制度。仲裁委员会由政府行政主管部门代表、工会代表和用人单位代表三个方面组成，以保证争议案件审理过程的透明度和公正性。截至2009年底，中国共有仲裁办案机构4 800多个、仲裁员3.3万人。

劳动人事调解仲裁工作遵循公正原则，鼓励协商，先行调解，及时妥善处理劳动人事争议，维护当事人合法权益。2009年，全国各级劳动人事争议仲裁机构共处理劳动人事争议案件87.5万件；立案受理劳动争议案件68.4万件，比上年下降1.3%；涉及劳动者101.7万人，比上年下降16.3%。依据中国法律，当事人对劳动人事争议仲裁裁决不服的，可以向人民法院提起诉讼。2009年，中国各级人民法院审结劳动争议案件31.7万件，有效维护了当事人双方合法权益。

第五节　安全与健康

一、劳动保护概述

(一)劳动保护的含义

劳动保护是指国家和单位为保护劳动者在劳动生产过程中的安全和健康所采取的立法和组织、技术措施的总称。

从定义中可以看出,劳动保护的对象很明确,是保护从事劳动生产的劳动者。劳动保护的另一个含义是依靠技术进步和科学管理,采取技术措施和组织措施,来消除劳动过程中危及人身安全和健康的不良条件和行为,防止伤亡事故和职业病危害,保障劳动者在劳动过程中的安全和健康的一门综合性科学。

(二)劳动保护的基本任务

(1)不断改善劳动条件,使不安全的、有害健康的作业安全化、无害化,使繁重的体力劳动机械化、自动化,实现安全生产和文明生产。

(2)规定法定工时和休假制度,限制加班加点,保证劳动者有适当的休息时间和休假日数。

(3)根据妇女劳动者生理特点,实行特殊保护。

二、劳动保护的内容及措施

(一)劳动保护的内容

劳动保护不包括员工其他劳动权利和劳动报酬等方面的保护,也不包括生活中的卫生保健和伤病医疗工作。另外,在劳动过程中还有一些因素对劳动者的安全健康也有影响。例如,劳动时间过长、劳动强度过大,会造成过度疲劳,积劳成疾,并且容易发生工伤事故;女工和未成年工从事过于繁重的或有害妇女生理的劳动,也会给他们的健康造成危害。

劳动保护包括劳动安全和劳动卫生两个方面。

(1)劳动安全是指在生产劳动过程中,防止中毒、车祸、触电、塌陷、爆炸、火灾、坠落、机械外伤等危及劳动者人身安全的事故发生。

(2)劳动卫生是指对劳动过程中的不良劳动条件和各种有毒有害物质的防范,或者是防范职业病的发生。

按照《劳动法》的规定,用人单位必须建立、健全劳动安全卫生制度,对劳动者进行劳动安全卫生教育,防止事故,减少职业危害;为劳动者提供符合国家规定的劳动安全卫生条件和必要的劳动防护用品,对从事有职业危害作业的劳动者进行定期的健康检查;对从事特种作业的劳动者进行专门培训。

(二)劳动保护的措施

1. 组织措施

(1)制定和完善劳动保护法规和规章制度。例如,从机关、部门、企业事业单位到管理人员和劳动者个人在劳动保护工作上的职权和责任的规定;劳动安全和劳动卫生的技术标准和现场作业规程;关于伤亡事故的调查、处理、统计和报告的规定;工时和休假制度;妇女劳动特殊保护的规定等。

(2)设置劳动保护国家监察员,负责监督检查单位和个人执行劳动保护规章制度和安全卫生技术标准、作业规程的情况。同时,在企业事业单位的班组(或车间)一级建立劳动保护员网,对本单位的劳动保护工作实行群众监督。

(3)加强劳动保护科学研究,为制定劳动保护法规和安全卫生技术标准提供科学依据,为采用新技术新设备拟定相应的劳动保护技术措施,研制监测仪器设备。

(4)开展劳动保护宣传教育。包括在大专院校设置劳动保护专业,培养高级专门技术人才;培训生产管理人员和劳动保护专职人员;对特殊工种工人实行专业训练和考试发证制度;利用电影、电视、广播、报刊、展览等形式普及劳动保护理论和技术知识。

2. 技术措施

主要包括:对由于物理、化学等因素可能突然发生的不安全因素,对由于机械性的伤害,包括机械传动部分的设备和工具引起的砸、割等伤害,对由于高空坠落引起的伤害,对由于从事有毒有害的作业而引致的伤害等所采取的相应预防性技术对策和防护措施。

阅读资料

劳动保护措施

一、高温工作的劳动保护措施

(一)改善工作条件,配备防护设施、设备

主要是合理设计工艺过程,改进生产设备和操作方法。

1. 采取隔热措施

(1)水隔热:常用的方法有水箱或循环水炉门、瀑布水幕等;

(2)使用隔热材料:常用的材料有石棉、炉渣、草灰、泡沫砖等。在缺乏水源的工厂及中小型企业,以采取此方法为最佳。

2. 通风降温措施

(1)采用自然通风:如天窗、开敞式厂房,还可以在屋顶上装风帽。

(2)机械式通风:如风扇、岗位送风。

(3)安装空调设备。

(二)加强个人防护

个人防护用品:应采用结实、耐热,透气性好的织物制作工作服,并根据不同作业的需求,供给工作帽、防护眼镜、面罩等。如高炉作业工种,须佩带隔热面罩和穿着隔热,通风性能良好的防热服。

(三)加强卫生保健和健康监护

(1)从预防的角度,要做好高温作业人员的就业前和入暑前体检,凡有心血管疾病,中枢神经系统疾病,消化系统疾病等高温禁忌症者,一般不宜从事高温作业,应给予适当的防治处理。

(2)供给防暑降温清凉饮料、降温品和补充营养:要选用盐汽水、绿豆汤、豆浆、酸梅汤等作为高温饮料,饮水方式以少量多次为宜。可准备毛巾、风油精、藿香正气水以及仁丹等防暑降温用品。此外,要制订合理的膳食制度,膳食中要补充蛋白质和热量,维生素A、B1、B2、C和钙。

(四)制订合理的劳动休息制度

根据生产特点和具体条件,在保证工作质量的同时,适当调整夏季高温作业劳动和休息制度,增加休息和减轻劳动强度,减少高温时段作业。如实行小换班,增加工间休息次数,延长午休时间,适当提早上午工作时间和推迟下午工作时间,尽量避开高温时段进行室外高温作业等。对家远的工人,可安排在厂区临时宿舍休息等。

二、未成年工的劳动保护措施

国家对未成年工实行特殊劳动保护:

(1)不得安排未成年工从事矿山井下、有毒有害、国家规定的第四级体力劳动强度的劳动和其他禁忌从事的劳动。

(2)用人单位应当对未成年工定期进行健康检查。

三、安全技术劳动保护措施

保证安全的组织措施:电气设备上安全工作的组织措施,工作票制度,工作许可制度,工作监护制度,工作间断、转移和终结制度。

保证安全的技术措施:电气设备上安全工作的技术措施,停电,验电,接地,悬挂标示牌和装设遮栏(围栏)。

三、企业健康管理

(一)企业健康管理概述

企业健康管理是一项专门针对于企业用户开发的服务。企业健康管理属于企业人力资源管理范畴。企业管理者结合健康医疗服务和信息技术,从社会、生理、心理等各个角度来系统地关注和维护企业员工的健康状态。同时,针对企业员工及企业集体人群的健康危险因素,进行全方位的管理与服务。爱健康的健康管理是指爱健康的健康管理师通过对企业客户的工作环境、生活饮食习惯、运动习惯、个人的家族史、个人病史、过敏史、遗传史、疾病史,以及对健康数据的采集和分析等建立企业的健康状况评估预测并进行分析和管理维护。

美国的企业健康管理经验表明:健康管理对于任何企业及个人都有这样一个秘密,即90%和10%。具体地说就是90%的个人和企业通过健康管理后,医疗费用降到原来的10%。10%的个人和企业未做健康管理,医疗费用比原来上升90%。

企业健康管理还带来另外一个有趣的现象:做健康管理的企业,员工人均年产出总值提高50%以上。人力资源专家经过调研找到了原因:

(1)实施健康管理的企业员工更能感受到企业对他们的关心,更有归属感和工作热情,这项福利更能吸引优秀员工;

(2)通过健康管理的实施,员工身体更健康,精力更充沛,劳动生产率明显提高。

企业健康管理在西方发达国家从上个世纪80年代开始萌芽,历经30多年的蓬勃发展,已成为西方医疗服务体系中重要的组成部分,并证明能够有效地提高员工的健康状况并明显降低医疗费用等。

(二)企业健康管理的方法

企业进行健康管理可以根据企业自身的实际情况采取多种方法。

1. 爱抚管理

爱抚管理的产生与当今的经济、技术和社会的发展变化密切相关。20世纪80年代以来,为了应付日益激烈的竞争,控制高科技的领先权,西方企业推行了超负荷的工作体系。由于工作负荷大增,员工的身心压力成倍增长。尤其是在高技术领域,员工长期处于超精神负荷、超生理强度的状态之中,身体健康得不到根本保证。再加上事业挫折、失业威胁等风险,心理健康更加扭曲。随着高技术产业的发展,这种超出生理和心理承受程度的"紧张状态症"(即高技术病)在西方蔓延。1982年,日本政府对46 000家大公司、大企业进行调查,发现有5%的员工因精神高度紧张而患有胃溃疡、背部及胸口疼、高血压、心脏病、神经衰弱等疾病。许多员工由于无法承受巨大的压力,精神处于崩溃的边缘。员工身体健康水平的下降和心理的扭曲,不但造成了本人和家庭的极大痛苦,而且给企业带来了重大损失。自80年代中叶起,美国和日本的企业纷纷重视起爱抚管理。

爱抚管理意味着将企业管理的范围从企业内部拓展到员工的社会活动区域,将企业管理的关注点从员工的工作内容、工作方式和工作效果转向员工的思想和心理。

从企业人力资源管理的高度来看,爱抚管理的内容主要包括以下九个方面:①价值观管理;②安全管理;③累积创伤失调管理;④工作场所暴力管理;⑤健康和卫生管理;⑥紧张情绪管理;⑦酒精滥用管理;⑧药品滥用管理;⑨其他不良嗜好管理。

为了有效地实施爱抚管理,企业可采取如下措施:第一,实施员工援助方案(Employee Assistance Program,EAP)。第二,强化伦理管理,将伦理融入企业的日常管理之中。第三,将保健制度纳入企业组织制度之中。第四,采取措施,改变职工不良的生活习惯。第五,增加健康咨询活动,提供各种健康服务。第六,重视对人类工程学的应用。人类工程学是关于人与工作环境如何相互作用的科学。合理运用人类工程学原理能提高生产率并防止出现健康障碍及某些与工作有关的紧张情绪。

2. 压力管理

压力是当人们去适应由周围环境引起的刺激时,人们的身体或者精神上的生理反应,它可能对人们心理和生理健康状况产生积极或者消极的影响。因员工压力过大造成的员工经常性的旷工、心不在焉、创造力下降而导致的企业生产力损失,仅在美国每年就超过

1 500亿美元。为了预防和减少压力对员工个人和组织造成的消极影响，发挥其积极效应，许多企业管理者已开始关注员工的压力管理问题。企业实施适当的压力管理能有效地减轻员工过重的心理压力，保持适度的、最佳的压力，从而使员工提高工作效率，进而提高整个组织的绩效、增加利润。

进行压力管理要明确以下三个内容：

(1)压力管理的主体是谁。压力管理的主体是员工个人和人力资源主管部门。压力管理的主体还包括企业管理者。在当前人本管理的时代里，管理者有责任帮助员工去控制自己的压力，从而使员工工作起来心情愉快，工作绩效也能最高，达到"人事双赢"的效果。

(2)压力的起因或来源。压力的起因或来源大体分为三方面：工作压力、家庭压力、生活压力。

(3)如何进行压力疏导。在对上述压力具体进行管理时，应对每位不同个性员工和压力来源做具体而全面的分析。调控能力和适应压力强的员工，其心理承受能力强，他们能很好处理和缓解压力。对心理调适能力弱的员工遇到压力时，可能不能及时调控压力，这时企业管理者需要更多地加以帮助关心这样的员工。进行压力管理可以分为宣泄、咨询、引导三种方式。

课后思考题

1. 什么是劳动关系？影响劳动关系的主要因素有哪些？
2. 为什么要重视劳动合同管理？劳动合同管理有哪些主要内容？
3. 我国企业劳动关系管理面临哪些新挑战？

案例分析

劳务关系不同于劳动关系的法律调整

一、案情简介

申诉人：刘礼美，黄建英、刘进沐、叶水莲四人

被诉人：南昌铁路局沙河街北站

2003年10月18日，申诉人刘礼美、黄建英、叶水莲、刘进沐等四人以被诉人无故辞退为由向本会申请仲裁，要求被诉支付每人经济补偿金2 800元，额外补偿金1 400元，延时工资22 228.5元并加总额25%的经济补偿金5 557元，支付双休日加班工资18 720元、节假日加班工资2 511元并加25%经济补偿627.25元，支付每人劳动防护用品费920元，合计支付每人各项工资及补偿金54 764.25元。

同时，要求被诉人补办1994年至2003年的养老保险、医疗保险、失业保险等社会保险。

申诉人在开庭审理中，向本庭提供了下列证据：①被诉人向申诉人发放的胸牌工作牌：上有照片、编号和卫生保洁员字样。②证人陈世江谈话笔录1份。③村委会证明1份。④工作照片一组。⑤人寿保险股份有限公司证明一份等。申诉人借助上述证据证明与被诉人自1994年以来存在着事实劳动关系。

被诉人提交答辩称：申诉人提出的仲裁申请与事实完全不相符，申诉人与被诉人之间根本就不存在劳动关系，而是彻头彻尾的劳务关系，理由如下：①双方根本就不存在劳动关系中的那种管理与被管理的关系。申诉人的工作时间完全由申诉人自己掌握，他们可以自己调剂、可以是自己或亲属代为；被诉人只是每天早8点和下午3点检查申诉人的劳动成果是否达到约定标准。②工作内容单一，是我们正式职工本职工作外的附带职责，是由职工出资，单位统一对外发包的劳务关系，申诉人只对卫生保洁工作的成果负责，而无须承担其他职工应当承担的其他义务，如学习、遵章守纪等。③卫生保洁工作的内容简单，适合建

立劳务关系，而且双方事实上也是以劳务关系出现的。对卫生保洁工作结果不满意的，双方可以终止劳务关系。④此外申诉人主体年龄不受劳动法调整，如申诉人刘礼美，刘讲沐、叶水莲均超出劳动法规定的就业年龄。⑤工作时间与私活时间可以一并进行，并不受到被诉人的任何约束。⑥劳务关系只需按照劳动法律法规规定的其他义务去履行。庭审中，被诉人向本会递交了以下证据：①该单位的管理制度。②职工的上岗证。③有关证人证言。

二、调查核实情况

本案开庭审理，并通过庭审辩论和庭上调查，对双方提出的证据作出以下认定：①申诉人提交的胸牌、服装真实，但属于从事劳务工作的需要和安全的需要，且胸牌与单位上岗证存在本质区别，不能证明劳动关系成立。②陈世江证言内容真实，说明双方存在劳务关系以及劳动安全上的约定。③村委会证明真实，只证明双方存在劳动安全上的约定。④人寿保险公司的证明不能直接证明劳动关系的存在，申诉人无其他补充证据证明。⑤工作照片一组（申诉人提交），属于事后追补，与被诉人提出的证人证言及本会调查的证人证言存在事实上的对立，本会对其真实性不予认定。⑥被诉人提交的管理制度、上岗证及有关证人证词与本会调查所获得的证据，事实相符，本会予以认定。本会依据上述证据，认定双方劳务关系成立。

三、处理结果

经调解，刘进沐、叶水莲与南昌铁路局沙河街北站和解，但与刘礼美、黄建英两人调解不成，本案依法裁决如下：

(1)驳回申诉人的仲裁申请。

(2)本案仲裁费壹仟元整由申诉人承担。

四、案例评析

劳动关系与劳务关系存在本质的区别，两者事实表现形式不同。适用法律也不同。劳动保障报2002年8月13日刊载郑富茂同志的文章《试析劳动关系与劳务关系》，文中从外延、事实表现形式上对两者进行了区分，但说理还不够完整；2003年11月4日，该报又登载了樊春茂、马林、于万金署名文章《如何区分两种常见用工合同》，观点我们都赞同。概括地说，两者的区别在于是否存在管理与被管理的关系，交换的是劳动成果，还是劳动力。前者属于劳动法律法规的调整，属于社会法的范畴；后者属于民法调整的范畴，是平等主体间的法律关系，应以双方口头或书面约定的权利义务为限，不适用劳动法律法规的调整，本案故作出上述裁决。

讨论问题：

1. 劳动关系和劳务关系的区别？

2. 为什么法院会做出如此的判决？

第九章　人力资源会计

第一节　人力资源会计的概述

一、人力资源会计的含义

人力资源会计是会计学科的一个崭新分支,是"鉴别和计量人力资源数据的一种会计程序和方法",其目标是将企业人力资源变化的信息,提供给企业和外界有关人士使用。

1964 年,美国密西根大学的企业管理学家赫曼森在《人力资源会计》一文中首次提出人力资源会计这个概念。第二次世界大战后,科学技术的第三次革命推动社会经济不断增长,美国的几位经济学家开始把人力资本变量引入经济分析,对经济发展的动力作出了全新的解释。随着人力资本理论在宏观经济领域的应用和发展,会计学界也日益认识到传统会计在某些方面已不能适应新的社会经济环境。20 世纪 60 年代末 70 年代初,会计学家将人力资本经济理论引入会计学领域,创立了人力资源会计。20 世纪 60 年代,为人力资源会计的开始试行阶段。这一时期,理论界初步奠定了人力资源会计的基础,并将设计出来的会计程序和方法应用于一些小型工业企业。70 年代前期,人力资源会计迅速发展,不仅发展了人力资源会计理论,而且还设计出几种人力资源会计的程序和方法。但是到了 70 年代后期,人力资源会计出现停滞发展局面,面临一些难题。80 年代至今,人力资源会计进入广泛应用发展阶段,理论和实践方面都在向前推进,已逐步建立起一套较完善的理论体系,特别是知识经济时代,更为人力资源会计的推广创造了历史性的契机。

二、人力资源会计产生和发展的过程

经济理论界对人力资本理论的不断深入研究,改变了以前忽视人力资本的状况,确立了人力资本在所有生产要素中的首要位置。而在人力资源研究的方法性、工具性学科领域中,最引人注目的则是人力资源会计学的兴起和发展。

(一)人力资源会计产生的必然性

人力资源理论的建立和发展为人力资源会计的产生奠定了理论基础。人力资源理论使人们认识到,人力资本和物质资本一样也是创造社会财富的资本。随着科技的进步和经济的发展,对企业来说,更重要的资本不再是单一的物质资本,而是人力资本。人力资本的重要作用是任何其他资本所不能替代的。人力资本理论的这一观念为人力资源会计中人力资产、人力资源权益等一系列重要概念的确立提供了理论依据。

在经济增长过程中人力资本作用的日益增强乃至成为首要因素的现实,促使人们高度重视对人力资源的投资、高度重视人力资本的形成和积累。人力资本的重要性,促使企业和管理由以"物"为中心转向以"人"为中心。企业对人力资源的管理不仅需要核算为取得和使用人力资源所发生的取得成本、开发成本、使用成本和替代成本,核算为提高企业的人力资源质量即增加人力资本所发生的投资,还要核算人力资源的使用效益和人力资源投资的经济效益。

在传统会计的财务报表中,没有反映人力资源成本、人力资源价值和人力资源投资方面的信息。在传统会计中,将人力资源的取得成本和开发成本都作为当期费用处理,不但导致提供的会计信息失真,而且也可能诱发企业管理者的短期行为。在传统会计中,也缺

乏进行人力资源需求预测、投资预测和投资效果分析所必需的信息,使企业管理者不能利用这些信息作出正确的人力资源管理的决策,也不利于其他利害关系各方进行分析决策。

企业和其他方面对人力资源信息的需求及传统会计不能满足这类需求的情况,促进了人力资源会计的产生。在20世纪50年代形成的行为科学理论对人力资源会计的产生也起到了促进作用。行为科学利用现代科学的研究成果,对人类行为的规律性进行研究,分析人们行为产生的原因、影响因素,研究如何激励人的主动性、积极性和创造性,探讨对人们的行为进行预测、控制和评价的问题,以期实现企业的目标并同时使个人的需要得到满足,而这些也是人力资源会计所要达到的目的。因此,行为科学在企业管理和会计领域中的应用,对人力资源会计的产生也具有重要意义。

(二)人力资源会计的产生过程

人力资源会计产生于美国。美国会计学家弗兰霍尔茨在他的《人力资源会计》一书(1985年版)中将人力资源会计产生的过程分为五个阶段,即基本概念的产生阶段、人力资源成本和价值计量模型的学术研究阶段、人力资源会计迅速发展阶段、理论与实务界对人力资源会计兴趣下降阶段、人力资源会计恢复活力阶段。

1. 基本概念的产生阶段(1960~1966年)

舒尔茨在1960年提出的人力资本理论及其他相关理论激发了人们对人力资源会计的研究兴趣,并在研究中促成了一系列人力资源会计的基本概念的产生。

美国密歇根大学企业研究所的赫曼森(Hermanson)发表的《人力资源会计》一文被认为是人力资源会计理论研究的起点。他最先提出人力资源会计的概念,这一概念后来被引入到会计学的研究之中。赫曼森认为,人力资源在大多数企业的生产经营活动中是最有效的一种资产。因此,要使企业的财务报表更加完善,更好地满足有关各方的要求,就必须在报表中反映有关人力资源的情况。

1965~1966年,美国会计学会对人力资源会计理论进行了系统研究,认为需要对人力资源费用成本及人力资源效益进行衡量和评价,并将这一工作交给密歇根大学社会研究所进行试验。

在这一阶段的研究中,产生了人力资源会计、人力资产、人力资源成本、人力资源价值等概念和将人力资产视作企业商誉的一部分的概念。这一阶段的研究工作为人力资源会计的进一步发展奠定了基础。

2. 人力资源成本和价值计量模型的学术研究阶段(1966~1971年)

在这一阶段,研究者们开发了一些人力资源成本计量模型(历史成本和重置成本)和人力资源价值计量模型(货币和非货币)并对其有效性进行了评价,研究了将人力资源会计应用于会计实务中的现实可能性和人力资源会计的潜在用途。人力资源会计的基本理论和基本技术处理方法已逐渐形成并在实践中得到了一些尝试性的运用。

1967年,美国会计学会在美国密歇根州立大学社会研究所进行了试验取得成果。利克特发表《人力组织——它的管理和价值》一书,有一章专门论述人力资源会计。他强调人力资源在企业中的重要性,认为企业资产负债表中不包含人力资源项目,就像资产账面价值和市场价值之间的巨大差异一样,会导致企业管理人员作出错误的决策。60年代末70年代初,布诺默特在他的会计论述中首先引进了人力资本的概念。1971年,列夫和施尔茨在《会计评论》上发表了《论人力资本的经济概念在财务报表上的运用》的文章,对于人力资源会计理论作了详细的阐述,排除了对人力资源会计的一些误解。

3. 人力资源会计迅速发展阶段(1971~1976年)

这个阶段学术界和实务工作者对人力资源会计的兴趣很大,使人力资源会计得到迅速发展。在西欧、澳大利亚和日本都进行了大量的学术研究,会计和企业管理刊物上陆续发表了很多篇如何计量人力资源,以及如何将人力资源会计纳入传统会计制度的文章。

这一时期发生两件在人力资源会计历史上具有意义的大事。第一件是美国会计学会在1971～1973年间成立了人力资源会计委员会,组织和支持一些人力资源会计项目的开发。1971～1973年陆续发表了有关人力资源会计的研究报告,对人力资源会计做了充分肯定,极大地推动了人力资源会计的发展。第二件是1974年,迪克逊出版公司出版了弗兰霍尔茨的《人力资源会计》。

可见,这一时期是人力资源会计的迅速发展时期,人力资源会计从理论到实践在全面发展,迅速成熟,不仅发展了人力资源会计理论,而且也设计出人力资源会计的程序和方法。例如,历史成本法和现行成本法。这一时期会计理论界对此发表论文及专著很多,很多企业也纷纷尝试进行人力资源会计核算与报告,显示出了企业界对人力资源会计的极大兴趣。

4. 理论和实务界对人力资源会计的兴趣下降阶段(1976～1980年)

在20世纪70年代后期,由于人力资源会计的相对简单的初步研究已经完成,需要进行的是人力资源会计的更加深入的研究工作,并需要结合人力资源会计在企业的实际应用进行研究以解决人力资源会计进一步发展所面临的需要解决的问题。但是,因为深入研究的成本高,效益难以测量,因此企业缺乏积极性,研究工作难以得到企业的配合,致使人力资源会计的研究工作进入了一个停滞不前的阶段。

5. 人力资源会计恢复活力阶段(1980年至今)

进入20世纪80年代后,由于现实的需要,人力资源会计在学术研究和实践工作中都进入了一个新的前所未有的发展阶段。在美国,促使人力资源会计的研究得以恢复和发展的主要原因有三个方面。第一是美国政府的推动。美国政府要求对增加劳动力的手段进行研究,而人力资源会计的研究与此要求不谋而合,自然受到了积极的影响和得到了有力的推动。第二是日本对人力资源会计的重视和研究,也促使美国的管理者为了增强国际竞争力,转而恢复和加强了对人力资源会计的研究工作。第三是因为美国服务业的迅速增长。

在这一阶段,美国、加拿大和欧洲的许多企业都开始应用人力资源会计,如拥有18 000名员工和150亿美元资金的美国梅特罗银行应用人力资源会计信息于人力资源管理决策、加拿大格林菲尔德航空公司应用人力资源会计信息评价临时解雇职员的成本和效益等。人力资源会计的研究和实践活动都进入了一个崭新的时期。

(三)人力资源会计在我国的发展和现状

在我国,自20世纪80年代开始介绍人力资源会计问题以来,人力资源会计的研究工作也得到了很大的发展。

在20世纪80年代,国内的研究者开始将人力资源会计引入我国。1980年,我国著名会计学家潘序伦在上海《文汇报》上发表文章,提出我国应重视开展人才会计的研究,既要计量人才成本也要注重效益。潘序伦的文章率先在国内提出了重视人力资源研究的问题。

进入20世纪90年代后,我国学者从以引进、介绍人力资源会计为主转为以研究为主。在这段时期,先后出版了不少研究人力资源会计的专著:陈仁栋的《人力资源会计》一书率先问世;《人力资源会计准则》列入了阎达五主编的《会计准则全书》之中;徐国君的《行为会计学》从行为科学的角度研究如何对人力资源进行价值核算和管理;张文贤的《人力资源会计制度设计》对人力资源会计的基本理论和行业会计制度的设计进行了研究,在人力资源会计的实施方面提出了新的思路。这一时期,在学术刊物上也发表了许多有关人力资源会计的研究论文。

1999年5月8～9日,中国会计学会"会计新领域专题研究组"在北京举办了首届"人力资源会计理论与方法专题研讨会"。这次会议是以人力资源会计作为研究课题的"会计新领域专题研究组"成立以来的第一次会议,也是我国会计史上关于"人力资源会计"的第一次研讨会。这次会议推动我国人力资源理论研究的深入开展、促进人力资源会计在实务中的应用、充分发挥人力资源会计的重要作用,都具有重大意义。

但毋庸置疑的是,目前我国在人力资源会计的研究和应用等方面还存在许多需要解决的问题。这些问题影响了人力资源会计理论系统的完善和人力资源会计在实务中的运用。例如,在人力资源会计的运用中存在着人力资源的计量及其资本化、人力资源的折旧及分期、人力资源的权益分派以及人力资源在报表上列示等四大难题。研究人力资源会计,不能不了解这些问题。这些问题应该成为人力资源会计今后研究工作的重点。可以相信,随着这些问题的最终解决,人力资源会计的理论研究和实践工作将得到进一步的深入开展。

三、人力资源会计的目的和分类

(一)人力资源会计的目的

人力资源会计的一般目的是提供人力资源变化的信息以满足人力资源会计信息使用者的需求。

1. 社会人力资源会计的目的

对于社会人力资源会计来说,它的具体目的是通过提供社会人力资源需求信息,使国家有关部门作出正确的人力资源投资决策,以实现整个社会对人力资源的总需求和人力资源的总供给之间的平衡;通过提供社会人力资源投资成本、该投资所形成的人力资源价值和人力资源投资效益等方面的信息,帮助国家有关部门掌握人力资源的投入产出情况,以利于改进人力资源投资决策,提高人力资源投资的效益。

2. 企业人力资源会计的目的

对于企业人力资源会计来说,它的具体目的主要有以下几个方面:

(1)满足企业管理部门对人力资源信息的需求,帮助管理部门作出正确的决策。人力资源是一种具有时效性的资源。自然人力资源会因载体的原因(如劳动者体力的衰退、疾病等)而减少,人力资本资源会因知识的老化而大幅度贬值。因此,企业管理重视人力资源的取得和开发工作,要吸引企业所需要的人力资源和有效地开发企业已有的人力资源,促进企业内人力资本资源的增长,优化人力资源的结构。而要作出有效的人力资源决策,提高人力资源的使用效益和投资效益,就必须依靠企业人力资源会计所提供的人力资源需求、人力资源成本和人力资源价值等方面的信息。

人力资源是一种最有价值的资源。人力资源的价值与人力资本的存量及增长密切相关。现在,人力资本已经成为影响企业竞争能力的首要因素。企业之间的竞争将更多地体现在人才的竞争上。企业的人力资本存量的快速上升,使得在人力资本密集的行业里,人力资本存量在总资本中所占的比率甚至远远超过物质的存量。因此,为了提高企业的经济效益,管理者必须进行人力资源投资效益分析,以便作出正确的决策,不致因人力资源成本较高而不引进和留住能为企业带来巨大效益的人才,也不致不考虑企业实际情况而盲目地追求人才的高素质,造成人力资源的积压、闲置和浪费并造成人力使用成本的增加。这些也都离不开人力资源会计所提供的信息。

(2)满足企业外部各方对人力资源信息的需求。国家有关部门为了进行人力资源宏观管理,需要企业所拥有或控制的人力资源、对所拥有或控制的人力资源进行的开发利用、未来对人力资源的需求、对人力资源的投资等各方面的信息。而对于企业外部利害关系各方如投资者、债权人等,也需要企业的人力资源信息,以便作出正确的投资决策。因为他们投入的资金的运用效果,与企业的人力资源素质密切相关。

(3)调动企业劳动者的积极性。人力资源权益会计通过确立人力资源权益和进行人力资源权益分配的核算,使企业劳动者因将自身所拥有的人力资源的使用权、处分权投入企业而成为企业的投资者并因拥有人力资源的所有权而成为企业的所有者,因此和物质资本投资者一样拥有剩余索取权，参与企业盈余价值的分配。这能密切劳动者和企业的联系，有助于人力资源的能动作用的充分发挥。

（二）人力资源会计的分类

对人力资源会计按其核算对象的分类，会计界有着不同的认识。埃里克·弗兰霍尔茨认为，人力资源会计分为人力资源成本会计和人力资源价值会计两大体系；国内有些知名会计学者认为，人力资源会计可分为人力资源财务会计和人力资源管理会计两大体系。

这两种分类方法均与现代会计的分类方法有差异。我们可以把人力资源会计划分为既相互联系而各自又有其特点的人力资源财务会计、人力资源成本会计、人力资源管理会计三个分支，它们的内容分别对应并归属于传统的财务会计、成本会计、管理会计，使传统会计学科的内容更加丰富。传统的财务会计、成本会计、管理会计增加人力资源的会计核算内容后，仍然可以通过内容与方法上的相互交叉和借鉴，来保持它们之间的联系，使整个会计系统保持其完整性和统一性。

1. 人力资源成本会计

人力资源成本会计是较早提出来的、比较成熟的人力资源会计模式。早在70年代，美国会计学者弗兰霍尔茨就将人力资源成本会计定义为："为取得、开发和重置作为组织的资源的人所引起的成本的计量和报告。"这种开始意义的人力资源成本会计模式所做的探索为人力资源会计和财务会计的相融合创造了条件。通过增设一些相应的会计科目，使人力资源成本的会计信息能够在遵循公认会计原则的前提下通过传统会计程序变通取得。对人力资源投资形成人力资源成本，这部分内容已经论证得较为全面，并且理论界基本达成共识。

2. 人力资源价值会计

对企业来说，人力资源价值是企业的员工运用他们所拥有的能力在未来特定时期内为企业创造的价值。因此，企业的人力资源价值会计就是将企业员工的能力即企业所拥有或控制的人力资源作为一种有价值的组织资源，通过对员工运用其所拥有的能力在未来特定时期内为企业创造出的价值的计量和报告，从而确定企业员工的人力资源价值的一种会计程序和方法，其目的在于向企业和外界有关人士提供企业的人力资源价值变化的信息。人力资源会计所计量的人力资源价值是人力资源载体在未来特定时期内创造的价值。是对人力资源本身具有的价值进行计量和报告。

3. 人力资源投资会计

人力资源投资是指为了使作为人力资源载体的现实的和潜在的劳动者掌握必要的知识、技能从而提高人力资源素质所进行的投资，也包括劳动者为了追求更好地体现自身所拥有的人力资源的价值或获取更满意的收益等目的而在不同地域、不同单位之间流动时所进行的投资。人力资源投资会计是对为了开发人力资源、提高人力资源使用效益而引起的各种人力资源投资的计量和报告。人力资源投资会计主要是进行教育投资的会计核算的研究。

4. 人力资源权益会计

人力资源权益是指企业的劳动者作为人力资源的所有者而享有的参与企业收益分配的相应权益。人力资源权益会计是对企业在与劳动者的人力资源产权交易过程中产生的人力资本进行计量的一种程序和方法。

四、人力资源会计的对象、假设与作用

（一）人力资源会计的对象

人力资源会计的对象是人力资源会计主体中人力资源的价值运动。

对企业来说，人力资源的价值运动包括作为价值运动起点的对人力资源的投入和作为

价值终点的与该投入相对应的人力资源的产出这样两个方面。

企业对人力资源的投入主要包括：为了取得人力资源所发生的支出（取得成本），如招聘费、选拔考试费、安置费等；为了使企业劳动者能掌握与其工作岗位相适应的技能和提高企业员工的人力资源素质所发生的支出（开发成本），如教育培训费等；企业运用人力资源的使用权时所发生的补偿费用（使用成本），如工资、奖金等；企业取得或开发替代者来替代在既定职位上的人员或所雇用的人员时所发生的替代成本。

在人力资源的产出过程中，人力资源的价值运动主要表现为企业通过人力资源的投入所形成的人力资源价值的增量；企业的人力资源在使用过程中所新创造的价值；企业劳动者按其所拥有的人力资本参与企业盈余价值的分配等。

（二）人力资源会计的假设

会计假设是组织会计工作必须具备的前提条件。离开了这些前提条件，就不能有效地开展会计工作。传统会计的假设是从会计实践中抽象出来的，其最终目的是为了保证会计核算资料的有用性、合理性和可靠性。许多研究者认为，人力资源会计作为会计学的一个分支，就隐含着与传统会计的四大假设之间存在着密切的联系，但人力资源会计的核算对象有其特殊性。因此，人力资源会计不能简单地完全继承传统会计的四大假设，而应结合人力资源会计的特点对传统会计的四大假设加以重新认识或适当扩充后将其作为人力资源会计的假设。

1. 会计主体假设

会计主体规定了会计工作特定的空间范围。会计工作总是在某一特定单位里进行的，这个单位单独进行生产经营或活动，在经济上独立或相对独立。

劳动者作为人力资源的载体，是人力资源产权的最终拥有者，但一旦与企业签订合同进入企业成为企业的员工后，通过人力资源产权的交易，企业就拥有或控制了人力资源的使用权、处分权，在合同规定的期限和规定的工作时间内能够运用使用权和处分权，为企业创造出新的价值。在这种情况下，企业所拥有或控制的人力资源已成为企业的一种资产。企业应当进行人力资源会计核算，从而也成为人力资源会计的主体。人力资源会计核算和监督的是该会计主体所拥有或控制的人力资源，向企业内外界有关人士提供所需的各种人力资源变化的信息。人力资源会计的主体假设同样也为会计核算工作规定了空间范围，这一工作也是围绕着为之服务的特定单位开展的，同样也应将这一特定主体的人力资源的信息与其他特定主体的人力资源信息区分开来。

2. 对持续经营假设的重新认识

持续经营假设是指会计主体的经营活动在可以预见的未来不会面临破产清算，它所拥有的资产将按既定目的在正常经营过程中被消耗、出售或转让，它所承担的债务也将按期偿还。在持续经营假设的前提下，才可以建立起会计计量和确认的原则，使企业在会计信息搜集和处理中所应用的会计程序、会计方法保持稳定，才能正确地记录和报告会计信息。

持续经营这一前提条件，也使人力资源会计的计量和确认原则的建立成为可能。人力资产是企业所拥有或控制的一种特殊的资产。人力资产的主动性，使企业在运用这一资产的过程中可能获得的效益有赖于作为人力资源载体的劳动者的能动性的发挥。劳动者的体力随着年龄的增长而逐渐衰退、劳动者原来所拥有的知识和技能等由于知识更新而过时、贬值等情况的出现，会影响到企业的持续经营。对人力资源会计来说，在理解和认识持续经营假设时，还应考虑到如何使企业所拥有或控制的人力资源能够适应企业长期经营的需要。在这个意义上，持续经营假设要求企业应不断地获取所需的人力资源并不断地提高人力资源的素质，要重视采取各种必要措施满足作为人力资源载体的企业员工的精神需要和物质需要以激励员工充分发挥其能动性从而为企业创造更多的效益。企业和员工都要认识到，他们的共同利益都是建立在劳动者这一人力资源产权主体持续发挥其作用的基础之上的。

3. 会计分期假设

企业的生产经营活动大都是连续进行的，但为了充分发挥会计在企业管理工作中的重要作用，不可能等到企业所有经济活动都告结束、各项资产都转化为货币资金、各项债务都清偿完毕后才进行结算工作和编制会计报表。因此，在会计核算中人为地将企业的持续经营期间划分为一个个首尾相接、间距相等的会计期间。

对于人力资源会计来说，同样也要进行会计分期，也要对每一个会计期间的人力资源成本、投资进行核算，将开发人力资源所发生的资本性支出在受益期内摊销，要对每一个会计期间的期初、期末的人力资产、人力资源权益的数量进行核算，确定在该会计期间人力资产和人力资源权益的变化等。会计分期，使得企业能够将所发生的人力资源成本划分为收益性支出和资本性支出，为资本性支出摊销期限的确定提供了依据，并使人力资源会计核算建立在权责发生制的基础之上。

4. 货币计量和非货币计量

货币计量假设要求企业在会计核算工作中要采用货币作为统一的尺度进行计量，并将企业经营活动和财务状况数据转化为按统一货币单位反映的会计信息。传统会计中，无法用货币计量的经济活动不在会计中予以反映。

在人力资源会计中，应将传统会计中的货币计量假设扩充为货币性计量和非货币性计量假设。因为在人力资源会计核算中，既需要货币性的定量的会计信息，如人力资产、人力资源成本等方面的信息，也需要非货币性的定性方面的信息。如对人力资源价值进行计量时，有些与人力资源价值有关的特殊因素（如企业员工的进取心、责任感等）是无法用货币性方法来进行计量的，而只能用非货币性的计量方法进行计量和给出说明。在人力资源会计核算中，货币性计量所提供的定量的会计信息和非货币性计量所提供的定性的会计信息，对于组织内外的信息使用者都是重要的。

（三）人力资源会计的作用

人力资源会计除了能为企业管理者、外部投资人、债权人、政府主管机构和公众提供有关信息，督促企业更有效地使用人力资源，调动员工的生产积极性外，还有以下的作用。

1. 正确反映各项收益

在企业会计核算中，如果忽视了人力资产和人力资源投资的变动核算，会导致企业财务报表中的收益数据失真。在传统会计模式中，人力资源投资在短期内的迅速增加或减少，会使会计信息使用者低估或高估当期收益。在这两种情况下，都可能会影响会计信息使用者的决策的科学性。人力资源会计确立了人力资产这一概念，区分了人力资源成本中的收益性支出和资本性支出，使人力资源会计核算也遵循权责发生制原则，从而使企业的收益更加符合配比原则，真实及时地反映企业的收益。

2. 抑制管理者的短期行为

由于所有权和经营权的分离，企业所有者需要依靠会计部门提供的相应信息来监督、控制经营者。经营者在任期内为了达到提高业绩的目的，除了可能采用少提甚至不提折旧等方式来减少支出、虚增利润外，还可能采取减少对员工进行教育、培训方面的开支或低价雇用非熟练工来代替熟练工以减少工资支出等损害企业长远利益的短期行为来达到减少支出、增加利润的目的。进行人力资源会计核算，能够通过企业在人力资源投资方面的信息了解管理者是否重视企业最重要的资源——人力资源的素质的提高，从而判断企业未来是否具有强有力的发展后劲；能够通过企业在人力资源取得成本方面的信息对企业员工的稳定性或流动率进行分析，并对不利于企业正常经营的过高的流动率加以控制。

3. 有利于增进企业管理者经营决策的科学性

进行人力资源会计核算，有助于抑制管理者的短期行为，促使他们能够从有利于企业长远发展的角度来考虑问题,重视对人力资源的投资以提高人力资源的素质;能够结合企业人力资产存量的信息和企业经营业务方面的经济信息(如收入、利润等)进行对比分析,确定企业是否面临缺乏必要的人力资源特别是缺少急需的人力的困境,或是否存在人浮于事的低效率现象,以便及时采取应对措施;能够通过企业人力资源价值会计核算提供的信息,实现人力资源的优化配置,将企业的每个员工配置在最能有效地发挥其才能的工作岗位上,而对人力资源群体价值的计量则有利于企业优化员工的组合以发挥人力资源的群体效应。

4. 有利于国家有关部门进行宏观调控

企业人力资源会计提供的人力资源信息,是社会人力资源会计核算所需要的信息的重要组成部分。社会人力资源会计提供的信息,使政府有关部门能够了解全社会的人力资源的维护与开发运用的情况,从而制定有效措施以加强对人力资源开发的管理工作,以提高全社会的人力资源的素质,促进人力资源存量的增长,并进而有效地促进社会的经济增长。如教育部门就可以根据全社会对人力资源的需求信息,制定人力资源培养的短期和长期计划。

5. 有利于合理分配利润

人力资源权益的确立,使企业的员工能因其所拥有的人力资源的所有权而享有与物质资本投资者一样的剩余索取权,从而改变了以前由物质资本投资者完全独占剩余索取权的不合理现象。劳动者在价值创造过程中的重要作用得到了肯定,他们不但因付出的体力和精力的消耗而得到了工资的补偿,还因自己成为企业的所有者而得以与物质资本的投资者共同分享利润,这不但有利于劳动者积极性的发挥,也是“按劳分配”原则的真正体现。

五、人力资源会计研究目前存在的问题

知识经济的蓬勃兴起带来了会计理论开发的巨大突破,由此产生了人力资源会计这一新型的会计分支。人力资源会计自 60 年代提出至今已有几十年了,中外学者对此作了许多有益的研究与探索,积累了宝贵的经验与成果。然而,步入 90 年代,对这一课题的研究却停滞不前,发展缓慢,至今未形成较为完善的科学体系,还停留于“纸上谈兵”,无法付诸于实践。究其原因,在于会计界至今尚未确立起一套行之有效的人力资源会计理论方法体系,尤其是确认、计量和报告理论,主要有以下几个方面:

第一,从人力资源成本的内涵看,对“人力资源”的归集和分配,只是原有会计核算程序的改革,并未突破传统会计的范围。账面上人力资产的价值并不代表人所(能)创造出的价值。以现时重置成本计价,有个重置标准和不同企业的可比性问题,与财务会计的结合问题也没有很好解决。

第二,由于人力资源的确认与计量不是以实际成本为基础,其中涉及许多主观因素和假定条件,不同学者从不同角度提出的模型大相径庭且过于繁琐。因此,至今未与传统财务会计融合,只能作为管理会计的一个组成部分来提供信息。

第三,劳动者的权益未能明确界定。企业因取得,开发和使用人力资源付出一些代价特别是将人力资源上的支出资本化为一项单独的资产,从投资者立场看似应属于企业所有者,但人力资产上的那部分支出恐怕并不足以说明所有权的归属。劳动者权益和确定是人力资源会计的核心和本质所在,不解决好这一问题就无法激发劳动者的劳动热情,无法激发企业活力。这是知识经济的内在要求,也是人力资源会计必须面对的问题。

第二节 人力资源成本会计

一、人力资源成本会计的概念和内容

美国会计学家弗兰·霍尔茨认为,人力资源成本会计(Human Resources Cost Accounting)是为取得、开发和重置作为组织的资源的人所引起的成本的计量和报告。按照弗兰·霍尔茨的定义,人力资源成本会计是从人力资源投入的角度出发,对企业人力资源的事后核算。以后的研究者们突破了他建立的人力资源成本框架,将人力资源的工资部分作为使用成本也纳入了人力资源成本的范围。

(一)人力资源成本会计的理论背景和发展过程

1. 人力资源成本会计的理论背景

人力资源成本会计产生于1967~1971年,这一阶段以开发计量人力资源成本模型(历史成本和重置成本)及评价其有效性为标志,并且研究人力资源会计作为人力资源管理人员、部门经理、财务信息的外部使用者的工具,所具有的现时和潜在的用途。在此期间,大量的研究工作在密歇根大学进行,1967年在巴里公司进行的人力资源历史成本的计量研究,在该年底巴里公司的年度结算中首次报告了人力资源成本会计的有关信息,这在人力资源会计的研究历史上是一件具有里程碑意义的事件。

2. 人力资源成本会计的发展过程

(1)最初提出人力资源成本会计成本模型的是美国会计学专家弗兰·霍尔茨。他分别论述了人力资源历史成本的计量和人力资源替代成本的计量问题,他设计了一个总分类账户和很多辅助账户,然后通过这些账户分别归集到取得成本和开发成本中,最后再分配到每个员工的身上。

弗兰·霍尔茨的观点还有许多不足之处:设计的人力资源历史成本的计量模型只是应用会计账户的方法将人力资源成本调整出来,并不涉及对原有财务会计程序的改变。但尽管如此,他却是第一个敢于尝试“吃螃蟹的人”他是人力资源成本会计的创始人。

(2)在弗兰·霍尔茨之后又有很多人提出了自己的观点。对弗兰霍尔茨的会计模型进行了修改,其中以日本著名的会计学家,若杉明的会计模型最有贡献,最符合现代社会的会计要求。

他将人力资源的开发成本资本化,这在以前的会计处理中是难以想象的,因为传统的处理方法是将开发成本、使用成本全部都费用化记入当期的费用。所以他是在弗兰·霍尔茨之后第二个“吃螃蟹的人”,从而才有今天的人力资源成本会计的发展。

综上所述人力资源成本会计的成熟发展离不开这两位的贡献,用一个比喻可以形象的描述出以上两位对人力资源成本会计的伟大贡献。如果说人力资源成本会计是一棵树,那么弗兰·霍尔茨就是那个种树的人,他播下的这个神奇的种子,使后人可以“大树底下好乘凉”,而若杉明则是辛勤的园丁精心培育这棵树茁壮的成长。

(二)人力资源成本会计的特点

单独计量人力资源的取得成本、开发成本、使用成本和替代成本。企业取得的人力资源的使用权,其运用期限在一年或者超过一年的一个营业周期以上的,所发生的人力资源的取得成本和开发成本应该视作资本性支出,在资产化处理后在确定的分摊期限内摊销。企业聘用使用期限不超过一年的季节工等所发生的取得成本和开发成本(这里的开发成本主要是组织进行必要的上岗前的操作培训、学习所发生的支出),其受益期为这些聘用的季节工、临时工的使用期限。因此,这部分取得成本和开发成本可在季节工、临时工的使用期限内分期摊销。如果金额小,也可以在发生时直接计入当期费用,企业运用人力资源的使用权时，所发生的工资、奖金等支出，则属于收益性支出，应计入当期费用。

（三）人力资源成本的构成

1. 人力资源的取得成本

人力资源的取得成本是指企业在招募录用职工的过程中所发生的各种支出。它主要包括招募成本、选拔成本、录用成本和安置成本。

（1）招募成本。招募成本主要是为确定企业所需的人力资源的内外来源，发布企业对人力资源需求的信息，吸引所需的内外人力资源所发生的费用。这些费用主要有，招募过程中的工资，招募过程中的洽谈会的会费、招待费等，企业为吸引高校的在校毕业生毕业后进入本企业工作，与学生签订的用人合同后为此支付的培养费用或向其发放的奖学金等，也应在学生进入本企业时计入招募成本。

（2）选拔成本。选拔成本是企业对应聘人员进行挑选、评价、考核等活动所发生的成本。它通过初步面试或处理应聘人的申请材料进行初选费用，对初选人合格者进行深入面谈、测试的费用，对合格者组织答辩、进行调查的费用，体检费用等。企业的选拔成本与所需人员的类型和所使用的招募方法等有关。选拔的人员所要担任的职位越高，选拔成本越高。

（3）录用成本。录用成本是企业从应聘人员中选拔出合格者后，将其正式录用为企业的成员的过程中所发生的费用，如录用手续费等，可能还有支付给外部被录用人员所在单位的补偿费（如被录用人员与原单位签有服务合同，企业在服务期内将其录用，对方同意调出时企业可能要为录用人员支付由于违约而必须承担的赔偿金）等。

（4）安置成本。安置成本是企业将所录用人员安排到确定的岗位上时所发生的各种费用。它包括企业为安置录用人员发生的相关行政管理费用、临时生活费、报到交通费等，向某些特殊人才支付的一次性补贴等。录用成本和安置成本也与被录用人员，安置人员的职务，重要性的不同及来源的不同（来自内部或外部）而有所不同。

2. 人力资源的开发成本

人力资源的开发成本是企业为了使新聘用的人员熟悉企业、达到具体的工作岗位所要求的水平或为了提高在岗人员的素质而开展教育培训工作时所发生的支出。它包括定向成本、在职培训成本和脱产培训成本。

（1）定向成本。定向成本也称为岗前培训成本，是企业对上岗前的职工进行有关企业历史文化、规章制度、业务知识、业务技能等方面的教育时所发生的支出。它包括教育和受教育者的工资、教育管理费、学习资料费、教育设备的折旧费等。

（2）在职培训成本。在职培训成本是在不脱离工作岗位的情况下对在职人员进行培训所发生的费用，它包括培训人员的工资、培训工作中所消耗的材料费和在职人员参加业余学习的图书资料费、学费等。

（3）脱产培训成本。脱产培训成本是企业根据生产和工作的需要对在职职工进行脱产培训时所发生的支出。脱产培训可以根据实际情况，采取委托其他单位培训，委托有关教育部门进行培训或企业自己组织培训形式进行，根据所采取的培训方式，脱产培训成本可分为企业内部脱产培训成本和企业外部脱产培训成本。外部脱产培训成本包括培训机构收取的培训费、被培训人的工资差旅费、补贴、住宿费、资料费等；内部脱产培训成本包括培训者和被培训者的工资、培训资料费、专设培训机构的管理费等。

3. 人力资源的使用成本

人力资源的使用成本是指企业为补偿或恢复作为人力资源载体的企业员工在从事劳动的过程中其体力、脑力的消耗而直接或间接地向劳动者支付的费用。从本质上看，人力资源的使用成本是人力资源的产权主体因企业运用人力资源的使用权而从企业获得的补偿，它是人力资源的交换价值的体现。从企业来说，人力资源使用成本属于收益性支出，应在发生的当期直接费用化。人力资源的使用成本主要包括维持成本、奖励成本和调剂成本。

(1)维持成本。维持成本是为保证人力资源维持其劳动力生产和再生产所需的费用,包括职工的计时工资或计件工资、各种劳动津贴和各种福利费用。

(2)奖励成本。奖励成本是企业为激励职工使其更好地发挥主动性、积极性和创造性,而对职工做出的特别贡献所支付的奖金。它是对人力资源主体所拥有的能力的超长发挥做出的补偿。

(3)调剂成本。调剂成本是企业为了调剂职工的生活和工作,满足职工精神生活上的需求,稳定职工队伍并进而影响和吸引外部人员进入所发生的费用支出。调剂成本包括职工疗养费用、职工娱乐及文体活动费用、职工业余社团开支、职工定期休假费用等。

4. 人力资源的替代成本

替代成本是指目前重置人力资源应该做出的牺牲,他包括为取得或开发替代者而发生的成本,也包括由于企业的员工的离开企业而发生的成本。

替代成本有个人替代成本和职务替代成本的双重概念,个人替代成本是"用一个能够提供一组同等服务的人来替代目前雇佣的人而现在必须招致的牺牲",它是用另一个人提供同等的服务来代替某个人的服务的替代成本。而职务替代成本则是"用一个能够在既定的职务上提供一组同等服务的人来代替职务上的人员而现在必须招致的牺牲"指的是替代既定职务的任何在职者所能提供的一组服务的成本。一般来说,个人替代成本比职务替代成本高,替代成本由取得成本、开发成本、遣散成本构成;其中取得成本、开发成本的内容与企业新聘用人员所发生的取得成本、开发成本相同;遣散成本指因职工离开企业而发生的成本,它包括遣散补偿成本、遣散前业绩差别成本、空职成本。

二、人力资源成本会计的核算

(一)人力资源成本会计核算方法

人力资源成本的核算方法主要有历史成本法、重置成本法和机会成本法。

1. 历史成本法

历史成本法也称为原始成本法、实际成本法,它是以企业取得开发和使用人力资源时,实际发生的支出来计量人力资源成本的一种核算方法。它反映的是企业人力资源的实际成本。这种方法符合传统会计的核算原则和核算方法,提供的会计信息具有客观性并易于验证。它是一种为人们所广泛接受并易于理解的人力资源成本的核算方法。

2. 重置成本法

重置成本是指"重置现在拥有的或使用的某一项资源所必须招致的牺牲"。人力资源的重置成本是指企业为重置目前所拥有或控制的人力资源所必须做出的牺牲,人力资源成本核算的重置成本法,就是以在现实的物价下企业要重新得到目前所拥有的或控制的已达到一定水平的某一员工或全体员工所必须发生的所有支出作为企业目前的人力资源的成本的一种核算方法。它反映的是企业为取得和开发目前所拥有或控制的部分或全部人力资源而发生的实际成本的现时价值。

3. 机会成本法

人力资源的机会成本是指企业职工脱产学习期间不能为企业进行生产经营活动所带来的经济损失和遣散人员在离职前因工作业绩下降和离职后该职位空缺而给企业带来的经济损失。机会成本法就是以企业员工脱产或离职时使企业遭受的经济损失为依据进行人力资源成本计量的一种核算方法。机会成本不是实际支出,而是企业可以要为所作出的人力资源决策承担的牺牲。

(二)人力资源成本会计账户的设置

人力资源成本会计是将传统会计中作为当期费用处理的与人力资源有关的支出单独

进行核算,并将其中的资本性支出进行资产化处理。人力资源成本会计应在传统会计账户设置的基础上,增设“人力资源取得成本”、“人力资源开发成本”、“人力资源使用成本”、“待摊人力资源费用”、“人力资源取得成本摊销”、“人力资源开发成本摊销”和“人力资源损益”账户进行人力资源成本核算。

“人力资源取得成本”账户,核算企业属于资本性支出的人力资源取得成本的增加、减少及其余额。该账户按人员设置明细账进行明细核算。下设“招募成本”、“选拔成本”、“录用成本”和“安置成本”专栏进行明细核算。

“人力资源开发成本”账户,核算企业属于资本性支出的人力资源开发成本的增加、减少及其余额。下设“定向成本”、“在职培训成本”、“脱产培训成本”专栏进行了明细核算。

“人力资源使用成本”账户,核算企业人力资源使用成本的增加、减少及其余额。该账户按人员或部门类别设置明细账进行明细核算。下设“维持成本”、“奖励成本”和“调剂成本”专栏进行了明细核算。

“待摊人力资源费用”账户,核算企业属于收益性支出的人力资源取得成本和开发成本的增加、减少及其余额。

“人力资源取得成本摊销”账户,核算属于资本性支出的人力资源取得成本的累计摊销额。该账户应该按“人力资源取得成本”明细账户的人员来设置明细账进行明细核算。

“人力资源开发成本摊销”账户,核算属于资本性支出的人力资源开发成本的累计摊销额。该账户应该按“人力资源开发成本”明细账户的人员来设置明细账进行明细核算。

“人力资源损益”账户,核算因企业员工变动而产生的损益。

(三)人力资源成本会计的账户处理

(1)企业在招聘、培训员工时发生属于收益性支出的人力资源取得成本和开发成本,应编制如下会计分录。

借:待摊人力资源费用
　　贷:银行存款或现金
　　　　存货(原材料、其他材料等)
　　　　管理费用
　　　　应付职工薪酬等

(2)企业招聘员工时发生属于资本性支出的人力资源取得成本,应编制如下会计分录。

借:人力资源取得成本
　　贷:银行存款或现金
　　　　存货(原材料、其他材料等)
　　　　管理费用
　　　　应付职工薪酬等

(3)企业为使所招聘的员工获得在确定的岗位上任职时所必需的技能或知识、为提高企业人力资源素质而发生资本性支出,应编制如下会计分录。

借:人力资源开发成本
　　贷:银行存款或现金
　　　　存货(原材料、其他材料等)
　　　　管理费用
　　　　应付职工薪酬等

(4)每月计发工资、福利费等支出时(与招聘和培训员工有关的,应分别计入“待摊人力资源费用”账户、“人力资源取得成本”账户、“人力资源开发成本”账户),应编制如下会计分录。

借:人力资源使用成本

贷:应付职工薪酬等

(5)期末结转人力资源使用成本时,将其分别计入有关的成本费用,编制如下会计分录。

借:基本生产

辅助生产

制造费用

管理费用等

贷:人力资源使用成本

(6)期末摊销应分摊计入当期成本费用的属于收益性支出的人力资源取得成本和开发成本时,编制如下会计分录。

借:基本生产

辅助生产

制造费用

管理费用等

贷:持摊人力资源费用

期末摊销应分摊计入当期成本费用的属于资本性支出的人力资源取得成本和开发成本时,编制如下会计分录。

借:基本生产

辅助生产

制造费用

管理费用等

贷:人力资源取得成本摊销

人力资源开发成本摊销

(7)企业的员工退出企业时,编制如下会计分录。

借:人力资源损益

贷:待摊人力资源费用(该员工有关的属于收益性支出的人力资源取得成本和开发成本尚未摊销的数额)

借:人力资源取得成本摊销(与该员工有关的属于资本性支出的人力资源取得成本的累计摊销额)

人力资源开发成本摊销(与该员工有关的属于资本性支出的人力资源开发成本的累计摊销额)

人力资源损益(与该员工有关的属于资本性支出的人力资源取得成本和开发成本尚未摊销的数额)

贷:人力资源取得成本(与该员工有关的属于资本性支出的人力资源取得成本)

人力资源开发成本(与该员工有关的属于资本性支出的人力资源开发成本)

(8)企业向辞退的员工支付遣散金时,编制如下会计分录。

借:人力资源损益

贷:银行存款或现金

(9)企业员工退出企业、企业收到该人力资源支付的赔偿金时,编制如下会计分录。

借:银行存款或现金

贷:人力资源损益

(10)期末,结转人力资源损益时,如果借方发生额大于贷方发生额,编制如下会计分录。

借:本年利润

贷:人力资源损益

如果借方发生额小于贷方发生额,编制如下会计分录。

借:人力资源损益

贷:本年利润

第三节 人力资源价值会计

一、人力资源价值的概念

人力资源价值(Human Resources Value)是蕴含于人体内的能带来经济利益的潜在劳动能力,人在运用这种劳动能力的过程中可以创造出新的价值。人内在劳动能力的价值只能推测、判断而无法准确计量,但它创造出的外在价值却是可以计量。对人力资源价值的计量可以以过去创造出的价值为计量基础,人力资源会计是对人力资源本身具有的价值进行计量和报告。它所能反映的人力资源价值既可以是人力资源过去创造的价值,也可以是人力资源将来能够创造的价值。

人力资源会计主要不是以投入价值而是以产出价值作为人力资源价值的计量基础。这使得对人力资源价值的计量不可能绝对正确,而只能采用推算的方法。目前,常见的计量方法有经济价值法、商誉评价法、工资报酬折现法、拍卖价格法、随机报偿价值法等。由于人力资源价值会计的计量不是以实际成本为基础的,它的计量方法有悖于传统会计原则,这使得人力资源价值会计在西方至今未与财务会计融和,而只是作为管理会计的一个分支为人力资源管理提供会计信息。

二、人力资源价值计量的货币性计量方法

人力资源价值的货币性计量方法其开展计量工作的基础可分为以下四种:

(一)以工资报酬为基础的人力资源价值的货币性计量方法

1.未来工资报酬折现法

所谓工资报酬折现法,是指将一个职工从录用到因退休或死亡停止支付报酬为止,预计支付的报酬按一定的折现率折为现值,作为人力资源计量的基础,其中工薪的范围包括工资、奖金、津贴以及福利费等。

与其他计量方法相比,工资报酬折现法具有较多优点:

(1)其计量结果能在很大程度上反映职工的创利能力。因为职工工薪的决定因素主要是职工的劳动能力或为企业带来收益的能力。

(2)以此法计量的劳动者权益不包括利润的成分,使以所有者权益和劳动者权益为基础进行利润分配比较合理。

(3)以工薪为基础计量的人力资产能够摊销,从而可以用人力资产的摊余价值反映职工尚能为企业带来的收益。

(4)由于工薪有原始凭证为依据,以此法计量并反映在报表上的人力资产和人力资本能满足可靠性的要求,且在实务操作中更易于掌握。

虽然该类方法有其一定的优势,但对未来的工作年限、工资报酬、折现率却需主观确定,故也有一定的缺陷。

2.调整后的未来工资报酬折现模式

1964年美国的赫曼森在美国密歇根州立大学发表题为《人力资源会计》的论文,提出调整后的未来工资报酬折现模型以计算人力资源价值。他主张以效率因素作为未来工资报酬的调整值,计算企业员工的人力资本价值,并将他的公式称为“调整后的现值模式”。根据企业之间盈利水平的差异主要是由于人力资产素质的不同造成的这一理论依据,将员

工的未来工资报酬的现值乘以一个效率系数,用该系数计量给定企业人力资源的相关效率。赫曼森认为从理论上讲,效率系数取决于在给定期间企业盈利水平与本行业平均盈利水平相比计算出的投资报酬率。

调整后的未来工资报酬折现模式的计算公式为

$$E=\frac{5\times\frac{RF_0}{RE_0}+4\times\frac{RF_1}{RE_1}+3\times\frac{RF_2}{RE_2}+2\times\frac{RF_2}{RE_2}+1\times\frac{RF_4}{RE_4}}{15}$$

该系数应根据过去5年公司净收益的加权平均值计算。

其中:E为效率系数;

RE_0 为现实年度全行业的平均资产收益率;

RF_0 为现实年度该企业的资产收益率;

……

RE_4 为现实年度往前推的第4年度全行业平均资产收益率;

RF_4 为现实年度前推的第4年度该企业的资产收益率。

该效率系数是根据前5年的收益来计量的,当前年度的权数最大为5,越往前推权数越小,理论上讲该公司可以计算个人、群体,或一个组织结构的总人力资源价值。

赫曼森提出计算人力资源价值的模型,以说明如何应用工资报酬计算人力资源价值的近似值。但存在一定的局限性:

首先,该公式没有考虑未来5年企业员工职位或工作岗位的变化,即公式实质上是假定企业员工仅从事固定的工作,这与客观实际不符合。

其次,员工为企业服务的年限并非5年,因此公式的权数的确定也是主观的。

最后,使用工资报酬折现没有考虑人力资源补偿价值中还包括社会保障的支出。因此,可以说该模型仅提出一种计量人力资源价值的方法,可计算出各种企业人力资源的相对数值,便于同一行业不同企业之间的相互比较。

3. 未来工资报酬资本化法

它是预计企业职工从现在到退休期满为止,所给付的薪金所得,按一定的折现率折为现值,并加总求得人力资源价值的一种方法,也可以按本期职工个人加权平均给付额分别乘以到退休为止的平均就业人数。同时,为了考虑到职工提前离职和提升等因素,可引入概率、敏感性分析等方法。

这种方法可以看成是以劳动力交换价值也就是人力资源投入值为主的。但是,马克思政治经济学说认为,劳动力的使用价值远远大于其交换价值。未来工资报酬资本化,职工的实际有效使用年限均需估计,同时也忽略了职工的调动、晋升、辞职等因素。因此,可能会高估或低估人力资源的价值,影响其准确性。以工资为基础计算出的人力资源价值的方法仍然值得推敲。

(二)以收益为基础的人力资源价值的货币性计量方法

1. 经济价值法

人力资源可以被确认为一项资产,是因为它可以为企业带来未来的经济利益。所以,将企业未来各期预计的收益折现,并按人力资源投资占总投资的比例计算出人力资源投资所获得的收益部分。经济价值法是指企业在未来的生产经营活动中,人力资源能够为企业提供未来收益,将这些收益进行折现再按照人力资源投资的比重计量人力资源价值的一种方法。

该方法认为,企业的经济价值就是它的未来收益的预测值,而企业的经济价值是由人力资源和物力资源共同创造的。因此,该方法要求以企业未来收益现值乘以人力资源投资率来评估人力资源价值。

经济价值法忽略了人力资源不同于物力资源的特性，仅以未来收益作为评估人力资源价值的基础，没有考虑人力资源的必要劳动价值，而且即使企业的未来收益为零，人力资源的价值绝对是存在的。所以该方法有可能低估人力资源的价值，存在企业未来收益的计量带有主观性和不确定性。

2. 商誉评价法

商誉评价法是将企业商誉评价的方法应用于人力资源价值的评估。属于产出法中根据劳动者以前所创造的部分价值来计量人力资源价值的方法。它将企业超额利润的一部分乃至全部看做是人力资本的贡献，认为超额利润应通过资本化的程序确认为人力资本。

商誉评价法主要用于人力资源群体价值的评估，其确定的人力资源价值也只是人力资源的部分价值，即人力资源的超额赢利能力所创造的超额价值。这种超额价值反映了企业的人力资源和行业人力资源之间存在的质的差异。因此，可用于同行业中的不同企业的人力资源价值的比较。

需要注意的是，不能将用商誉评价法计量确定的人力资源的超额赢利能力所创造的超额价值等同于人力资源的完全价值，否则将严重地低估企业人力资源的价值。当企业的收益率等于或低于行业的平均收益率时，按商誉评价法计算的企业的商誉为零或为负。

3. 随机报偿价值模式

人对于组织的价值在于他能够提供未来的用途和服务，人对组织提供的服务量是由人的生产能力、调动、晋升及作为该组织成员的可能性等因素决定的。这些服务量取决于人在组织内目前或未来所担任的角色和实际担任该角色的可能性，而这种可能性是随机的，在这种过程中人所提供的服务是对组织的报偿。因此，计算人力资源价值时，只能综合考虑预计服务年限、服务状态、特定服务状态下的价值及其概率来预期。

该模型的计算方法为

$$V = \sum_{t=1}^{n} = \left[\frac{\sum_{t=1}^{m} R_i \times P(R_i)}{(1+r)^t} \right]$$

其中：V 人力资源的价值；

Ri 表示第 i 种工作状态下预期服务的货币表现；

$P(Ri)$：职工处于 Ri 职务下的概率；

m：工作职位状态数（含离职状态，其预期服务的货币表现为零）；

n：时期数；

r：贴现率。

首先，该模型是用人力资源为组织提供的服务所创造的价值（收益）来计算人力资源的价值，而后两种模型是用组织支付的工资来计算人力资源的价值。

其次，该模型在计算过程中所考虑的因素更加系统全面，数据比较客观，用其估算的人力资源价值更容易被接受。

但是这种方法也有一些局限性：

其一是，Ri 值是人力资源的价值，本身是一个未知数，以未知数估算未知数显然是困难的；

其二是，忽略了其他资产对组织收益的影响，将组织的全部收益归结为人力资源所创造的价值，因此有可能高估人力资源的价值。

4. 调整后的随机报偿价值模式

调整后的随机报偿价值模式是我国的研究者在对弗兰·霍尔茨的随机报偿价值模式进行修正的基础上提出来的。如果将企业的全部收益归结为人力资源所创造的价值，就可能高估了人力资源的价值。为此，该模式引入“人力资源报酬系数”对随机报偿价值模式进行调整。

(三)以成本(投入)为基础的人力资源价值的货币性计量方法

这类方法之一是人力资本加工成本法。它将人力资源价值的形成过程视为一个"加工"过程。人力资源的价值就应该等于将一个人培养到创造价值为止的整个时期内所消耗的资源的价值,出生前后的照顾成本和成长过程中的衣食住行等方面的成本都应包括在内。这种方法的提出者安吉尔认为,这个人力资本的加工过程要到27岁时才能完成。

(四)以完全价值为基础的人力资源价值的货币性计量方法

完全价值测定是以企业员工进入企业直到因退休或因病、死亡等原因离开企业为止的这段时期内能够创造出的全部价值(即人力资源的使用价值,包括补偿价值和剩余价值),或考虑时间价值将其折现后的现值作为员工的人力资源价值的一种计量方法。

然而人力资源价值会计也有明显的不足。人力资源价值会计仍然没有解决人力资源所有权归属的问题,而且人力资源价值会计的计量方法也有待于进一步完善。人力资源价值会计的不足之一:即由于采用的计量基础有悖与传统会计原则,因而西方人力资源会计模式只是作为管理会计的一个子系统进行探索。人力资源价值会计不足之二:仍然没有解决人力资源的产权归属问题,即便人力资源价值会计反映人力资源真实经济价值,由于它不能实质上明确劳动者在企业中的地位,因而也同样不能从根本上调动劳动者的内在积极性。

第三节 人力资源管理会计

随着知识经济的到来,人在整个社会大生产中的作用将越来越突出。可是,纵观世界各国的会计惯例,长期以来,以对外公布客观、公允、相关信息为宗旨的会计报告中没有真正把企业的人力资源反映于其上。这种传统模式在工业经济时代可以还有它的适用之处,但在当今经济形势下,这种报告模式明显有它的不适应性。

人力资源会计在西方被视为管理会计的一部分,这说明人力资源与管理会计关系的密切性。尽管如此,事实上,人力资源会计应包括人力资源财务会计与人力资源管理会计两部分。

一、人力资源管理会计的概念

任何现代企业的生产都由人、财、物三者构成。企业经营中心也正在对人、财、物进行综合协调、配比。而管理会计正是一门广泛运用财务会计、数学、统计、经济学等相关理论,向管理当局提供有助于对企业人、财、物实现最佳经营之相关信息的边缘科学。其中涉及"人"的管理会计部分便称为人力资源管理会计,涉及"财"与"物"的管理会计部分可以称为财务管理会计、实物管理会计。

人力资源管理会计是为内部管理者提供管理信息以及其他相关信息,并对这些信息进行加工、改制和延伸后,使它们能更有效地服务于企业的内部管理者。由上可见,人力资源管理会计是现代管理会计的一部分。它既与传统管理会计中涉及人力资源相关问题的理论相联系,又突出体现了人力资源财务会计给管理会计学科带来的革新变化。

二、人力资源管理会计的研究内容

国内许多学者研究人力资源会计大多限于人力资源计量报告等与财务会计相关领域,但也有些较为开拓性的涉及人力资源管理会计的论文,较为有代表的是李天民编著的《管理会计研究》(立信会计出版社1984年版)中的"人力资源管理会计"专题。作者对人力资源管理会计产生的理论基础等方面作了系统的阐述,但在论及人力资源管理会计的主要内容时,作者引用美国会计学会的定义,将人力资源管理会计研究对象限为人力资源成本会计与人力资源价值会计两部分。因为人力资源成本会计与人力资源价值会计的重点只是涉及人力资源确认、计量、记录、报告方面。众所周知,从会计学科划分来说其应属于财务会计体系。作者形成这样观点的原因是:国外研究人力资源会计是从人力资源管理会计开始作为起点的。在这样的历史与现实条件下,这种将人力资源财务会计与人力资源管理会计基本框架相互交叉的现象便不足为奇了。

综合现今人力资源管理会计研究理论的成果,以及通过对其未来发展趋势的预测,可以将人力资源管理会计研究内容界定为以下几方面:①有关人力资源投资、开发运用的预测与决策理论;②有关人力资源成本预算分析与规划的理论;③有关岗位责任分配及控制的理论;④有关人力行为科学的理论;⑤有关代理人理论(其中,行为科学与代理人理论已被视为现代管理会计理论研究的新领域,并已取得一定的研究成果)。

三、人力资源管理会计的分类

(一)人力资源预测会计

人力资源预测是指以企业的战略目标、发展规划和工作任务为出发点,运用各种科学方法并综合考虑各种因素的影响,对企业未来的人力资源的数量、质量和时间等进行预计和推测。人力资源预测是人力资源决策的基础,也是企业其他预测,诸如成本预测、利润预测的基本环节。因而,人力资源预测会计研究是整个管理会计体系很关键的一部分。

1. 人力资源需求预测

企业或组织的发展壮大是一个逐渐的过程,因此其内部人员数量、素质、结构等方面也时刻变化。倘若能对企业或组织这种人员变动趋势予以正确的预测和估计,即对人力资源的需求进行预测,便有利于企业或组织编制未来人员扩编分流或结构调整计划。

例:设某信息服务公司近几年有关人力资源的数据,见表9.1。

表9.1　某信息服务公司1990~1998年有关人力资源数据　单位:万元

年份	工资费用总额	工资水平增长幅度①	可比工资费用总额②	三期平均	变动趋势	三期趋势平均数
1990	217	0%	217			
1991	248	8%	230	241		
1992	306	11%	276	256.7	+15.7	
1993	309	17%	264	279.7	+23	21.7
1994	368	23%	299	306	+20.3	29.1
1995	465	31%	355	344	+38	32.1
1996	541	43%	378	376	+32	29.4
1997	573	45%	395	394.3	+18.3	
1998	616	48%	416			

①工资水平增长幅度是指相对于1990年的工资水平为基准计算的每年增长率,如1995年工资水平增长幅度为31%是指1995年人均工资相对于1990年人均工资增长了31%。

②可比工资费用总额是指扣除了工资增长幅度后与基期具有可比性的工资费用总额,即可比工资费用总额=工资费用总额÷(1+工资费用增长幅度)。

并已知1999年工资水平相对于1990年增长幅度为53%,则可预测:

1999年可比工资费用总额:376+29.4×3=464.2(万元)

1999年工资费用总额:464.2×(1+53%)=710.2(万元)

上式中376是1996年计算的可比工资费用总额三期平均额,1996~1999年相距3年,每年平均增长29.4万元。因而,预计到1999年,可比工资费用总额将达到464.2万元。

根据以上预测可知,1999年可比工资费用总额将在1998年基础上再增加48.2万元

(464.2－416)万元,工资费用总额增加94.2(710.2－616)万元。假设如该信息公司在1999年将不调整原始人力资源平均数额,以及没有诸如职工退休、分流、解聘的情况,并且在册员工人数历史数据如表9.2所示。

表9.2 某信息公司在册人员历史数据 单位:人

1990年	1991年	1992年	1993年	1994年	1995年	1996年	1997年	1999年
56	80	92	87	108	126	132	166	187

$$\text{员工平均可比工资费用}=\frac{217+230+276+264+299+355+378+395+416}{56+80+92+87+108+126+132+166+187}=2.74(\text{万元})$$

预测1999年该公司将再招聘48.2÷2.74≈18(人)

这里的结果只是基于历史数据变化趋势得出的。如果以上诸多假定有变化,可根据实际情况对预测结果予以相应调整。

2. 人力资源结构变动预测

人力资源需求预测是建立在一些理想的假定条件下的,但现实环境中,每个企业所处的环境无时不处于变动之中。下面介绍一种科学的统计方法,即马尔可夫模式。利用这种模式可以系统地针对影响企业未来员工需求的因素,科学、合理地对企业未来人力需求进行预测。

马尔可夫模式是一种系统的经济研究方法,在经济实践中有广泛的应用。马尔可夫模式预测方法运用于人力资源预测中的步骤、程序为:①设定企业组织结构和各项职位间的关系;②搜集有关各项职位的历史资料,如选聘、晋升员工等;③根据历史资料预估工作的转换稳定程度和转换方式;④按过去数字计算出工作间转移的概率;⑤按矩阵代数的观念,预估未来人数的变动和需求。

3. 人力资源供给预测

人力资源需求预测与人力资源结构预测的出发点都是基于企业内部环境特点来考虑的,但人力资源的招聘、培训等事项又与外界环境的关系密不可分,特别是人才或劳务市场对企业人力资源政策的制定起关键影响。企业必须针对外界人才或劳务供求信息正确地制定企业的人力资源招募、选择、开发计划。在企业中,对企业起关键性作用的人力资源往往是那些具有丰富经验或专门技能的高层管理人员、工程技术人员,后者也是人才或劳务市场中竞争的炙手可热的稀缺资源,至于普通工人,鉴于我国劳动力过剩的国情,其市场结构一般是供大于求。所以,从企业或组织的角度出发,这里我们仅以高级人才或专门技术人员作为人力资源供给预测的对象。

4. 人力资源使用效率预测

人力资源使用效率反映一个企业人力资本的投入产出对比关系,也是标志企业生产力水平的关键因素。研究人力资源使用效率预测的意义在于,可以合理估计企业未来劳动生产率,从而在分析企业未来生产规模的基础上,能科学地预计到企业资本未来保值增值状况,为编制企业发展计划提供依据。会计实务中常用的人力资源使用指标有:全员人均生产利润总额、人均边际贡献总额等。

(二)人力资源决策会计

人力资源决策会计是在综合分析人力资源财务会计及统计信息的基础上,为实现人力资源最优管理的目的,运用科学的理论,特别是经济数学的分析方法,制定若干可供选择的有关人力资源管理活动的行动方案,并从中选取最满意的方案,直到人力资源最优化管理目标的实现。人力资源决策会计主要为招募决策、开发决策、定员决策和激励决策提供可靠的信息与科学的方法。

1. 人力资源招募决策

人力资源招募，即人力资源招聘，是指通过各种信息把具有一定技巧、能力和其他特性的工作申请人吸引到企业或组织空缺岗位上的过程。人力资源招募是人力资源管理活动的起点，也是人力资源管理活动的关键，涉及人力资源招募决策。

2. 人力资源开发决策

人力资源开发是指对现有员工进行培训、进修、深造，以使其技术水平及职业能力得到有效的提高，从而有利于企业的长期发展。所以，人力资源开发决策属于企业长期发展计划范畴，其决策管理在企业发展中的初中期十分关键。

3. 人力资源定员决策

企业人力资源定员决策的目标是在保证企业既定经济目标的前提下雇用合适的员工，使人工费用最少。企业成本费用控制中心一般从员工数量和员工工资两方面对人工费用进行控制。而员工工资一般由市场决定，很少受企业管理当局的影响。只有从控制员工数量入手才是达到人工费用控制的最佳途径。因此，人力资源定员决策也就成为整个人工费用控制的关键经济领域，定员决策求诸运筹学中的线性规划理论，一般能得到满意的结果。

4. 人力资源激励决策

企业人力资源激励决策的目标是为了充分调动员工的生产积极性，选择最适合于企业自身特点的激励方法。激励政策是现代企业人力资源管理的一个重要组成部分，企业组织的发展需要每一个成员长期协作、努力，如何激发、调动组织成员的工作积极性，是组织管理的一个基础课题。然而，激励的方式有各种各样。从激励的驱动力来看，有物质激励、精神激励；从激励的主体来看有外在激励、自我激励。正确选择符合企业自身特点的激励方式便成为企业人力资源的主要任务。

人力资源会计的预测与决策只是人力资源管理会计的一部分，其他诸如行为学、代理学说等新兴管理会计领域正是试图以“企业人”作为管理会计的对象。这种对传统会计模式的冲破充分体现了现代企业管理中的人本主义精神，这无疑为广大管理理论研究者开辟了一条新的途径。人力资源管理会计的目标便是向管理当局提供有关人力资源开发管理决策的内部报告信息。因此，它不受准则、制度的限制，它的发展具有广阔的空间。

第四节 人力资源会计分析和审计

一、人力资源会计分析的目的

通常所称的生产三要素是指劳动力、劳动工具和劳动对象。在生产三要素中，劳动力即人力资源是最活跃、最有决定意义的要素。为了充分发挥劳动者在生产中的积极作用，提高劳动生产率，为社会创造出更多的财富，有必要对人力资源的利用情况进行经济活动分析。

人力资源利用情况分析主要包括：劳动力数量、劳动生产率水平、劳动时间利用和生产定额完成情况的分析。

人力资源会计分析除了上述人力资源利用情况分析以外，着重对人力资源投资、人力资源成本和人力资源效益进行会计分析。

二、人力资源会计分析的指标体系

(一)人力资源存量与流量指标

包括职工受教育程度；具有各种专业技术资格的职工人数、比例及其变化情况；对聘用职工的学历和经验要求；职工的平均工资水平等。企业的人力资源存量是企业进行经营和技术创新的基础，没有一定的人力资源存量，企业就不可能成为以知识为基础的生产单位。

(二)人力资源的投入与产出指标

包括企业对人力资源的培训计划及其实施情况;企业在人力资源培训、开发等方面的投资及其变化情况;专门从事研究与开发的工程师人数及研究与开发经费;每年新产品、新技术的数量及其变化情况;市场占有率及其变化情况;职工提出合理化建议的数量及采用数量等。

(三)企业的创新指标

OECD 编著的《技术创新统计手册》(《奥斯陆手册》)提出一系列企业创新调查的指标。这些指标包括:创新的经济目标、创新思想的来源、阻碍创新活动的因素、在过去三年中出现的新产品的销售额和出口额所占的份额、研究与开发的合作、技术的购买和出售、创新费用、关于企业的一般信息(如销售额、出口额、雇员数)等。

三、人力资源会计分析的方法

人力资源会计分析一般可采用动态分析法、因素分析法和相关分析法。

(一)动态分析法

采用动态分析法对人力资源的发展变化过程进行分析时,一般需要对事物作连续的、较长时间的观察和分析,并采用时间序列的一系列分析指标。常用的有增长量、发展速度、增长速度、平均发展速度、序时平均数等。

增长量的计算方法是用报告期发展水平减去基期发展水平。由于所用基期不同,可分为逐期增减量和累计增减量两种。逐期增减量与累计增减量的关系是:逐期增减量之间的和等于累计增减量。计算公式为

$$\text{增长量} = \text{报告期发展水平} - \text{基期发展水平}$$

$$\text{逐期增减量} = \text{本期发展水平} - \text{前期发展水平}$$

$$\text{累计增减量} = \text{报告期发展水平} - \text{某固定的基期水平}$$

发展速度的计算方法是报告期发展水平除以基期发展水平,用百分比、分数或倍数表示。由于计算中所用基期不同,可分为环比发展速度与定基发展速度两种。环比发展速度与定基发展速度之间的关系是连乘关系,即环比发展的连乘积等于定基发展速度。

$$\text{发展速度} = \text{报告期发展水平}/\text{基期发展水平}$$

$$\text{环比发展速度} = \text{本期发展水平}/\text{前一期发展水平}$$

$$\text{定基发展速度} = \text{本期水平}/\text{某固定基期水平}$$

(二)因素分析法

因素分析法,即分析社会经济现象受多因素影响的总变动中各个因素的影响方向和影响程度的方法。它是从现象之间的联系来分析总量变动中因素的影响的。

1. 因素分析法的基本特点

(1)分析的对象是受多因素影响的现象,每个因素的变动对现象的总变动都有影响。分析的目的是要测定各个因素影响的方向和影响的程度。

(2)因素分析法的基本特点是测定其中一个因素的影响方向和程度时,假定其他因素的数量不变。

(3)因素分析法的基本根据是指数体系。总变动指数等于若干因素指数的乘积,实际发生的总差额等于因素影响的差额的总和。

(4)因素分析的结果可用相对数和绝对数表示。

2. 因素分析法的种类

(1)总和因素分析法。如果总变动量是各个因素变动量相加之和,就用总和因素分析法来分析各因素的影响方向和影响程度。

(2)连乘因素分析法。如果总量的变动是由各个因紊相乘的积所致,则用连乘因素分

析法来分析各因素影响的方向和影响的程度。计算公式为

产值指数 = 职工人数指数 × 劳动生产率指数

工资总额指数 = 职工人数指数 × 平均工资指数

以上这种情况，是借助指数体系进行因素分析的。

连乘因素分析法，在相对数（指数）关系上是相乘的关系，但在绝对关系上是相加的关系。

（3）差额分析法。它是利用因素变动的绝对差额来分析对总量变动的影响的，如对工资总额绝对量变动的因素分析。

（三）相关分析法

相关分析法可以帮助我们判断某些社会经济现象之间有无相关关系，其密切程度如何；一个现象变化，另一个现象会发生什么样的变化，以达到对社会现象的内在规定性的认识。

从变量之间相互关系的方向来看，可以分成为正相关与负相关。如劳动生产率提高了，产品成本降低，则劳动生产率和产品成本之间存在着负相关；如劳动生产率提高，工资水平也有提高，则呈现正相关。

从变量之间相互关系的表现形式来看，可以分成直线相关与非直线相关。不论是直线相关或非直线相关，其变量之间关系的密切程度都由一个专门的指标——相关系数来反映。

四、人力资源审计的概述

（一）人力资源审计的范围和重点

从会计角度出发，人力资源审计应与人力资源会计的三个科目相匹配，即审查人力资产的存在或发生，人力资源成本的存在或发生、估价、分摊，人力资源收入的存在或发生。但是考虑到人力资源收入的计量带有较大主观性，实行人力资源会计的企业基本上都不确认人力资源收入；人力资产的存在或发生也可从人力资源成本中取得、开发和使用以及由离职情况反映出来，故人力资源审计可归结为对人力资源成本的审计。人力资源使用成本是人力资源审计的重点。

（二）人力资源审计的程序

人力资源使用成本的审计可分为如下两个基本程序。

1. 了解评价客户的内部控制结构

（1）是否实行了必要的职责分工。

（2）是否有健全的工勤记录资料。

（3）观察工勤记录和薪金发放的实际情况。

（4）测试工薪的计算基础。

（5）是否有健全的人事档案。

2. 设计证实测试

（1）审查工薪账户变动情况，看是否存在异常项目。

（2）验算、分析工薪归集分配的正确性。

（3）核对注销工资单与工资日记账中的姓名、金额和日期是否相符。

（4）核对注销工资单和人事记录，检查是否存在虚构人员。

（三）人力资源审计的方法

关于人力资源使用成本的舞弊有多种，其类型可归结为以下两种：虚增人力资源使用成本和人力资源使用成本分配不当。由此，我们可以得知人力资源审计实务的重点应放在人力资源使用成本的组成是否真实和人力资源使用成本核算的分配是否恰当上。

人力资源审计应分两个程序进行,以下仅重点介绍其中几个步骤。

1. 了解并评价客户的内部控制结构

(1)检查职责分工情况。一般来说,登记保管工勤记录、计算薪金、发放薪金,保管人事档案等工作应由不同人员担任。工薪部门的工作仅限于编制工资单、支付工资所得税、计算应付和代扣款,对人力资源使用成本进行归集和分配。人事部门应将人力资源和工资的变动及时通知考勤和工薪部门,工薪发放则由出纳人员完成。这类合理的职责分工可大大降低错弊发生的可能性。

(2)观察记录工勤和发放工薪的实际情况。许多公司专门设置部门或人员负责编制出勤资料,并用打卡钟来记录员工的工作时间。为防止一人替多人打卡、机器出现故障等问题发生,公司应有专人负责监督员工打卡的过程(对制造型工厂、计时卡还应与计工单定时核对),工薪部门据此编制工资单。在观察工薪发放时,最好采取突然抽查的方式,以免串通舞弊人员事先觉察。在此环节也应注意发放人员对未领取的工资的处理情况。

2. 设计证实测试

(1)审查工薪账户变动情况,看是否存在异常项目。可借助于本年实际数、上年实际数、本年预计数、本年变动数等数据来计算多项比率,进行分析性测试,检查有无重大波动或异常情况,以便确定核查疑点。

(2)验算、分析工薪归集与分配的正确性。在年终检查时,审计人员要验算全年薪金总额是否与年内各期工薪之和相等,尤其应注意各期工薪成本的分配是否合理,归类是否正确。例如,管理人员、销售人员、辅助生产车间员工的工薪有无直接进入成本;基本生产车间的员工工薪有无进入费用等。对发现的错误或不当之处,应进一步查明原因。

(3)核对注销工资单和人事记录,检查是否存在虚构人员。存在这种情况的通常是发放工资的人员、同谋员工或企业的前职工。检查的方法是:将工资单上的姓名与工时卡和其他记录进行核对,以查明签名是否合理。对虚构雇员可从工资日记账中选取几项业务追查到人事部门。

3. 对人力资源取得、开发和离职成本的审计

这一项成本由于所占比重小,且发生频率相对较低,故相应的审计工作量也可相应减少。这三项成本的印证与人事部门的资料关系紧密,也就要求企业有健全的人事档案,而且员工的身体健康状况、工作能力、生产条件等也应予以披露,这样不但企业的会计部门可以记录、计量、报告人力资源的成本和价值,也可帮助会计部门对人力资源的现实价值加以调整,使其更具有可信度。

课后思考题

1. 什么是人力资源成本会计和人力资源价值会计?两者之间主要区别在哪里?

2. 企业实施人力资源会计的主要障碍在哪些方面?

3. A 公司新聘总经理王某,公司的招募和培训成本是 2 万元人民币,合同期限为 5 年,基本年薪 6 万元,离开公司概率如下:

2005 年初	2006 年末	2007 年末	2008 年末	2009 年末	2010 年末
0%	5%	10%	10%	10%	65%

公司的经济利润如下:

2006 年	2007 年	2008 年	2009 年	2010 年
15.1 万元	16.7 万元	17.9 万元	19.2 万元	20.6 万元

另外,王某奖金与利润挂钩。公司评估王某与企业经济利润的敏感系数为 20%,试算王某的人力资源价值(假设资金折现率为 10%)。

第十章　信息化人力资源管理

第一节　信息化人力资源管理概述

一、信息化人力资源管理的含义

(一)含义的背景

伴随着人力资源科学管理理论和信息技术的发展,人力资源管理工作正逐步从传统工作方式向信息化管理方式转变。特别是进入21世纪以后,随着全球信息化的发展和"以人为本"等管理理念的全面引入,信息化人力资源管理的内外部环境发生了质的飞跃,信息流突破了部门限制而延伸到企业内外各个角落,使人力资源管理的业务流程再造成为可能。人力资源管理体系也因此突破封闭的模式,带动企业各级管理者及普通员工参与到人力资源管理活动中来,从而促使人力资源各个要素渗透到每个管理环节中。信息化人力资源管理跨越到了技术与管理全面融合的新阶段,它摆脱了单纯利用信息系统(IS)实现人力资源管理的范畴,仅仅利用人力资源信息系统(HRIS)也不能完全满足信息化人力资源管理的要求。因此,全新概念的信息化人力资源管理应运而生了。

(二)对定义的阐释

1.定义

信息化人力资源管理(e-HR管理),是以先进的信息技术为手段,以软件系统为平台,实现低成本、高效率、全员共同参与管理过程,实现人力资源战略地位的全面提升、开放的人力资源管理新模式。它通过人力资源管理信息化使人力资源管理人员摆脱传统的行政性、事务性的束缚,可以有更多的时间进行战略性的工作;并通过信息化人力资源管理整合内外部资源、全员参与管理实现人力资源管理理念的变革。

信息化人力资源管理基于高速度、大容量的计算机网络硬件和先进的IT软件,通过集中式的信息库、自动处理信息、员工自助服务(ESS)、外协以及服务共享,达到降低成本、提高效率、改进员工服务模式的目的。它有一套现代信息技术为手段,达到提高人力资源管理效率,实现人力资源信息共享及有效整合的解决方案。其系统通过与企业现有的网络技术的联系,保证了人力资源管理工作与日新月异的信息技术同步发展。

与传统人力资源管理系统不同,信息化人力资源管理是从"全面人力资源管理"的角度出发,利用Internet/Intranet(国际互联网/内部局域网)技术与数据库技术,为人力资源管理搭建一个标准化、规范化、网络化的工作平台,在满足人力资源部门业务管理需求的基础上,将人力资源管理生态链上不同的角色(高层管理者、人力资源管理者、用人部门经理以及员工)联系起来,使其成为企业实行"全面人力资源管理"的纽带。这一管理变革与组织内的其他变革一起,使组织内利用人力资源信息的人员范围更加广泛,并且使人们拥有更多的获得管理人力资源信息的机会。信息化人力资源管理系统同样支持企业采用外部的电子商务模式来改善内部的人力资源运作,这样既节省了资金,又加强了对员工的服务。

信息化人力资源管理最终解放了人力资源管理者的"双手和大脑",使他们能把工作的重心放在服务员工、支持企业管理层的战略决策上,放在企业最重要的资产——员工和员工的集体智慧管理上。信息化人力资源管理不仅实现了企业人力资源管理的自动化,实现了与财务流、物流、供应链、客户关系等系统的关联和一体化,而且整合了企业内外人力资源信息，并与企业的人力资本经营相匹配，使人力资源从业者真正成为企业的战略性经营伙伴，真正体现了人力资源管理在企业经营过程中的战略地位。

2. “e”的含义

应该引起注意的是，e-HR（信息化人力资源管理）中的“e”包含了三种汉英释义，即它不仅仅是“electronic”——电子化的，还是“efficiency”——高效的和“employees”——全员共同参与的。信息化人力资源管理的效率，大大提高了人力资源管理工作的质量，实现了人力资源管理工作效益的提升，使人力资源管理处于战略地位成为可能。

e-HR 中的“e”的深刻意义体现在四个方面：

(1)基于网络技术的人力资源管理流程化与自动化。把有关人力资源的分散信息集中化并进行分析，优化人力资源管理的流程，实现人力资源管理全面自动化，与企业内部的其他系统进行匹配。

(2)实现人力资源管理的“B to C”(business to customer)，即企业对客户的联系。让员工和各级管理者参与企业的人力资源管理，体现了人力资源管理者视员工为内部顾客的管理理念建立了员工自助服务(ESS)平台，开辟了全新的沟通渠道，充分实现了互动管理和人文管理。

(3)实现人力资源管理的“B to B”(business to business)，即企业对企业的联系。企业的人力资源管理者能够有效利用外界的资源，并与之进行交易，比如获得人才网站、专业人才调查公司、薪酬咨询公司、福利设计公司、劳动事务代理公司、人才评价公司、培训公司等人力资源服务公司提供的电子商务服务。

(4)搭建了开放式信息交互平台。它不仅实现了企业与员工的联系，更重要的是建立一种信息交互平台，通过这个平台可以实现内部的信息交流，及时解决问题，同时可以获得外部技术信息支持，实现资源共享。

二、人力资源管理领域信息技术应用和发展历程

人力资源管理的信息化由来已久。随着人力资源管理思想以及信息化技术的不断发展革新，人力资源信息化系统也在不断的发展和完善。总体而言，我们可以将人力资源信息化的发展历程划分为四个阶段。

(一)基础计算工具阶段

20 世纪 70 年代初，随着计算机系统开始在管理领域普遍应用时，国外一些领先的应用软件企业就开始了对人力资源信息化的研究。与任何其他的应用系统一样，最初的人力资源信息化也是针对人力资源管理工作中最基础、最复杂、最繁重的部分进行，对当时的人力资源管理来说，这部分就是职员信息的管理和职员薪资的计算。在这个阶段，计算机运算处理技术是整个人力资源信息化的关键技术。

受当时的技术条件和需求的限制，人力资源信息化系统其实只不过是一种自动计算薪资的工具，只能实现薪资数据录入后的自动计算，而且不能保留薪资历史数据，完全没有报表生成功能和薪资数据分析功能。这就是第一代的人力资源信息化系统。

但是，它的出现为人力资源信息化展示了美好的前景，即利用计算机的高速处理和自动化来替代手工的巨大工作量，用计算机的高准确性来避免手工的错误和误差，使大规模集中处理大型企业的薪资成为可能。

(二)信息数据存储阶段

在 20 世纪 80 年代中，计算机技术取得了长足的发展。计算机硬件性能的提高，软件技术的发展和数据库技术的兴起，都为人力资源信息化发展到新的阶段提供了可能。

在这一阶段中，由于获取了技术上的支持，人们开始关注于对职员信息及薪资历史数据的保存和管理，在此基础上，人力资源信息化系统中的报表生成功能和薪资数据分析功

能也都有了较大的改善。这是第二代的人力资源信息化系统。

但这一阶段的系统主要是由计算机专业人员开发研制的,其设计思想主要是技术领先,未能系统地考虑人力资源管理方面的需求和理念。这个阶段的信息化系统的主要目的在于信息的存储和维护,其主要的功能模块仍然是职员管理和薪资计算,没有覆盖到企业人力资源管理中的其他业务。

(三)全面业务管理阶段

到了20世纪90年代,随着企业管理思想的逐步成熟,人们开始认识到,人力资源管理不仅仅是企业内部的一种辅助的管理行为,而是企业生存和发展的关键。各种各样的人力资源管理方法和理念开始产生并被应用到企业的管理中。这时,人们开始关注的不仅仅是日常的事物处理和信息记录,而是更多的考虑如何改善企业内部的人力资源管理状况,如何能够使得企业的人力资源管理实现"规范化"、"最优化"。这种管理思想的变革,逐渐的延伸到人力资源信息化,就促使人力资源信息化发展到了第三个阶段:将人力资源管理中的业务全面纳入信息化系统中进行管理。

另外一个推动人力资源信息化发展的不可忽视的关键因素是网络技术的出现和发展。随着个人电脑的普及,网络技术被越来越多的人所运用和依赖。网络技术最大的优势是让信息不再被地域所阻隔,对于人力资源管理来说,这是至关重要的。网络技术带给人力资源管理系统的不是一种简单的技术更新,而是一种革命性的变化。

第三个阶段,是人力资源信息化发展历程中最为重要的一个阶段。在这个阶段之前的人力资源信息化系统还只能被称为人力资源"信息系统"(HRIS,HR Information System),而不是像其他应用系统那样被称为"管理系统"(HRMS,HR Manage System),这也从一个侧面说明,在第三阶段以前的人力资源信息化,只是基础信息的管理,还没有上升到对业务的全面管理和提升。

在第三个阶段中,第三代人力资源信息化系统具有如下特点:

从全面人力资源管理的角度出发,将各项核心业务(如招聘选拔、绩效考核、培训发展、薪酬设计等)纳入系统,提供相应的业务处理功能模块;使用同一数据库存储各种与人力资源相关的信息数据,形成统一、集成、共享的数据源;友好的用户界面,简捷的操作方式;灵活的业务流程设置功能;允许企业根据其管理特点和要求,灵活设置所需的业务处理流程,如绩效考核流程、培训流程等;强有力的报表生成工具。这些特点使得人力资源专业人士可以摆脱繁重的日常事务处理工作,集中精力考虑如何改善企业内部的人力资源管理状况,同时可以借助信息化系统来实现企业人力资源管理的"规范化"和"最优化"。

(四)战略决策支持阶段

进入21世纪后,市场竞争加剧,企业生存压力增大,越来越多的企业认识到,现代企业的竞争其实质上就是人才战略的竞争。因此,企业对人力资源管理的关注达到了一个空前的程度。同时,人力资源管理在企业管理中的地位,也被提升到了战略决策支持的高度。

在这一背景下,企业的人力资源管理正在经历着从事务性管理角色向战略合作伙伴的转型,借助于信息化系统,是转型的必由之路。而企业,则迫切地希望通过人力资源信息化系统在以下几个方面为企业带来收益:将人力资源的各类信息整合在一起,增加数据的准确性、实时性;固化管理流程,使人力资源管理标准化、规范化和流程化,减少人力资源管理的随意性,同时提高企业发展过程中的可塑性;提高人力资源管理水平,提高管理绩效,提升员工满意度,减少员工的流失;根据组织的战略目标做出人力资源规划,实现人力资源的合理配置;进行人力成本分析,控制组织人力成本,实现人力资源投入/产出比的最优化;对企业人力资源的各项关键指标进行分析和监控,提供决策支持,进而提升企业核心竞争能力;通过人力资源模块内部集成以及与其他业务功能模块的集成提高部门间协同能力。这也就使得人力资源信息化步入了第四个阶段,也就是我们现在所处的阶段。在这一阶段中,对第四代的人力资源信息化系统提出了更高的要求。除了要继承前几代信息化系统的优点之外,还必须提供强大的数据挖掘和分析功能,并且能够将分析结果数据灵活、多样、便捷地进行展现,以真正做到对企业经营决策的有力支持。

三、信息化人力资源管理的优点

(一)降低管理成本

信息化人力资源管理的实现降低了人力资源管理的直接成本和间接成本。

首先是降低直接成本。如减少人力资源管理工作的操作成本,减少行政性人力资源管理人员数量,减少通信费用等。信息化人力资源管理可以通过软件和网络来完成一些原本需要大量使用纸张的工作(如记录员工考勤情况、发放工资单、查询员工信息、统计数据、分析数据并制作报表等),从而不但使企业实现了办公无纸化、节约了纸张,还减少了相关办公用品的开支,也使办公方式实现了环保绿色的目标,并相应减少了企业在行政管理人员方面的费用开支。对于一些网络及分支机构分布较广的企业,尤其是跨国公司来讲,信息化人力资源管理通过网络实现人力资源管理,可以大大减少通信费用。直接成本的降低还体现在很多方面,这里就不一一列举了。

其次是减少间接成本。信息化人力资源管理依托网络环境,信息沟通及时,工作协调力度提高,从而使人力资源管理各项管理工作的效率大大提高,间接地降低了人员管理成本。通过全员参与开放的管理平台,使人力资源信息及时更新与共享,从而避免了管理疏漏造成的额外成本。

有关统计数据显示,美国企业实施信息化人力资源管理系统,平均每位员工投入的成本是 35 美元,但在第一年就收到可观的回报,员工的电话询问也减少了 75%。戴尔公司 2000 年上半年通过互联网处理了 300 万美元的人力资源管理操作业务,恩科公司通过 E-Learning 系统一年节省了 2 400 万美元。

(二)扩大服务范围和提高服务质量

信息化人力资源管理的服务表现在:

首先,企业决策者可以通过 e-HR 迅速准确的获得有关人力资源管理的信息,这对于企业的经营决策具有重要的意义。

其次,高层管理者和用人部门经理可以通过 e-HR 对企业的人员状况、人才需求标准有清楚的了解,从而有利于提高自身的管理水平。

第三,e-HR 便于上下沟通。传统的人力资源管理是层次推进的,一般是树型结构,所有人力资源管理政策与信息要从高层一级级地传递到基层,速度比较慢,而且信息容易和衰减,往往导致贯彻中的走样或是难以实现。而 e－HR 的应用使高层的有关信息和资料可以直接传递到基层,有利于管理和政策的实施,促进企业组织机构扁平化。

第四,实施信息化人力资源管理可以使员工便捷地获得并且维护有关自己的考勤、薪酬、培训记录等信息,还可以实现在线报销、在线申请休假、在线查询等,实现自助式的人力资源信息服务。

可见,信息化人力资源管理通过畅通的信息渠道为用户(管理者和员工)提供了更有价值的服务。

(三)促进管理变革

传统的人力资源管理中,人力资源管理人员往往花费大量的时间、精力在日常的行政性事务工作上,无暇顾及更为重要的战略性工作。信息化人力资源管理的实现将彻底改变这一局面,因为他不仅是一种高新技术的应用,更是一种管理思想的导入,是对原有人力资源管理理念的革新,是对人们心理和行为方式的双重改变。

1. 促进管理方式的变革

信息化人力资源管理的实施使人力资源管理人员实现工作时间分配和工作方式巨大转变,使其战略性、策略性的工作占用时间远远大于基础性的行政性事务工作时间,将人力资源工作内容提升到战略性和开拓性工作的高度。即站在企业发展战略的高度,主动分析、诊断人力资源现状,为企业决策者准确、及时地提供各种有价值的信息,支持企业战略目标的形成,为目标的实现制定具体的人力资源行动计划;并重点思考如何创建良好的企业文化、个性化的员工职业生涯规划、符合企业实际情况的薪酬体系与激励制度,特别关注对企业人力资源的深入开发,为企业提供增值服务,为直接创造价值的部门提供达到目标的条件。人力资源管理工作的效率大大提高,人力资源工作的质量得到了有力的先进技术保障。

2. 促进管理角色的转变

信息化人力资源管理使人力资源部门从提供简单的人力资源信息转变为提供人力资源知识和解决方案,随时随地向管理层提供决策支持,向人力资源专家提供分析工具和建议,形成了支持人力资源部门积累知识和管理经验的体系。信息化人力资源管理的实施转变了系统的人力资源部门被歧视为成本部门的印象,通过成本分析,人力资源部门创造的价值也以定量的形式表示出来。通过授权员工进行自助服务、外协及服务共享,使人力资源部门日益从琐碎的行政性事务中解脱出来,并扮演起企业的战略性合作伙伴的角色。

3. 促进管理理念的转变

信息化人力资源管理是开放式管理,实现了部分功能的外包以及虚拟企业的设立。没有信息化人力资源管理,这些功能的实现将遇到重重困难。信息化人力资源管理的最终目的是革新企业的管理理念,以达到 1:1 关系管理。所谓 1:1 关系管理,是指当人力资源管理从单一的、自上而下的管理,向互动、多方位、全面、专业化的方向发展的过程中,人力资源的管理理念逐步提升,人力资源部门逐渐成为企业的核心部门。人力资源管理信息化的实施不但使人力资源管理向全员参与管理模式的转变,使每一位员工都可以参与人力资源部门的工作,使员工在管理过程中不再处于被动地位,形成新的互动管理的局面。

三、信息化人力资源管理的应用

随着信息技术的飞速发展,企业的经济活动越来越依赖信息化的手段实现。信息化的大背景促进了企业各个方面的信息化发展,也有利于信息化人力资源管理系统的应用推广,从而使人力资源管理进入一个崭新的时代。

(一)信息化人力资源管理的应用需求

首先,在经济全球化的过程中,出现了越来越多的大型跨国公司。通过国际并购、开展海外业务组建的跨国公司,其业务在全球展开,分公司地点也遍布全球,与在单一地域发展的传统公司相比,其管理的难度将大大增加。其次,人员组成的复杂性更加大了人力资源管理的难度。处于企业发展战略地位的人力资源管理是否有效是决定企业未来发展成败的重要因素之一。在企业未实施信息化人力资源之前,人力资源管理主要存在以下几种亟待解决的问题:

(1)如何统一全球各地下属公司现有的不同薪资处理系统,实现数据共享、集中管理,并能与总部的财务、后勤、销售系统进行数据交换,信息跟踪。

(2)如何将总部的人力资源管理体系通过系统推广到所有下属公司,其中除了薪酬管理外,还包括组织结构管理、职位管理、培训管理、绩效管理、招聘管理等人力资源管理体系。

(3)如何使实施流动管理彻底信息化,通过与原有的其他信息系统衔接,使任何级别的经理能够迅速根据外界环境的变化调整部门的结构与人事安排。

(4)如何保证系统安全性,采用适当的数字授权技术,允许每一位经理把任何类型的人事申请批准的权限委托给其他人，既保证灵活性，又不把过程复杂化。

(5)如何保证系统可以随着发展的需要继续升级，以适应新的经济发展活动和企业的业务拓展需要。

(6)如何解决目前的业务瓶颈，如数据分析统计、预算等较为复杂的操作，使人力资源部门可以使用电子工具进行人力资源管理的趋势分析，获得决策性数据的支持，真正提高人力资源管理水平。

(7)如何增强企业员工对组织的认同感，使企业员工能以更加饱满的热情投入到工作中，而不是被动的接受管理。

类似于这样的问题还有很多，如如何降低管理成本，如何使管理人员从繁重的行政性事务中解放出来等。正因为原有的人力资源信息系统已经满足不了当前信息时代企业发展的需求，企业对信息化人力资源管理系统的应用需求就变得更为迫切了。

(二)信息化人力资源管理的应用效果

纵观全球企业，为什么处于行业领先的企业都在使用信息化人力资源管理系统，它究竟具有什么优势，它究竟给企业带来了什么样的变革？目前全球领先企业实现信息化人力资源管理后，人力资源管理各职能效率的提升主要体现在以下7个方面。

(1)通过实施信息化人力资源管理，从根本上扭转了原来相对独立的各系统之间信息无法共享的局面，所有的信息由专人进行维护，而系统相应的子模块的信息只能在规定权限范围内被调用，从而保证了信息及时、准确、安全地运行。信息化人力资源管理可以同时满足多行业、多公司不同的人力资源管理要求，实现集团化管理，实时监控各个子公司的人力资源情况，进行多层次数据汇总，为各层次管理者的决策分析提供数据，实现数据全球共享；具有完整的系统接口，满足灵活的数据导入与导出要求。

(2)通过实施信息化人力资源管理系统，其中除了薪资管理外，还包括组织结构管理、职位管理、培训管理、绩效管理、招聘管理等整体人力资源管理体系，都从集团总公司到分公司得到彻底的贯彻实施。复杂的跨级别的职能操作，不仅变得简便快捷，而且通过数据的及时更新，使管理者对各方面的情况了如指掌。

(3)管理重心下移。信息化人力资源管理系统提供了这样一种可能：集中控制，分散处理。许多业务均可实现二级管理，诸如人事、培训、考勤、岗位管理均可借助系统实现部门级与公司级的同步处理。二级管理提高了人力资源管理的效率，使人力资源部门与业务部门之间建立了共同的语言，使沟通有了一致的基础。通过与原有的其他信息系统衔接，使任何级别的经理都能够迅速根据外界环境的变化调整部门结构与人事安排。

(4)采用数字授权技术，实现了严格的流程和权限控制。首先，系统会根据这些预设的流程自行运转和监控，一旦用户的操作不符合流程的规定，系统会自动报警，屏蔽掉非法操作的影响。在权限控制方面，系统的安全性设置采用多层次、集中式，最底层的管理模式，可以精确到字段级别，同时系统管理员可以根据系统运行的现状和公司管理的寻求对用户所能使用的业务节点进行编辑。通过对内部客户的授权，人力资源管理系统可以更快、更准确地为各部门提供所需信息(如员工出、缺勤信息，岗位信息等)，并为进一步推进员工自助服务系统打好基础。

(5)建立了新的学习型人力资源管理体系。在所有的企业中，人力资源都会频繁地随着内部和外部条件的发展变化进行不同程度的调整。信息化人力资源管理的实现使得这种变化更容易被员工接受，通过在线培训以及帮助信息，员工就可以掌握大部分新知识，而不必通过统一的脱产培训，这既简化了培训时间和地点的选择，又拓宽了学习时交流沟通的途径，使问题的解决更加的方便快捷。

(6)与传统的人力资源信息系统相比，信息化人力资源管理系统目前可以提供更多的数据分析统计、预算等较为复杂的操作功能，使人力资源部门可以使用电子工具进行人力资源管理的趋势分析,获得决策性数据的支持,真正提高人力资源管理水平;可以针对完整的薪资体系,以综合分析报告为最终体现形式,体现信息化人力资源管理系统,支持战略决策的优势,提高企业竞争力。

(7)实现了人性化管理。通过企业自助服务,高层管理者可以在网上查看企业人力资源的配置、重要员工的状况、人力资源成本的分析、员工绩效等等;直线经理可以在网上管理自己部门的员工,如在授权范围内修改属下员工的考勤记录、审批休假申请、进行绩效管理等;普通员工可以在网上查看本月薪资明细、累计福利、内部股票价值、内部招聘信息、各种人事政策、个人考勤休假情况、注册内部培训课程等。自助服务的提供,使得人力资源管理从以前的相对封闭变得开放,从滞后管理变成超前管理,自助服务无疑可以改善人力资源部门对企业最高决策者及全体员工的服务质量,并使得企业全体人员都能参与到人力资源的管理活动中来,从而真正实现全面的人力资源管理,同时增强了员工的责任感和对企业的认同感。

大多数实施信息化人力资源管理的企业并不是完全摒弃了原有的人力资源管理模式,而是对原有的人力资源管理模式的一种扬弃,即秉承管理的持续性,把原有好的管理模式和方法延续到新的运行环境中,再加上专业的人力资源管理工具所创造的方便连续的使用环境。另外,为适应新的经济发展要求和企业的业务拓展需要而进行的信息化人力资源管理系统的二次开发和升级,也是一种经常采用的扬弃方式。

第二节 信息化人力资源管理的功能作用

一、信息化人力资源管理对企业管理信息化的促进作用

信息化人力资源管理在整个企业建设以及各项管理工作的开展过程中,发挥了重要作用,它对企业管理信息化的促进作用主要表现在推动企业构建信息平台,规范各项制度。

(一)促进企业信息化基础建设

人力资源管理信息化是企业整体信息化建设系统的重要组成部分,企业信息化的趋势促进了人力资源管理信息化的实现,反过来人力资源管理信息化的实现又加快了企业信息化的步伐。信息化人力资源管理系统是企业实现信息化主要平台之一。

(二)促进企业相关制度建设

信息化人力资源管理在推动信息化基础建设的过程中,必然带动相关制度的建设和完善。例如,信息技术的引用使得企业的各层级间沟通更为方便快捷,在每一项工作开展之初,企业成员的构成关系,包括他的工作协调关系、权力分配关系等,在系统中都有明确的定义。工作过程中通过系统的使用,这种关系更加明确。责任与义务划分明确,减少了传统的管理制度中人为因素的干扰,规范了制度建设,使得制度不再形同虚设,从而在管理中发挥更大的作用。

二、信息化人力资源管理对企业管理水平的提升

(一)促进企业组织结构的优化

信息化人力资源管理对企业组织结构的优化在最初引入时就得以体现。引入信息化人力资源管理的过程必然伴随着组织结构的理顺和优化,在这一过程中,对于任何企业都是一个理顺层级关系的机会。通过信息化人力资源管理进行组织结构的重新设计或者优化,对各项工作流程和权利走向进行设定,便于为企业的下一步发展设立合理的组织结构。信息化人力资源管理作为一种基于网络结构的全员信息系统,其一大功能优势就是缩短了各级员工的信息反馈时间,开辟了更加丰富的沟通渠道,员工可以不再受限于企业传统的层级制度,可以跨部门、跨级别表达和传递各种思想。这种技术,最终将转变企业的管理模

式和组织结构,促进组织机构的扁平化,使企业的反应更加灵敏。

信息化人力资源管理系统不是一个静态的系统,信息化人力资源管理对组织机构的优化是一个动态的过程,在企业的不同发展时期可以做出相应的调整。在企业生命周期的不同阶段,通过信息化人力资源管理的动态优化过程,可以为企业寻找最适合的组织结构,协调企业的发展。

(二)实现企业文化的变革

信息化人力资源管理的实施可以更方便地贯彻企业的各项规章制度,使企业的思想和文化得以快速准确地传递给每一个员工,使每一位员工都可以在第一时间领会企业的意图,方便上下级的交流,形成一种开放式的管理互动空间。

信息化人力资源管理的实施有利于学习型企业文化的建立。建立学习型企业文化,形成一个为了共同的目标而不断地进行自我超越、相互学习的团队,需要有一个学习和交流的平台,信息化人力资源管理便提供了这一平台。无论是人力资源管理工作者还是其他业务部门的专业工作者,登录平台,通过专业系统的学习、运用,不但可以丰富他们的管理知识,还可以使他们加深对本专业领域或其他学科的认知,掌握新的职业技能。

通过信息化人力资源管理这一平台,出现问题可以及时进行交流,或在线解决一部分问题。通过交流沟通获得帮助,极大地提高了工作效率,为实现团队目标,加强团队的合作,提供了更快捷的沟通方式。在交流沟通的过程中,每个人的责任感也得到了极大地提高,最终将实现人人为团队共同努力奋斗的企业文化氛围。

(三)提升企业整体管理水平

传统的人力资源管理局限于简单的人事管理范畴,其对计算机技术的应用多停留在存储原始信息,进行简单运算的需求层次,使某些人力资源管理理论的实践活动受到限制。信息化人力资源管理的实现是在信息技术相对成熟的发展阶段,将技术与人力资源管理理念完美结合,使人力资源的管理水平达到了前所未有的高度。处于企业战略地位的人力资源管理水平的极大提高,更促进了企业整体水平的向前推进。人力资源管理的各个职能环节与企业生产管理活动的各项环节通过不同系统的衔接,促进了企业整体信息化的建设,从而提升了企业整体管理水平。

第三节　信息化人力资源管理系统的功能开发

一、基础功能模块的设计

(一)人员信息库的模块设计

1. 对管理的改善

见表10.1。

表10.1　管理价值提升表

模块名称	人力资源管理内容	管理价值提升体现
人员信息库	建立员工内部档案	增加储存量,可对档案内容进行随时查询、统计与分析
	建立人才储备	使人才储备更加具有时效性
	建立离职人员档案	更好地把握离职人员的状况,有利于分析离职
	人事部门专业管理	人员信息在授权范围内共享,强化了直线经理的人员管理作用

2. 模块结构图

信息化人力资源管理系统人员信息库模块结构，见图10.1。

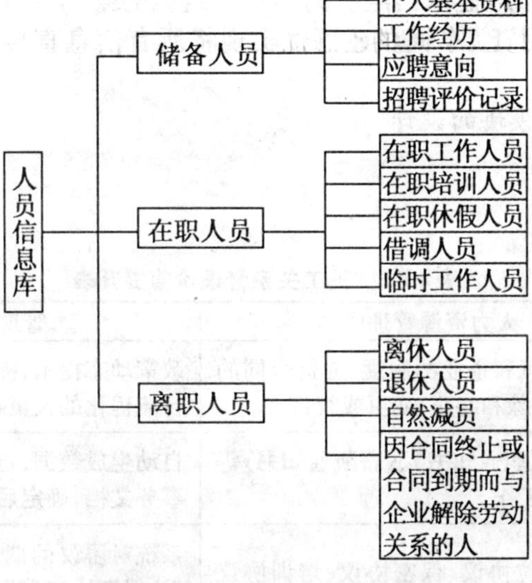

图10.1 人员信息库模块结构图

3. 功能设计

人员信息库的模块主要分为三个子模块：储备人员、在职人员、离职人员。在进行人员人员分类管理的同时，还可以根据国家编制和组织管理原则，定义在编人员和不在编人员。辅助信息：既往病史、婚姻状况、家庭住址、亲属关联等。

(二)组织规划功能设计

组织规划模块包括四部分内容：组织架构设计、部门设计、职位设计以及结构的组成。第一部分根据企业的战略规划进行组织架构的设计；第二部分主要是针对部门以及部门间的关联的设置划分；第三部分针对组织中的职位进行职位的设计与分析编制职位说明书；第四部分即形成整个组织的架构。

1. 组织架构设计

组织架构设计是一个整合人力、信息和组织技术的过程，企业通过组织架构设计来加强企业内部的生产能力，以达成企业组织效率最大化。它包括组织结构的设计和组织结构走向的设计。

管理人员可以通过组织架构的设计，明晰组织管理幅度和管理层次。根据企业实际情况和领导者的实际能力设定有效管理的下属人数，达到最有效的管理效果；高效明晰的管理层次，可实现最低管理成本和管理效益最大化。组织架构的设计可以根据企业的生命周期和企业业务的扩展需要进行相应的修改，在企业的创业阶段、发展阶段、成熟期以及低谷阶段分别设定相应的结构，为组织创造新的发展机遇。

2. 部门设计

部门设计主要包括部门编号的设置、部门职责的规定、部门编制以及各部门相互关联的设置。

3. 职位设计

职位设计模块第一项基本的操作同样是进行编码工作，然后对工作内容、职责和权力、任职资格以及与其他部门和职位的关系进行设定。所有这些信息为工作提供了充分的依据。

职位设计信息可以直接用于工作分析模块，进行职位说明书的数据输出，以及满足其他模块的链接需要。设计好的内容在锁定后可以提供查询使用。

4. 结构的形成

在此模块中可以完整地显示出组织的结构。组织的架构、层次、部门和岗位的设置不仅可以清晰地显示在屏幕上,本模块还可以实现将所有信息直接链接到设置模块进行修改。

(三)员工关系管理模块的设计

1. 管理的改善

见表10.2。

表10.2 员工关系管理价值提升表

模块名称	人力资源管理内容	管理价值提升体现
员工关系管理	依据政策和企业的制度,进行合同的签订、解除和终止,变更或续订	政策动态提示,提高了合同签订的质量。进行流程化的人员合同管理,提高了工作效率
	填写《入职通知书》、《薪酬通知书》等事务性工作	自动生成数据,自动生成并可灵活选用各类事务文档,确定后进行自动记录和发放
	签订岗位协议、保密协议、培训协议等	系统对协议的期限进行有效性的校验与提示,保证协议期限在合同期限内,并体现其具体事项,可减少工作中的疏漏

2. 功能设计

员工关系管理模块主要包括:合约分类、合约签订、薪酬通知书、岗位协议、保密协议、培训协议、医疗期管理等几个子模块。

(1)合约分类。劳动者与用人单位建立用工关系,应根据实际情况,确定合约。根据用工性质的不同,合同可分为劳动合同、劳务合同、特聘协议、其他协议。劳动合同又分为全日制的劳动合同和非全日制的劳动合同。

本模块提供的主要功能:

①可根据劳动者与用人单位的具体情况,选择确定用工关系和签订合同的类别。

②根据确定的不同合同类型,系统中对入职后的人员进行分类管理,使用不同的政策法规、不同的薪酬结构、不同的考评方式等。

(2)合约签订。这一模块是进行员工关系管理的基础,是其他模块正常运行的母体。它需要完成的主要任务是:确定签订合同的人员,并根据合同的类型签订合同。操作人员可根据企业用人的实际情况,单独选择或批量导入人员信息。

(3)薪酬通知书。提供多种形式的《薪酬通知书》模块,用户也可自定义模块。

(4)岗位协议。根据系统提供的模块,用户可以在签订劳动合同的基础上,签订岗位协议。岗位协议的模板中体现了具体的岗位名称,在组织架构中的位置,任职期限、授权范围,在任职记录中显示。

(5)保密协议。保密协议的模板中体现了具体的保密事项,解密条件,时间期限,保密范围、违约处理的方式和违约金等。

(6)培训协议。在合同期限内,培训协议可以重复填写,并逐次记录,该数据关联到员工的培训记录,在培训记录中显示。培训协议的模板中体现了具体的培训名称、培训内容、培训费用、培训结果、约定的服务期、违约的培训赔偿金等。

(7)医疗期管理。医疗期可以随时显示员工的医疗期状态。根据员工的实际状态,自动计算员工医疗期时间,并可设定提示医疗期待遇等。

(四)政策法规库模块的设计

1. 对管理的改善

见表10.3。

表10.3 政策法规对管理价值的提升表

模块名称	人力资源管理内容	管理价值提升体现
政策法规库	随时查阅国家政策法规,建立和完善企业规章制度,并依此进行人力资源管理	根据企业的需求建立政策法规和企业规章制度库,便于企业的操作者随时查阅和把握政策与制度的要求,从而提高管理的合法性

2. 功能设计

政策法规库主要包括三个模块:国家政策法规和企业规章制度信息库的建立、政策法规库的浏览和政策法规库的维护。这里所提的国家政策法规和企业规章制度信息库,是以人力资源管理为核心进行内容搜集的。

(五)工作分析模块的设计

1. 对管理的改善

见表10.4。

表10.4 工作分析管理价值提升表

模块名称	人力资源管理内容	管理价值提升体现
工作分析	确定分析要素	系统建立了任职资格指标库,提高分析要素选择的有效性
	进行岗位分析	提供岗位调查方案模版和多种岗位分析手段,列出对岗位进行全面分析的内容,提高工作分析的科学性
	进行岗位评价	提供多种评价方法,生成、汇总评价结果,提高工作效率
	制作职位说明书	列出职位说明书应包括的内容,从岗位评价模块中导入数据,提高撰写的规范性

2. 功能设计

(1)分析要素。分析要素模块,是要建立工作分析与职位评价的要素库,及统一的评价标准,其内容包括要素的大项与权重的设定、要素的小项与标准分值的设定。

(2)岗位分析。岗位分析是对岗位调查的结果进行深入的分析和全面的总结,对岗位的特征和要求做出全面考察,提示岗位的主要成分和关键因素。

(3)岗位评价。岗位评价是在岗位分析的基础上,按照一定的客观衡量标准,对岗位的工作任务、繁简难易程度、责任大小以及所需资格条件等方面进行的系统评估和估价。

(4)岗位关系。岗位关系模块是要确定各岗位在企业中的行政关系,如上级、下级、平级,可关联的岗位等。

(5)职位说明书。职位说明书是指对企业各类岗位的工作性质、任务、责任、权限、工作内容和方法、工作环境和工作条件,以及本岗位人员任职资格等所做的统一要求。它包括工作职责、岗位关系、工作内容、工作权限、工作环境、工作时间、工作经验、所需知识技能、身体条件等。

二、业务功能模块的设计

(一)招聘模块的设计

招聘模块包括四个子模块:空缺岗位信息、招聘计划、入职评价和招聘结果见图10.2。

空缺岗位信息显示企业中空缺岗位的基本情况，提出招聘需求。招聘计划旨在制定关于实现员工补充的一系列工作安排。入职评价将系统评价与人工评价相结合，对应招聘者做出客观真实评价，帮助决策者做出招聘决策。招聘结果旨在进行招聘总结，并最终确定录用人员。招聘模块对管理价值提升见表 10.5。

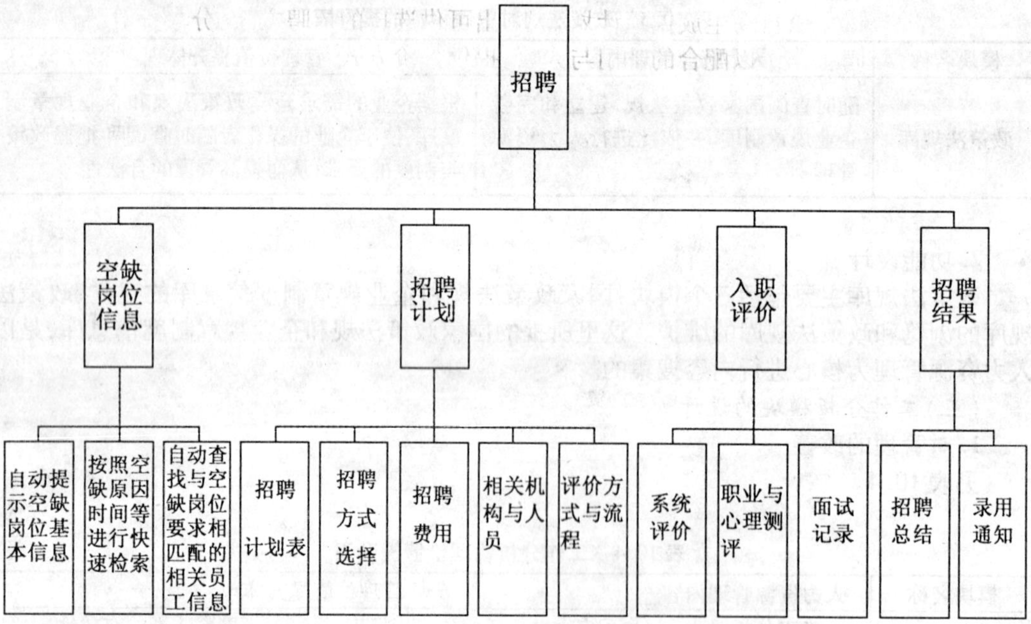

图 10.2 招聘模块结构图

表 10.5 招聘模块对管理价值提升表

模块名称	人力资源管理内容	管理价值提升体现
招聘	分析预测组织内的岗位空缺	自动提示空缺岗位信息及与空缺岗位要求相匹配的企业内部相关员工的信息，及时提示招聘需求
	制度招聘计划	自动生成招聘计划表并支持查询招聘计划执行情况，提高招聘计划制度的有效性
	实施招聘	用系统评价和人工评价相结合的科学方法进行入职评价，能够规范招聘流程，提高招聘效率，有效杜绝招聘过程中人为因素的干扰，提高招聘有效性
	总结招聘效果	提示或规定招聘者从多角度总结招聘效果，提高效果评估工作的有效性和科学性
	发布录用通知并更新人员信息库	提供录用通知书模版，自动批量生成录用通知书，提高发布通知的有效性；及时、自动地更新人员信息库，有利于提高人力资源工作人员的工作效率，提高信息的准确性，及时性

1. 空缺岗位信息

空缺岗位的产生主要基于两个原因：现有岗位中出现空缺编制和应企业发展的需要新增岗位。由于员工的辞职、晋升、调动、降职、辞退等便出现现有岗位的空缺；而由于企业发展运营的需要，经常会出现新的岗位，进而产生新增岗位对人员的需要。

2. 招聘计划

招聘计划是根据企业确定的人力资源规划，在进行招聘信息数据收集的基础上，通过分析与预测组织内岗位空缺及合格员工获得的可能性，制定的关于实现员工补充的一系列工作安排。

在此模块中可以自动生成招聘计划表，列出可供选择的招聘方式，分享计算招聘费用，列出需要对招聘工作予以配合的部门与人员，提供评价方式及流程等。

3. 入职评价

将系统评价和人工评价相结合，对应聘人员进行评价的子模块。具体包括系统评价、职业与心理测评、面试记录等几个方面。

4. 招聘结果

利用该模块可以进行招聘总结，并最终确定录用人选。包括招聘总结与录用通知两项基本功能。

(二)薪酬福利管理模块的设计

薪酬管理模块主要包括：薪酬设计、薪酬管理和薪酬查询与统计分析三大模块。见图10.3。

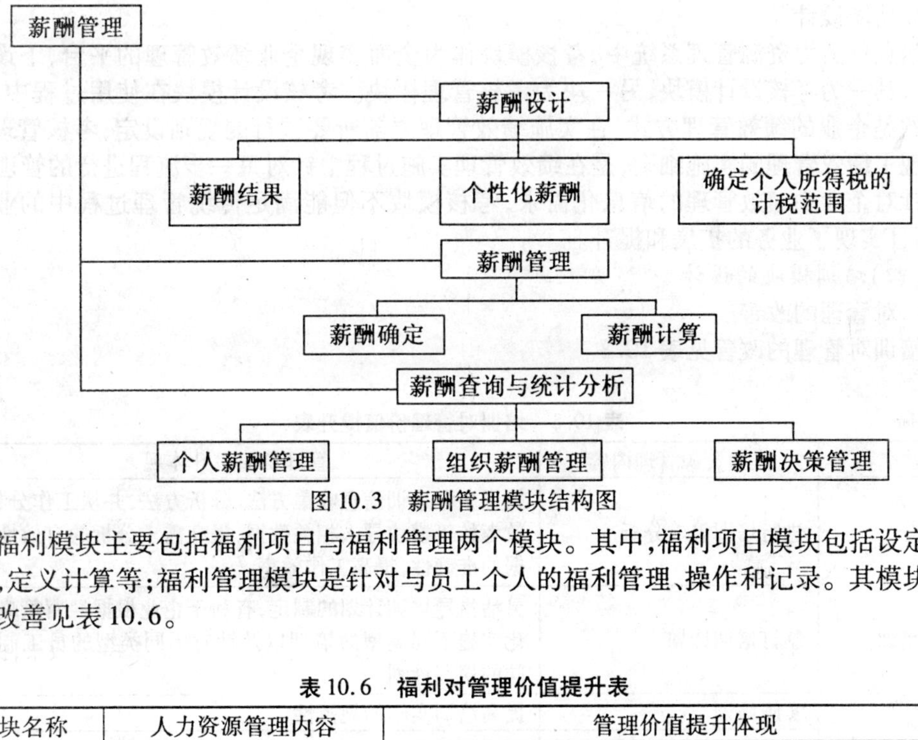

图10.3　薪酬管理模块结构图

福利模块主要包括福利项目与福利管理两个模块。其中，福利项目模块包括设定福利项目，定义计算等；福利管理模块是针对与员工个人的福利管理、操作和记录。其模块对管理的改善见表10.6。

表10.6　福利对管理价值提升表

模块名称	人力资源管理内容	管理价值提升体现
福利	福利需求分析	提供多种方法，从两个层次进行福利需求分析，有利于有效地了解企业和员工的福利需求
	确定企业的福利体系	提供法定福利项目和企业福利项目，提高工作的合法性和企业凝聚力，有利于健全福利体系
	计算福利项目并向员工发布	福利项目并自动发布计算结果，对不同级别员工授权查阅福利记录，简化福利工作，提高工作效率
	管理福利成本	对福利项目进行精确地预算，确定福利成本计划并与外部福利标准比较，有利于有效控制福利成本

(三)考核模块的设计

1. 对管理的改善

考核模块对管理的改善见表10.7。

表10.7 考核对管理价值提升表

模块名称	人力资源管理内容	管理价值提升体现
考核	建立绩效考核体系	灵活建立不同考核项目,通过分析模块确定考核项目,提供多种考核方法、信息收集方法等,提高体系的科学性、合理性
	制定考核体系	依据不同时期的考核需求、企业发展战略等制定考核计划
	实施考核	从其他模块中导入所需信息并科学实施考核,系统生成考核成绩,提高绩效考核的规范性和效率,优化考核流程
	绩效反馈和辅导	提供绩效面谈和在线沟通需要的问题清单,增进员工与管理者的沟通,提高绩效考核的最终效果

2. 功能设计

信息化人力资源管理系统中,考核模块作为全面实现企业绩效管理的平台,下设两大模块。其一为考核设计模块,另一块为考核管理模块。考核设计模块在使用过程中,主要体现的是企业的绩效管理方式,在实施绩效管理之前所要进行的规则设定;考核管理模块则体现了绩效管理的实施细则,是在绩效管理实施过程中针对每一步流程进行的管理。

针对企业中绩效管理的信息化需求,考核模块不但能满足传统管理过程中的业务需求,而且实现了业务的扩展和提升。

(四)培训模块的设计

1. 对管理的改善

培训对管理的改善见表10.8。

表10.8 培训对管理价值提升表

模块名称	人力资源管理内容	管理价值提升体现
培训	进行培训需求分析	提供多种培训信息收集方法、分析方法,并从工作分析、绩效考核等模块导入相关数据,提高需求分析的有效性和数据的准确性,提高工作效率
	制订培训计划	灵活指导培训计划的制定,有利于企业根据经营策略等变化实施不同类型的培训以及针对不同类型的员工制定不同的培训计划
	实施培训	提高培训实施的规范性
	培训实施效果评估	及时汇总分析培训效果评估的数据,帮助培训管理者全程审视培训的各个环节,从而促进培训管理水平的提升

2. 功能设计

培训模块包括两个子模块:培训管理模块、员工培训记录模块见图10.4。培训管理模块记录培训的计划设定以及培训的实施等情况;员工培训记录模块是针对具体的部门和人员的培训信息记录,包括培训计划、部门培训、人员培训三个子模块。

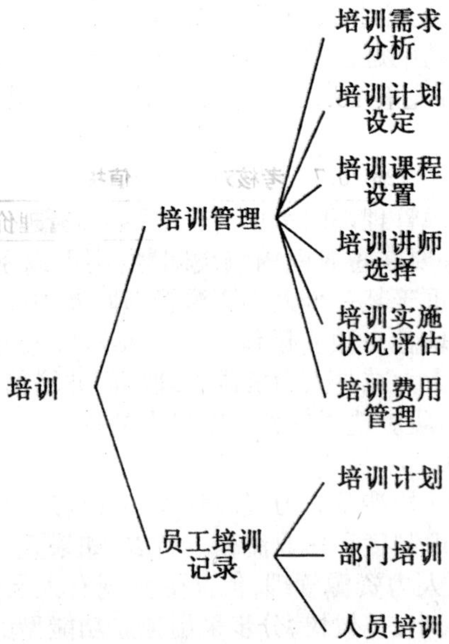

图 10.4　培训模块结构图

(1)培训管理。企业培训的效果取决于培训管理的水平,低水平的管理会导致培训实施效率的低下,培训工作无序,影响员工的期望和热情。培训管理模块的功能是对企业中的培训活动进行全面的控制,使培训活动有序进行。在培训管理模块的操作中,人力资源管理人员可以制订培训计划、设置培训课程、查看培训讲师的信息、控制培训费用、评估培训效果。接受培训的员工也可以查询与个人受训相关的信息,实现培训活动的全方位参与。

(2)员工培训记录。在培训活动进行的过程中和结束后,要对员工受训情况做详细的记录。这样,管理者可以从受训前后的变化中得出员工的绩效是否提高,还可以从培训记录中发现培训的缺点和不足,提高下次培训质量。员工培训记录也可以作为薪酬和绩效的考核的一个重要参考数据,为员工职业生涯发展提供依据。

员工培训记录模块包括三个部分:培训计划、部门培训与人员培训。

第四节　人力资源管理信息系统设计和应用

一、人力资源管理信息系统解决方案

按照电子人力资源解决方案的复杂程度可以划分为四个类型,既资料库型、独立功能型、功能整合型和系统整合型。这四种类型的解决方案各有特点,适合不同规模和发展阶段的企业。

(一)资料库型

资料库型的电子人力资源主要侧重人力资源基础信息的整理归类以及查询,如员工个人的基本情况、岗位变动、奖惩信息等,这种方案用一台单机,加上数据库处理软件就可以解决问题。确切说,这种类型还不能称之为方案。虽然这种方式简单,但是却能轻易地治理人力资源管理档案管理混乱、人力资源管理信息不易查找而且经常出错的问题。对于小企业或者是新成立的企业,由于人员少,管理层次扁平,使用这种方案还可以提高人力资源管理效率,简化事务性工作。这种方式花费低廉,方式快捷,经常被大量使用。

对于企业信息化程度低，企业人力资源管理内容单纯的企业来说，选择这种解决方案可以有效地处理人事信息的问题。这个方案的优势在于对员工信息的规范整理和快速查询。其劣势也相当明显，对人事信息的更新相对静态，而且很难与其他业务系统实现信息共享。

（二）独立功能型

很多中小企业人力资源管理部门承担了非常繁重的任务，大部分精力花在日常事务的处理上，且效率低下。如果要在短时间内解决问题，则可以采用独立功能型电子人力资源方案。这种类型的方案偏重于某一个人力资源管理职能方面的功能，或者采用多个人力资源管理职能方面的功能模块各自独立运作。其任务是将人力资源管理方面的事务性作业电子化，流程处理自动化，大大减少人力资源管理部门非增值性工作时间，并减少人力干扰因素，提高事务性工作的品质。选择这种方案最大的优点是企业可以根据自身迫切的需要来选择，并且快速运作起来。

这种类型的方案已经开始涉及人力资源管理的现代理论思想，利用软件系统来优化企业现有的部分人力资源管理制度和作业流程。所以，如果企业希望能够利用电子人力资源方案实施的时机优化现有人力资源管理，但又受到现有人员素质、内部信息化程度低等方面的约束，同时又希望投入小，见效快，分步采用独立功能型的电子人力资源方案是一个很好的选择。

（三）功能整合型

功能整合型的电子人力资源方案是从人力资源管理的整体出发，建立完整的各个人力资源功能模块，包括员工管理、招聘选拔、培训管理等，并进行横向的整合，用集中的数据库将几乎所有与人力资源管理相关的数据统一管理起来，形成集成的信息源。这种方案提供的自助人力资源管理信息服务，高效的报表生成工具和跨职能人力资源管理作业流程的无缝自动化处理使得人力资源管理人员得以摆脱繁重的日常工作，集中精力从战略的角度来考虑企业人力资源管理规划和政策。

如果选择这一类型的解决方案，需要企业达到一定的人员规模，并且已经进入了良性经营状态，内部管理制度已经建立，目前已经处于理顺阶段，现代人力资源管理的观念得到普及，企业管理高层重视人力资源管理，人力资源管理部门正处于向企业决策伙伴角色转换的时期。由于实施过程中要调整、优化企业所有人力资源管理制度和作业流程，改变人力资源管理部门角色，使员工和直线经理能参与人力资源管理的过程，所以从某种程度上讲选择这一类型的人力资源管理方案，实施过程中可以看做组织管理及企业文化的一次变革，企业需要投入大量的时间、资金、人员进行制度和流程体系的完善、优化，人员培训及理念宣导。尽管在这一类型解决方案中存在能否充分实施的风险，目前绝大部分的企业都已经选择并成功地实施了这一类型的电子人力资源方案。

（四）系统整合型

对于已经建立生产、销售、财务的管理系统的大中型企业集团，系统整合的电子人力资源方案最为合适。系统整合型的方案建立在功能整合型的基础上，一方面内接其他管理系统，外联各类应用服务供应商（ASP）；另一方面提供战略规划、决策支持系统分析工具，使得人力资源管理者能够担任企业内部管理咨询角色。可以说这就是未来电子人力资源的发展方向。选择这一类型的电子人力资源解决方案，对企业的管理水平、已有的信息化程度和资金投入要求非常高。只有当企业规模发展到一定的程度，稳定成长，生产等管理系统运作成熟，并且具备高素质的管理人才的队伍之后，在选择电子人力资源方案的时候，就可以考虑系统整合型的方案。

该类型的电子人力资源方案对企业核心竞争力的提升有着巨大的帮助。该方案最大的特点就是与企业原有的业务系统进行有机的整合，真正实现电子人力资源系统与其他系统之间形成协同效应。该类方案实施后,系统可以协助分配人员工作,不是按月而是按小时来控制开发人员在各个项目的工作量,从而大大降低了项目开发成本,提高人力资源利用率。直线经理可以通过电子人力资源直接查询到所管辖员工的业绩情况,而电子人力资源系统也可以直接从业务系统中提取数据,完成对员工的业绩评价。

企业的资源是有限的,实施人力资源管理信息系统解决方案必须以减少企业对其他经营职能的资源分配。所以在选择方案时,应确定好资金预算,配备合理的支持人力,尽可能做到量体裁衣。应该做好自我分析,根据企业的自身特点和发展阶段,以及管理者和员工的素质与执行能力,通过选择、咨询和培养来选择一个适合自己的人力资源管理信息系统解决方案。

二、人力资源管理信息系统的目的

与传统的人力资源管理方式相比,人力资源管理信息系统的优势不仅仅表现在以计算机代替人工管理,某种意义上可以说是人力资源管理方式的一种革命。它的价值体现在以下几个方面:

(一)显著提高人力资源管理的效率

人力资源管理业务流程包括员工招聘、人员培训、薪酬福利、绩效考评、激励、沟通、退职、退休等大量事务性、程序性工作,都可以借助信息技术的应用,通过授权员工进行自助服务、外协及服务共享等。这不仅可实现无纸化办公,而且可以大大节省费用和时间,显著提高效率,使人力资源管理从繁琐的行政事务中摆脱出来。

(二)更好地适应员工自主发展的需要

知识型员工十分注重个性化的人力资源发展计划,需要对自身的职业生涯计划、薪酬福利计划、激励措施等有更多的决策自主权。网络的交互性、动态性可以使人力资源管理部门根据个人的需求和特长进行工作安排、学习、培训和激励,让员工实施自我管理成为可能,能更加自主地把握自己的前途。

(三)加强公司内部相互沟通以及与外部业务伙伴的联系

随着公司规模的不断扩大,公司各部门之间、员工之间、公司与外部业务伙伴之间的沟通往往会变得十分困难,但激烈的市场竞争使得这种全方位的沟通显得极为必要。网络不但可以成为公司员工间的纽带,帮助他们逾越部门不同、工作时间不同、工作地点不同的障碍,促进相互了解和沟通,同时还可促使企业与外部业务伙伴在人才、技术、知识等方面的资源共享,有效提高适应市场的能力。

(四)有力促进企业电子商务的发展

电子商务的发展有赖于人力资源管理的不断完善,在人力资源管理信息系统中,职位空缺公布、专家搜寻、雇员培训与支持、远程学习等将变得更为高效,与此同时,人力资源管理信息系统对建立虚拟组织并实现虚拟化管理,建立知识管理系统,创建学习型组织,都将创造极为有利的条件。

(五)提高企业人力资源管理水平,加快企业人力资源的开发

人力资源管理信息系统通过计算机网络和数据库的应用,使企业的人力资源管理更为科学,人才配置更为合理,同时也使得人力资源管理更为公正、透明;有关人力资源管理方面的各种政策、规定也将因广泛参与而变得更加实际、可行,对提高企业人力资源开发水平大有裨益。

三、人力资源管理信息系统测评指标

人力资源管理信息系统应用测评指标主要有以下三类。

(一)信息共享

这类指标主要目的是衡量企业人力资源中人事档案、薪酬、考核、培训和招聘等方面的

基础信息是否能在有效权限范围共享,共享程度如何。这类指标适合于企业内原有的信息相对分散,信息更新不能同步,信息不完整等问题的改善。这类指标也通常是集团型企业初步实施人力资源管理信息系统时首先需要解决的问题。对这类指标的评估示例如下。

(1)企业内部人员结构分析数据(是否可以按照单位、职称、年龄、性别、学历等进行综合查询)和生成报表的速度(如原来需要几天,现在需要多长时间)。

(2)集团型企业总部对下属单位人员基本信息的查询速度。

(3)人员岗位发生变化的时候,人事档案、绩效方面的信息是否同步。

(4)企业内部是否具有统一的标准岗位信息。

(5)系统信息可以通过什么样的方式共享给各个层级的员工(如员工自己的信息如何查询、直线经理对下属员工信息查询等)。人力资源管理信息系统使用者大致可区分为"管理阶层"与"一般员工"两大类,由于所需的人力资源管理资讯与服务不同,所被授予的使用权限也就不同,所展现的"桌面"内容当然也有所不同。见图 10.5。

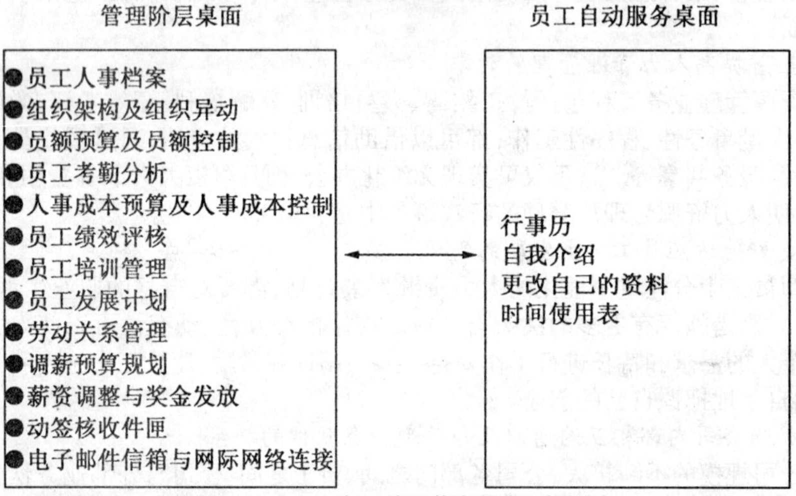

图 10.5 人力资源管理信息系统"桌面"

(6)信息更新、查询的权限是如何管理的,参与企业内部的制度体系是否匹配和一致。

(二)体系完善

这类指标主要是衡量企业的人力资源管理体系和业务流程是否与现代人力资源管理理念一致,特别是体系的完整性和体系内的各项职能之间的逻辑关系。这类指标主要是对希望通过人力资源管理信息系统的应用提升企业的人力资源管理水平,充分发挥人力资源管理职能对业务和决策的支持作用,这类企业往往处于业务转型或者扩张时期,或者从事人事管理向人力资源管理的过渡时期。这类指标直接与电子人力资源实施中的业务流程优化和实施前的体系设计紧密相关。对这类指标的评估示例如下。

(1)人力资源管理体系中各项职能之间是否已经建立了信息交换的有效逻辑关系,这类关系在业务流程中和系统中是如何体现的。

(2)企业内部是否建立标准岗位体系,标准岗位体系与薪酬、考核、培训、招聘之间是如何实现信息的同步的。

(3)各项职能中的业务流程是否已经优化,它与岗位的设置和制度体系是否匹配。

(4)业务流程在系统中是如何实现的,修改或调整是否需要代码级的操作。

(5)人力资源管理体系与企业内部的制度和其他运行的体系是否一致。

(6)各个模块中的功能定义中有多少比例是系统实现的、多少是手工实现的。

（三）职能拓展

这类指标主要是衡量人力资源管理信息系统在企业业务、组织等发生调整时，系统对这种调整的适应程度。这类指标适用于正在高速成长期的企业或者处于兼并重组时期的企业。对这类指标的评估示例如下。

（1）增加或者合并独立法人机构，系统是否需要代码级操作，历史数据如何处理。

（2）组织内部的部门合并或者增加，系统是否需要代码级操作，历史数据如何处理。

（3）部门或法人单位发生变化时，对于岗位体系影响哪些因素，历史数据如何处理。

（4）部门或法人单位发生变化时，对于人事档案影响哪些因素，历史数据如何处理。

四、人力资源管理信息系统的建立

企业信息化人力资源系统的建立，在技术上需要注意以下几个方面：

（一）协同办公

将办公收发文件的处理与其他各项业务活动尤其是人力资源管理活动协同，达到业务信息处理和办公自动化相结合，办公和业务协同，利用办公自动化协同并推动业务信息化尤其是人力资源信息化处理。

（二）协同档案管理

将员工的档案管理与日常业绩考核的相关信息进行协同，利用信息系统完成档案的自动归档，提高档案管理的功能，方便信息的检索，使得业务管理与档案管理进行互动，提高档案管理的管理效率，同时提高业务的处理能力。

（三）人机协调

通过业务技术的处理，实现人机的协调工作，包括时间的协调，业务处理的协调，从业务处理的各个角度通过信息系统提供业务辅助，能够提供即时的信息帮助；并通过操作人员的合适处理、简单操作进行业务的处理，达到人与机器的充分协调。

（四）数据信息自动匹配，辅助业务决策

在员工管理的过程中，考核人员经常要对多种考核标准、管理要求、法规依据等因素进行检查然后再做出合适的处理结果。在系统中利用计算机查找各类供参考的规则或事实，并自动对数据进行匹配，提示信息提出处理建议，让管理人员可以从容地根据这些信息做出最恰当的处理。

（五）数据的输入与输出

数据的输入输出是系统使用及性能的重要体现，达到合理简便的数据输入，系统采集足够的信息资源，有效的数据输出，展现系统的处理结果，以实现系统的信息化目标。这要求系统必须能够实现输入的正确性、规范性、合法性和便利性，也保证输出的数据丰富、灵活便捷、具有人性化。

（六）数据保护

为了更好地保护数据库和应用系统的安全，首先需要认识数据库安全的重要性，搞清楚受到哪些主要威胁，正确理解数据库系统的安全要求，才能确定合理的安全策略。数据库主要的安全要求是数据库的完整性、可靠性、保密性、可用性和可靠性。其中完整性包括物理完整性、逻辑完整性和元素完整性；保密性要求包括访问控制、用户认证、审计跟踪、数据加密等内容。

五、人力资源管理信息系统应用过程中常见的问题

（一）缺乏有效的领导

第一，缺乏企业最高领导者的支持，很难推动一个牵扯整个企业管理系统，涉及企业IT、人力资源、投资管理等多个部门，影响每个员工行为方式和切身利益的项目。有时候，缺乏统一领导很可能使项目成为企业内部政治斗争的牺牲品。因此企业领导支持与否、支

持的力度如何直接影响项目的进程和结构。第二，缺乏项目领导。目前既有丰富的IT知识和经历，特别是管理系统的经历，而又具有人力资源管理经历的人少之又少，因此项目的主管无论是IT技术部门，还是人力资源管理部门，总会存在信息不对称，从而造成项目主管不敢决策，相互推诿的局面。

（二）目标不明确

国内的电子人力资源市场正在不断地成熟，而在这个阶段，一些企业或者一些电子人力资源软件商总是将电子人力资源目标制定的无所不能，期望值过高，所有能够想到的好东西不管现实与否，是否适用都写到方案中。而在项目实施过程中，由于期望值过高，造成与实际效果的极度反差中，使企业对电子人力资源的信心备受打击，这里一方面的原因在于企业对电子人力资源的不了解，另一方面也由于供应商在与企业的前期沟通中为了促成签约，总会夸大人力资源管理信息系统的功能。

（三）忽视组织因素

作为一个企业的电子人力资源项目，技术是一方面，人员也是一方面，在启动一个电子人力资源策略的过程中，经理们经常会在员工方面出现许多问题。员工不喜欢变革，然而，在电子人力资源项目实施过程中却意味着众多的变革。在这里变化最突出的是人力资源部门的人员，他们要改变原来熟悉的工作方法甚至工作流程，改手工操作为电脑操作，这就需要加强学习，提高工作技能，熟悉新的业务流程。电子人力资源给企业带来的变化是深刻的，因此项目实施中必须处理组织和人的因素，寻求让员工参与进来负责业务流程变革的方法，处理变革的文化影响。

（四）没有检查和优化业务流程

在实施一个电子人力资源项目之前如果没有检查和优化其业务流程的话，会促使现有业务问题更快、更大的激化。因此业务手工化的问题已经耗费成本，而实现流程自动化后，该问题在自动化中会更快的、成倍的消耗资金，造成更大的损失。因此，即使是最简单的电子人力资源项目也需要对企业的业务流程进行以经营战略为中心的调整或者优化。

（五）忽视约束

许多公司在电子人力资源项目上忽视了外在和内在的约束性问题，必须了解在电子人力资源规划中都有哪些约束、实现目标的项目周期为多长时间、预算是多少，风险有多大等问题。项目周期的长短直接影响企业能否及时使用，直接影响项目范围的界定，也直接影响着电子人力资源项目目标的实现；预算意味着投入，企业能够有多大的投入意味着项目的规模有多大；风险是一个项目管理所必须面对的，只有预先预测并进行控制，实施才有可能更少出现问题和偏差。

（六）忽视企业文化

在没有建立一个真正深入人心的以人为本的企业文化之前，实施电子人力资源项目，无论是企业或者是供应商，都没有真正从企业文化的角度去宏观规划，当然主要原因是在供应商或者第三方咨询。变革企业文化，就不可避免地要调整、优化或者重组企业的业务流程，如果在有问题的业务流程上实施这种企业文化的人力资源管理信息系统，只会越来越糟。

（七）供应商选择失败

选择一个实力雄厚、产品优秀并且咨询实施的经验丰富的电子人力资源供应商，是一个电子人力资源项目成功地必要条件之一。其实，供应商提供的不仅是技术和产品，而且是一种经营战略，国内的电子人力资源软件厂商更多地将精力投放在国外产品技术的模仿和超越上，而忽视了电子人力资源是最重要的经营战略的体现。国内的电子人力资源项目大多数就是在实施产品，而不是实施一种以客户为中心的围绕用户业务流程的经营战略，其实施过程大部分是安装培训。因此，是否选择了一个能以企业的经营战略的高度来实施整个电子人力资源项目的供应商,决定了企业人力资源信息化过程的成败,也影响着是否能顺利实施企业未来战略。

第五节 人力资源管理信息系统实施

一、人力资源管理信息系统实施项目组织

在未来信息系统上线的准备期,企业一般会成立项目办公室,主要由专业的人力资源管理人员、信息技术人员和直线经理组成。

(一)决策委员会的职责与组成

决策委员会的职责包括以下五项。

(1)审批信息化建设总体规划。

(2)审批各分项目行动计划与里程碑。

(3)对各分项实施推进情况进度和效果跟踪。

(4)审批行动方案的调整和变动。

(5)对里程碑工作情况进行检查。

决策委员会作为最高指挥机构,主要承担宏观控制、协调和资源整合的职责。

(二)项目负责人的职责与组成

(1)负责与实施各方联络,保证项目按进度顺利实施。

(2)参加项目计划制定,辅助管理项目范围,调度资源,监控进度。

(3)组织项目中的培训,变革管理和需求调研等工作。

(4)提供系统上线后的有关业务支持方法的培训并负责未来的业务支持。

(5)其他所应该负责的项目管理组织协调工作。

项目负责人是人力资源管理信息系统建设项目的直接负责人,建议由人力资源部门负责人和信息技术负责人共同组成项目负责人组成。在项目实施过程中,通过集体决策、知识互补的方式,共同推进项目。

(三)实施组职责

(1)进行业务流程及功能需求的整理和详细设计。

(2)协助制定必要地数据安全管理制度。

(3)协助制定必要地系统内部实施管理制度。

(4)进行数据的收集、整理和准备,为设计方提供必要地数据转化支持。

(5)参与项目详细实施计划、阶段计划、培训计划的制定。

(6)负责最终操作用户的培训和使用指导。

(7)参与相关系统的单元及集成测试。

(8)接受咨询顾问的知识转移。

(9)提供项目适时的技术及相关信息。

(10)提供安装及维护所需的硬件和通讯网络。

(11)协助安装调试设计方的软件系统。

(12)提供系统的技术,运行环境以及支持系统培训、实施、维护等工作的正常运行。

二、工作内容

(一)选择系统类型

建设人力资源信息化系统主要有三种方式,即购买套装软件、定制开发和软件集成。企业在选择建设途径时应考虑基于企业信息化资源,能力等情况的客观分析,给予业务分析,需求能力分析和业务需求准备的成熟、完整和清晰程度,基于目标产品的市场成熟程

度、行业特点匹配度和实施能力，基于成本和收益之间的平衡，基于项目进度要求等要素进行。选择确定系统类型后，就开始项目建设的启动。

（二）项目启动

项目筹备阶段主要工作是针对实施公司所提供的项目计划做出后调整，在这个阶段中，整理业务文件，准备相关的办公环境和网络环境，并且开始培训工作。

（三）业务蓝图设计

这一阶段的主要工作有：安装系统，架设培训、测试开发环境、培训员工、优化业务流程，分析适用系统后的差异、设置报表和窗体的内容、确认资料转换的格式、内容、规格等，并且检验完成功能情况。

（四）主要功能实现

实施阶段是根据人力资源管理业务蓝图所定义的组织架构、业务流程和执行程序的要求，在测试环境完成信息系统中各项参数设定经由单一功能的测试直至整体测试，确保系统的完整和集成。

（五）二次开发

二次开发的功能是指在人力资源系统完成的情况下，根据系统自身设计的一个功能模块基础上，借助系统设计平台，对于企业将来需要的功能设计外挂的程序功能，并且完善实施。一般来说，大型的人力资源管理软件系统开发时都会在系统里预留出二次开发的功能。

（六）整体上线

完成以上程序之后，还要进行最后的测试和整体上线。这个过程中主要的工作是：系统测试，使用者测试，资料调整，并且将最后的测试资料转换成实际应用的资料，并且接受端口测试，整体上线。上线试用一段时间后，开发商还会进行一次测试，保证功能的充分发挥。

三、人力资源管理信息系统的维护

在系统上线实施完成后，必须进行有效的后续支持和系统维护。系统维护需要考虑以下几个方面：

（一）专人负责，定期进行

系统维护必须有专人负责，建立系统维护计划，定期进行系统维护。人力资源管理信息系统通常的毛病是在系统出了问题或者是有了要求时企业才考虑进行系统维护。但实际的情况是在运行期间即使目前是大错不犯，也会小错不断，因此需要专门人员定期检查系统，对出现的问题建立问题档案，记录问题现象的处理方式，以及处理结果。系统维护人员不仅要有较强的IT基础，而且还需要对人力资源方面有一定的了解，熟悉企业里人力资源管理部门的具体业务，在时间和精力上也要有一定的保证。

（二）系统维护从建立原型系统后开始

人力资源管理信息系统维护不是在系统上线后才开始考虑，而应该在建立了系统原型后就应该着手考虑和进行的。一般来说，原型系统建立到系统正式上线会有一段时间，期间很多原有的和采集的数据会源源不断地转入系统中，而系统管理的信息又是动态的，每天都有可能变化发生。完善的系统维护会帮助系统在实施后系统切换的正常进行，减少切换过程的忙乱和可能重复劳动。

（三）建立有效的沟通和培训渠道

人力资源管理信息系统中保留的是很多有关员工的个人信息，在将信息更新的工作交给相关人员的同时，也给如何检查和保证相关信息的及时更新带来挑战。人力资源管理信息系统的特点之一是数据的“不规范性”，如在工作经历中，不同的客户可能会对系统要求的理解不一致,有些员工的工作经历过于琐碎,而另一些员工的则可能过于笼统。如何保证人力资源管理信息系统管理信息的一致性,也会随着系统使用的深入而暴露出来。同时,系统的设置也会随着企业相关政策的变化和不同用户的要求,而不断做出调整和修改。因此,必须建立有效的沟通和培训渠道,确保系统的要求和变化能及时通知到每一个系统用户。

(四)定期系统清理和备份

在系统运行一段时间后,我们会发现系统里逐渐会积累很多结果不正确、目的不明确,甚至是无用的查询、报表,它们的存在会大大降低系统的可使用性。试想一下,面对系统数十个,甚至上百个查询,用户不仅难于找到他想要的结果,而同一种查询往往会有很多个类似的查询在系统中存在。由于建立查询结果的方法不一样,有些相对通用,有些是临时用的,条件设置不同,运行结果也会有差异。这些查询逐渐就成为系统的垃圾。同时大量、很少使用的历史数据也会大大降低系统的运行效率。因此,根据系统运行管理规则,定期清理系统中的无用查询和报表,定期卸载历史数据,在需要用的时候恢复它们,则可大大地提高系统的运行效率。

对于人力资源管理信息系统,通常的做法是将某些重要的数据,如薪资、绩效、职位和组织机构等,保留完整的历史信息。有规则的数据库备份可以保证用户在需要的时候恢复数据库来获取当时的状态和信息。

(五)建立运行日志档案,更新系统设置说明和用户文档

很多用户不愿花时间来编写和更新系统有关的文档,即使在系统实施阶段编写了文档,也不能在以后的工作中根据变化保证文档的更新。在人力资源管理信息系统运营之后,一般来说,系统维护工作应包括系统设置文档和用户使用文档的编写和更新及系统运行日志的建立。建立系统运行日志档案可以有效地记载系统中出现的问题,在未来的使用中避免犯类似的错误。

课后思考题

1. 简述信息化人力资源管理的发展历程。
2. 根据你所学的知识说明几个人力资源管理信息模块之间的关系。
3. 简述各个业务功能模块在 e - HR 中的作用。

案例分析

Cisco 系统进入互联网

这些日子互联网上充满了关于公司的闲话。再也无须委托给专门的领域,互联网被重构为新的商业手段。当然,在加州圣约瑟的 Cisco 系统里,人力资源经理们三年前就已经认识到了这一点——公司在网络上。这家中等规模的公司,拥有 4 500 名员工,自 1993 年起就开始探索怎样利用互联网更好地服务客户,它们创立了两张主页,一张面向员工,另一张面向公司外部人员。

内部的主页帮助 Cisco 成为一个无纸化公司,也使员工们可以接触更多的信息,包括发布招聘信息的工作。外部网页为上网者提供关于公司的信息及工作机会。当求职者敲击“机会”按钮,就可以看到相关的工作信息,此外,Cisco 还会对难以招聘到的职位注明“热门机会”。

Cisco 考虑到了招聘的各个角度。在大学的主页上 Cisco 提供了在某些特定大学举办招聘会的具体日期和时间。网络上还能找到关于 Cisco 给大学生进行指导和培训的项目。另外,一个企业文化的主页还提供了公司的背景资料,包括它的津贴范围、利润结构和社区关系哲学等。工作列表每星期更新一次,上面还包括一些如何发电子邮件或传真来寄简历

给公司的信息。公司的数据库存储了超过20 000份有效的个人简历，并且每天在互联网上还能收到50～70份新的简历。

同它的内部主页类似，公司外部的主页给人力资源部节省了很多时间：简历被自动扫描输入，经理们可以通过关键字来搜索要找的信息，而不用在浩如烟海的纸堆中翻来翻去。举个例子来说，如果公司需要一个会计人员，经理就可以在电脑上输入"ATM"，计算机就会查出所有包含这个词的简历。另外，采用互联网招聘高能力、高素质的人员也节省了经理们不少时间。Cisco公司人力资源部的副总裁芭芭拉·贝克也说过："互联网给我们提供了一种很好的自我筛选。我们寻找的是高技术的人才，而这些人在互联网上很容易找到。这个方法很省钱，而且如果你在报纸上登招聘广告，来应聘的人会很多，可是其中很多人并不是那种我们需要的有这方面经验的人。"

讨论问题：

1. 从Cisco公司的实践看，使用互联网来进行招聘对于吸引应聘者有什么好处？
2. 采用这种招聘方式，有什么潜在的问题需要注意？
3. 这样一种系统，对于不同行业、不同规模的公司是否都适用？

第十一章 跨国人力资源管理

第一节 人力资源管理和商业国际化

在全球化经营的背景下,企业的人力资源管理活动与其国内经营的情况大不相同,具体表现为跨国人力资源管理面对更为动荡的、多样化的管理环境,需要执行更多的管理职能,同一管理职能的多样性与复杂性大大提高,管理受到更大的外部制约,管理过程中需更多地介入员工个人生活,而低效的跨国人力资源管理也将导致更明显的不利影响。造成以下差异的因素为文化多元性(Multiculturalism)和地理扩散(Geographic Dispersion),前者指组织中存在来自于两个以上不同文化背景的员工,后者则指跨国公司在不同国家建立大量子公司的状况。文化多元性和地理扩散的存在,使跨国人力资源管理面对复杂性、经营风险和不确定性大大提高的商务环境,企业必须对当地政府、劳动者和公众舆论更为敏感,并针对当地环境调整管理思想和实践。提供差异化的人力资源管理。另一方面,跨国公司所面对的多样性的文化和地理范围的扩大,也对其企业经营存在正面影响。企业通过有效的人力资源管理,将有机会获得利益并形成企业长期增长基础。简单地说,国际企业可利用的正面因素包括:一是由于多种文化和多种视角共存,企业内部的创造性和创新精神可能加强;二是对外国消费者更为敏感,更易理解客户的特殊要求;三是从全球范围吸纳最优秀的人员;四是企业得以在全球范围寻求最佳经营机会;五是创造"超级组织文化",包容各文化中最精华的部分,并在此基础上形成一个统一、卓越的文化;六是在企业中形成更大的灵活性,适应各种不同的经营环境并及时做出必要变革。从目前的跨国企业经营来看,企业往往追求产品开发和营销的优势,而上述潜在的长期优势则并未在经营中实现。而企业长期优势的形成,正是由人力资源管理水平决定的,可以说,企业的战略性人力资源管理政策及水平将最终决定其能否真正有效实现经营突破和国际化经营目标的达成。

跨国人力资源管理定义为:处在人力资源活动、员工类型和企业经营所在国类型这三个维度之中的互动组合。从广义上讲,跨国人力资源管理所从事的是与国内人力资源管理相同的活动。例如,"获取"就是指人力资源规划与人力招募,但是国内人力资源管理只考虑一国范围内的员工问题。因此,区分国内人力资源管理和跨国人力资源管理的关键变量,在于后者的复杂性—要在若干不同国家经营并招募不同国籍的员工,而不是两者在所进行的人力资源活动上的显著差异。跨国人力资源管理活动受到以下几个因素的影响。

一、文化环境

文化的一个重要特征在于,它是一个如此微妙的过程,以至于人们并不总能意识到它对价值观、态度和行为的影响。人们通常在不得不面对另一种文化时,才真正了解到文化的影响。对于到一个新国家工作和生活的人来说,文化差异可能带来文化冲击—人们跨越文化时所经历的一种现象。新的环境要求在相对短的时间内做出许多调整,这对人们的观念形成了相当程度的挑战。由于跨国企业经营涉及跨国界的交往和人员往来,因此,了解文化差异以及理解这种差异的重要性是非常关键的。这一领域的研究有助于我们更深刻地理解文化环境如何作为一个变量影响国内人力资源管理和跨国人力资源管理之间的差异。

二、产业类型

波特指出,跨国公司从事何种产业(或者大型企业集团所涉及的许多不同产业)相当重要,因为不同产业的国际竞争模式差别很大。如果把国际竞争的模式看成一个连续体,它的一端是多国产业,从事这种产业的公司在每一个国家独立展开竞争,与它在其他国家展开的竞争不发生关联,传统的例子包括零售业、分销业和保险业;在它的另一端是全球性企业,从事这种产业的公司在一个国家的竞争地位明显受制于它在其他国家的竞争地位,包括商用飞机制造业、半导体业和复印机业。

多国产业和全球产业中人力资源管理职能的角色可以用波特的价值链模型来分析。在波特的模型中,人力资源管理被视为围绕企业五项基本活动的四项支持活动之一。由于人力资源包含于每一项基本活动和支持活动,人力资源管理职能也被视为贯穿企业的整个价值链。如果一家公司属于多国企业,人力资源部门的角色极有可能在结构和导向上更倾向国内的特征。有时,从人力资源管理职能方面可能对国际性服务有着相当大的需求,但这些活动都不是主要的。实际上,这方面的许多活动是借助外部顾问或临时人员来完成的。人力资源管理的主要角色是为企业在每一个国家的内部市场的基本活动提供支持,通过成本/效率/或者产品/服务差别化来赢得竞争优势。如果企业属于全球型产业,波特描述的"协同规则"则要求人力资源管理职能是为输送跨国公司基本活动所需要的国际性支持而构建。

三、跨国公司对母国市场的依赖

一个普遍但经常被忽略的影响跨国公司行为及由之产生的人力资源实践的因素是,跨国公司对母国国内市场的依赖程度。事实上,对于许多企业来说,较小的母国市场就是其"走向世界"的主要动机之一。根据联合国贸易与发展会议在每年一度的对外直接投资调查中计算"跨国指数"一项,雀巢公司是最能体现跨国导向的公司,其在瑞士以外的资产占87%,销售额占98%,员工数占97%。没有一家美国公司能进入前几名,原因很明显,即由于美国公司的国内市场规模。一个规模巨大的国内市场影响着跨国公司组织其活动的各个方面。例如,一家跨国公司很有可能以设立国际分部的方式来组织国际业务,因此,即使它采用全球性的产品结构,国内市场的重要性仍然显而易见。

四、高层管理者对国际经营管理的态度

如果高层管理者缺乏强有力的国际导向,很可能在制定企业的长期和具体目标上,或许就不会强调(甚至忽视)国际经营管理的重要性。在这种情况下,经理们或许只倾向于关注国内的问题,对国内人力资源管理和跨国人力资源管理之间的差异等闲视之。他们假设在两者之间存在着很大的移植性,也不考虑这一问题是否出于民族优越感、信息的不充分或者缺乏国际性的视野,因此常常在国际经营管理中造成麻烦。企业人力资源经理要面对的挑战是与高层领导人一起培育渴望中的"全球思维方式"。这一目标要求每一位人力资源经理能够以全球性的视角思考、制定和运用人力资源政策,促进全球导向的企业员工的发展。

第二节　跨国公司的人力资源规划

一、跨国公司的人力资源规划概述

跨国人力资源规划又称跨国人力资源计划,是指在跨国母公司战略及其目标引领下,着眼于为未来的企业生产经营活动预告准备人力,持续和系统地分析跨国企业及其海外子公司在政治、经济、社会文化等不断变化的条件下对人力资源的需求,并开发制定出跨国公司及其海外子公司未来效益相适应的人事政策的过程。跨国人力资源规划的任务是预测

跨国公司及其海外子公司发展中人力资源的供给与需求状况，并采取相应措施，确保企业在需要的时间和需要的岗位获得所需的人选(包括人员数量、质量和结构)以实现跨国公司及其海外子公司人力资源的最佳配置，使企业与员工的需要得到满足。

跨国公司人力资源规划的特点是管理者必须及时了解当地以及国际劳动力市场供应状况，考虑确定外派经理的能力，判断影响外派经理成功的因素，为外派经理提供职业发展机会以及根据跨国企业经营战略适时调整国际人员方案。

跨国企业的人员需求主要与跨国企业经营战略、经营规模、经营范围、采用技术、管理水平以及东道国的环境(如国民教育水准、政治经济体制、社会文化等)等有关。如果上述这些因素发生了变化，跨国企业的人员需求将发生改变。跨国公司的管理者需要及时进行人员规划方案的调整。

二、跨国公司人力资源规划的基本程序

(一)国际人力资源状况检查

检查阶段是国际人力资源规划的首要过程，它的质量如何对整个工作影响很大，必须予以高度重视。

核查现有国际人力资源的关键在于检查公司现有人力资源的数量、质量、结构及分布状况。这一部分工作需要结合跨国公司现有的国际人力资源管理信息系统和职务分析的相关信息来进行。国际人力资源信息应包括以下几个方面：

(1)个人基本特征。如姓名、性别、出生日期、国籍、身体自然状况、健康状况、婚姻、民族、所参加的社会团体派别等。

(2)录用资料。包括合同签订时间、候选人招募来源、管理经历、外语种类和水平、特殊技能，以及对企业有潜在价值的爱好和特长等。

(3)教育资料。包括员工受教育程度、专业领域、各类培训证书或者跨文化培训记录等。

(4)工资资料。包括雇员现有的工资类别、等级、工资额、上次加薪日期以及对下次加薪日期和量的预测。

(5)工作业绩评价。包括上次评价时间、评价或成绩报告、历次评价的原始资料等。

(6)工作经历。包括在国内或国外以往的工作单位和部门、特殊培训资料、升降职原因、是否受过处分及原因和类型、最后一次内部转换的资料等。

(7)服务与离职资料。包括国内国外任职时间长度、离职次数及离职原因。

(二)国际人员需求预测

这一步工作与国际人力资源状况检查可同时进行，主要是根据跨国公司的发展战略规划和海外公司的内部环境条件选择国际人力资源预测技术，然后对国际人力需求的结构和数量、质量进行预测。

在预测国际人员需求时，应充分考虑以下综合因素对人员需求的数量、质量以及构成的影响。

(1)国际市场需求、产品或服务质量升级或决定进入新的海外市场。

(2)国际产品和服务的要求。

(3)国际人员稳定性，如计划内更替(辞职和辞退的结果)、人员流失(跳槽)等情况。

(4)与公司变化的需求相关的国际人力跨文化培训和教育情况。

(5)跨国公司为提高生产率而进行的跨国技术和跨国组织管理革新。

(6)相关国际的法律法规，比如工作时间规定等。

(7)预测海外职务可能面临的变化可能性。

(8)母公司和海外子公司各部门可用的人员预算情况。

在国际人员需求预测过程中，人力资源管理者对公司市场、战略及其发展的判断是否

准确是关键。同时,还需要对公司外派人才的管理能力进行有效的判断。一般来说,国际业务因素是影响员工需要类型、数量的关键变量,人力资源管理者应通过分离国际业务因素,在收集以往外派资料基础上进行预测。人力资源需求是人员能力、产量、销量、税收等的函数,但对不同的跨国企业及其海外子公司,每一因素的影响并不相同,需要人力资源管理者的前瞻性、科学性和经验的有效结合。

(三)国际人员供给预测

国际人员供给预测也称为国际人员拥有量预测,是国际人力资源规划的又一个关键环节,只有进行国际人员供给预测并把它与国际人员需求预测匹配后,才能制定各种具体的规划。国际人员供给预测包括两部分:一是跨国公司和海外子公司内部国际人才拥有量预测,即根据现有公司国际人力资源及其未来变动情况,预测规划的时间点上国际人员拥有量;二是对公司外部国际人力资源供给量进行预测,确定外部市场各时间点上的各类国际人员的可供量。公司内外部国际人才的综合即为国际企业可供给的国际人力总量。当然,具体进行供给预测时,还要根据外部情况如政治、社会经济变化进行调整。

(四)起草国际人力资源供需匹配计划

国际人力资源供需匹配计划过程主要包括:

(1)确定国际人员净需求量。这一步主要是把预测到的各规划时间点上的国际人员供给与人员需求进行比较,确定国际人员在质量、数量、结构及分布上的不一致之处,从而得到母公司及其海外子公司净人员需求量。

(2)制定国际人力资源具体计划。通过制定国际人力资源匹配的具体规划来促使国际人力需求与供给在规划各时间点上的匹配。国际人力资源具体计划主要包括:国际人员晋升规划、国际人员补充规划、国际人员培训开发规划、国际人员配备规划等。

(3)确定国际人力资源规划的具体行动方案。

(五)执行国际人力资源规划并对规划进行监控

国际人力资源规划应包括人力资源的预算、目标和标准设置,同时也应承担执行和控制的职责,通过建立一整套报告程序来保证对国际人力资源的监控。监控报告主要包括母公司和海外子公司的国际人才雇佣总数量和为达到招聘目标而招聘的国际人员数量。同时应报告与预算相比国际雇佣费用情况如何,损耗量和雇佣量的比率变化趋势如何等内容。

实施国际人力资源监控的目的在于为总体规划和具体规划的修订或调整提供可靠信息。在国际人力资源需求和供给预测中,由于不可控因素很多,经常会遇到和发生令人意想不到的变化或问题,如果不对国际人力资源规划进行动态的监控和调整,国际人力资源规划最后就可能成为一纸空文,失去指导意义。因此,执行国际人力资源监控是国际人力资源规划过程中一个十分重要的环节。

(六)评估人力资源规划

跨国公司和海外子公司应根据规划期内人力资源的现状,在事先对预测结果进行初步评估基础上,由人力资源管理人员、专家、用户及有关部门主管人员组成评估组来完成国际人力资源规划的评估。

国际人力资源的评估者应考虑以下具体问题:

(1)国际人员预测所依据的信息的质量、广泛性、详尽性、可靠性,以及信息的误差及原因。

(2)国际人员预测所选择的主要因素的影响与人力需求的相关度,预测方法在使用的时间、范围、对象的特点与数据类型等方面的适用性程度。

(3)国际人力资源规划人员熟悉人事问题的程度以及对他们的重视程度。

(4)国际人力资源规划人员提供数据和使用人力资源规划的人事、财务部门以及各业务部门经理之间的工作关系如何。

(5)国际人力资源规划者与相关部门之间信息交流的难易程度。

(6)跨国公司和海外子公司决策者对人力资源规划中提出的预测结果、行动方案和建议的利用程度。

(7)国际人力资源规划在跨国企业和海外子公司决策者心目中的价值如何。

(8)国际人力资源规划实施的可行性。评估预测结果是符合母国和东道国的政治、经济、社会文化等环境条件,能否取得达到预测成果所必需的人、财、物、信息、时间等条件。

为了提高国际人力资源预测的可靠性,有必要使评估连续化,除了上述因素可以为国际人力资源规划评价提供重要参考外,还要对如下几个因素进行比较:

(1)实际招聘国际雇员数与预测的国际人员需求量比较。

(2)国际人力资源劳动生产率的实际水平与预测水平比较。

(3)实际的与预测的国际人员流动率的比较。

(4)实际执行方案后的实际结果与预测结果比较。

(5)实施行动方案后的实际结果与预测结果比较。

(6)国际劳动力和行动方案的成本与预算额的比较。

(7)国际人力资源规划行动方案的收益与成本的比较。

国际人力资源规划的评估要客观、公正和准确;同时要进行成本—效益分析以及审核规划的有效性;在评估时一定要征求中高层部门经理和基层管理者的意见,这些管理人员是国际人力资源规划的直接受益者并具有最优发言权。

第三节 跨国公司的人员招聘与选拔

一、跨国人员招聘和选拔的基本方法

海外子公司在招聘员工特别是经理人员时,一般可以采用以下四种方法为其配备人员并进行管理:民族中心法、多中心法、地区中心法、全球中心法。

(一)民族中心法

在这一海外人员配备方法中,公司总部进行战略性决策,总公司派出人员对海外分公司进行管理,国内与国外公司中的主要职位由总公司的管理人员来担当,海外子公司很少有自治权。该方法获得人才的优点是便于母公司的控制和协调,确保子公司遵守母公司的战略目标及政策,为那些有潜力的经理人员提供国际经营管理经验,对派出人员比较了解等。缺点是:所有国人员的升迁机会受到限制,有时母公司人员适应所在国的时间较长,母国人员可能会将母国方法不恰当地用于子公司,母国人员和所在国人员薪酬存在较大差异。

(二)多中心法

在这一海外子公司人员配备方法中,跨国公司将各个海外子公司看成是独立的实体,子公司具有相应的决策权,海外子公司由东道国人员进行管理。这一方法的优点是:适用于母国劳动力市场中很多人不愿意调换公司,且东道国人员有相应管理能力的情形。雇用东道国人员可以消除语言沟通障碍;消减高昂的跨文化培训费用;尽快提高海外人员的跨文化适应能力;充分利用当地的薪资优势;可以适当减少人员聘用成本,等等。缺点是:当地管理者难免存在跨越子公司和母公司的隔阂,同时他们的管理经验可能与母公司的要求相去甚远;公司总部的控制和协调可能受阻;所在国人员在子公司之外的职业生涯有限;招聘所在国人员限制了母国人员的国际工作锻炼机会;可能会助长"联邦主义"而非全球发展。

(三)地区中心法

它是一种有特定限制的海外人员获取方法。该方法下人员到国外任职只限定在一个特定的区域内。东道国所在地区的经理人员不被提拔到母公司任职,但在所在管辖范围内有一定的决策权。地区中心法可以看作全球中心法的开始步骤。

(四)全球中心法

这是一种在全球范围内寻找最佳人选的跨国人员获取方法。该方法的优点是:在全球范围获得人才的策略本身是主动积极的,便于寻找更合适的人才,便于跨国公司全球产业布局和管理,便于获得更多的国际经营人才。但这种人员获取方式也存在一些问题,如人员获取的费用非常昂贵,对管理者及其职业模式需要进行大量的集权控制。著名的跨国公司高露洁目前的人员选拔就采取全球中心法。高露洁公司具有超过 50 年的国际化经验,其产品畅销 170 多个国家和地区,该公司有 60% 以上的员工来自当地,最新的 4 名 CEO 中有两名不是美国人,所有的高层主管人员至少会两种语言,重要的会议均在全球各地召开。

二、外派人员的筛选

(一)外派人员的概念

外派人员也称驻外雇员、外派雇员,是指来自于其原工作所在国,而被派往其他国家任职的人员。他们可能是普通的劳动者,也可能是高级管理人员。但通常我们所讨论的外派人员大多是跨国的专业人才或管理人才。在一个跨国组织中,雇员一般有以下三种类型:第一种是来自母国企业所在地的雇员,他们被称为母国人员。第二种是母国和东道国之外,被派往母国以外任职的员工,被称为第三国员工。第三种是东道国人员,即在分支结构所在地雇佣的员工。

(二)外派人员的招聘和选拔标准

外派人员的选拔标准是外派人员是否成功展开工作的基础。确定合适的选拔标准来招聘外派人员是跨国公司人力资源管理领域中的一个重要问题。由于海外工作的复杂性,确定外派人员的标准需要考虑母公司的国际化过程、母公司的人力资源战略、外派人员的自身特征。外派人员选拔的标准可以包括以下因素:

1. 专业技术能力

外派人员的专业技术能力是指完成外派工作任务具有的技能和知识。除了与母国相应的技术能力之外,外派人员还应掌握东道国经营管理相关的知识和技能。此外,对不同层级的管理人员,专业能力可能具有不同的要求。跨文化管理能力是个能力体系,主要涉及海外企业不同文化差异下的管理技能,具体包括跨文化组织、跨文化激励、跨文化沟通、跨文化团队建设和跨文化谈判等方面的有效能力。

2. 跨文化交际能力

跨文化交际能力是外派人员在海外成功的基础。对模糊的容忍性高、行为具有弹性、决策和判断非审判和武断性、具有较高文化移情和较低的自我中心民族优越感的外派者往往更能够成功。

3. 语言能力

语言是沟通和交流的主要工具。外派人员在具有不同语言和文化的异地工作需要具备相应的语言技能。外派人员应掌握东道国语言,了解东道国文化并具有同东道国同事进行语言交流的技巧。外派人员还应具有强大的跨文化沟通能力,对异国的语言和文化具有高度的敏感性。

4. 外派人员的出国动机

外派人员的出国动机是影响其出国后的工作行为和工作绩效的不可忽视的因素。出国动机受到外派人员的文化背景、工作类型和工作成就感的综合影响。文化背景方面,不确定性规避水平高的国家的个体更多地以职业安全感为工作动机;反之,则是以获得个人成就为主要动机。从工作性质来看,管理人员更想从国际工作经历看待出国,而技术人员更多地从工作安全角度来看待出国。工作成就感方面,外派人员到异地和不同文化背景下工作,必须具有成就使命感,其海外工作生涯应该与其自身的职业发展道路相一致。外派人员必须对海外工作和东道国的文化感兴趣,愿意理解甚至模仿东道国新伙伴的行为和态度。工作成就感是外派人员到海外工作的基本动机所在，是促使其在海外工作成功的基本驱动力。

5. 外派人员性别、年龄、婚姻及家庭状况

以往的外派人员大多是男性，但随着女性社会经济地位的提升和能力的提升，越来越多的女性进入国际外派的行列。海外任职既会对雇员本人产生影响，也会影响到其配偶和子女。有助于海外任职的家庭状况是外派人员成功的关键。外派人员家庭状况方面需要考虑的一些关键因素包括：配偶愿意到国外生活的程度、可能派遣的地区对配偶的职业生涯和子女教育的影响、配偶的交际能力。随着双职工家庭的增多，跨国公司可能还需要提供两个工作职位或者对配偶减少的收入进行适当和补偿，以保证另一方任职的成功。

除了考虑上述五个方面的因素之外，还要考虑外派人员的自我衡量情况。这是因为外派人员对外派任命往往进行自我思考。比如，海外工作时间长短、海外工作地点、家庭迁移、配偶的职业生涯、海外生活成本、海外工作对自己职业生涯的影响等。对这些因素进行过充分思考是外派人员选拔的重要条件。

（三）影响外派人员选拔标准的因素

对所有的外派任职而言，外派的成功因素并非同等重要。一个成功因素的重要优先性取决于四个方面的任职条件，这四个条件分别是：

1. 任职的时间长短

如果外派人员预计在东道国停留和工作的时间从一个月左右或更长到若干年不等，则短期任职的选拔标准通常主要强调其技术与专业能力。

2. 文化相似性

如果母国和海外国家的文化差别很大，管理者通常更难适应。而那些相似文化背景的管理者通常更容易相适应。

3. 交流与沟通要求

一些工作需要与东道国人员进行更多地交流与沟通。在这种情况下，增强个体的交际能力以及对东道国语言和文化的了解就变得更为重要。

4. 工作复杂性和责任

对外派工作，专业技术技能总是十分重要的。对组织而言，工作越重要，在选拔决策中就越应看重候选人的技能和以前在相关工作上的成功经历。

（四）外派人员的筛选手段

在筛选母公司外派人员时，需要借助一定的手段对候选人的个性和能力等进行测试。跨国企业的选拔测试主要针对那些关系到海外企业发展的重要关键性管理和技术岗位人才。外派人员的选拔方法主要有面谈、标准测试、评估中心、个人资料、工作样本、推荐等方式。

但是，需要注意的是，许多测量候选人的品质特点和能力的工具的效度至今没有定论。也就是说，按照这些指标测量所得到的分数，并不能完全预期该候选人在海外分公司的适应能力和工作绩效。

三、东道国员工的筛选

对于东道国员工的招聘，主要侧重于两个目的：一是为海外子公司配备人员；二是为母公司挑选合适的员工。

如果海外子公司配备人员，则筛选标准的重点需要放在候选人的受教育程度、专业技能和相关工作经验等方面。跨国企业在招聘东道国员工时，必须仔细研究东道国相关法律法规和社会习俗，避免招聘过程中出现不必要的麻烦。比如在某些国家，有关一些个人隐私的问题是不可询问的。对那些缺乏在东道国的雇佣经验，母国企业可以通过雇佣一个当地的专业人才服务机构为分公司配备一名东道国人力资源经理，进而将海外公司配备员工的职能本土化。

合资和独资经营方式中对东道国员工的招聘也存在差异。跨国企业中的独资企业有更多的决策权和判断力,但是对于合资企业来说,雇佣问题将变得复杂,它还受到东道国的合作者在雇佣问题上的具体目标和操作方法等影响。

将东道国员工调至公司总部任职是选拔东道国员工的第二个目的。通过选拔到母公司,能培养和提升东道国员工,让他们到公司总部学习更多地专业技能。这一选拔还能促进东道国员工增强归属感,使母公司增强对文化的适应能力,还便于企业建立全球性文化。根据以上目的,跨国企业挑选东道国员工到公司总部任职的原因可能多种多样,具体的筛选标准和方法也会因不同的动机而有所差异。

从东道国选拔员工的一个重要现象就是跨国公司人力资源本地化。人力资源本地化即跨国公司海外子公司大部分重要管理和技术人员、绝大多数基层一线员工都是从东道国中选拔和培养的人才配置和开发方式。随着全球化的不断推进,跨国企业的人力资源本地化同样在不断深入和扩展。

研究表明,公司高获利性取决于人力资源管理的实施与其战略的高度融合性。良好的人力资源管理是在全球经济中维持高生产率和竞争优势的持久的源泉。

国际人力资源管理中的一个重要的发展趋势是人力资源的本土化。人力资源本土化又被认为具有传统和现代两种模式。传统模式是指跨国企业的外派人员获得东道国国籍或长期居留许可权,逐渐成为本地人,并以本地人身份被海外公司雇佣的政策。它主要发生在经济发达程度基本相同的国家之间。人力资源本地化的现代模式是指跨国企业大量启用东道国本土人员,并逐渐由优秀的本地人员取代外派人员来经营管理海外公司的本地化过程。该战略的重心是对东道国的优秀员工的培养和重用。基于对用人成本的控制、东道国社会管理的利用以及对文化差异的尊重,跨国公司的人力资源本地化不仅仅是在雇佣本地员工,它还包括人事政策的制定、招聘、管理和培养等一系列人力资源战略活动。随着海外公司的不断发展,其当地的员工逐渐积累经验和管理知识,能够独自承担子公司的管理任务。

在全球化的发展中,跨国公司之所以采取人力资源本地化,主要是为了应对文化差异所带来的问题以及降低成本的要求。

文化差异所带来的经营困难是人力资源本地化的首要原因。不同文化背景下的员工不仅在沟通上可能存在障碍,在绩效考核、提升升迁和管理方式等诸多方面也会存在很多的差异,给经营管理带来困难。而跨国公司之所以采用人力资源本地化策略就是由于本地员工深受本地文化熏陶,在为人处事的方式和经营管理模式方面更容易和当地情况相结合,顺利地与东道国政府、居民和其他公司组织相处。

人力资源本地化的第二个促进因素是东道国经理的薪酬成本优势。由于外派经理多是从经济水平较高的国家向较低的国家外派,母国公司员工大多不希望被外派到这样的国家,因此,外派人员的薪酬水平通常会比他在母国的工资高,而且要加上公司需要支出的生活补贴、回国探亲费用、子女入学费用等。

正是出于以上诸多原因,跨国企业非常重视通过人力资源本地化来提高人力资源使用率,降低企业成本,提高管理效果。

四、对第三国员工的筛选

跨国企业招聘第三国员工的目的通常是将其作为派往海外分公司的驻外管理人员。专业技术能力、跨文化交流能力和适应能力、语言能力同样是跨国企业挑选第三国员工时的重要筛选标准。

其他情景因素对筛选第三国员工的筛选过程也起着重要的作用。如工作许可证、东道国政府的其他行政措施等因素对第三国员工的筛选都有重要影响。

第四节　跨国企业的员工绩效评估

一、影响海外子公司绩效指标的因素

（一）总公司在海外的整体竞争战略

跨国公司在遇到许多选择时，常常是从母公司整体利益的角度出发进行战略和市场决策。比如，跨国公司创办海外子公司的目的并非一定为盈利，而是可能为了威慑或者抑制占市场统治地位的竞争对手。这样，它们的海外公司可能会在相当长的一段时间里处于亏损状态。但是，这种市场竞争的策略可能会使总公司在其他市场上打败竞争对手，赢得总体上更好的回报。因此竞争战略是影响海外子公司绩效指标的关键性因素。

（二）经营环境的多变性

全球化发展促使行业竞争日益激烈，加上技术的快速发展和基于各种经济利益基础上的战略联盟兴起，促使海外子公司为适应市场变化而制定更为灵活多样的中长期目标。当然，总体上看，虽然海外子公司面临复杂多变的环境和不确定性，但是它们必须与总公司的战略目标保持一致，海外子公司管理人员应尽量避免绩效目标的过多盲目性。

（三）地理和时间距离

空间地理距离促使母公司和外派人员之间不容易进行经常性的面对面交流沟通，同时，时间上的滞后也使得绩效信息相对滞后，这些因素都可能促使对外派人员考评的客观性和真实性受到影响。虽然当今信息技术已经很发达，但是绩效管理中面对面沟通仍然无法通过信息技术替代。因地理和时间因素而导致母公司与海外子公司管理者之间缺乏面对面地沟通，会影响母公司人员对外派人员绩效评估的公平性和客观性。

（四）国际企业发展阶段

国际企业的成长阶段也影响着外派人员的绩效评估。对于那些处于发展初期的海外子公司来说，产品和服务被东道国及其附近国家的认同程度、品牌影响力、所获得母公司的具体业务员支持等方面均可能会遇到障碍。为了获得经营业绩的更好表现，海外子公司可能在人、财、物和工作投入方面花费更多地时间和精力。在确定外派人员绩效指标和标准时，应将子公司的发展阶段差异纳入母公司管理者的考虑范围。

二、对外派人员的绩效评估

（一）外派人员绩效评估指标体系及其绩效标准

外派人员的绩效标准具体包括硬指标和软指标。硬指标是指客观的、容易定量的、可以直接测量的指标，比如目标达成率、产品市场占有率、营销额、服务质量和及时性等。软指标是指以各种技能、行为或品质为基础的标准，如领导技能、管理技能、人际沟通技能、语言技能、谈判技能、工作主动性、积极性、团队合作性、工作灵活性、变革意识和能力等。

对衡量海外分公司人员绩效而言，需要设定适当的业绩指标标准。在确定硬性指标和软性指标的评估标准时，需要结合特定的情景因素。情景因素是指那些与外派人员业绩相关的环境因素。仅仅靠硬性指标来评价外派人员的绩效是不够的，外派人员硬指标和软指标的结果与其所在的工作环境有关。由于受东道国社会的、政治的、经济的和文化的众多因素的影响，外派者目标的达成必然存在一定的或然性。因此，必须结合东道国某些特定的情景因素来考察环境对外派人员绩效的影响，以便客观公正地评估外派人员的绩效。

（二）实施绩效评估的主体

外派人员的绩效评估主体主要包括：外派人员本人、东道国下属、东道国同事、母国上级主管和东道国客户。由于文化差异化，这些评估主体评估的质量与评估者的文化背景有关联。总体上看，各类评估者都存在局限性。自我评估容易产生自我表现中心和扭曲事实。东道国下属评估可能会更多地出于自我需要而不是企业组织需要，文化背景的差异性也会影响其评估结果。东道国同事的评估与评估者相互信任、评估者的激励状态和文化背景有关。母国上级评估者的评估可能由于距离、时间和环境差异容易造成信息不对称而造成偏差。东道国客户的评估容易受到其已有的消费习惯影响而歪曲事实。在评估主体上,外派者的上级管理者评估最关键,上级管理者的评估结果将极大影响到外派人员的绩效结果。

不同的评估主体对应着不同的评估标准,同时对应着不同的评估时期。表 11.1 提供了一份海外雇员业绩考核的评估渠道、标准及其评估时期的考核。

表 11.1 海外雇员业绩考核的评估渠道、标准和时期

评估渠道	标准	时期
自我评价	实现目标	6 个月和在主要项目结束时
	管理技能	
	项目成功	
下属	领导技能	6 个月
	沟通技能	
	下属发展	
外派管理者和东道国管理者的观察	团队建设	6 个月
	人际交往技能	
	跨文化沟通技能	
现场监管	管理技能	在重大项目结束时
	领导技能	
	达到目标	
顾客和主顾	服务质量和及时性	每年
	谈判技能	
	跨文化沟通技能	

(三)外派人员的绩效反馈

绩效反馈是外派人员绩效管理环境的一个重要组成部分,有母国总公司的管理人员向外派人员的绩效反馈既能促使母公司管理者掌握海外子公司的业务进展情况,又能激励外派员工,并对外派员工不断提高工作绩效有重要意义。

三、对东道国员工的绩效评估

在对东道国员工进行绩效评估时,跨国企业通常采用的做法是:海外子公司为东道国员工建立起与当地有关工作行为的文化等相匹配的绩效评估系统。以上评估系统建立的关键是必须符合总公司绩效管理系统的要求。

对调往总部工作的东道国员工绩效评估往往是基于总部对他们的角色期望而进行的。如果由于存在文化差异导致东道国员工与母公司管理者之间的心理距离依然很大,则这些员工就很难适应未来在总部工作的角色期望和工作标准。不少到公司总部工作的东道国员工往往由于文化适应问题造成工作绩效不理想,结果被调回东道国工作。

第五节 跨文化培训

一、跨文化培训概述

由于文化价值观念、管理观念和手段存在不同,来自不同国家的人员之间很容易产生跨文化冲突。对于外派人员,跨文化培训是防止和解决跨文化冲突的有效途径。

跨文化培训是为实现跨国企业战略目标,提高外派人员和东道国人员的素质,运用系

统培训手段,通过制定培训方案、实施培训、评估培训效果等方式的人员开发过程。跨文化培训的目的是为跨国公司整体战略服务,减少外派与东道国人员之间的文化冲突,提高外派人员和东道国员工的工作绩效。此外,对东道国员工进行培训还直接关系到跨国企业的劳动力成本。提前跨文化培训能降低外派人员的失败率,提高外派人员的工作绩效。

二、跨文化培训方式

跨文化培训方式是跨文化培训设计的重要内容之一,它直接影响跨文化培训的效果。派往国家的不同、企业对外派人员跨文化技能要求的差异、外派人员跨文化认知和跨文化敏感性的差异等因素都决定企业在对外派人员跨文化培训中不同的培训方式。表 11.2 为跨文化培训方式总结。

事实法是指向受训者提供有关东道国国家概况知识的跨文化培训方式,其目的是提高受训者的跨文化认知水平。事实法主要以培训者直接授课为主,主要包括讲座和区域学习两种方式。

分析法是指由培训专家与受训者通过分析影像资料或书面材料,共同对文化差异引发的冲突事件进行分析,以提高受训者认知文化差异和接受异文化行为的能力的培训方式。分析法主要包括文化同化、敏感性培训、案例研究等方法。

体验法是指通过培训者与受训者之间的互动过程或受训者的亲身实地体验来培养受训者的跨文化认知技能和行为方式的方法。体验法主要包括体验式培训、文化模拟、实地观摩、行为修正和角色扮演等。

表 11.2 跨文化培训方式总结

跨文化培训方式		描述	优缺点
事实法	● 讲座 ● 区域学习	强调认知目标,主要包括具体文化情结讲授和文化传统教育	优点:材料容易准备,简单、方便;针对性强,直接介绍目的国的文化;成本低。 缺点:缺少真实的海外生活体验;不便于受训者自我检查跨文化交际行为
分析法	● 文化同化法 ● 案例研究法 ● 文化比较培训	强调认知领域,主要由一系列描述跨文化冲突的关键事件和案例组成	优点:方便,受训者可以自学;成本低。 缺点:受训者学到的知识在现实生活中大多会失败;受训者的跨文化交际行为难以得到改善
	● 敏感性训练	强调情感目标,通过学习文化和交流来提高对文化差异的敏感性	优点:在加强受训者对不同文化环境的适应性和文化意识方面效果较好。 缺点:缺少概念性结构框架;难以很好地培养受训者的行为能力和洞察力;没有强调学习方法
体验法	● 体验式培训 ● 实地观摩 ● 文化模拟 ● 角色扮演 ● 实地体验 ● 互动式学习	强调情感目标,通过模拟或实地体验来掌握具体的文化细节	优点:以受训者为中心;以解决具体问题为中心;培训初期很有效。 缺点:难以提高受训者适应真实环境的能力;侧重于环境,忽略了政治、人际关系等其他因素
	● 行为修正	受训者进行观察和实践,并不断练习,以掌握某种示范行为	优点:针对习惯性行为的培训很有效。 缺点:成本高;要求受训者不断学习

国外学者的研究表明,将以上的三种培训方式结合起来,能够更有效地帮助外派人员学习东道国文化,从而提高其跨文化技能。

三、跨文化培训内容

(一)跨文化认知培训

这是通过介绍东道国社会、历史、制度、文化和习俗等方面的知识,来培养和提高外派人员的跨文化认知能力。跨文化认知培训是跨文化培训的一项基础内容,可使受训者对于有关跨文化的知识建立理性认识。跨文化认知培训的内容主要包括文化差异学习、东道国文化培训、东道国价值观介绍、母国文化认知和东道国语言等。

(二)跨文化情感培训

该培训是帮助外派人员在不同文化工作环境下控制、调节并保持稳定情绪状态的培训。跨文化情感培训内容包括应对变化、压力管理和自我反省等方面。

(三)跨文化行为培训

它是指通过受训者亲身体验,来提高他们在异文化环境下应对跨文化冲突的能力培训。文化具有广泛的影响力,其中有一些与工作密切相关。如员工行为、管理风格、决策、行为规范和职能部门等。因此,应根据不同的工作性质和任务特点,将文化对特定领域的影响告诉受训者。跨文化行为培训的主要内容包括实地体验或模拟实地体验和人际交往技能培训等。体验式跨文化培训有助于受训者将对东道国文化的认知应用到模拟的或实际的工作场所中。

较之选择任何单一的跨文化培训内容,将上述三种跨文化培训内容结合起来能够显著提高跨文化培训效果。

四、外派人员抵达后的培训

外派人员工作失败与其不适应跨文化工作环境和工作习惯等有关。因此,给予外派人员抵达东道国后的培训是不可或缺的一个环节。为了使外派人员尽快适应新的工作和生活环境,适应工作角色,母国或者东道国的人力资源管理部门应及时提供诸如工作环境介绍、东道国同事介绍、实际工作情况介绍、所在地生活环境和基础设施介绍等。这方面较好的培训方法是请当地已经工作过的外派人员亲身讲授在该子公司的工作生活体会,这些先行外派人员的现身说法将有助于尽快减轻外派人员的陌生感和紧张情绪。

五、东道国员工的跨文化培训

对东道国员工进行跨文化培训包括东道国员工的跨文化技能培训和国际培训。对东道国员工进行跨文化技能培训主要是提高员工对母公司文化的认识,了解和提高这些人员与外派者的有效沟通和合作,减少跨文化冲突。通过跨文化培训可以提高当地对劳动力的雇佣书评,降低海外子公司的劳动力成本。与外派人员的培训不同的是,跨国企业一般将东道国员工跨文化技能培训授权给当地的分公司进行。

对于那些因工作需要调到总公司或其他海外分公司工作的东道国员工,还需要到母公司和东道国子公司进行国际培训。如到母公司和东道国的跨文化适应性培训和外语培训等。将东道国员工派往母公司总部和东道国子公司接受培训已经成为跨国公司经常性的培训手段。通过东道国员工到母国或者东道国子公司进行国际培训,一方面可以提高其工作的积极性和工作绩效;另一方面也便于东道国人员所拥有的特别知识和技能传递给总部和目的地企业。日本松下公司曾每年"输入"100 名海外经理,让其与日本总部同事一起工作,这一做法促使松下成为一个具有远见的跨国企业。

第六节　跨国企业的薪酬计划

一、跨国公司制定国际薪酬政策的目标

薪酬是企业根据员工付出的劳动状态所给予的回报。国际薪酬是跨国企业和员工共同关注的核心问题,完善灵活的薪酬体系关系到跨国企业人才队伍的稳定和企业的可持续发展。

首先从国际企业层面,国际薪酬政策的建立既要考虑跨国企业的人力资源成本,又要考虑到能最大限度地吸引、保留和激励国际人才,使跨国企业在市场中保持核心竞争力。其次,国际薪酬政策要与跨国公司的总体经营发展战略的需求一致,要符合企业的战略及其目标的实现。再次,国际薪酬政策应能将人才吸引到跨国企业最需要的地方并能留住他们。因此,该薪酬政策必须体现一定的竞争性,而且要考虑如出国服务激励、税收平衡、海外生活的合理费用等因素。最后,国际薪酬政策还应便于公司以最经济有效的方式调整和调动外派人员,便于母公司职能管理的公平和便利。

从外派人员角度,其个人目标和需要也应通过跨国公司的薪酬政策的实施得以实现和满足。这些个人目标和需要包括:从薪酬政策中员工能得到在国外的福利、社会保险和生活费等经济上的保障;通过外派能够增加员工的收入;保证在海外工作时的住房、子女教育以及娱乐等基本条件;便于外派人员职业生涯发展和回国安排。

二、外派人员薪酬的构成

外派人员的薪酬福利主要由其基本工资、奖金、津贴和福利构成。

(一)基本工资

基本工资是外派人员劳动后的直接收入,主要以现金方式发放。外派人员基本工资的确定应与外派人员的岗位、东道国的法律、外派人员及其家庭的海外生活成本、当地物价情况、住房成本、子女教育费用、保险和个人所得税的缴纳、东道国对外派人员的税收优惠与否等因素挂钩。岗位方面的因素还可以细化为:岗位级别、外派任务难度、外派时间长短、是否加班加点等。

一般而言,外派人员的基本工资要高于东道国同级别的员工,但随着企业国际化程度的提高,东道国人员的劳动报酬也将逐步接近母国外派员工。

最后,基本工资也是确定外派员工津贴和福利的基础要素。

(二)奖金

奖金是对员工基于某一段时间业绩或者某一个项目完成情况给予的奖励。外派人员的奖金发放涉及的问题主要是:是继续保留在国内时的现有奖金还是参加东道国的奖金项目;如果参加东道国的奖金项目是否与母国奖金项目有差异;外派人员的基本工资方案中是否补足了母公司和子公司奖金的差额,等等。

过去跨国企业经常性的做法是,对于第三国人员的基本工资和奖金往往低于母国外派人员,母国外派人员享受的某些津贴和福利第三国人员也可能享受不到。但是,在国际化程度越来越高的今天,这种做法的逐步减少,一个基本发展趋势是第三国人员的报酬逐步接近母国外派人员的报酬。

(三)津贴

为保证外派人员的生活水准不低于在母国时的水平,跨国企业往往为其提供生活津贴。补贴通常只提供给母国外派人员和第三国员工以作为到海外工作的一种补偿。生活补偿主要包括:国外服务津贴、异地迁移津贴、探亲差旅津贴、子女教育津贴、配偶津贴、住房津贴、退税津贴和其他津贴(如申请驾照、办理签证、汽车维修、俱乐部费用等)。为了确定相应的津贴数额,跨国企业通常会请某些专业咨询公司为其提供在不同国家最新的生活

费用信息,以此来确定具体津贴数额。

一般而言,外派人员的补贴数额为基本工资的5% ~49%。具体的数额往往随职位高低、任职时间长短以及税收政策变化等不同而发生变化。

(四)福利

福利是指员工所享有的、企业为员工将来的退休生活及一些可能发生的不测事件(如疾病、事故)等所提供的保障,其费用部分或全部由企业来承担。企业福利计划的直接目标是希望以此达到凝聚和保留员工的目的。由于国与国之间存在很大差异,因此外派人员的福利管理比较复杂,医疗保险、养老金计划、人身意外伤害保险等不同的国家有不同的标准。一般来说,跨国企业在具体设计外派人员的福利项目时,首先要解决以下问题:是否维持外派人员原先在国内的福利方案?是否让外派人员加入东道国企业的福利方案?外派人员是否愿意接受母国或东道国企业的社会福利?

大多数美国跨国企业的外派人员愿意保有国内的福利计划。在某些国家,外派人员也无法脱离本国的福利计划。如果福利计划较为复杂,跨国公司可以咨询相应的专业机构,并将部分业务外包,以提高外派人员的福利管理效率。

三、外派人员薪酬计算方法

跨国公司人力资源管理中对外派人员薪酬的计算主要有现行费率法、资金平衡法和全球支付法。

(一)现行费率法

现行费率法是外派人员的工资报酬基于当地劳动力市场的比率,与东道国员工的工资结构直接相联系。跨国企业根据对东道国的薪酬调查,确立外派人员薪酬的参照点。一般用于比较的参照对象有三类:东道国员工、同一国籍外派人员、所有跨国公司的外派人员。比如,一家中国银行将在新加坡设立分行并外派人员,在确定新加坡分行外派人员薪酬标准时,一般可以参照三类员工的薪资:当地类似岗位员工的薪资水平、当地其他银行中中国籍员工的工资以及当地所有外国银行员工的工资水平。采用这种方法时,如果东道国是一个低收入国家,那么跨国公司通常还要用额外的津贴和福利等支出来弥补外派人员因基本工资较低造成的生活水平降低。

现行费率法的优点主要有:一是体现了外派人员与东道国国民薪资的平等性。如果东道国是一个收入水平较高的国家,那么很容易吸引本国公民或第三国公民到东道国工作。二是使用起来较为简单,外派人员也容易理解。三是能较好地体现公平公正而有助于当地员工认同外派人员。

现行费率法的缺点是:一是如果东道国的经济比母国不发达且薪资水平偏低,将可能直接影响外派人员的工作积极性(员工往往更乐意接受到发达国家的外派任命);二是外派人员到发达国家的任期结束回到母国,他们又将难以接受比东道国低的薪资水平,这可能影响他们在母国的工作积极性。

(二)资金平衡法

资金平衡法也被称为资产负债表法,即外派人员的基本工资根据母国工资结构决定,跨国企业通过各种经济补偿手段使外派人员维持在国内的生活水平,也被称为以总部为准的支付体系。

资金平衡法首先需要计算外派人员的费用与国内同样工作的人员费用之差,然后提供一个与这一差额相等的一揽子薪酬补偿计划。这些补偿的内容包括食品、教育、搬迁、医疗保健等方面。

资金平衡法的优点是:第一,能消除外派人员之间因薪资不同而产生的不公平感;第二,不会产生外派人员回国时因国内外薪资差异过大而造成的不平衡感。

资金平衡法的不足之处主要在于:第一,管理起来非常困难。由远在千里之外的母国来测算并管理外派人员在东道国具体的生活费用等事项难度较大。第二,很容易导致外派人员与东道国员工薪酬的不一致,促使东道国类似岗位的员工产生不公平感,影响这部分人的工作积极性。

(三)全球支付法

随着全球化的发展,为了解决持续性的全球任职的报酬问题,一些跨国企业采取了全球支付法(也称全球支付系统)。全球支付法采用世界范围的评价和业绩考核方法,目的在于评价工作对跨国企业的价值并公平地支付国际雇员的报酬。全球支付法与资产负债表法在一些方面具有相似性,仍然保留着由于海外生活费用、税收、定居和住宅方面的费用差别而支付的补贴。但是,全球支付法并没有对报酬加以平衡以保证外派人员维持在母国的生活水准。公司采用世界范围的报酬基准,对这一基准只进行必要的调整,其目的是减少对外派人员额外补贴造成的浪费,消除造成接受任职前后报酬差异的因素,从而促进所有长期国际骨干的报酬平等。全球支付法顾及外派人员全球范围内的收入平等,将使管理者在国与国之间迁移,而其生活方式只受到最低程度的影响。

第七节 跨国公司人力资源开发与管理模式的国际比较

跨国公司人力资源开发与管理的各种模式是在各国不同的文化法律背景、价值观念、教育与培训体系的影响下,并在各国企业跨国经营的具体实践中形成的。因此,人力资源开发与管理没有最好模式。我国企业在借鉴国外跨国公司人力资源开发与管理的成功经验的同时,要根据本国、本企业的特点摸索出适合自己的方式。

一、跨国公司人力资源开发与管理的美国模式

美国跨国公司的人力资源开发与管理无论从招聘与选拔还是从培训与开发上都体现了个人主义文化的影响。

美国公司采用各种类型的招聘战略,包括通过报纸广告、雇员自荐、内部提升、上门求职、大学、国家就业服务、私立就业服务等。对于所有类型的工作,美国经理认为报纸广告都是最有效的招聘渠道之一。学院或大学招聘被认为只对专业和技术工作有效。在招聘的过程中公司注重个人成就(如教育、天赋、经验),而对如家庭背景、社会关系之类的非个人因素并不关心。经理们相信雇员推荐的成功率很低,因为他们普遍认为雇员推荐会导致招聘的人员与现雇员背景相似。

美国公司选拔方式的特点是候选人的特质技能与具体的工作要求相匹配。像招聘过程一样,个人被视为组织可以购买的各种技能的一种组合。以往的工作经验、测试成绩以及通过面试观察到的品质都有助于人事经理或雇佣经理掌握有关候选人资格的信息。为避免歧视或偏袒,美国的法律和文化准则规定,选拔过程中收集的信息必须是有效的。也就是说,与未来雇员相关的信息必须与空缺职位的工作有关,职位资格测试必须预测空缺职位的工作特点。美国公司人事选拔的典型步骤为申请—初试—职业测试、证明检查—初步选择或拒绝—复试—雇佣决定。

美国公司非常重视对员工的培训。培训方式主要有以下三种:企业自设培训机构;制订培训计划;利用专门的培训机构;被派往国外的管理人员还要进行职前国外训练。在IBM公司,组织的各个层次都要进行正规的行政与管理人才开发项目。特别是还提供了下列项目:新经理培训—美国的政策及实践;新经理学校—IBM领导项目:IBM经营管理学院;IBM全球经理项目。

美国许多公司都有鉴定和开发管理人才的计划,其目的在于培养那些愿意终生为公司工作的合格的经理人员。主要步骤包括确定可以晋升的有才能的经理,并使他们与组织对管理人才的需要相匹配。在许多美国公司中,上一级经理人员有责任确定潜在的管理人

才，并且管理业绩考核常包括对管理后备力量的考察。如 IBM 公司，当年轻的管理人员被任命到海外去时，导师往往要担当特别重要的角色。一些公司采用更加直接的方式，如利用评估中心来鉴定经理人员。评估中心是一种测试程序，它向个人提出一系列问题，由考察者判断潜在经理对情况或问题的反应的好坏程度，然后根据他们在评估中的表现，确定具有高潜质的经理。有些美国公司还为注定要进入较高管理层的下级经理设置"快车道"职业生涯。公司对于"快车道"经理通常在其职业生涯早期就给他们指派各种富有挑战性的工作，他们如果能够获得成功，就会被迅速晋升。然而，在像美国这样的个人主义的文化中，职业生涯管理依然是个人的责任，而这些个人目标可能与完成当前的组织任命或参与管理开发不相一致。因此，美国公司间经理人员的流动是比较频繁的。

正确选派国外子公司的经理和主要管理人员，是跨国公司人力资源管理中特殊而又重要的工作。各国跨国公司总部对子公司管理人员选派工作的干预程度不尽相同。许多美国公司总部较少干预下面的人事配备工作，下属的部门和单位自己招聘经理人员或后备经理人员，并依公司的规定来确定人员的职位和提升。海外子公司较多地聘用东道国国民在其下属单位的管理层中，中低级的管理人员几乎都是东道国国民，高级管理人员也有五六成来自东道国。

二、跨国公司人力资源开发与管理的日本模式

第二次世界大战以后，日本的一些大型公司，如日本电气、三菱、索尼、尼桑等，在人力资源开发上逐渐形成了独特的模式。这种模式的特点是招聘卓越人才，在工作的竞争中不断淘汰能力较差者，将最优秀的管理人员提升到高层管理岗位上。

日本文化在不同程度上具有集体主义的特征，其公司在经理的选择中与高中和大学的联系密切。日本的大型公司把招聘对象集中在著名大学的毕业生上，而不是有经验的经理。公司认为年轻人更容易塑造，以适应特定的公司文化。在这一层次上也存在一种后门招聘，主要是通过与原先学校的关系，公司一般青睐某些特定大学的毕业生。日本的两所公立大学（东京和京都）的毕业生在日本工商界占主导地位。从名大学毕业的行政人员利用他们与大学教授之间的私人关系获得公司有关招聘的有价值的信息，并常常注重对应聘者的主观评价，而不太关心应聘者所学的专业。

日本公司更注重管理人员的个人品质而不是其技术能力，这意味着公司管理人员的开发必须有长远观点，大学毕业生进入公司工作的 5～8 年内，公司一般不会对他们进行筛选。他们被定期分配到不同岗位上工作，这几年主要集中于学习和融入公司的文化，同时接受高强度的培训。公司的人事部门不断对这些新员工进行考核。经历了这一段熟悉公司工作环境的时期后，公司在同批进入的员工中引入竞争机制。这是管理人员职业生涯的一个关键时期，工作业绩和发展潜力被评为最优的管理人员，每四年晋升一次。为了在这种争取更高职位的竞赛中不致败北，管理人员必须保证每隔 4～5 年晋升一次，否则，就没有希望晋升到高层重要岗位上，除非到其他公司工作。那些 8 年才能获得一次提升的管理人员，通常被安排到不重要的岗位。

日本公司对管理人员的培训除诸如营销技巧等技术因素外，还包括人类学家托马斯·罗伦所称的"精神"教育。"精神"教育强调性格开发，如困难时刻的忍耐力、承担社会责任以及合作的习惯。因为经理们是在完成本科学业之后直接加入公司的，所以，公司内部的技术管理培训要强调公司特有的技能。工商管理硕士（MBA）等普通管理教育对于日本经理几乎没有什么个人价值。也就是说，在同龄的经理中，拥有 MBA 并不会更具有优势。

日本跨国公司的人事制度是高度竞争的人事制度，人们普遍认为日本公司的员工终生就业并论资排辈晋升，这种看法并不完全符合实际。在日本模式中，员工在进入公司后的 5～8 年内是工作业绩和发展潜力的考核期，跨国流动以及不同技术和职能管理工作的业

绩是考核的重点。经过考核期后引入竞争机制,每隔4年晋升一次,没有获得晋升的管理人员可能离开公司。

日本公司总部统一领导全公司范围的人事配备工作,海外子公司总经理由上级直接委派,高级经理人员任命方面提供给非母国公民的机会较少。日本公司较多地采用强干预的方式,公司总部统一领导全公司的人事配备工作,由上级直接委派子公司经理。在日本企业的下属单位里,高级管理人员绝大部分为本国派遣,中低级管理人员只有约一半是东道国国民。但是近年来日本公司也意识到发展管理层多元背景的重要性,开始聘用一些东道国或第三国国民。

三、跨国公司人力资源开发与管理的德国模式

德国公司因其高质量的技术产品而享誉世界。一个先进的和标准化的全国性职业教育与培训体系为德国工业提供了主要的人力资源。德国模式的最大特点是正式学徒年限加上与技术专业密切相关的职业路径。

德国存在两种主要的职业教育与培训形式,一种形式包括一般的和专业化的职业技术学校以及学院;另一种形式称为双重体系,即将在职学徒培训和颁发熟练工人证书的业余职业学校培训相结合。双重体系是德国职业培训中最重要的一部分,其中的培训和资格证书是全国标准化的,由此产生了一支训练有素的全国性劳动大军。但其具备的技能,并不是针对特定公司的。在德国传统中,学徒是技术雇员和蓝领工人必须经历的阶段。学徒制度并不限于年轻人,年长者也常寻求作学徒的机会,并取得证书,以促进他们的发展。德国大约有近400种全国承认的职业培训的证书。双重体系来自于雇主、工会和国家合作,费用由公司和国家分摊,其中公司支付费用的大约三分之二,雇主有特定义务让年轻人离岗参加职业培训。

除了国家职业教育体系之外,德国公司还大力投资于培训,接受过各种在职培训的员工占员工总数的80%。在学徒阶段,员工要接受二年到五年的公司在职培训,培训内容包括公司的政策、业务、技术和贸易知识等。即使是大学毕业生,也要经历两年学徒期,这一时期,他们要接受培训,轮流在不同部门熟悉工作。这样做可以达到两个目的:一是给雇员机会,全面了解公司情况;二是给他们提供机会确定合适于自己的工作或职能,在以后的20年中,每个人固定在合适的职能部门中向上发展,他们必须不懈地学习和掌握新的技能,才能被提升到更高职位上。那些受过更好教育,如获得博士学位的人,最终会升到董事的位置。

在德国模式中,考核期是员工进入公司后的2~5年。在这段时期,员工通过职能部门之间的流动全面了解公司情况,确定合适于自己的工作,然后固定在合适的职能部门向上发展。

四、跨国公司人力资源开发与管理的英一荷模式

在人力资源发展中注重培养管理人员的全面知识和技能,是英国和荷兰公司人力资源开发与管理的一个特征。近些年,北欧国家的公司也逐渐采用这种模式。按照跨国经营对管理人员的要求,这种模式最合适于跨国公司的人力资源开发。

在英一荷模式中,招聘并不刻意追求杰出人才。公司依照特定技术或职能岗位的需要录用大学毕业生。例如,在壳牌公司,新录用的大学毕业生中80%是学习技术的。在这些新员工职业生涯的最初几年,他们被安排到特定职能部门工作和发展,在经历了这一考核期后,被确认为有较大发展潜力的管理人员被提升到了重要岗位上。

英国和荷兰企业普遍采用系统考核和评估的方式,确定管理人员的发展潜力,包括两到三种的管理情景模拟测试,由经过心理学家培训的高层管理人员观察和评估被考核人员的工作能力和素质,最后结果在一定程度上取决于特定子公司高层管理人员的集体判断。

许多欧洲公司以国家层面的地域单位为基础来管理他们的人员选派工作。各附属机

构管理自身的人事配备工作，但总部会委派人事专家到下属机构以加强上下的协调。

课后思考题

1. 论述跨国人力资源管理的特点。
2. 论述跨国公司对驻外人员的管理办法。
3. 试比较亚洲、欧洲、美洲跨国的人力资源开发与管理模式。

案例分析

沃里科公司的“第二个春天”

1983年11月3日，美国《纽约时报》在商业版上，刊出一篇题为《日本人管理好了一家美国的工厂》的长篇报道，在美国企业界引起轰动。

由美国沃里科公司管理了15年的弗里斯特市电视机厂，是著名的希尔斯公司的协作厂家。该厂生产的电视机多由希尔斯公司经销。这家电视机厂一度曾有员工2 000人，无论从产值、规模、还是职工数量上来说，都是阿肯色州弗里斯特市的重要企业，在当地的企业界中举足轻重。但是沃里科公司由于管理不善，屡屡出现质量问题，致使弗里斯特市电视机厂陷入重重困境。厂里生产的电视机居然有10%过不了本厂的质检关，必须返修才能出厂。销出的电视机由于质量不佳，使用户怨声载道，造成产品大量积压。工厂的财政状况难以为继。不得已，厂方只能大量裁员，职工人数减少了3/4，只剩下500人。此举一出，人心大乱，工人们更是无心生产，工厂到了几乎倒闭的地步。作为销售商，希尔斯公司对弗里斯特市电视机厂的产品质量大为恼火，大量返修的电视机不仅增加了他们的工作量，更是败坏了希尔斯的声誉。看到电视机厂一片混乱的景象，希尔斯公司又为它的前途而担忧。为了扭转厂方的不利局面，由希尔斯公司出面派人前往日本的电器制造业中心——大阪邀请久负盛名的日本三洋公司，购买弗里斯特市电视机厂的股权，并进一步利用日本的管理人员和技术人员，来领导这家工厂。

三洋电器公司对希尔斯的建议迅速作出反应。1976年12月，三洋公司开始大规模购入弗里斯特市电视机厂的股份，并取得了对该厂的控股权。1977年1月，三洋公司派出了大批管理人员和技术人员，接管了弗里斯特市电视机厂。

日本人到达目的地后，马上发现他们面临着双重困难。一方面，同日本工人比起来，美国工人的劳动纪律性差，生产效率低，因此生产出的产品质量差；另一方面，工厂中的工人乃至整个城市的居民，并不十分欢迎日本人的到来，战后形成的对日本人的轻视和不满情绪，仍在起作用。

显然，日本管理人员无法采用在日本惯于使用的管理方法。除了文化和习惯方面的因素外，还有民族感情方面的问题。然而，生产效率必须提高，产品质量必须改善。

三洋公司总经理井植聪，对派去的日本人员约法在先：要融入当地的大众生活中去，参加当地的社会事务，不要把自己圈在一个“小东京”里，重要的是要打破民族间的隔膜。

日本管理人员到达弗里斯特市后，先后办三件事，令美国人大开眼界。日本管理人员没有先采取什么严厉的措施，相反，他们首先邀请电视机厂的所有员工聚会一次，大家坐在一起喝咖啡，吃炸面包圈。然后，又赠送给每个工人一台半导体收音机。这时，日本经理对大家说，厂里灰尘满地、脏乱不堪，大家怎么能在这样的环境中生产呢？于是，由日本管理人员带头，大家一起动手清扫厂房，又把整个工厂粉刷得焕然一新。

几个月后，工厂的生产状况逐步改善，厂方对工人的需求又开始增加了。日本管理人员一反大多数企业招聘员工的惯例，不去社会上公开招选年轻力壮的青年工人，而是去聘用那些以前曾在本厂工作过，而眼下仍失业的工人。

只要工作态度好，技术上没问题，而且顺应潮流的人，厂方都欢迎他们回来应聘。日本人解释说，以前干过本行的工人素质好，有经验，容易成为生产好手，所以才雇用他们。

最令美国人吃惊地是,从三洋公司来的经理宣布,为了在弗斯特市电视机厂建立和谐的工作关系,他们希望同该厂的工会携手合作。三洋公司的总裁亲自从日本来到弗里斯特,同工会代表会面。他的开场白,是谈他二次世界大战后在美国谋生的经历。他曾在好莱坞为著名电影评论家赫达·霍珀做服务员,每次当他替霍珀打开门厅时,总是看到伊丽莎白·泰勒等大明星正伫立门前。他的一席话,马上赢得了工会代表们的欢迎。双方很快达成协议,共同努力为工厂的发展而奋斗。日本总裁说:"我们公司信奉联合工人的原则,希望工会协助公司搞好企业。"请全体员工吃东西,然后大家一起动手搞卫生,对美国人来讲已是件新奇事;专门雇请以前被辞退的工人,就更是少见的事;而公司的总裁亲自会见工会代表,恳请双方合作并建立起良好的关系,这在劳资关系一向紧张的美国,实属令人吃惊的举动。

日本人刚来时,很看不惯美国工人在生产线上边干活边吸烟,把烟灰弹得到处都是的样子。在同工会商议后,日本管理人员提出车间内禁烟。由于取得了工会的支持,工人们一声不响地接受了此项命令。在日本人管理该厂期间,工人们只举行过一次罢工,而且问题很快得到解决,厂方和工会都表示这次罢工事件没有伤害相互的感情。

弗里斯特市工业委员会主席瓦卡罗说:"这些日本人真行,每天早上七八点钟就上班干活了,一天要工作9到11个小时,星期六都有很多人自愿加班。从前的那些管理人员可差远了,他们9点钟才进厂,翻翻当天的报纸邮件,口述一封回信,1点钟准时去俱乐部打高尔夫球,玩到下午3点钟才回厂,东晃一会儿西荡一会儿,就到下班回家的时间了。"

在这个工厂工作了12年的欧文弗说:"这些管理人员照顾工人们的情绪,生产上强调质量,强调清洁卫生,并且劝导工人们要爱护机器设备。管理部门还征求工人们的意见,大家一起商量提高生产效率,改善产品质量和工作条件。"

到了1983年,弗里斯特市电视机厂日产希尔斯牌微波炉2 000台,彩色电视机5 000台(其中有30%用三洋的商标),98%的产品质量合格,可直接投放市场。厂里的经营状况大大改善。1983年的一个周末,电视机厂2 000多名工人和管理人员和弗里斯特市的市民们一起来到市广场的草坪上举行酒会,庆祝该厂的迅速发展。工业委员会的瓦卡罗说:"电视机厂是我们市的命脉,而三洋公司则是我们的支柱。"

讨论问题:

1. 沃里科公司是怎样从瘫痪状态重新走向"第二个春天"的?

2. 在日本人踏入弗里斯市电视机厂所面临的两个问题中,你认为哪一个是主要矛盾?为什么?

3. 试分析一下:日本人管理这个厂的指导原则是什么?

4. 请思考日本与美国的人力资源管理有哪些不同与差异,如何解释?

参 考 文 献

[1]刘翠芳.现代人力资源管理[M].北京:北京大学出版社,2006.
[2]达友.人力资源管理[M].福建:厦门大学出版社,2003.
[3]王蕴,孙静.人力资源管理[M].北京:清华大学出版社,2008.
[4]丁利国,李进,等.人力资源管理[M].成都:西南交通大学出版社,2005.
[5]魏新,等.人力资源管理概论[M].广州:华南理工大学出版社,2007.
[6]刘仲文.人力资源会计(修订第2版)[M].北京:首都经济贸易大学出版社,2006.
[7]张文贤.人力资源会计研究[M].北京:中国财政经济出版社,2002.
[8]杨蓉.人力资源经济学[M].北京:中国物资出版社,2001.
[9]张文贤.人力资源会计[M].大连:东北财经大学出版社,2002.
[10]宋立刚.国际化企业成功管理案例[M].北京:中国石化出版社,2001.
[11]赵曙明.国际企业:人力资源管理[M].南京:南京大学出版社,1998.
[12]赵曙明,等.跨国公司人力资源管理[M].北京:中国人民大学出版社,2001.
[13]中国企业国家化管理课题组.企业人力资源国际化管理丛书[M].北京:中国财政经济出版社,2002.
[14]赵曙明,武博.美、日、德、韩人力资源管理发展与模式比较研究.外国经济与管理[J],2002(11).
[15]程延园.员工关系管理[M].上海:复旦大学出版社,2004.
[16]徐恒熹.员工关系管理[M].北京:中国劳动社会保障出版社,2007.
[17]李迎春.劳动合同法案例精解与应对策略[M].北京:法律出版社,2007.
[18]左祥琦.劳动关系管理[M].北京:中国发展出版社,2007.
[19]谢怡.劳动关系管理实操细节[M].广州:广东经济出版社,2007.
[20]李建新.企业薪酬管理[M].天津:南开大学出版社,2002.
[21]刘昕.薪酬管理[M].北京:中国人民大学出版社,2002.
[22]陈清泰,吴敬琏.可变薪酬体系原理与应用[M].北京:中国财政经济出版社,2001.
[23]文跃然.薪酬管理原理[M].上海:复旦大学出版社,2005.
[24]陈清泰,吴敬琏.薪酬委员会手册[M].北京:中国财政经济出版社,2001.
[25]付亚和,许玉林.绩效管理[M].上海:复旦大学出版社,2003.
[26]杜映梅.绩效管理[M].北京:对外经济贸易大学出版社,2003.
[27]王玺.最新企业绩效考核实务[M].北京:中国纺织工业出版社,2004.
[28]王雁飞,朱瑜.绩效与薪酬管理实务[M].北京:机械工业出版社,2005.
[29]朱瑜.企业绩效整合[M].广州:广东经济出版社,2002.
[30]刘颖,杨文堂.绩效考核制度与设计[M].北京:中国经济出版社,2005.
[31]于桂兰,魏海燕.人力资源管理[M].北京:清华大学出版社,2004.
[32]廖泉文.人力资源发展系统[M].山东:山东人民出版社,2000.
[33]钟定国.人力资源开发应遵循六个基本规律[J].经济师,2002(8):115.
[34][英]马丁·所罗门.培训战略与实务[M].孙乔,等译.北京:商务印书馆国际有限公司,1999.
[35]石金涛.培训与开发[M].北京:中国人民大学出版社,2003.
[36]郑晓明.人力资源管理导论.北京:机械出版社,2005.
[37]王蕴.企业人力资源开发与管理[M].北京:测绘出版社,2002.

[38]蒋董雷等.管理之美——人力资源管理哲理与方略[M].北京:中国纺织出版社,2004.
[39]汤明等.心理素质超人一等:心理素质培养[M].北京:中国纺织出版社,2000.
[40]安鸿章.工作岗位的分析技术与应用[M].天津:南开大学出版社,2001.
[41]张一弛.人力资源管理教程[M].北京:北京大学出版社,1999.
[42]肖鸣政.工作分析的理论与方法[M].北京:兵器工业出版社,1997.
[43]刘长占,肖鸣政.人才素质测评方法[M].北京:高等教育出版社,2000.
[44]余凯成.人力资源开发与管理[M].北京:企业管理出版社,1997.
[45]廖泉文.人力资源考评系统[M].济南:山东人民出版社,2000.
[46]R.韦恩·蒙迪,罗伯特·M·诺埃.人力资源管理[M].葛新权,郑兆红,王斌,等译.北京:经济科学出版社,1999.
[47]王琪延.企业人力资源管理[M].北京:中国物价出舨社。2004.
[48]劳埃德·拜厄斯莱斯利·鲁.人力资源管理[M].李业昆,译.北京:人民邮电出版社,2007.
[49]徐纪良.现代人力资源管理概论[M].上海:上海人民出版社,1996 .
[50]劳伦斯·S·克箔曼.人力资源管理——获得竞争优势的工具[M].孙非,等译.北京:机械工业出版社,1999.
[51]余凯成,陈文文,陈维政.人力资源管理[M].大连:大连理工大学出版社,2006.
[52]仲伙雁,刘友德.管理信息系统[M].大连:大连理工大学出版社,2006.
[53]董克用,叶向峰.人力资源管理概论[M].北京:中国人民大学出版社,2004.
[54]王先玉,五建业,邓少华.现代企业人力资源学[M].北京:经济科学出版社,2003.
[55]中国人力资源开发网(www. chinahrd. net).
[56]中国人力资源网(www. hr. com. cn).
[57]牛津管理评论(http://oxford. icxo. com/).